基于图形流的桥梁施工计算技术与应用

黄羚 李延强 | 著

内 容 提 要

本书论述了一种新的适合于桥梁施工计算的图形流建模技术，系统分析和研究了常见桥梁施工计算问题的求解规律、工程特征及其相关工程模型，介绍了应用路桥施工计算专家（RBCCE）软件进行问题求解计算的实现方法，并结合具体工程实例加以分析。书中内容包括：图形流建模技术；平面杆件与空间杆件结构的建模与计算；满堂支架施工力学计算；钢板桩支护结构的施工力学计算；托架、挂篮、贝雷架、军用梁以及万能杆件力学计算等。本书所举工程实例大多来源于现场工程实际，可使读者系统掌握基于图形流的桥梁施工计算新技术。

本书可供道桥专业的从业人员学习参考，也可作为路桥施工企业桥梁施工计算技术的培训教材。

图书在版编目（CIP）数据

基于图形流的桥梁施工计算技术与应用 / 黄羚，李延强著. —北京：人民交通出版社，2012.11

ISBN 978-7-114-10039-0

Ⅰ. ①基… Ⅱ. ①黄… ②李… Ⅲ. ①桥梁施工－工程计算－计算方法 Ⅳ. ①U445

中国版本图书馆 CIP 数据核字（2012）第 198320 号

书　　名：基于图形流的桥梁施工计算技术与应用
著 作 者：黄　羚　李延强
责任编辑：付宇斌
出版发行：人民交通出版社
地　　址：（100011）北京市朝阳区安定门外外馆斜街 3 号
网　　址：http://www.ccpress.com.cn
销售电话：（010）59757973，59757969
总 经 销：人民交通出版社发行部
经　　销：各地新华书店
印　　刷：北京市密东印刷有限公司
开　　本：787×1092 1/16
印　　张：18.5
字　　数：428 千
版　　次：2012 年 11 月　第 1 版
印　　次：2012 年 11 月　第 1 次印刷
书　　号：ISBN 978-7-114-10039-0
定　　价：55.00 元

作者简介

ZUOZHEJIANJIE

黄羚，1966年5月生，男，汉族，江西樟树人，1985年毕业于西南交通大学隧道与地下工程专业，获学士学位，1988年毕业于西南交通大学工程力学专业，获硕士学位，2007年毕业于中南大学桥梁与隧道专业，获博士学位。现就职于石家庄铁道大学土木工程学院，教授，桥梁与隧道工程专业硕士研究生导师。长期从事桥梁施工技术设计与控制、专家计算技术研究等方面的工作，自主研发了基于图形流的路桥施工计算专家软件系统，在国内外学术刊物上发表学术论文二十余篇，主持获得河北省科技进步三等奖一项。

李延强，1973年9月生，男，汉族，山西祁县人，2001年毕业于西南交通大学结构工程专业，获硕士学位。现任职于石家庄铁道大学工程力学系，副教授，硕士研究生导师。主要从事桥梁结构施工临时结构设计与检算以及大跨度桥梁结构损伤识别和施工控制方面的研究。发表学术论文二十余篇，主持和参研多项省部级科研任务，与施工单位合作完成了多项桥梁结构施工过程力学行为分析课题，获河北省科学技术进步三等奖一项。

路大鹏，1973年6月生，男，汉族，山东省栖霞市人。1996年毕业于石家庄铁道学院交通工程系，建筑与土建工程硕士。现任职于中铁十局集团有限公司，高级工程师，注册一级建造师。主要从事铁路、公路、市政工程施工技术和项目管理工作，参加了胶济线电化、京沪线电化、济南火车站、京沪高铁、德龙烟等铁路线项目和济南市纬六路、顺河街、经十路、经六路等大型市政桥梁和公路项目的建设。参与和主持《钢管混凝土系杆拱桥转体施工技术的研究与实施》、《跨铁路桥轻型挂篮设计与施工技术》、《基于信息化技术的连续梁上跨既有线安全防护技术研究》、《功能图形建模技术及其在路桥工程中的应用》等课题研究和开发，获得济南市有突出贡献者和京沪高铁公司先进个人称号，获河北省科学技术进步三等奖一项。

前言
QIANYAN

桥梁施工除了需要确保其线形及成桥力学状态满足设计与施工技术规范外，还需要进行贝雷架、军用梁、万能杆件、0号块托架、挂篮、模板、满堂支架、钢板桩、钢管桩、基础等临时结构的设计与施工。根据现场施工条件及具体桥梁对象，通过这些临时结构，可以设计出多种多样的桥梁临时结构方案。采用优化了的临时结构方案进行桥梁施工是有效控制桥梁施工安全、成本、质量和进度的基础，然而，因未及时进行方案、工序优化而增加施工成本、延误工期甚至导致施工安全事故的现象时有发生。实现桥梁临时结构方案优化的前提是施工技术人员需要具有丰富的工程经验和结构综合计算能力，能够对方案中众多可变的设计参数反复修改与计算，并能对所选方案进行正确的分析、评价和判断。好的临时结构计算技术需要深入挖掘桥梁临时结构的整体、局部及个性化特征，综合应用蕴涵于临时结构的技术规范、结构特征，及丰富的工程经验，实现复杂的意图表达。

计算理论、计算方法及具体求解实现是桥梁施工计算问题求解的三个层次。桥梁施工计算除了需要有相关的专业理论与方法支持外，还需要有合适的计算实现方法和手段；与专业理论及方法相比，桥梁施工计算的实现技术更具灵活性，同一计算问题可以有多种多样化的、性能迥异的实现方法。随着计算机软硬件的技术进步而不断发展，研究和发展高性能的、能够反映桥梁施工计算求解规律和特征的专用软件，是桥梁施工计算技术发展的一个重要方向。工程计算软件技术的发展历史表明，好的工程计算软件会对行业技术进步产生广泛和深远的影响。虽然现有的国内外品牌软件可以用于桥梁施工计算，但还难以充分反映出桥梁施工计算的求解特征，计算效率容易受到限制，软件使用性能还存在较大的发展空间。

图形流技术是作者提出并实现的一种全新的工程问题求解技术，其研究涉及建模理论、实现环境及工程应用三个层次，并已基本形成了基于该技术的路桥施工计算问题的求解技术体系。区别于现有路桥施工计算技术，该技术能够将各种复杂多样的桥梁施工计算的专业知识抽象成一组由功能图形对象表达的工程模型，模型建立直接面向多样化及个性化的工程应用和工程概念，通过创建、操作和推演这些功能图形对象，实现路桥施工问题的求解。采用该建模技术，作者针对桥梁施工计算领域中众多常见的施工计算问题，在深入挖掘、凝练这些问题求解规律与特征的基础上，将内涵与这些问题的技术规范、结构与工程特征、专家知识、力学知识、多学科知识综合应用等有机地整合在一起，建立了相应的用功能图形对象表达的工程求解模型，实现了这些问题求解的简单化和高效率，使桥梁施工方案易于优化，安全、质量、成本与工期更加易于控制，可有效提高施工项目信息化、科学化及标准化水平。该技术在应急抢修方案评估、设计方案优化、复杂多步骤个性化求解、工程结构知识应用、工程数据信息管理等领域具有其独特的技术优势，是工程问题简易速算技术的有效模式，并表现出广泛的适应性。

本书对常见桥梁施工计算问题求解规律、特征、相关工程模型及其实现方法进行了较为系统的分析和研究，并结合具体工程实例加以分析应用，所举工程实例大多来源于现场工程实际，书中图表丰富，可使读者系统掌握基于图形流的桥梁施工计算新技术。本书可供道桥专业的从业人员参考，也可作为路桥施工企业桥梁施工计算技术培训教材。

全书共分15章，其中第1、4、6、9、10、14、15章由黄羚执笔，第2、3、5、8、11、12、13章由李延强执笔，第7章由路大鹏执笔。值得提出的是，本书在编写过程中，长江学者任伟新教授对本书内容提出了许多宝贵建议，研究生陈进、本科生曹建海对内容做了不少开发调试工作；另外，还得到了人民交通出版社陈志敏主任、付宇斌编辑的大力支持，在此一并表示衷心的感谢！

由于作者水平有限，且时间仓促，书中的缺点和错误在所难免，肯请读者批评指正，作者将在再版中完善，作者邮箱为 hling601@163.com。

作　者

2012年4月于石家庄

目录

MULU

第1章 图形流技术

1.1 桥梁施工计算问题求解的工程特征分析

特征是对客观事物本质规律或特性的抽象,任何客观事物均有能够反映其本质规律的基本特征。桥梁施工计算属于工程问题求解的研究范畴,必然具有适合于求解规律的工程特征;正确认识桥梁施工计算问题求解的工程特征是研究其计算机求解实现技术的理论基础,理想的桥梁施工计算实现技术应该能够充分反映桥梁施工计算的工程特征,这也是评价工程软件性能的一个重要标准。实际上,桥梁施工计算范围广泛,并具有丰富的工程特征。

1)是一个多步骤的求解计算过程

桥梁施工从下部结构到上部结构,因桥梁基础及主梁结构等类型与尺寸的多样性,必然产生多种多样的桥梁施工方案,和多种多样的施工计算类型和内容。每一个计算类型通常需要分解成若干个子问题并按步骤分别求解,各子问题之间既彼此独立又相互影响,一些子问题还需要反复修改参数,经历几次、几十次甚至更多的有限元计算或其他类型计算,才能得到符合桥梁施工技术规范的满意结果。例如,在进行挂篮力学计算时,通常需要将挂篮分解成主构架、前上横梁、前下横梁、内滑梁、外滑梁、后下横梁、前吊杆、后吊杆、模板等组成构件,并分别进行强度、刚度和稳定性计算,计算过程中还需要涉及横向不均匀组合荷载等问题的处理。

2)需要得到专家知识的支持

桥梁施工计算不是一个单纯的有限元力学计算或专业理论的应用过程,它需要根据桥梁工程的具体情况,综合应用相关设计、施工规范,工程问题的整体和局部结构特征、力学特征及专家求解方案等专家知识,才能得到满意的计算结果。目前,《公路桥涵施工技术规范》(JTG/T F50—2011)规定了桥梁临时结构的荷载组合方法及强度稳定性评价方法,但对于如何建立一个合适的桥梁临时结构计算模型则没有明确的规定,导致对同一桥梁施工计算问题,不同的计算人员会根据其自己的理解去建立计算模型,因而容易出现多样化的计算结果。显然,如果是该领域专家,那么该问题相对会容易些。因为他们在该问题上做了深入系统的分析研究,形成了一套行业认可、理论应用恰当，并能够反映实际工程特点的求解思路和求解步骤，进而能得到接近或逼近实际的求解结果。因此，可以认为，桥梁施工计算水平与质量的高低，更多体现在蕴涵于桥梁计算问题中各种专家知识的应用上。

3）具有个性化的求解特征

每一个计算问题均有其通用性，同时也有其独有的个性化求解特征。例如，有限元计算方法是桥梁临时结构的一种通用求解方法，属于通用问题，可以按照有限元的计算原理与步骤去实现各种桥梁临时结构的力学计算；但针对桥梁临时结构类型，如贝雷架、军用梁、万能杆件、0号块托架、挂篮、钢板桩、钢吊箱等，则有其丰富的个性化求解特征。以贝雷架为例，无论贝雷架多么复杂，贝雷片上的各个杆件及贝雷片之间的连接方式均是通过刚接或销栓连接，相应贝雷架有限元模型的建立方法有其自身特有的建模规律，可以提取出适合于贝雷架结构的专门建模方法。另外，贝雷架应用于临时钢桥、临时便桥或者应用于高铁简支梁施工时，又各有其自身的求解规律和步骤。如对个性化的求解特征进行抽象，并建立相应的求解模型，则可以获得能够反映该问题本质且具有个性化特点的求解模型。实现桥梁施工计算的个性化，使模型具有个性化的求解特征是提高工程软件使用性能的一个重要手段，也是工程软件发展的一个重要方向。

1.2 桥梁施工问题求解的工程模型

模型是计算机实现工程问题求解的理论基础，求解模型的性质决定了具体的求解方法和求解结果，只有建立起能够反映工程问题求解特征的求解模型，才能获得接近或者逼近真实状态的求解结果。为便于描述，本书将能够反映工程问题求解特征的模型定义为工程应用求解模型，简称工程模型。工程模型需要在对工程问题求解规律及其工程特征深入系统分析和研究的基础上，抽象出能够适合该问题计算机求解实现的求解方案，采用合适的建模方法建立其模型，并通过相关的专业软件加以实现。

工程模型是工程软件开发的基础，所有专业软件均是相关工程模型的计算机实现，使得该工程应用简单化、专业化，甚至成为该应用领域的应用标准。然而，在桥梁工程软件等工程领域，工程模型的概念并没有引起行业及学术界的足够重视，更缺乏有关这方面的系统研究成果，人们在借助工程软件进行工程问题求解时，很大程度上还需要依赖计算者个人对该工程问题求解规律的专业理解，当理解存在偏差或存在不足时，所得到的结果将必然存在偏差和不足，这就是一些缺乏工作经验和深厚专业知识的技术人员所得到的计算结果不容易被采信的根本原因。

目前，利用ANSYS、MIDAS、SAP、桥梁博士、结构力学求解器等国内外品牌软件建立有限元模型并进行桥梁施工计算，是广大工程技术人员普遍采用的一种工程问题求解方法，但这些软件并没有解决如何更加有效并正确地建立诸如贝雷架、军用梁、万能杆件、0号块托架、挂篮、钢板桩、钢吊箱等具体临时结构求解方案及有限元模型的建立方法。针对这些结构，该选择何种单元类型，单元之间的节点如何连接与耦合，组合荷载如何计算，约束如何处理，如何建立平面有限元模型或空间的有限元模型，建模过程需要利用何种整体或局部结构特征才能提高建模效率等。上述这些问题存在的事实表明，现有的国内外品牌软件还缺乏对这些问题的强有力支持。

工程模型是一个范围很广的模型概念,人们熟悉的工程结构数值分析的有限元模型是工程模型中一种典型的模型类型,对应于一种通用力学分析模型,其模型信息面向的是整个工程结构所共有的力学分析特征——有限元概念和信息,即需要将工程结构离散成一系列有限单元(可以是杆件有限元、板壳有限元或三维实体有限元等),通过描述其单元、荷载及节点约束等有限元信息来建立结构分析模型,以获得模型所需要的力学行为结果。工程模型更加面向具体应用,每一类型工程应用均可抽象出相应的工程模型,而且其模型信息层次更高,可能涉及一个专家知识点、技术规范、结构整体或局部特征的处理及有限元建模等,也可能涉及多个求解步骤及多学科专业知识的应用模型,内涵个性化求解方案,其中有限元模型仅对应于工程模型中某一个或若干步骤,模型描述更加接近工程技术人员的工程思维,且更容易被理解和掌握;当工程模型中的某一步骤涉及有限元模型时,只需要描述一些工程信息,包括几何的或非几何的工程信息,即可自动得到该步骤所对应的有限元模型,表明工程模型中某些步骤可能包含了以工程信息等价表达的有限元模型信息。

有限元模型一个重要的学术价值在于,对于任何复杂多样的工程结构类型,均可以建立其统一的有限元模型,并借助计算机编程加以求解实现,实现了工程结构力学分析的统一化、规范化和简单化。工程模型的概念也有其值得重视的学术价值,即人们对工程问题计算机技术的研究层次不能仅局限在有限元模型的研究与应用上,实际上任何具体工程应用均有其求解的理论规律,通过对它们深入系统的研究,提炼其求解规律和模型,使具体工程应用的全过程求解遵循一种行业及学术上认可的模式,从而使工程应用更加专业化、规范化和简单化。例如,对于挂篮力学计算,建立其工程模型后,其各组成构件的力学模型则可以自动生成,并得到接近挂篮实际受力特征的计算结果。

1.3 桥梁施工计算的命令流技术

命令流技术是一种通过编写由命令行组成的文本序列来实现模型建模与求解的方法,与编写“有限元模型程序”相类似。一个命令流文件需要根据软件系统提供的命令语言与格式,按照工程应用的模型信息与求解过程,编写一种有工程意义的脚本语言序列;可以采用一般的文档编辑工具编写命令流文件,通过直接调入支持命令流技术的软件系统,由软件系统通过对命令流的解释执行相应的建模求解功能。

命令流技术主要特点如下:模型表达灵活、修改简单方便;可采用 if-then、do 等控制命令来提高建模效率,适应性强;容易与其他建模方法相结合,特别有利于二次开发等,从而广泛应用于工程结构的力学求解建模。对于复杂的大型结构力学分析,命令流技术更容易显示出其建模上的优势。

国际品牌软件 ANSYS 已经提供了比较完善的命令流语言(APDL 语言),可以使用 APDL 语言编写出适合各种工程结构数值分析的命令流文件,或者进行二次开发,实现第三方工程应用软件与 ANSYS 软件的连接。midas Civil 软件也提供了命令流语言,简称 MCT 命令。虽然其在命令流功能上与灵活性上要明显弱于 ANSYS 软件提供的命令流语言,但利用 MCT 技术是可以进行一些二次开发的,以克服系统提供的对话框建模技术的不足或缺陷,提高工程应用求解建模的效率。

1.4 现有桥梁施工计算的建模技术

有效实现计算机求解桥梁施工计算问题的关键在于需要有合适的、面向专业知识的建模理论与应用环境的支持，以适应复杂多样的专业知识和求解特征。然而，面向专业知识的建模方法极具灵活性，不同的建模理念会产生不同的建模技术，并容易产生性能迥异的软件产品和求解方案。虽然我国在桥梁施工计算问题求解的手段与方法上，随着社会生产和科学技术的发展取得了较大的进步和提高，在一定程度上可以满足现场路桥施工问题的求解需求，但由于缺乏良好建模理论的支持，难以有效支持复杂多样的专业知识及求解特征，现场施工问题求解过多地依赖于工程技术人员的施工经验和专业技术水平，难以有效支持技术人员综合应用专业知识处理现场施工问题。

建模技术本质上就是模型信息的描述技术。模型信息描述方法很多，图形、文本、数值、表格等信息均可以用来描述模型信息。由于目前的桥梁施工计算主要是通过建立有限元模型并联合手算的方法加以实现，相应的计算软件可采用国内外品牌有限元软件，模型信息主要是采用数据文件、对话框数据输入，或者编写命令流、脚本文件等方法描述，并且已经发展得很完善，功能也很强大；然而，由于现有模型信息描述方法还不能充分描述和表达桥梁施工计算问题中工程特征的内涵，桥梁施工计算技术的发展还需要一种新的、适合于桥梁施工计算工程模型的建模新技术。

1.5 桥梁施工问题求解的图形流建模技术

针对现有桥梁施工计算建模技术的缺陷，本书提出了一种新的工程问题求解建模技术——图形流建模技术。该技术的核心是对工程应用中各种通用或个性化问题进行规划分解，将它们分解为一系列便于实现的子步骤，而每个子步骤用一个或若干个彼此独立又协同合作的功能图形对象加以描述，通过创建、操作和推演各个功能图形对象来实现工程问题全过程动态求解。

通过与命令流技术的对比可以更好地理解图形流技术的概念。命令流技术要求用户编写一组命令行序列，每一个命令行代表了一种专业功能及功能实现所需的相关参数或原始数据，用户需要根据工程应用模型特征编写由命令行组成的脚本语言，系统通过对脚本语言的解释来建立工程结构计算模型，控制和实现工程结构计算，并查询计算结果等。而图形流技术则要求系统提供一组具有几何和工程属性及专业功能的功能图形对象类型，每一个功能图形对象代表一类专业功能，通过其几何形状、位置、相互约束关系及内涵的工程信息来表达专业功能实现所需要的原始数据，用户可根据工程应用的求解步骤和各个步骤的求解模型特征，通过创建、操作和推演一组功能图形对象序列来动态描述工程计算过程模型，并控制工程计算过程，图形流技术关键在于系统能够提供适合具体工程应用特征的功能图形对象类型序列。

功能图形对象是图形流技术的基本操纵对象，区别于一般几何图形对象，或其他具有工程属性的图形对象，功能图形对象有其自身的属性行为特征。功能图形对象抽象于现实世界中工程技术人员所熟悉的工程图形的整体、局部或某个意图、符号等，包含某种工程关系、规范信息、工程图形特征及相关专家知识等信息,它们容易被识别和易于理解。功能图形对象在图形系统创建后即具有工程人员所关心的工程信息和专业功能,并可被工程人员直接操纵,产生满足用户需要的图形信息和工程信息,图形操作具有量化的专业反应,表现出一种"活"的智能化图形对象。所有功能图形对象类型具有相同的对象结构,并具有如下基本特征:

(1)功能图形对象可包含各种复杂的几何信息,以及可变长非结构化的工程信息,并可支持功能图形对象几何和专业计算方法。

(2)功能图形对象是二维图形对象,具有与传统几何图形对象基本相同的交互式几何操作功能,即能够以图形交互方式与用户进行交互,可以被选择、移动、删除、复制、旋转、放大与缩小、阵列、分解、合并等。

(3)具有属性对话框操作界面,用户可以通过鼠标双击对象(或单击属性对话框按钮)打开其属性对话框,在属性对话框上,显示有用户关心的工程信息,以及与图形对象相关的各种专业功能按钮命令。

(4)除了自身具有一定的专业功能外,还可具有与其他功能图形对象协同合作才能实现的专业功能。

(5)功能图形对象一旦创建完毕,即带有初始化的工程信息,要改变其工程信息,则必须通过其属性对话框,或采用其他功能图形对象协同操作方法。

(6)功能图形对象通常具有多样化的显示状态,同一类型的功能图形对象之间可能显示出状态迥异的几何图形,外观识别功能图形对象类型的一个重要标记是同一功能图形对象具有相同的属性对话框,它们的专业功能与工程信息的特征是相同的。

(7)图形系统中所有功能图形对象类型位于系统中同一结构层次,且彼此独立又协同合作,共同完成工程应用。

图形流技术不仅可以用来建立有限元模型,也可以用来建立反映桥梁施工计算问题工程特征的工程模型。可以通过功能图形对象的几何形状、位置、相互约束关系及包含的工程信息来表达某一规划了的子问题模型,并利用功能图形对象的专业功能来完成子问题的求解。图1-1显示了命令流技术的工作原理,根据系统提供的命令语句及相关参数序列的调用,通过编写生成适合于工程问题求解的脚本语言来完成工程问题的求解实现;而图1-2显示了图形流技术的工作原理,其基本特点是:根据系统提供的功能图形对象类型(其中包括工程属性与协同合作关系),按规划了的工程问题求解步骤,创建、操作和推演有关功能图形对象来实现工程问题的求解。

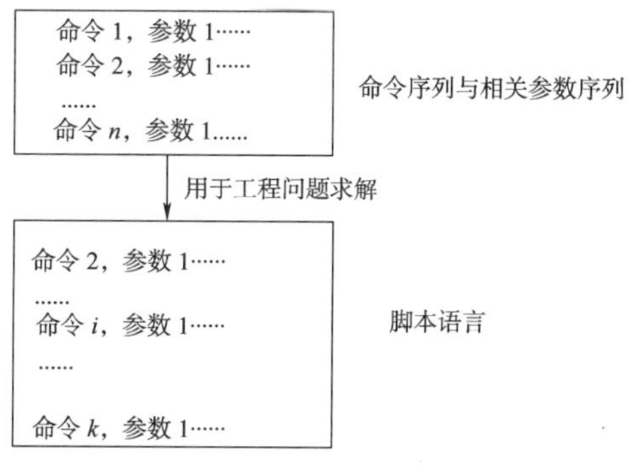

图1-1 命令流技术原理示意图

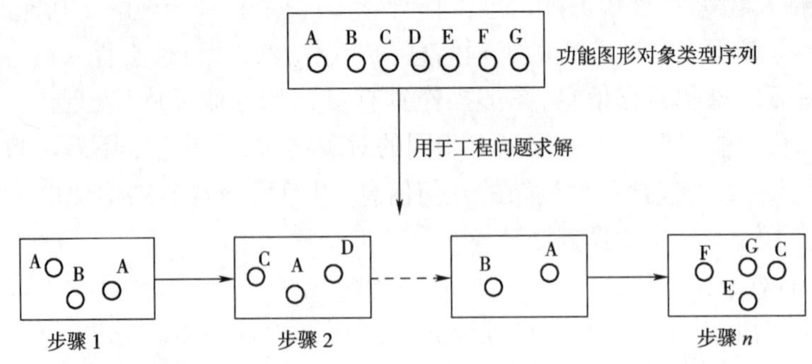

图 1-2　图形流技术原理示意图

1.6 功能图形对象的协同合作关系

关系是图形流建模技术的重要概念，但在传统面向对象的建模方法中，通常需要将目标对象看成是具有一定逻辑关系或结构关系的对象进行建模，并通过继承、聚合及关联等关系模式建立问题求解的对象模型。利用该对象关系模式分析路桥施工问题，通常会得到一系列复杂、难以驾御的层次化的对象模型。实际上，对象间还存在一种协同合作关系，当个体功能图形对象的创建或专业功能的实现需要若干其他功能图形对象的共同参与时，则认为这些功能图形对象间存在协同合作关系。

功能图形对象间协同合作关系的概念来源于人类社会中协同合作关系的启示。如同人类社会中的各个个体对象，功能图形对象除了具有其自身独立的对象特性和专业功能外，它还可以与其他各种同功能图形对象个体组成各种丰富多样的协同合作关系，并通过这些协同合作关系去实现其他多样的专业功能。功能图形建模方法就是通过各个功能图形对象及它们之间协同合作关系建立工程问题求解对象模型、功能模型及动态模型。功能图形对象间的协同合作关系模式可以通过一种超图对象网络表达，见图 1-3a）中的节点为功能图形对象类型，边表示功能图形对象类间存在的联系，椭圆表示一个协同合作关系。对象网络本质上是一系列协同合作关系的集合体，因此也可以通过绘制一系列单个的协同合作关系图来表达。例如，图 1-3a）的关系 A、B、C 可以将其分解为图 1-3b）所示的协同关系图。

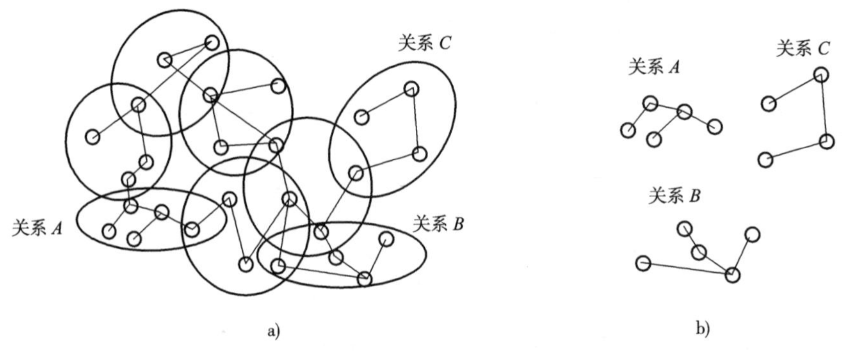

图 1-3　功能图形对象的协同合作关系

协同合作关系模式可有效避免传统面向对象技术中因关联、继承和聚合等关系模式而导致的复杂难以驾驭的层次化对象结构，其主要特点如下：

(1)所有对象网络中的协同合作关系既彼此独立又相互联系，协同合作仅限于相关功能图形对象个体实例之内，产生结果不会受非相关功能图形对象状态的影响。

(2)一个协同合作关系中原始功能图形对象，可能来源于其他协同合作关系实现的结果，而其协同合作的结果又可能是其他一些协同合作关系的原始功能图形对象。

(3)同一类功能图形对象可具有多种协同合作关系，不同的协同合作关系可以有不同专业目标，可通过增加功能图形对象类型及其协同合作关系来实现系统功能扩充。

(4)所有系统功能开发遵循统一、规范的开发模式，增加一类功能图形对象及协同合作关系不会引起系统结构的改变。

(5)协同合作关系可以被工程技术人员直接应用，具体体现在工程技术人员通过创建和操作功能图形对象过程中；当功能图形对象实现其专业功能时，其专业方法需要拾取相关功能图形对象的图形数据，通过对它们的几何信息和工程信息，以及各种约束关系进行分析识别、判断、评价，并利用专业方法加以处理。

1.7 基于图形流技术的桥梁施工计算工程模型的研究方法

实际上，建模技术研究是一个复杂的系统性课题，涉及建模理论、实现环境及工程应用三个层次，如图1-4所示。基于图形流技术的桥梁施工计算工程模型的研究，本质上属于图形流建模技术的第三层次（应用层次），即用图形流建模型技术去建立桥梁施工计算的工程模型。

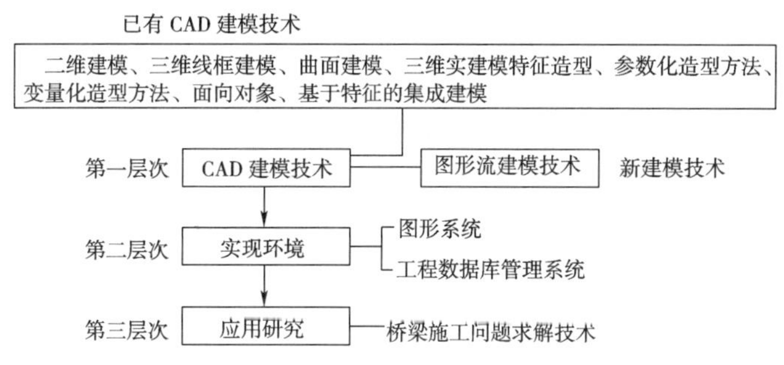

图1-4 图形流建模技术的研究层次

虽然采用图形流技术可以方便地建立起桥梁施工计算的工程模型，但对具体的工程应用而言，建立反映其工程特征的求解模型有时并不是一件轻松的事情，通常需要遵循如下研究思路：首先，需要对具体桥梁施工计算问题进行深入分析研究，通过查阅相关问题的文献资料，研究总结文献资料中提供的专家求解方案类型及相关求解方法，其中主要包括该问题所涉及的技术规范、荷载传递方法、结构整体和局部特征、工程概念、有限元建模方法及其他专业知识等；然后，根据具体的专家求解方案，将它们规划分解成若干个求解步骤，每一个求解步骤通过若干功能图形对象来描述，即可得到用功能图形对象表达的桥梁施工计算工程模型；最后，通过对各个功能图形对象的开发来实现工程模型的求解功能，并需要通过不断考题或现场验证来完善修正所抽象的工程模型，以确保所提炼工程模型的合理性和正确性。显然，桥梁施工计算工程模型研究的本质首先是对专业问题的正确认识和把握,然后是将工程模型转化成图形流技术表达容易操作和实现的工程模型,最后才是面向用户层面的一种工程计算软件的应用。

抽象并设计出高质量的功能图形对象是基于图形流技术的桥梁施工计算模型研究的一个重要内容。由于桥梁工程类型多种多样,而同一工程类型又可能具有多种临时结构设计方案,这将产生多样化的功能图形对象类型。功能图形对象类型类似于基本问题求解的模型单元,简称模型元,不同工程问题求解方案可以共享一些模型元类型,因此,通过相关模型元的组合应用就可以解决桥梁施工计算问题。

1.8 基于图形流技术的桥梁施工计算工程模型示例

如前所述,桥梁施工计算问题多种多样,其中预应力混凝土连续梁或刚构桥施工中经常遇到的0号块托架计算仅是问题之一。所谓建立的桥梁施工计算工程模型,就是针对诸如0号块托架计算等各种具体问题的求解模型。

首先需要清楚的是,因桥梁尺寸、现场条件等差异,0号块托架会出现多种不同的方案类型,因此,要建立0号块托架求解模型,首先需要收集并研究工程上常用的并具有推广价值的方案类型;然后针对这些方案类型研究其共同及个性化的求解规律;在有限元方法选择上需要明确是采用空间有限元模型还是平面有限元模型,并需要明确相应的求解步骤,以及每一求解步骤需要用到的功能图形对象类型等。图1-5仅显示了一种典型的0号块托架设计方案,工程上可以按空间杆件结构或平面杆件结构来计算;当按平面杆件结构计算时,需要综合考虑箱梁、立杆、横向分配梁及三角托架等各组成构件的相互影响,具体解题步骤可规划如下。

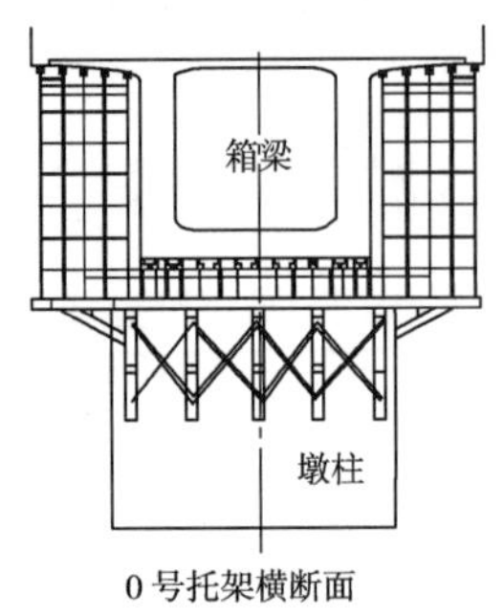

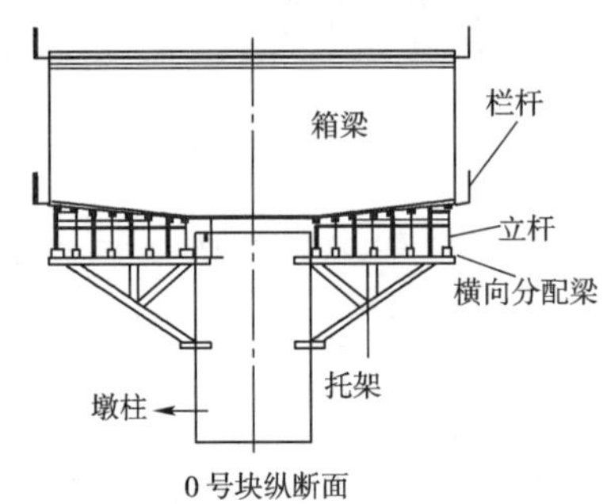

图1-5 连续梁0号块托架布置图

(1)箱形截面横向分块分割:选择0号块最不利箱形截面,并对其进行横向区域分割,可以分割成翼缘区、腹板区、箱室区等区域。

(2)计算各分块区域因混凝土自重、人群机具、模板、混凝土振捣冲击等荷载产生的组合荷载,计算时需要考虑施工技术规范规定的组合系数。

(3)计算钢管支架在组合荷载作用下的轴力。

(4)托架上横向分配梁的力学计算。

(5)三角托架力计算:可以按杆件有限元方法计算三角托架。

以上为0号块计算的一种求解步骤，基于该步骤，可以抽象出箱形截面对象、截面分块界线、集中荷载、杆件有限元、节点约束、内力图表、单元选择器等功能图形对象，见图1-6。其中，步骤1可以通过箱形截面、区域分界线描述与操作实现；步骤2可以通过操作分界线对话框来获得区域分割后的分块结果（翼缘区、腹板区和箱室区），并自动计算各区域分块后的组合计算，得到组合集中力；步骤3可以通过对集中力按等间距等分，得到各个钢管的轴力及它们的作用位置；步骤4可以通过各种布置好的钢管轴力、支座线、梁边界线为可以建立横向分配梁计算模型（包括横向分配梁的有限元模型、固定铰支座和活动铰支座及作用于梁上集中荷载）自动生成的计算模型，再利用自动生成横向分配梁计算模型对象，完成其强度和刚度计算；步骤5可按一般杆件有限元方法完成其力学计算。

实际上，功能图形对象描述的求解步骤，本质上就是一种基于图形流技术的求解模型，该模型虽然只适合于图1-5所示的0号块托架方案，其中的大部分功能图形对象也可以用于其他0号块托架类型的求解。

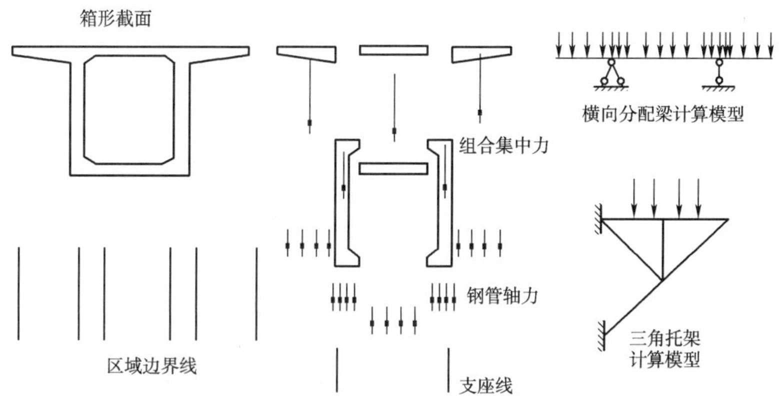

图1-6　0号块托架计算图形流法示例图

1.9 采用图形流技术建立有限元模型的方法

前面所述，桥梁施工计算问题不是一个纯粹的有限元计算问题，而是一种具有丰富工程特征的工程计算问题。计算机实现桥梁施工计算，需要充分挖掘桥梁施工计算的工程特征，相应的计算机求解模型是一种能够反映桥梁施工计算工程特征的工程模型。考虑到在桥梁施工计算中，通常需要涉及有限元模型的建立与求解实现等步骤，因此需要研究采用图形流技术建立有限元模型的方法。通常，从有限元模型信息的角度可以建立有限元模型，目前先进且强大的国际品牌有限元软件已清晰地表明了该建模概念的特点，及其在该领域所发展的高度。实际上，对于具有结构特征或工程特征的有限元计算问题，也可以采用图形流建模技术，通过若干功能图形对象来表达工程结构计算模型，再通过自动翻译转化成一种等效的、与之对应的有限元命令流模型，这样有限元模型无需从有限元模型的概念进行描述，可有效避开面向点、线、面、体等几何图素的繁杂且容易出错的描述过程，而是用工程概念来描述有限元问题，使有限元建模过程变成工程结构用功能图形对象表达工程概念和工程特征的简单作图过程。

图 1-7 为常见的公路曲线箱形桥静力计算，如果采用有限元概念建立该桥计算模型，则需要描述点、线、面、体、单元类型、单元属性等有限元信息，才能建立起该桥空间结构计算的有限元模型。实际上，仅需要创建线路中线、主梁节段、预应力钢束、桩线、集中荷载、面荷载、节点约束等功能图形对象，只需要描述的箱形截面尺寸、线路中线线形、钢束几何和物理参数、主梁节段长度、荷载等少量信息，即可准确地表达出曲线桥计算模型，通过研究该计算模型中所涉及的有限元分析的各种相关知识，并借助一种开放的可二次开发的有限元软件(如 ANSYS、MIDAS 等)，可以将这种用功能图形对象表达的曲线桥计算模型，自动转化成可以用于有限元分析的命令流模型，进而借助国外的有限元软件进行曲线桥的空间力学计算，并得到相应的计算结果。这样可使曲线桥空间力学计算过程转化成创建和操作上述几个简单的功能图形对象的动态作图过程，从而极大地简化了曲线桥空间结构计算过程，实现了曲线桥空间静力计算的简单化。

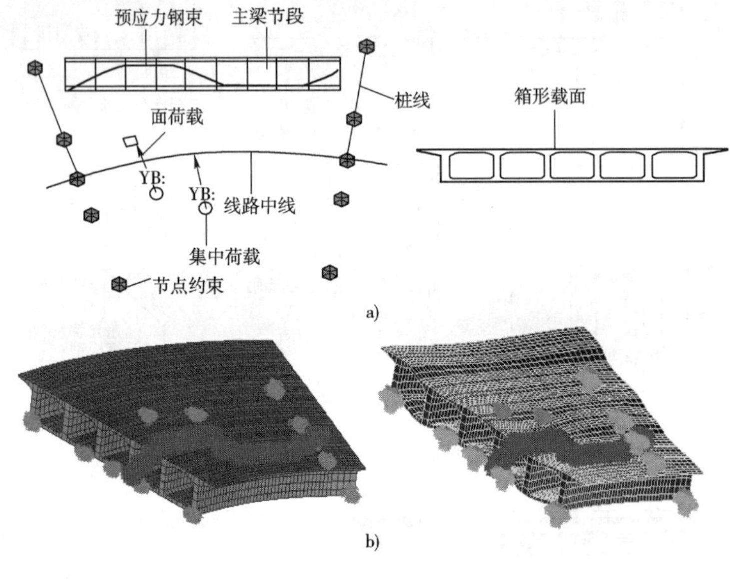

图 1-7

a)用功能图形对象表达的曲线桥计算工程模型；b)曲线桥计算模型与结果

1.10 图形流技术的优点

采用图形流技术建立桥梁施工计算问题求解模型后，还需要针对求解模型开发各个功能图形对象，使用户能够按规定的求解步骤，通过创建、操作和推演相关功能图形对象，实现问题的求解。因此，图形流技术的关键在于需要有支持图形流技术的交互式图形系统和相关工程数据库管理系统，以方便开发、管理和操纵各种类型的功能图形对象。从图形学角度及建模技术的角度看，图形流技术的实现是一个复杂的系统性及基础性课题，与既有工程软件求解实现技术相比，将图形流技术应用于桥梁施工计算领域具有如下优点。

1)自然直观

图形流能够以一种直观形象的工程图形方式模拟桥梁施工计算过程中的各子问题,计算机如同一块黑板,通过绘制相关工程图形、示意性符号,并配以必要的工程信息说明来表达各子问题的求解模型,模型表达与现实工程概念和思维过程保持一致,只要模型建立完毕,直接操作图形即可得到各种用户期望得到的工程信息,既形象直观,又便于理解。

2)统一性

图形流技术为桥梁施工计算提供了一种综合性跨专业求解方案,具有很强的适应性,同一软件系统中可以支持不同类型的桥梁施工计算问题,并可共享相同的子问题模型;可以针对同一桥梁施工计算的各个环节或步骤进行综合计算,并提供多种多样的、按专家求解方案规划的个性化求解方法。

3)高效率

采用具有工程信息和专业功能的功能图形对象描述各子问题,各求解过程统一协同,数据冗余少,建模过程可以充分挖掘工程整体、局部特征和关系特征,能够有效模拟桥梁施工计算的专家求解过程,支持工程问题求解意图表达,建模信息面向高层次的工程特征和关系特征,各种细节处理交由计算机自动实现,快速完成一个复杂而且多步骤的工程问题求解过程,有利于实现建模过程简单化、高效率和规范化。

4)自动生成命令流

图形流与命令流是工程问题求解的两种不同建模范式,但无论采用何种建模技术,它们均需要描述出工程问题的求解本质,它们具有相同的建模目标。当用图形流表达出某一问题的求解模型后,则必然有相关的命令流模型与之相对应,见图1-8。从理论上看,可以根据命令流的语言规则、结构特征将图形流模型自动转化成命令流模型。由于ANSYS、MIDAS等国际品牌软件均提供了命令流技术,这样图形流技术的主要任务可以定位在各种工程应用图形流建模及相关命令流的自动转化,而相关复杂的核心数值分析及后处理功能可以在国际品牌软件中实现,进而高效实现基于图形流技术的跨平台综合计算。

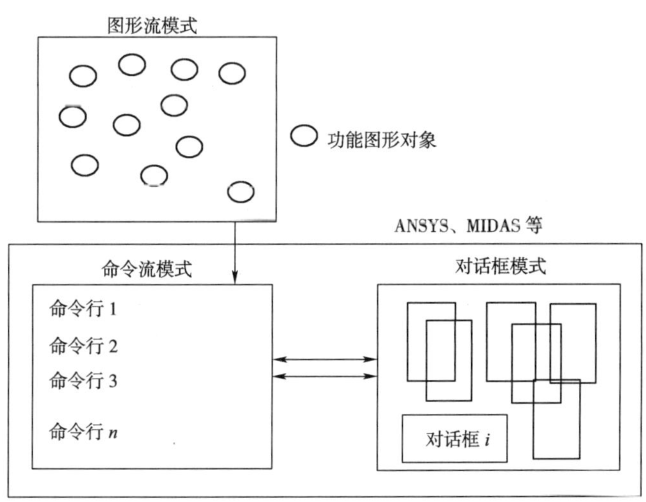

图1-8 图形流与命令流交互模式图

1.11 路桥施工计算专家系统简介

采用图形流技术实现桥梁施工计算,必须有合适的图形环境。尽管有绘图软件如 AutoCAD 等,但由于这些系统只是一种面向几何图形对象的交互式通用绘图系统,这些系统的体系结构不支持图形流技术。因此,路桥施工计算专家系统 RBCCE(Road Bridge Construction Calculation Expert System)应运而生。RBCCE 是一款基于图形技术设计,面向路桥施工计算领域的高性能集成化软件系统。RBCCE 采用多页面功能图形对象管理机制,融合了相关的工程数据库管理系统,提供了面向直线、圆、圆弧、尺寸、文本等基本图形绘制、编辑及常用辅助绘图功能,可以便捷管理各种复杂多样的功能图形对象,通过在不同图形页面上便捷创建和操纵具有协同合作关系的功能图形对象,即可实现各种路桥施工计算。

该系统将路桥施工计算领域中的通用或个性化求解方法、专业知识、辅助处理手段、技术规范及工程经验、求解意图、工程结构和工程关系特征处理等常见的计算问题,设计成相关的功能图形对象类型,以建模信息量最小为原则,面向高层次的工程特征建模,通过创建、操作和推演相关功能图形高效率地完成路桥施工计算问题的求解;功能的扩充不会影响软件的使用性能,支持桥梁施工全过程计算,同一个工程文件或同一图形页面窗口中可以完成多种不同施工问题的求解,见图 1-9、图 1-10,极大简化了路桥施工专家知识应用与操作的难度,表现出很强的易用性和高性能。该软件功能丰富,涵盖了常见桥梁临时结构力学计算、桥梁施工控制、施工测量计算等多个模块,其功能得到了现实工程的应用验证,特别适合于路桥施工技术人员使用。

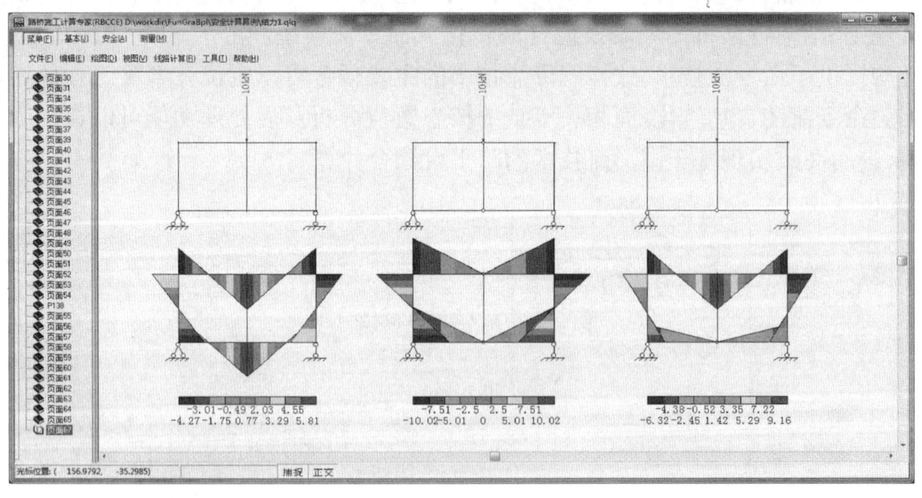

图 1-9　结构力学求解界面

RBCCE 提供的桥梁临时结构力学计算、桥梁施工控制计算功能丰富,其功能主要包括:

(1)平面杆件结构的快速建模与计算,荷载类型包括集中力、节点荷载、均布或三角形分布荷载、支座沉降、温度变化等;约束类型包括固定支座、固定铰支座、活动铰支座、滑动支座、弹性支撑;单元节点可以是刚节点、全铰节点、组合铰节点;提供便捷内力图、变形图显示及表格功能。

(2)平面和空间杆系结构计算的 ANSYS 命令流的自动生成,实现与 ANSYS 软件的快速连接。

(3)扣件式或碗口满堂钢管支架的快速计算。

(4)钢板桩的快速计算。

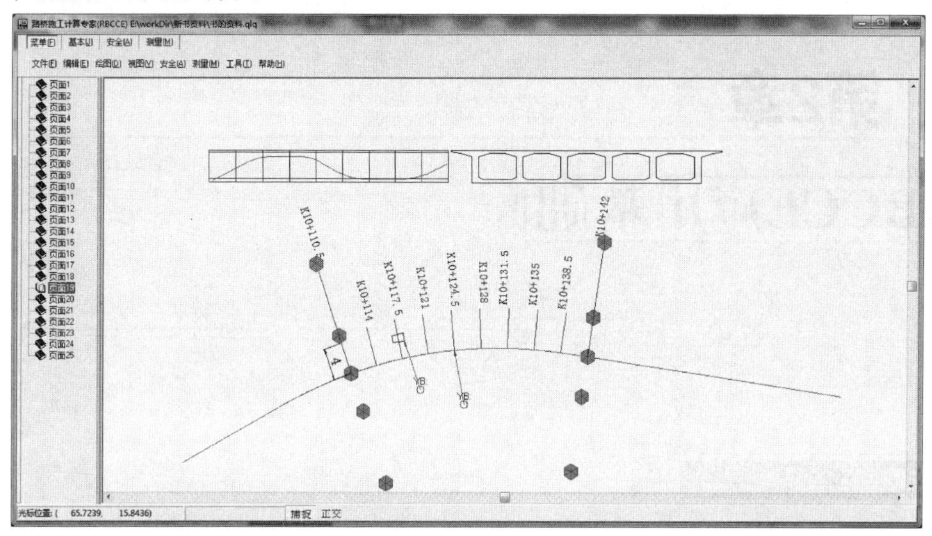

图 1-10　曲线桥计算工程模型界面

(5)预应力混凝土连续梁桥或刚构桥的 0 号块托架、挂篮、边直段支架的快速计算。

(6)贝雷梁、军用梁、万能杆件等常用制式结构的快速计算。

(7)缆索吊装计算、斜拉扣挂索力的快速计算。

(8)连续梁桥或刚构桥悬臂施工计算的快速建模,自动转换成 MIDAS 的 MCT 命令流,通过 MIDAS 软件实现桥梁悬臂施工过程计算。

(9)其他计算功能,如任意截面及组合截面的截面特性快速计算;汇交或一般平面力系的静力平衡计算,可以实现未知力的求解;实腹式、格构式压杆稳定性计算;钢结构压弯杆件计算、普通和高强螺栓连接计算;钢筋混凝土受弯、受压及压弯构件的配筋及承载能力计算等;部分计算成果为自动生成的 WORD 计算书。

第2章

RBCCE应用基础

2.1 RBCCE的系统界面

RBCCE 系统界面如图 2-1 所示，其界面组成部分主要包括：

1）命令切换区

RBCCE 共有“菜单”、“基本”、“安全”及“测量”四个命令切换区，其中，“菜单”为系统菜单命令切换按钮；“基本”为常见交互式几何图形操作切换按钮；“安全”结构安全计算切换按钮，它们是桥梁施工计算的主要功能按钮区。

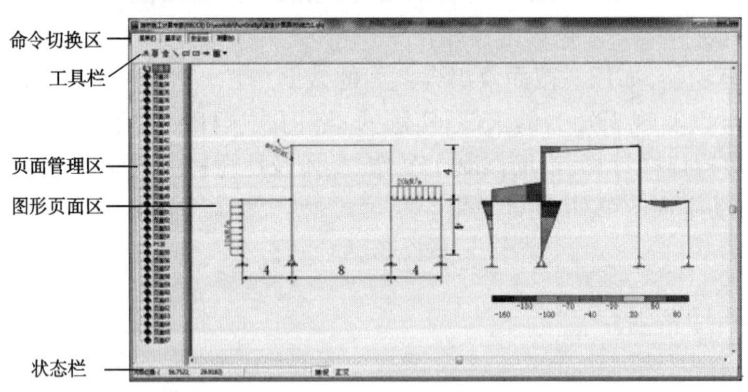

图 2-1　系统界面

2）工具栏

单击“基本”、“安全”等切换按钮，可以显示一系列图标按钮命令，见表 2-1。

3）图形页面区

图形页面区主要用来显示和绘制图形对象。图形页面区按页面进行多页面管理，系统可以创建任意多个图形页面，一页图形页面对应于图形页面管理区中的一个页面名称，单击页面名称可以打开相应的图形页面。

图标按钮及其命令功能 表2-1

按　钮	按钮功能简要说明
	新建一个工程
	打开一个已有工程
	保存当前工程
	将当前工程以另外一个工程文件名保存
	删除当前图形窗口中所有的图形对象
	删除被选中的图形对象
	将被选中的矩形框中的图形对象以 BMP 格式拷贝到 Windows 剪贴板中
	选择图形对象,可以点选、框选或交选图形对象
	平移当前图形窗口视图
	显示出图形窗口中的所有图形对象
	图形放大
	图形缩小
	将图形窗口中所选择的图形对象拷贝到 AutoCAD 中
	将 AutoCAD 中的图形对象拷贝到系统图形窗口中
	绘制圆
	绘制矩形
	绘制数学转折线,采用笛卡儿坐标系
	绘制圆弧
	绘制尺寸对象
	输入文本对象
	图形对象拷贝
	图形对象平移
	将选中图形对象分解为直线、圆、弧等图形元素
	将图形对象中的图形元素在交点处打断
	转折线对象的动态编辑
	对象镜像
	将直线、圆、弧等基本图形的等分成若干段
	对象旋转
	对象阵列
	将若干图形对象合并为一个图形对象
	线段修剪
	线段延长
	激活选中图形对象的属性对话框
	对选中的由直线构成的图形对象进行单元节点编码,并自动在各杆件上加载初始的单元截面特性及材料参数

续上表

按　钮	按钮功能简要说明
	将几何的截面图形强制转化成截面对象
	在图形窗口中绘制一典型的截面对象
	桥梁施工计算指引线,用来指定在图形窗口绘制某一具体功能图形对象
	绘制一矩形对象,用来交选、修改、查询所选单元群组的单元属性
	绘制一矩形对象,用来框选、修改、查询所选单元群组的单元属性
	将一些几何图形对象强制转化为约束、荷载、预应力钢束等功能图形对象
	路桥施工计算的一些典型案例列表

4)图形页面管理区

图形页面管理区是管理图形页面的操作区域,其上显示有系统创建的图形页面名称列表,单击页面名称可以打开相应的图形页面。在图形页面管理区可以追加、插入或删除图形页面,也可以修改图形页面的页面名称。采用多页面图形页面管理机制,可使功能图形对象进行分类管理,以避免一个图形页面上绘制太多的图形对象而影响显示速度和操作。

将鼠标移到图形页面管理区上,单击鼠标右键,系统弹出如图 2-2 所示的浮动菜单,命令如下。

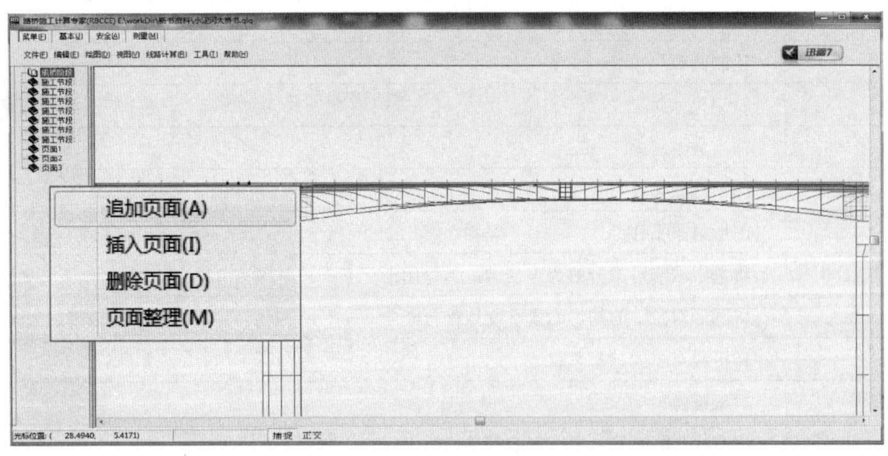

图 2-2　图形页面管理的浮动菜单

(1)“追加页面”:在图形页面管理区的页面名单列表后面新创建一个图形页面名称。

(2)“插入页面”:在当前选择的图形页面之前插入一新图形页面名称。

(3)“删除页面”:将当前打开的图形页面名称和相应的图形页面删除掉。

(4)“页面整理”:对图形系统中的图形页面进行页面删除、页面互换、页面名称修改等操作。

要修改某图形页面的名称,可以在图形页面管理区中单击该图形页面名称,打开该图形页面,再单击该图形页面名称,可使图形页面名称进入编辑状态,然后修改图形页面名称。

5)状态栏

图形页面隐含有系统自定义的平面坐标系,它对应于数学上的笛卡儿坐标系,见图2-3。系统状态栏位于系统界面的最下端,主要用来显示鼠标在图形页面区中笛卡儿坐标系中的平面坐标(X,Y)。状态栏上(X,Y)=(0,0)时,表明该点为图形页面的坐标原点。

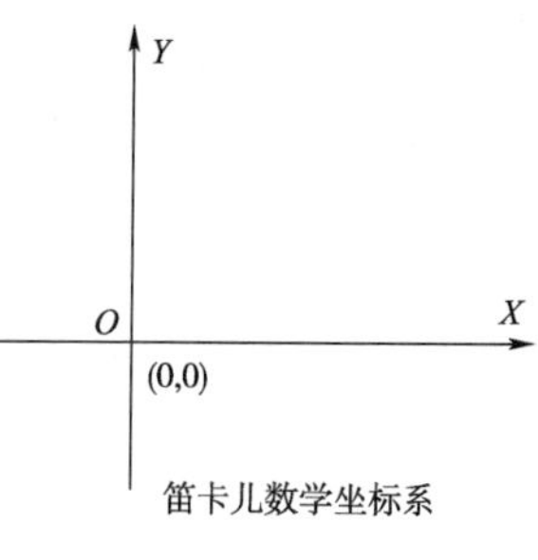

图2-3 图形页面坐标系

状态栏上还有"捕捉"与"正交"按钮,主要用于图形对象中线段端点、中点、垂足点、线段相交点等特征点捕捉状态的设置,以及在转折线绘制时是否沿水平或垂直方向移动方式的设置。

2.2 RBCCE的工程文件管理

RBCCE通过工程化管理机制管理图形页面中的图形对象。启动系统后,系统将新建一个空白工程,它仅有一个图形页面,图形页面中无图形对象,新建工程缺省的工程文件名为"工程1.qlq"。在新建工程的图形页面上创建图形对象后,单击保存按钮,系统弹出文件保存对话框(图2-4),在"保存"对话框的目录列表框中,选择要保存文件所在的目录,再在文件名编辑框中输入要命名的工程文件名,则相应的工程文件为"工程文件名.qlq",如工程文件名为"永定河大桥",则工程文件为"永定河大桥.qlq",单击"保存"按钮,可以将所有图形对象的图形数据保存在该工程文件中。

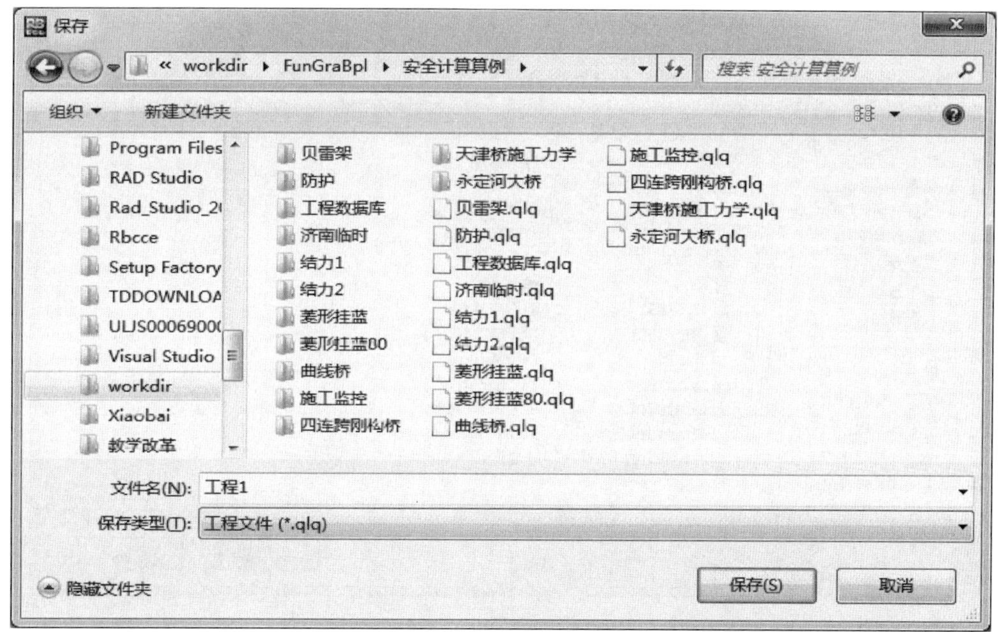

图2-4 文件保存对话框

后缀为.qlq的工程文件(简称.qlq文件)是RBCCE自动创建并可识别的图形数据管理文件,其作用是管理图形页面中的数据,其中记录了图形系统的页面名称、图形页面运行环境等系统管理信息。工程文件所管理的页面图形对象数据还需要通过页面数据库文件保存起来,它们存储在工程文件所在目录的同名子目录下。即 RBCCE 数据文件包含两部分:工程文件,后缀为.qlq;页面的图形数据库文件。

图形数据库文件的后缀为.DB,各页面的数据库文件名为:PAGE = i,i 为页面序号。用户只需要打开工程文件,则相关的图形页面数据库也被打开,并分别显示在各自的图形页面中。如果只有工程文件而没有图形页面数据库文件,则不能正常打开图形页面中的图形对象。

例如,如果在“永定河大桥”工程中创建了三个图形页面,在保存“永定河大桥.qlq”工程文件后,在其所在目录下将自动创建一个名称为“永定河大桥”的子目录,在该子目录下会创建出以下三个图形页面数据库文件:

PAGE = 1.DB

PAGE = 2.DB

PAGE = 3.DB

其中,PAGE = i(i = 1,2,3)表示第 i 个页面的图形页面数据库文件。

有两种方式可以打开工程文件,具体如下。

方法一:单击“文件”→“打开工程”→工程文件,可以打开 RBCCE 记录的最近使用的.qlq 文件。

方法二:单击按钮,系统弹出“打开”对话框,在查找范围组合框中,选择已有.qlq 文件所在的文件目录,选择需要的已有.qlq 文件,单击“打开”按钮,可以打开已有.qlq 文件(图 2-5)。

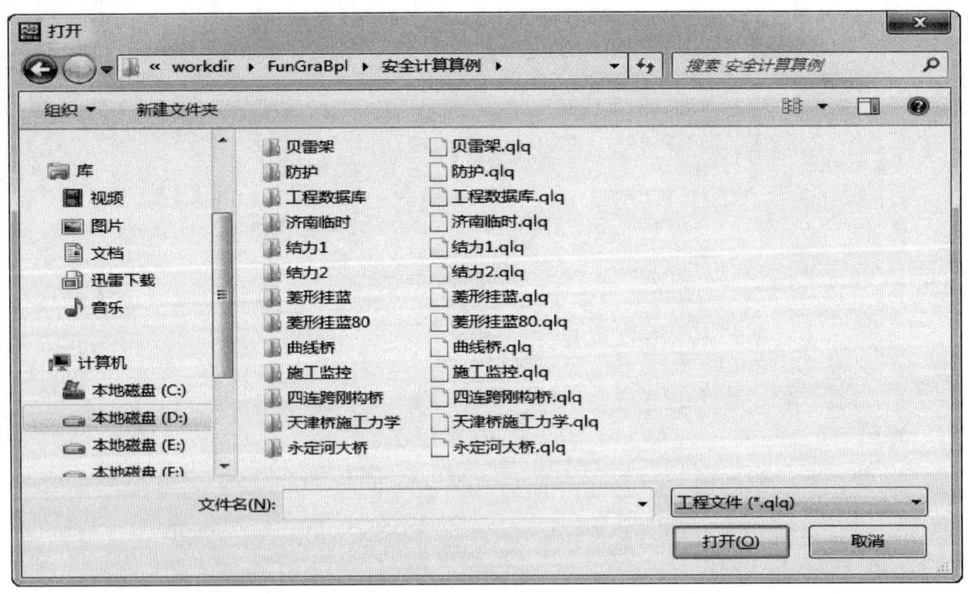

图 2-5　文件打开对话框

RBCCE 运行并创建和操作一些功能图形对象后,可单击保存按钮,将操作的结果保存起来,保存后的工程文件将对原工程文件进行更新。另外,单击工程文件的另存按钮,可以将工程文件以一个新的工程文件名保存起来,而原工程文件保持不变。

2.3 功能图形对象操作方法

每一个功能图形对象均有其独立的创建方法、属性修改与图形编辑、专业功能实现及与其他功能图形对象的协同合作关系。操作功能图形对象需要遵循系统规定的应用步骤和规则，正确处理功能图形对象的协同合作关系是应用建模的具体体现；所有功能图形对象都有相应的操作对话框(图2-6)，只要用鼠标左键双击功能图形对象，系统即可打开其属性对话框，利用该对话框可以查询或修改与功能图形对象相关的属性数据，或者用于实现其专业功能的按钮命令；功能图形对象可以被移动、拷贝、删除等，但当旋转或镜像功能图形对象，会改变功能图形对象的工程属性。

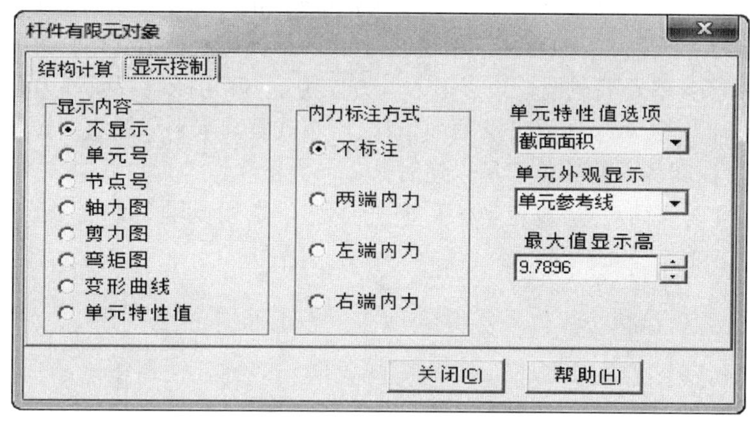

图2-6 杆件有限元对象对话框

另外，为了能够充分利用图形系统的绘制功能，RBCCE提供了直线、圆、圆弧、矩形、尺寸、文本等基本图形对象的创建和编辑功能，它们虽然没有工程信息和专业功能，但也可以看成是功能图形对象的一种特例，它们具有与功能图形对象类似的操作方法。基于这些几何图形对象及系统提供的线段端点、中点、垂足点、相交点、圆心点等特征点的捕捉功能，可以创建出任意形状的二维几何图形对象，而通过这些几何图形对象与相关功能图形对象协同合作，可以共同完成一些专业计算功能，极大地丰富了系统专业功能及实现途径，丰富了专业计算功能的实现途径。

2.4 图表打印方法

RBCCE不直接提供图表打印功能，要打印RBCCE中创建的图表对象，可借助WORD、AutoCAD、Excel等国际通用软件系统实现。可将RBCCE中的图表以BMP图片格式拷贝到通用软件系统，或者直接将图表拷贝到通用软件系统中，然后再借助通用软件系统进行排版与打印。

2.5 软硬件环境要求

运行RBCCE所需要的操作系统为Windows XP、Windows 7，而对计算机硬件无特别要求，但是建议使用分辨率为 1024×768 或以上的显示器。另外，为了能够与通用软件实现无缝连接，AutoCAD 软件版本要求是 2004 或以上版本，Excel 要求是 2003 或以上版本。

2.6 单位与坐标系统的约定

除了在功能图形对象的对话框中，一些变量单位有特殊说明外，系统采用统一的单位制，其中：尺寸单位为 m；力的单位为 kN，力矩（弯矩）单位为 kN · m，应力和弹性模量单位为 kN/m^2。

本书涉及的杆件有限元模型所采用的结构总体坐标系为笛卡儿坐标系，其水平轴为 X 轴，竖向轴为 Y 轴，Z 轴为 XY 平面按右手螺旋法则得到；相应的单元局部坐标系，从小号节点到大号节点方向为 $\bar{X}$ 方向，$\bar{Y}$ 方向为 X 轴逆时针转 90°得到，$\bar{Z}$ 轴为 XY 平面按右手螺旋法则得到（图 2-7）。规定，单元端截面弯矩以逆时针方向为正，单元杆端截面轴力和剪力以与局部坐标系方向一致时为正；对于单元杆端截面位移，当端截面的水平或铅直线位移与结构坐标系方向一致时为正，而端截面的角位移是以逆时针方向为正。

对于一个独立的截面对象，规定坐标系水平轴为 X 轴，竖向轴为 Y 轴，见图 2-8。

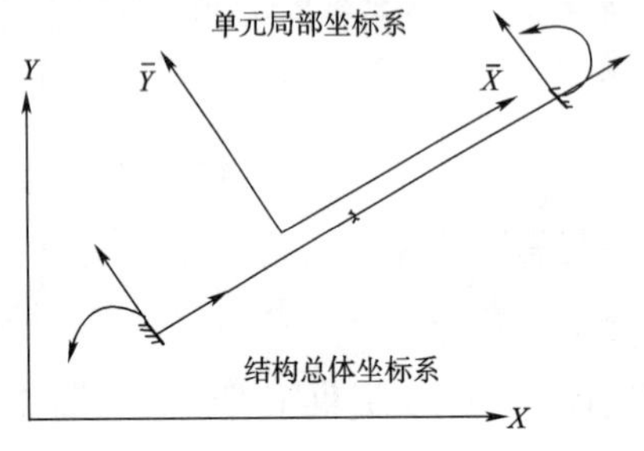

图 2-7　系统坐标约束

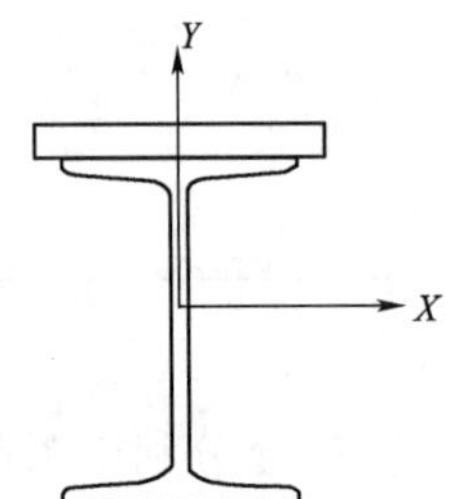

图 2-8　独立截面对象的坐标系

第3章

平面杆件结构的建模与计算

采用一个或多个平面杆件有限元模型计算桥梁临时结构是工程上普遍采用的方法,许多看起来很复杂的桥梁临时结构实际上可以简化为平面杆件结构进行计算。平面杆件有限元方法是桥梁临时结构计算中一种应用十分广泛的计算方法。与空间计算模型相比,平面杆件模型结构明确,荷载传递与约束布置清晰,计算过程简单,不容易出错,容易被广大现场工程技术人员所接受,所计算结果也能很好地反映实际桥梁临时结构的实际受力特征。采用图形流技术,只需对少量几个功能图形对象操作;即可完成一般平面杆件结构有限元模型的建立,提供工程上常见的荷载、节点约束及杆件节点联结类型,使平面杆件结构力学计算变成了一个简单的作图过程。本章主要介绍平面杆件模型的建立与计算实现。

3.1 平面杆件结构的建模方法

RBCCE 采用直线段来描述杆件结构中杆件单元的形心轴线。对于静定或超静定平面杆件结构,其有限元计算模型包含三方面的建模信息,首先是结构信息,其中包括结构的单元划分、节点编号信息,各个单元的单元类型、材料属性、截面特性及节点类型等信息;其次是节点约束信息及荷载信息。在平面杆件有限元计算模型中,杆件单元为经典结构力学教材中普遍采用的等截面 6 自由度的梁单元类型,或者 4 自由度的链杆单元类型,单元节点主要包括刚节点、铰节点或组合节点等节点类型;荷载类型可以是集中荷载、一般分布荷载、均布荷载或线形温度变化等荷载类型;约束可以是固定支座、固定铰支座、活动支座、滑动支座等,也可以是弹性约束或刚性约束,约束节点处可以有位移或无位移;活动铰支座和滑动支座只可以是竖向布置或水平布置,见图 3-1。当结构计算模型建立完成后,即可采用杆件有限元理论与方法求解,得到结构的内力(内力图)、位移(变形图)及支座反力等。

采用图形流技术建立平面杆件结构计算模型需要涉及以下 6 类功能图形对象。

1)平面杆件有限元对象

它主要用于杆件结构计算模型中结构信息的描述,是一种由杆件单元组成的图形对象,杆件单元具有自动完成的单元、节点编号,及相关的截面特性、材料参数、单元类型、节点类型、内力变形显示控制等信息;当完成结构计算后,计算结果还能以内力图或变形图的形式显示在杆件有限元结构上。

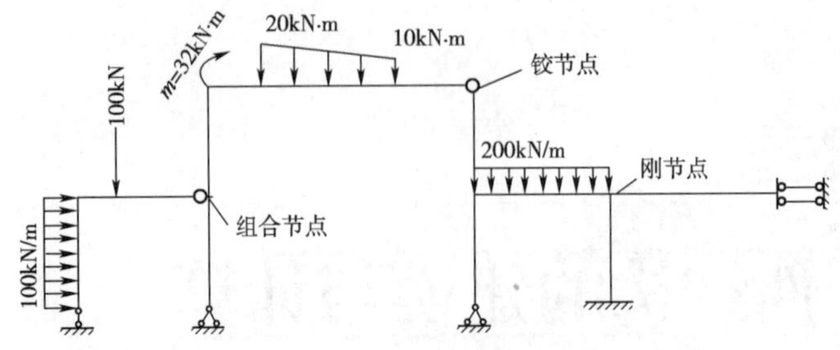

图 3-1　平面杆件有限元模型示例

杆件有限元几何图形均由直线段构成,其形式和组成与结构单元划分方案有关。实际上,结构单元划分方案是灵活多样的,通常需要根据具体结构类型、支座约束及节点荷载具体确定,不同的结构单元划分方案会导致结构局部受力的区别。

结构单元划分时,通常需要将集中荷载作用点、支座约束点、分布(或均布)荷载的两个端点设置为单元节点。当分布荷载作用在杆件上的区域较长时,为了能够真实地反映分布荷载区域的受力特征,可以将荷载作用区段等分成若干个单元段,具体分段长度以能够真实反映区段的受力特征为准。图 3-2 显示了不同单元划分方案对结构弯力图的影响,图 3-2a)中,*AB* 段长 6m,划分成 1 个单元,则弯矩图在 *AB* 段将显示成一条水平的直线段,而在图 3-2b)中,将 *AB* 段划分成 4 个单元,则 *AB* 段弯矩图为抛物线,显然图 3-2b)单元划分方案更合理。

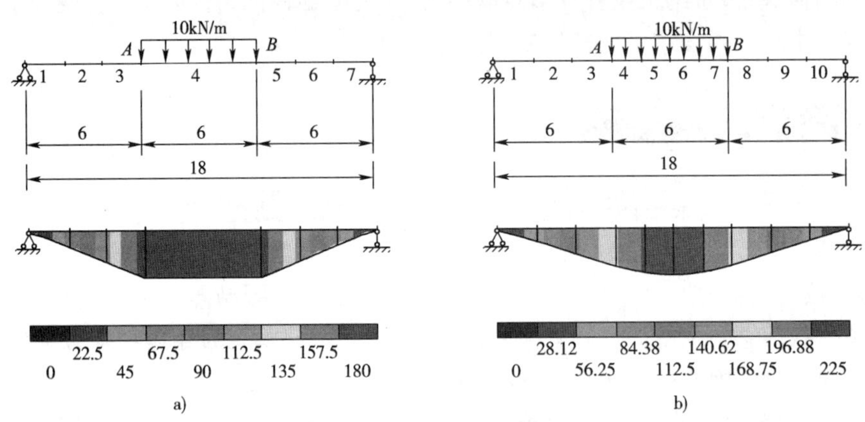

图 3-2　不同单元划分方案对结构弯力图的影响

单元属性包括单元类型、截面特性及材料等信息。杆件单元包括梁单元和链杆单元两种类型,当单元两端均以铰节方式与其他单元相连时,则该单元为链杆单元,否则为梁单元类型。为了便于识别杆件单元类型,在链杆单元的两端显示有一个小圆标记,简称圆铰,它有两种显示方式,一种是圆铰中心显示方式,即圆铰中心为单元的端节点;另外一种是圆铰中心显示方式,即圆铰边缘为单元的端节点。图 3-3 为链杆单元圆铰显示方式示例,图 3-3a)模型中单元 2 为圆铰中心显示的链杆单元;图 3-3b)模型中单元 2 为圆铰端部显示的链杆单元;当 2、3、4

号单元通过铰连接在一起时，则应该选择图 3-3a）模型中单元 2 的圆铰显示方式，而当要求 2、3、4 号单元通过一组合节点连接，其中 3、4 号单元为刚接，而 2 号单元与 3、4 号单元为铰接，单元 2 应该采用图 3-3b）模型中显示的圆铰中心显示方式。

可修改的单元截面特性参数主要包括截面面积 A、截面惯性矩 I_z、截面弹性模量 E、杆件重度 ρ 等。RBCCE 采用单元选择器或指引线法实现单元属性的修改，无需关注具体单元节点编号，以形象直观的图形操作方法完成单元属性的快速修改。

2）荷载对象

它是一种按照经典结构力学中荷载符号表达的荷载对象，可以细分为集中力、力矩、均布荷载、梯形分布荷载等不同的荷载类型。一个有效的荷载对象必须作用在单元或节点上，并包含有荷载类型、大小、方向、作用位置等荷载信息。对于集中力或力矩等集中荷载，要求其端点作用于单元端节点上或者单元上，前者称为节点荷载，后者称为节间集中荷载。当为节间集中荷载时，因杆件有限元内力图仅显示出杆端内力而容易导致内力图显示的失真，通常的习惯是，在杆件有限元对象中，将集中荷载作用的位置设置为一个单元节点。

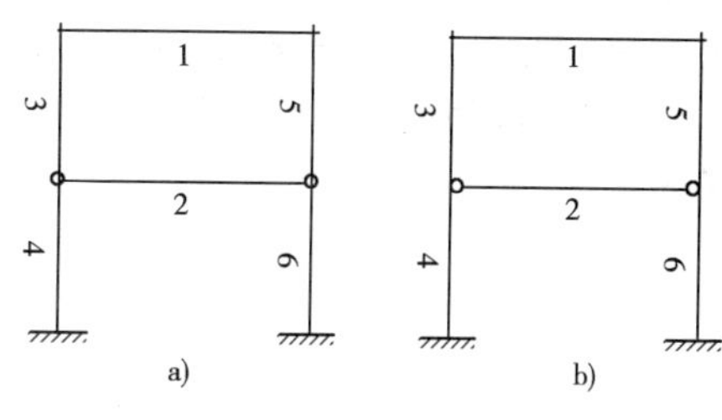

图 3-3 链杆显示方式示例

集中荷载的有效性是通过其端点的作用位置来判定的，当集中荷载线段的一个端点作用于单元节点上时，该集中荷载才是有效的。图 3-4 显示了集中荷载端点作用位置对结构内力的影响情况，图 3-4a）与图 3-4b）中，虽然作用于杆件有限元上的集中荷载的端点位置不同，但它们所代表的荷载效应是相同的，因而可产生相同的结构弯矩图。

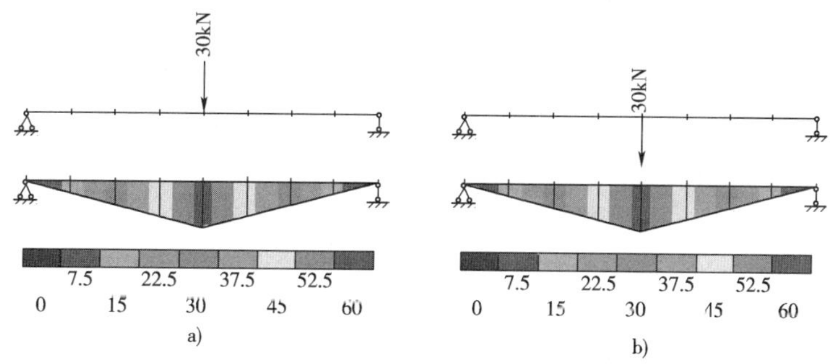

图 3-4 集中荷载端点作用位置对结构内力的影响情况示例

对于作用于单元上的分布荷载，要求其满布在某一单元上，此时分布荷载的基线（图 3-5）长度应该与其作用的单元长度相等，基线的两个端点与其所作用单元的两个端节点重合。图 3-6 中，单元 2、3 上分别作用有一个指向向下的均布荷载；单元 7、8 上分别作用有一个指向向下的梯形分布荷载；单元 5 上作用有指向向上的分布荷载；单元 9、10 的上方作用有一均布荷载，但其基线未作用在单元上，因此该均布荷载属于无效荷载。

实际上杆件上的均布荷载，可以有三种类型，见图 3-7。

（1）垂直于杆轴的均布荷载。

（2）作用于杆轴上的铅直均布荷载。

（3）沿杆轴方向的均布荷载。

3)节点约束对象

杆件有限元对象的节点约束信息是通过节点约束对象来表达的。节点约束对象是一种代表固定支座、固定铰支座、活动铰支座、滑动铰支座等节点约束的符号对象,其中活动铰支座和滑动支座只可以是竖向布置或水平布置,每个约束对象有一个作用于单元节点上的基点(图3-8),用以约束单元节点的水平位移、竖向位移及转角位移三个位移分量,并具有强迫位移、弹性刚度、约束反力等信息,各约束对象上箭头所在位置为基点位置。杆件有限元对象的节点位移约束情况可以通过修改节点约束对象的属性来调整,当约束对象的约束基点不作用于单元节点上时,该约束对象无效。在结构单元划分,凡是有位移约束的地方均需要设置为一个单元节点。

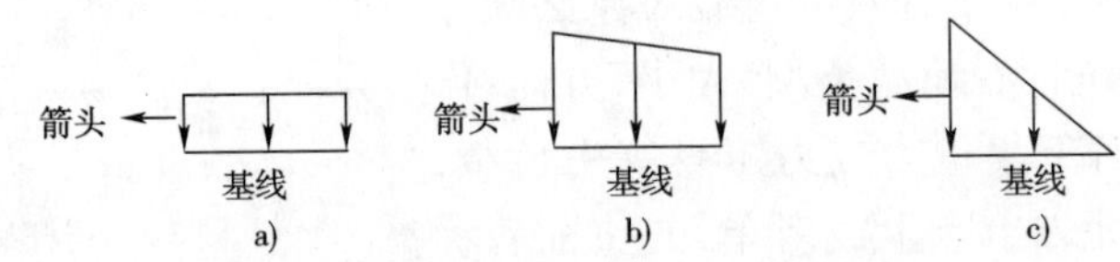

图3-5 分布荷载基线位置显示

a)均布荷载;b)梯形分布荷载;c)三角形分布荷载

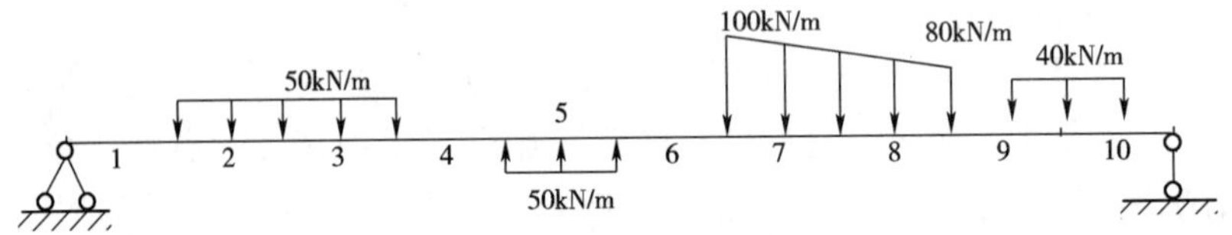

图3-6 分布(均布)荷载作用位置示例

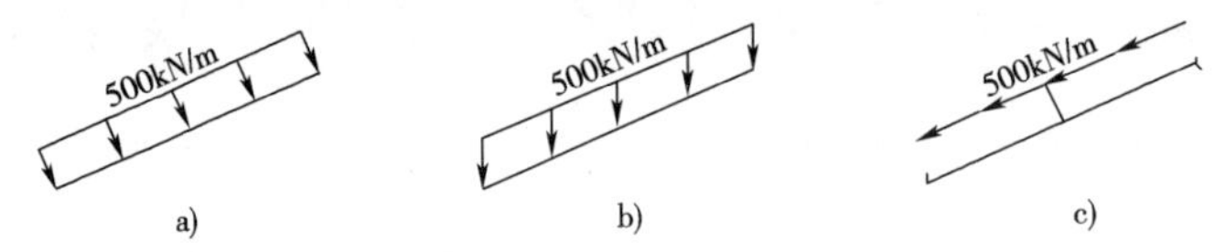

图3-7 作用于单元上三种均布荷载情况

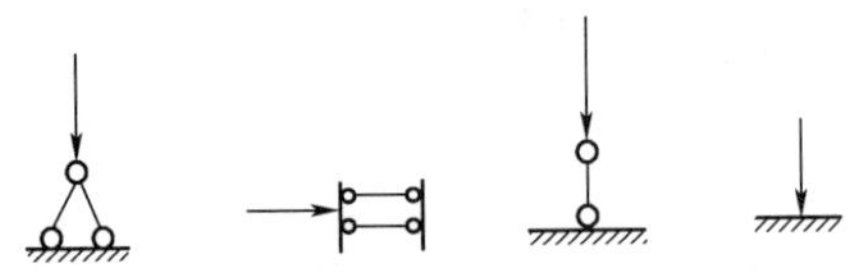

图3-8 节点约束对象的基点位置

4)单元选择器对象

单元选择器为一个矩形对象,绘制在杆件有限元的某一区域上,可以用来框选或交选所期望的单元群组;当采用框选矩形对象时,表示矩形包含的所有单元被选中;当采用交选对象时,表示矩形包含的单元,以及与矩形相交的所有单元被选中。创建单元选择器的目的是用来选择目标单元群组,以便修改它们的截面特性及材料属性,布置单元所受的外荷载,以及查询结构计算后计算结果等。图3-9为用单元选择器选择目标单元群组的一个示例,当单元选择器为框选类型时,表示仅选择了27号单元;而当为交选类型时,则表示5、6、16、17、38、39、27号单元群被选中。

5)几何图形对象

一种具有几何属性而无工程属性的图形对象，主要有直线、圆、圆弧及几何图块等图形对象，其中几何图块对象是由直线构成的图形整体，可以通过交互绘制方法创建和编辑，其创建可充分利用图形系统所提供的交互式图形绘制与编辑功能。

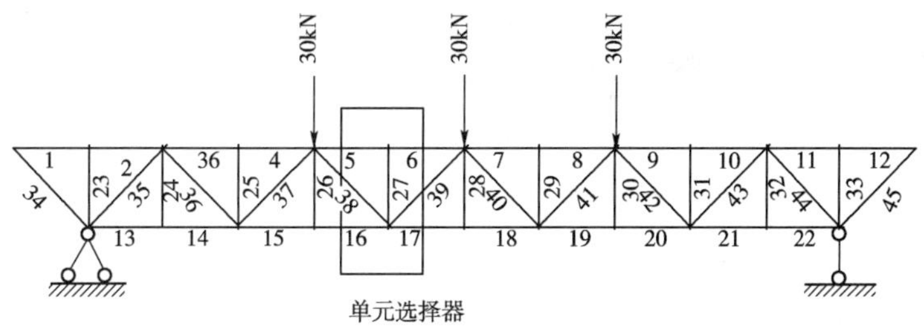

图 3-9　单元选择器选择目标单元群组的一个示例

6)参数化图形对象

一种几何形状相对固定，可以用若干参数加以描述并创建的图形对象。参数化图形对象抽离于现实杆件结构中的整体或局部，可以用来组装杆件结构的几何图形对象。

7)截面对象

一种具有截面特性的功能图形对象。截面对象的形式丰富多样，常见的截面类型有热轧工字钢、槽钢、角钢型钢、H 形工字钢等型钢截面，以及箱形截面、矩形截面、圆截面、圆环截面、一般截面及组合截面等。图 3-10 显示了两个截面对象，图 a)为工字钢截面，图 b)为由两个角钢组成的组合截面，它们的截面特性主要包括：

(1)截面面积 A。

(2)绕 X 轴的截面抗扭惯性矩 I_x。

(3)绕 Y 轴的截面惯性矩 I_y。

(4)绕 Z 轴的截面惯性矩 I_z。

(5)截面形心位置 Z_c、Y_c。

对于平面杆件有限元问题，截面特性主要包括 I_z,A 和 Y_c 等属性。

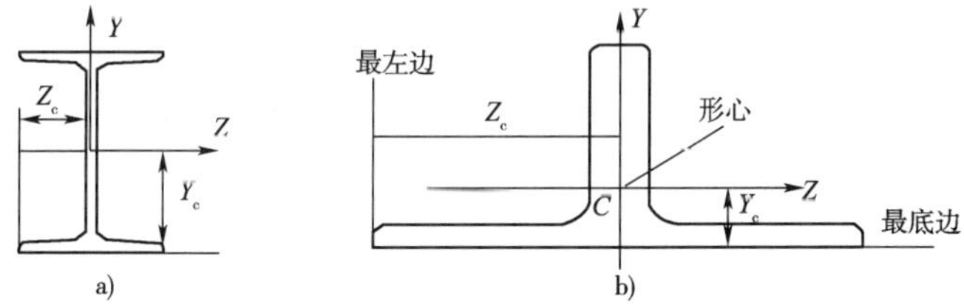

图 3-10　截面对象示例

3.2 平面杆件结构建模与计算的基本步骤

用 RBCCE 实现一般平面杆系结构计算的基本步骤是：

(1)创建杆件有限元对象。

(2)布置节点约束对象。

(3)布置结构外荷载。

(4)进行结构力学计算。

(5)计算结果查询与整理。

3.3 杆件有限元对象的创建与操作

建立杆件有限元对象的基本步骤是:

(1)绘制杆件有限元对象的几何图形对象,该对象为一几何图块对象,反映了杆件有限元对象的几何结构形式,但不具有单元属性。

(2)将几何图形对象进行强制转化成杆件有限元对象,单元、节点自动编码,初始化单元属性参数。

(3)采用单元选择器法编辑和修改单元属性参数。

(4)采用单元选器法查询单元截面特性数据,检查所建立的杆件有限元计算模型与实际结构是否一致,若不一致则需要重新修改。

3.3.1 绘制杆件有限元几何图形对象

绘制杆件有限元几何图形时,需要根据具体的几何形状特征选择合适的方法。当结构为一般性几何图形时,有两种方式可实现杆件有限元几何图形对象。一种是利用 RBCCE 提供的基本图形绘制与编辑功能绘制杆件有限元几何图形对象;另一种是采用通用绘图软件 AutoCAD 的图形绘制和编辑功能,绘制出杆件有限元几何图形,再将其导入到 RBCCE 图形页面中。

杆件有限元几何图形是一个图块对象,当绘制的几何图形是由直线段构成的松散集合体时,需要将它们合并成一个几何图形整体,此时系统会自动清除图形对象中可能存在的重线。

当杆件有限元几何图形对象具有整体或局部几何特征时,可以先采用参数化方法绘制出一些参数化图形(即典型结构),然后将这些典型结构对象通过拷贝、平移、旋转、合并等操作将它们合并成一个图块对象。RBCCE 提供的典型结构主要包括典型桁架、典型刚架及拱结构等。

参数化典型结构的创建方法是,单击指引线按钮,在图形窗口中的任意位置绘制一条直线(该直线称为指引线),系统弹出按钮命令组,见图 3-11。在该按钮命令组上单击按钮,系统弹出“典型结构”对话框,见图 3-12。在“典型桁架”页面上输入有关桁架的特征参数,单击“桁架 i”,$i=1,2,\cdots,9$,可以在指引线的起点处创建一个典型桁架对象。指引线的绘制方向将直接影响着桁架布置的方向,指引线的方向可以在“典型桁架”页面上的“旋转角度”编辑框中精确显示出来。当指引线为一条水平直线段时,典型桁架为水平布置,当指引线为一条竖向直线段时,则典型桁架将竖向布置。

图 3-13 显示了一个一般桁架结构几何图形对象的创建过程。先分别用水平和竖向指引线创建图 3-13a)所示的典型桁架对象,然后以 A 为基点,采用平移、拷贝等命令将竖向桁架对象拷贝到水平桁架对象的 B、C、D 点,即可得到图 3-13b)所示的图形对象组合体,最后,将这些

组合体合并成一几何图块对象[图 3-13c)],可以将其强制转化为桁架结构杆件有限元对象。

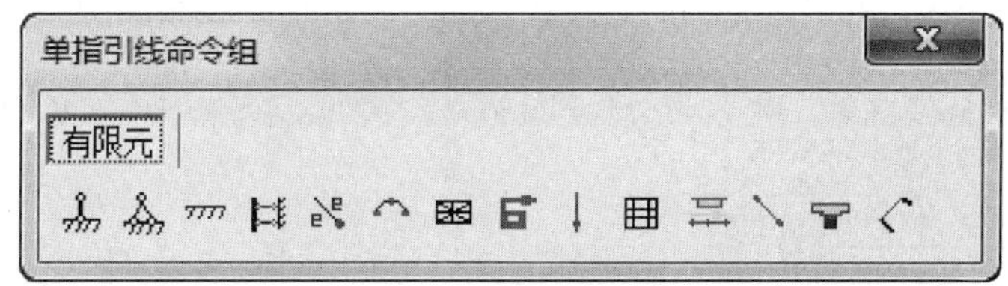

图 3-11　“单指引线命令组”对话框

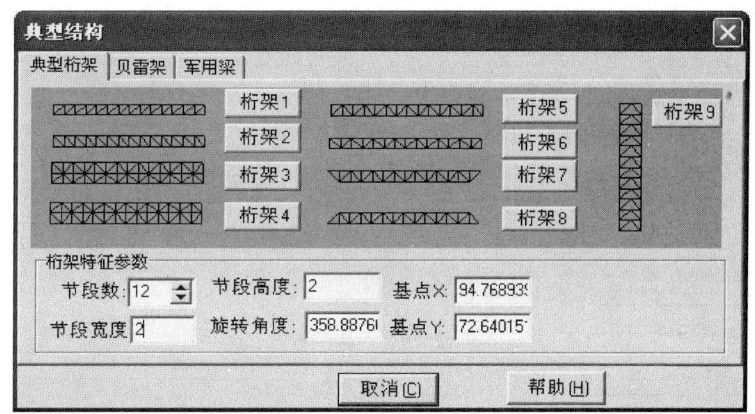

图 3-12　“典型结构”对话框

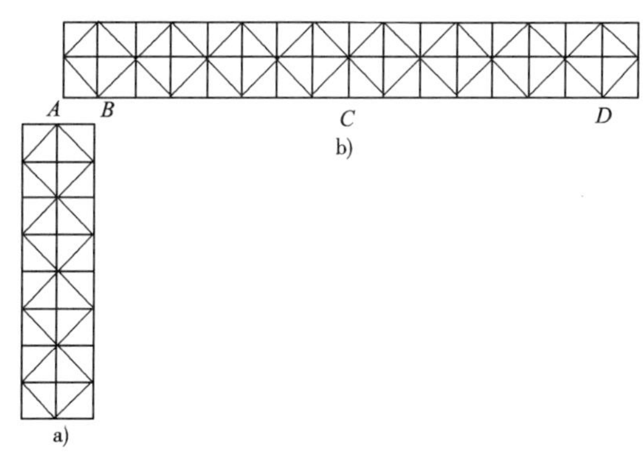

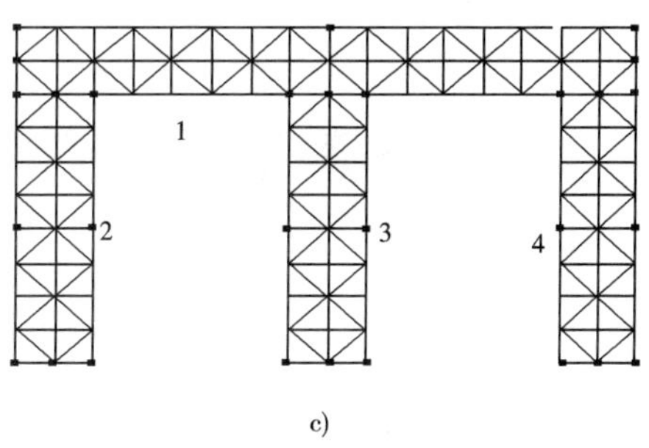

图 3-13　一般桁架结构几何图形对象的创建示例

指引线法创建典型刚架对象的方法是,在“单指引线命令组”对话框的命令组中,单击按钮命令,则系统弹出“典型结构”对话框的“典型刚架”页面,见图 3-14。输入典型刚架的有关参数,单击“绘制”按钮,可以创建出如图 3-15 所示的刚架结构。

图 3-16 为一计算跨度为 L、矢跨比为 f、拱轴系数为 m 定义的悬链线拱结构,其线形方程为:

$$y = \frac{f}{m-1}\left\{\mathrm{ch}\left[K\left(\frac{2x}{L}\right)\right]-1\right\}$$

式中, $K = \ln(m + \sqrt{m^2 - 1})$。

悬链线拱结构可按以下方法创建:在图 3-11 所示的按钮命令组中,单击按钮命令,则系统弹出“拱轴”对话框,见图 3-17。在“拱轴参数”页面上,输入拱轴系数、拱结构跨径,矢跨比、拱轴线分段数等基本参数，当拱轴设计需要考虑预拱度时，还需要输入预拱度值，然后单击“创建轴线”按钮，就可以创建悬链线拱轴线对象。

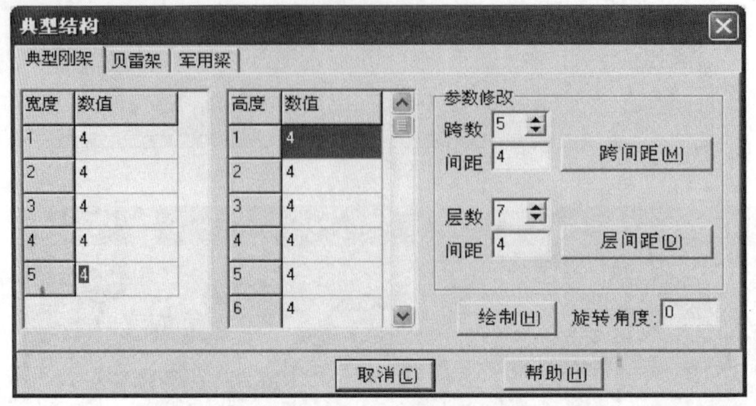

图 3-14 “典型结构”对话框之“典型刚架”页面

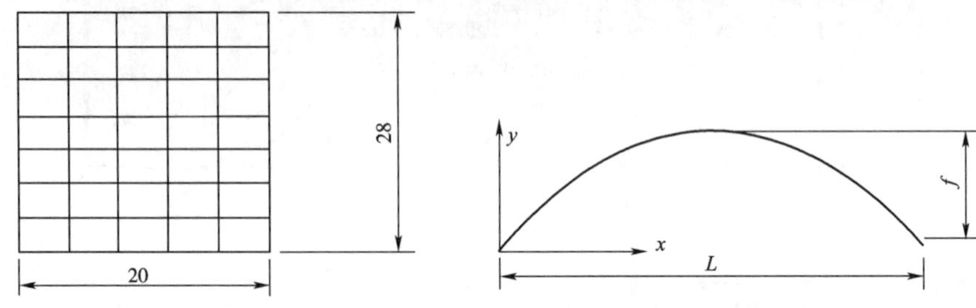

图 3-15 典型刚架结构示例

图 3-16 悬链线拱结构

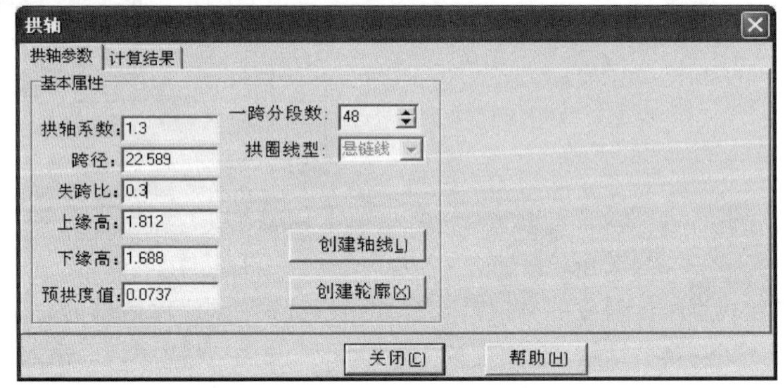

图 3-17 “拱轴”对话框

3.3.2 强制转化法创建杆件有限元对象

在杆件有限元几何图形对象创建后，选中该图形对象，单击按钮，即可将其转化为杆件有限元对象，这种杆件有限元对象的创建方法简称强制转化法。采用强制转化法创建的杆件有限元对象，具有自动编码得到的单元与节点编号，所有单元节点均预先定义为刚节点，各单元截面特性和材料参数均为系统预定义值，还需要根据实际结构情况进一步修改。

3.4 杆件截面对象的创建方法

针对不同的截面对象类型，系统提供了三种截面对象的创建方法。

3.4.1 典型截面对象的创建

典型截面主要是指箱形截面、型钢截面、万能杆件组合截面等。单击典型截面绘制按钮命令，在图形窗口中绘制一条指示线，系统弹出"典型截面"对话框，见图3-18，在该对话框上选择相关的对话框页面并创建需要的典型截面对象。

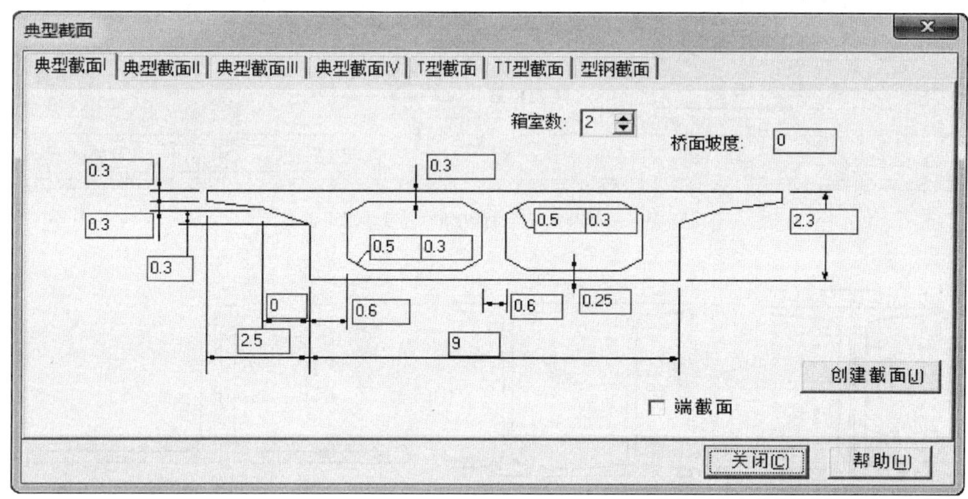

图3-18 "典型截面"对话框

1)创建箱形截面对象

在"典型截面I"等页面上，输入箱形截面的有关截面几何参数，单击"创建截面"，可以创建出箱形截面的几何图形对象，再选中该截面几何图形对象，单击几何截面对象强制转化按钮命令，将其转化为具有截面特性的截面对象。

2)创建型钢截面对象

"典型截面"对话框"型钢截面"页面的"型钢"组合框见图3-19，选择或输入以下参数。

(1)类型：型钢截面类型，可以是热轧工字钢、槽钢、等边角钢和H形工字钢。

(2)规格：选择截面类型的规格。

(3)截面数：可以是1或2。为1时为单截面，为2时表示截面对象为由两个型钢截面并行组成的组合截面。

(4)截面水平间距：当截面数为2时有效，表示两型钢截面间的水平静间距，见图3-20。

单击"创建截面对象"按钮，可以创建出所选型钢截面的截面对象；单击"型钢截面特性表"，可以在EXCEL中创建出所选型钢截面的截面特性表；单击"所有型钢截面特性表"，可以在EXCEL中创建出所有型钢截面的截面特性表。

3)创建其他截面

打开"其他截面"页面，输入有关截面参数，可以创建钢管混凝土截面、钢管截面、万能杆件组合截面的截面对象等。

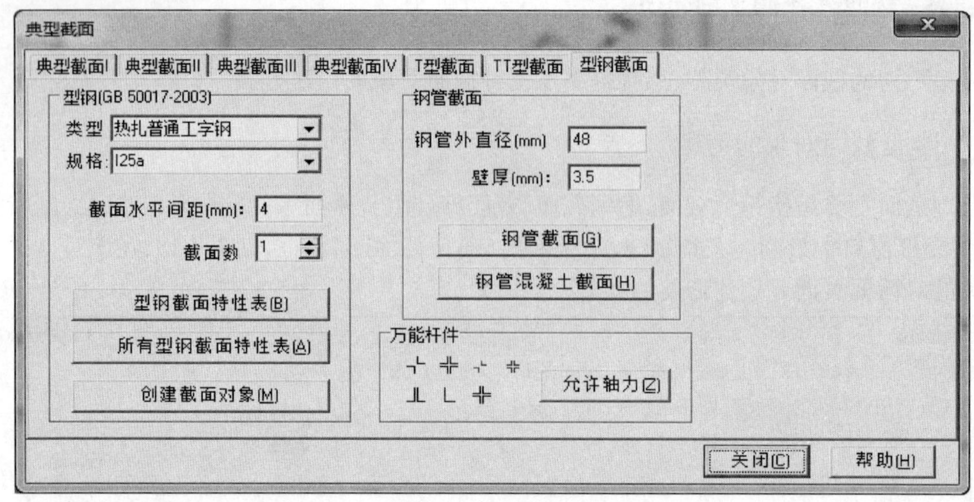

图 3-19 “典型截面”对话框的“型钢截面”页面

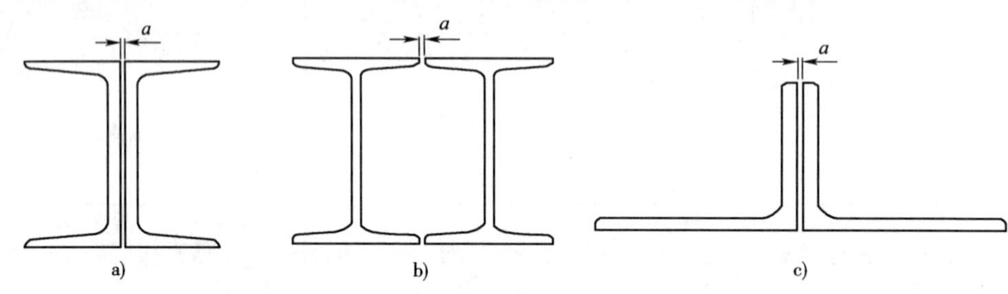

图 3-20 型钢双截面的水平净距

a) 双槽钢;b) 双工字钢;c) 双角钢

3.4.2 一般截面对象的创建

当截面几何形状难以参数化,需要利用图形绘制与编辑功能来创建的截面对象,称为一般截面对象。一般截面对象的创建步骤是:

(1)绘制和编辑截面对象的几何图形对象,当截面几何图形为由直线、圆弧或圆组成的松散集合体,需要将它们合并成一个图形整体。

(2)选中该几何图形对象,单击截面对象强制转化按钮,即可将该几何图形对象强制转化为有截面特性的截面对象。

一般截面对象的创建方法为任意截面形状的截面特性计算与属性查询提供了一种方法。要绘制截面几何图形对象,可以直接利用 RBCCE 提供的图形绘制与编辑功能,或者借助 AutoCAD 功能绘制完成后将其导入 RBCCE 系统中。

能够强制转化成一般截面对象的几何图形可以是实心或空心截面,空心截面中可以有多个腔室,但腔室中不能再有腔室。截面的轮廓线及腔室轮廓线必须是一封闭的曲直组合线,各相邻线段端点首尾相连,不能有重叠。图 3-21 中,三个图形均为可以强制转化为具有截面特性的截面对象。

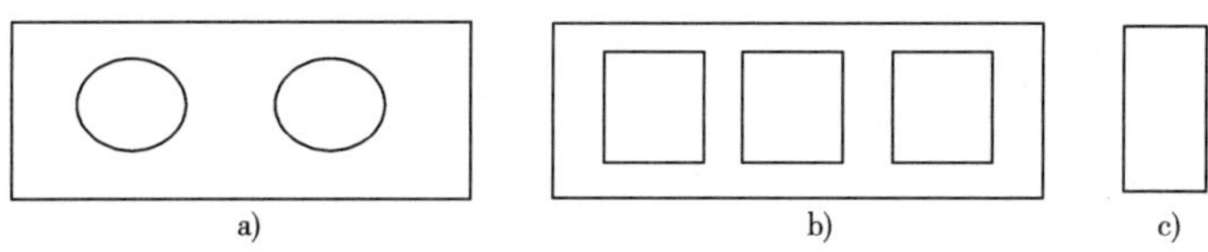

图 3-21　可以强制转化为截面对象的几何图形对象

a）空心截面；b）空心截面；c）实心截面

3.4.3 组合截面对象的创建

一个以上的独立截面对象通过组合截面对象创建操作，可以得到一个组合截面对象。组合截面对象的创建步骤是：

（1）分别创建组合截面中的各个独立截面对象。

（2）绘制一矩形对象框选这些截面对象。

（3）打开其中一截面对象的对话框（图 3-22），单击“组合截面”按钮，可以创建出由上述框选独立截面对象组成的组合截面对象。

采用上述组合截面对象的创建方法，可以创建出多种组合截面对象。图 3-22a）所示为一组合截面创建前的状态，由[20 槽钢截面及 I30b 工字钢截面对象组成，它们是两个彼此独立的截面对象；采用组合截面对象创建方法后，可以创建出由它们组成的组合截面对象，其截面特性及形心位置，见图 3-23b）。

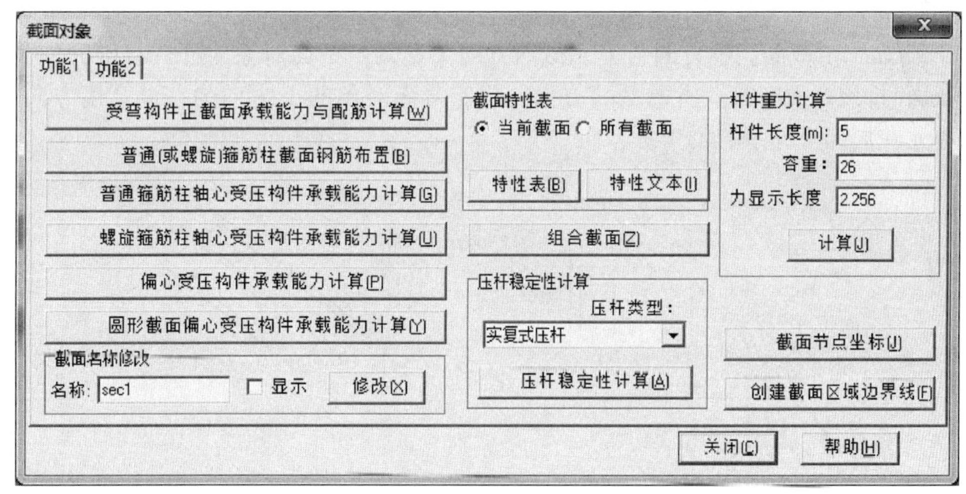

图 3-22　“截面对象”对话框

3.4.4 截面对象属性查询

在图形窗口中创建出截面对象后，可打开其属性对话框，在“功能 1”页面的“截面特性表”组合框中，单击“特性表”按钮，即可在图形窗口中创建出截面对象的截面特性表，其中当“当前截面”被点选时，仅创建对所选截面对象的截面特性表；当“所有截面”被点选时，截面特性表则是针对当前图形窗口中所有截面对象；若在“杆件重力计算”组合框中，输入杆件长度、重度（容重）等参数，单击“计算”按钮，可以得到给定长度杆件的重力和形心位置，见图 3-24。

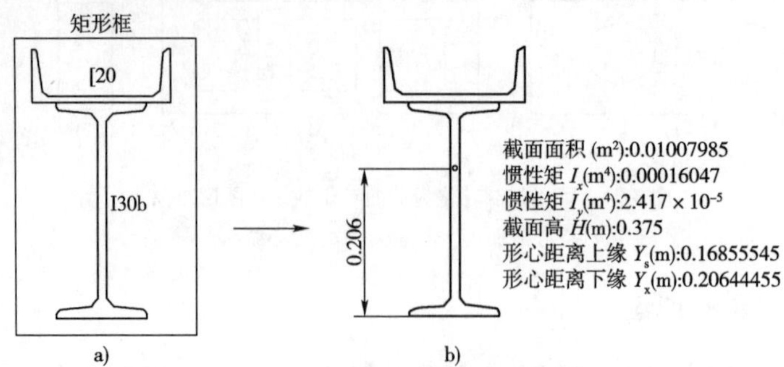

图 3-23　组合截面对象创建示例

a)组合截面创建前;b)组合截面创建后

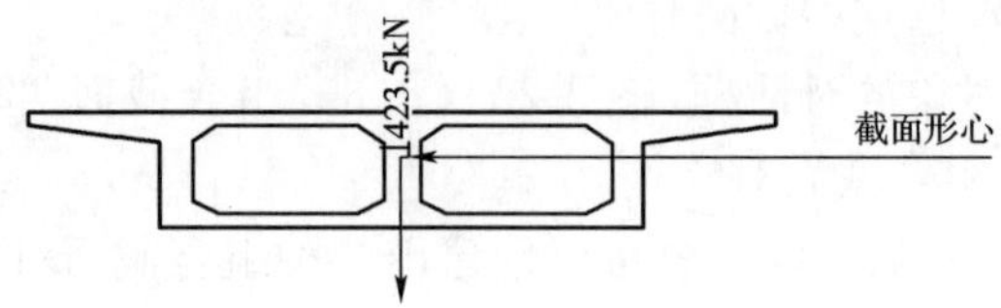

图 3-24　截面对象的重心与形心位置计算示例

3.4.5 截面对象与杆单元的关系

图 3-25 显示了截面高度方向与单元截面方向关系。当截面对象为杆件有限元中某一杆件单元截面时,该截面有其缺省的截面方向。规定截面对象的 Y 方向为截面高度方向,对应于杆件单元在局部坐标系的 $\overline{Y}$ 坐标方向。

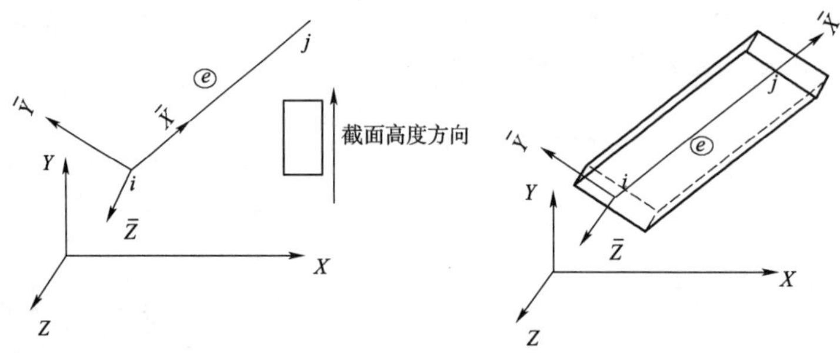

图 3-25　截面高度方向与单元截面方向关系图

3.5 杆件有限元对象的编辑与修改

杆件有限元对象创建后,其上各杆件单元类型、节点类型、单元重度、材料参数及截面特性值等单元属性均按系统缺省的数据给出,还需要进一步对它们进行修改;另外,针对创建的杆件有限元对象,还可能需要单元分割、删除及合并等编辑修改操作,才能得到期望的杆件有限元对象。

3.5.1 单元属性的批量修改

单击按钮▭,在杆件有限元的某一区域处绘制一矩形对象,线条颜色为蓝色,该矩形框即为框选单元选择器;如果单击按钮▭,在杆件有限元的某一区域处绘制一矩形对象,则该对象颜色为绿色,则该矩形框即为框选单元选择器。

打开单元选器对话框,在"特征参数修改"页面上(图3-26),可以实现单元类型及单元截面属性的修改。在"单元类型修改"组合框中,选择单元类型(链杆单元还是梁单元类型),单击"单元类型修改"按钮,可以将选中的单元群组修改为选中的单元类型;当单击"混凝土"按钮,则将所选择单元输入钢材弹性模量,默认值为 $E=2.06\times10^8\text{kN/m}^2$;当单击"钢材"按钮,则将所选择单元输入钢材弹性模量,默认值为 $E=3.5\times10^7\text{kN/m}^2$;如在"等截面单元特征参数"组合框中,修改单元截面特性值,勾选特征单元选项,单击"参数修改"按钮,则可针对符合选项要求的单元群进行属性修改,如当勾选"水平杆件"选项,则所选择的单元群组中仅水平杆件有效。

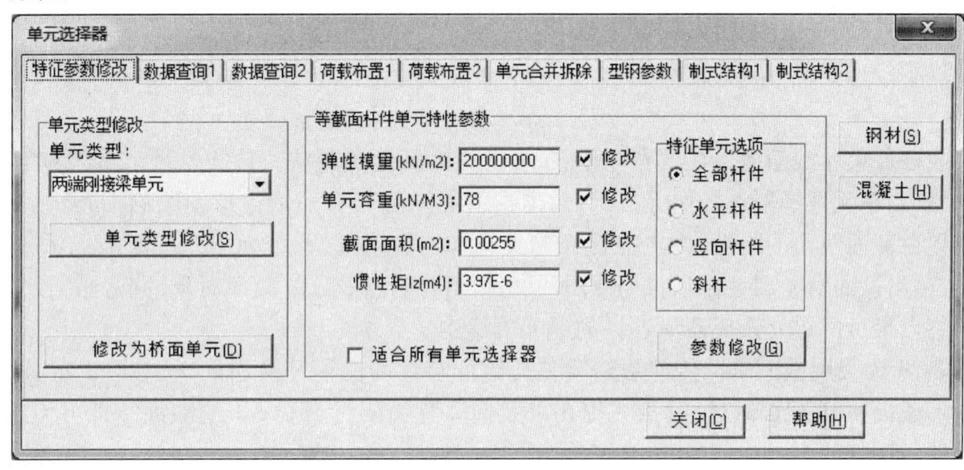

图3-26 "单元选择器"的"特征参数修改"页面

可以在选择多个单元群组同时进行截面属性修改,此时可绘制多个单元选择器选择多组目标单元,再在图3-26所示的对话框页面上,勾选"适合所有单元选择器"选项,则单击"参数修改"后,可以修改所有目标单元的单元属性。图3-27为利用多个单元选择器同时修改单元属性的一个示例,通过框选单元选择器1、2、3,可以同时修改桁架结构中水平杆件单元的单元属性。

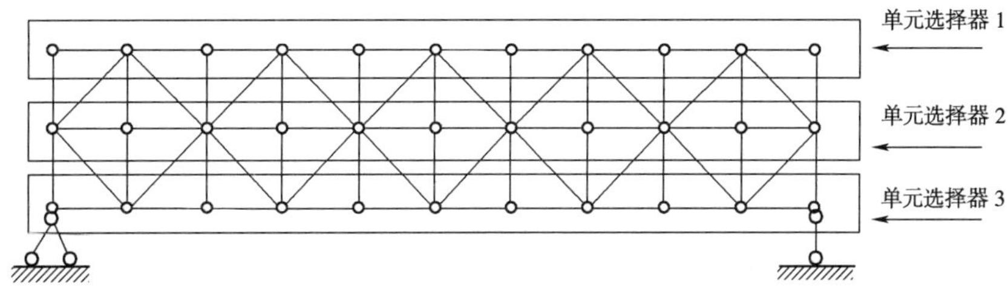

图3-27 利用多个单元选择器同时修改单元属性示例

当杆件单元为工字钢、角钢、H 形钢或槽钢等型钢截面时，可以在单元选择器的“型钢参数”页面的“型钢”组合框，见图 3-28，选择型钢截面类型、规格、截面数（最大数为 2，即截面为双截面）；当为双截面时，还需要输入相邻截面间的净距；单击“截面特性输入有限元”按钮，可以将所选择的型钢截面特性输入到被选中的单元群组中。

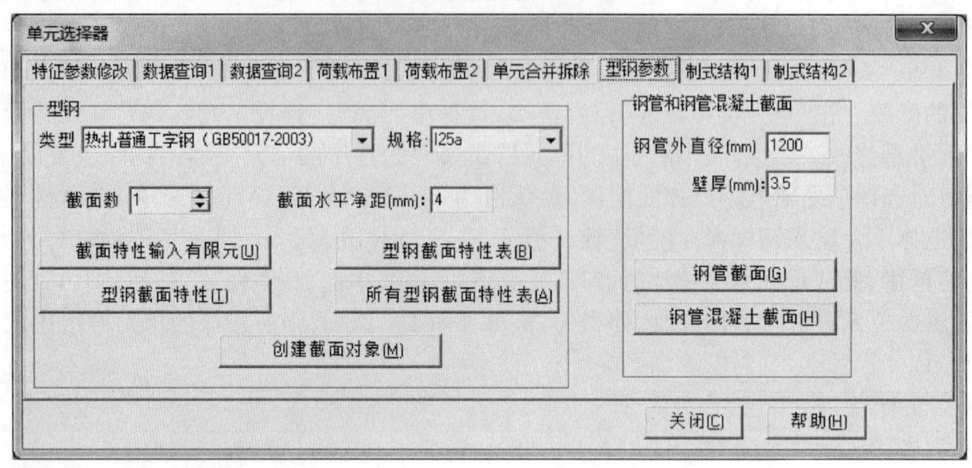

图 3-28　“单元选择器”对话框的“型钢参数”页面

修改杆件单元截面属性的另外一种方法是截面属性传递法。该方法要求先绘制截面对象，然后绘制单元选择器选择单元群组；单击指引线按钮，在图形窗口中绘制一条直线段，其起点捕捉在截面对象的附近，终点捕捉在单元选择器的附近，系统弹出“单指引线命令组”对话框后，单击截面对象属性传递按钮，即可将指引线起点最近的截面对象的截面特性传递到指引线终点最近的单元选择器所选择的单元群组中。

图 3-29 为采用截面属性传递法修改单元截面特性的例子。绘制的指引线 dLine，起点捕捉在矩形截面 sec1 截面附近，终点捕捉在单元选择器 A 附近，则 sec1 的截面特性可传递到单元选择器所选择的 1 ~ 10 号单元中。

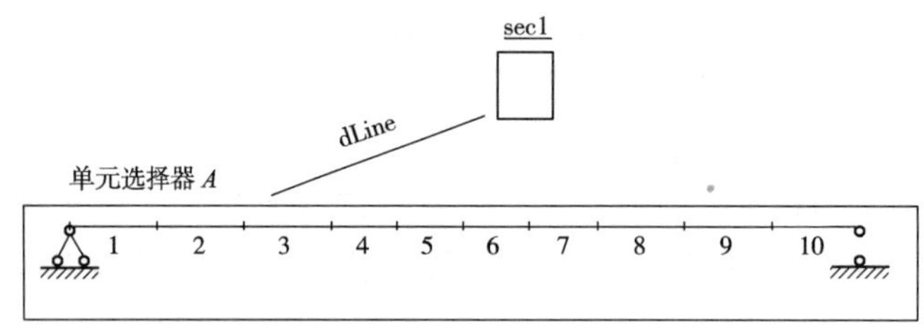

图 3-29　指引线法修改单元截面特性示例

3.5.2 单元节点连接修改

强制转化法创建的杆件有限元对象中，单元节点全为刚节点。实际结构中，单元节点有时会出现全铰节点或组合节点类型，可以采用指引线法修改单元节点类型。

指引线法修改单元节点类型的步骤是：单击指引线按钮，系统弹出“单指引线命令组”对话框，绘制一条直线段（简称指引线），其起点捕捉在杆件有限元附近的任意位置，终点绘制在目标节点的附近，单击按钮，可以将目标节点修改为全铰节点；如果绘制的直线段，其起点捕捉杆件有限元附近的任意位置，终点绘制在某一目标单元端点的附近，单击按钮，则可以将该目标单元端点修改为组合节点。

图 3-30 为一个指引线法修改单元节点类型的示例。绘制 dLine1 指引线，单击按钮命令，可以将 EA 单元在 A 端修改为铰节点，A 节点即成为一组合节点；绘制指引线 dLine2、dLine3，单击按钮，则可将 B、C 节点修改为全铰节点。

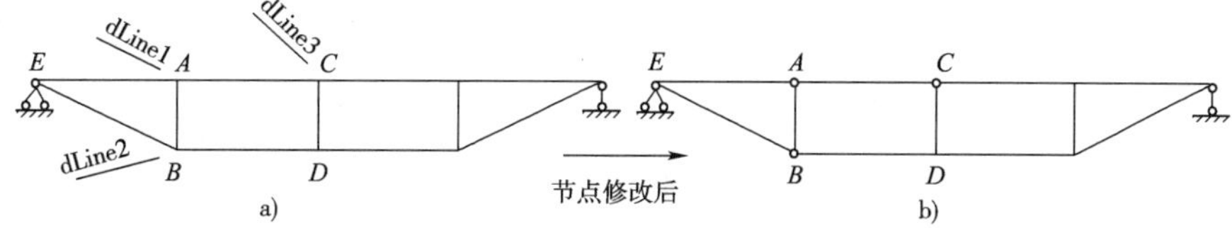

图 3-30 指引线法修改单元节点类型示例

对于桁架结构，可以通过单元选择器修改单元类型为中心显示的链杆单元类型，所得到的单元节点类型为全铰节点，见图 3-31。

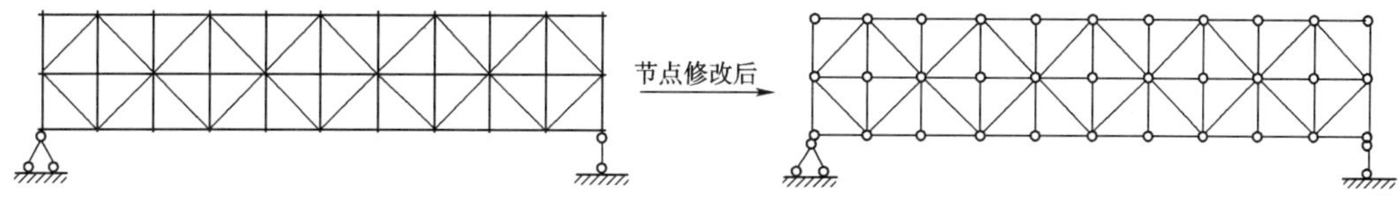

图 3-31 桁架结构计算模型创建示例

3.5.3 单元合并与拆除

单元合并与拆除是杆件有限对象编辑的两种常用方法。单元合并有两种方式，一种方式是将两个或多个独立的杆件有限元对象合并成一个杆件有限元对象，相应的单元与节点将自动重新编号，而各个杆件的截面特性保持不变。图 3-32a）为一已创建好的杆件有限元对象Ⅰ，现需要在节点 A、B 之间增加一个单元；可以先绘制一条连接 A、B 节点的直线段，将该直线段强制转化为杆件有限元对象Ⅱ，并修改其单元属性，见图 3-32b），此时在该图上有两个独立的杆件有限元对象；绘制一单元选器，框选Ⅰ、Ⅱ杆件有限元对象，打开单元选择器对话框，在“单元合并拆除”页面上（图 3-33），单击“单元合并”，则可以将杆件单元对象Ⅰ、Ⅱ合并成一个杆件有限元对象Ⅲ，此时对象Ⅲ上各个杆件的截面特性值与合并前相同。

单元合并的另外一种方式是两相邻直线单元的合并。当两个单元邻接且在一条直线上时，可以将其合并成一个单元。具体操作方法是：绘制单元选择器选择需要合并的两个单元（只能选择这两个单元），打开选择器对话框（图 3-33），在“单元合并与拆除”页面上，单击按钮“两相邻直线单元合并”，可以将选择的两个单元合并成一个单元。图 3-34a）中，单元 3、4 为两个相邻单元，它们位于一条直线上，利用交选单元选择器可将它们合并成一个单元，得到图 3-34b）所示的杆件有限元对象。

利用单元选择器可以实现单元的拆除功能，拆除后的杆件有限元对象将自动重新单元、节点编号。图 3-35a）中，单元选择器选中了杆件有限元对象Ⅰ上的单元 16，打开单元选择器的对话框，在“单元合并拆除”页面上（图 3-33），单击“单元拆除”按钮，即可将单元 16 拆除掉，被拆除的杆件有限元对象将重新单元节点编号，见图 3-35b）。

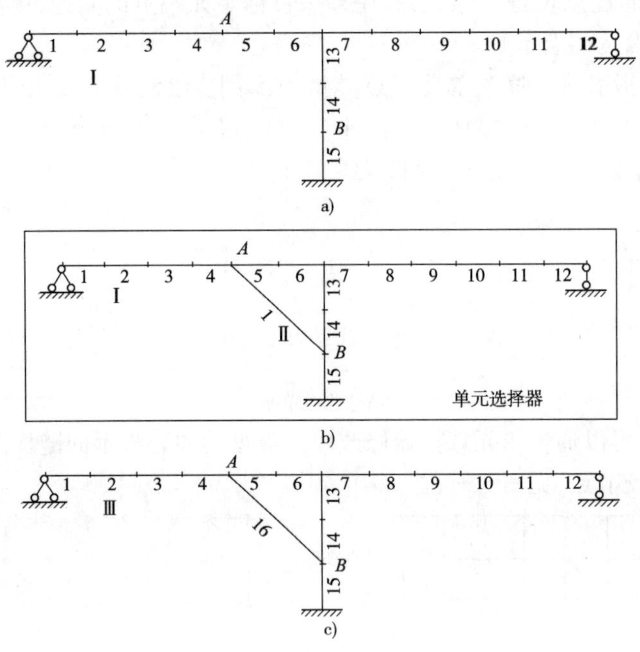

图 3-32 杆件有限元对象合并示例

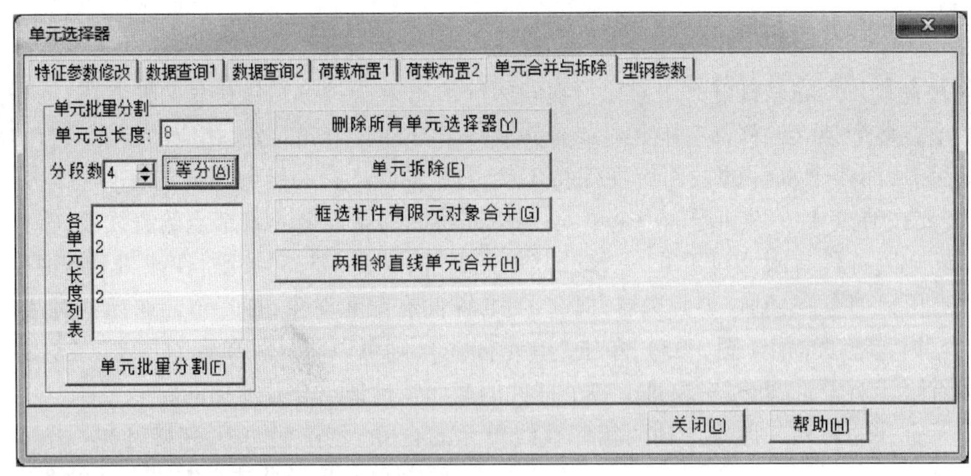

图 3-33 “单元选择器”对话框的“单元合并拆除”页面

3.5.4 单元批量分割

在杆件有限元对象中，当某一单元长度较长需要将其细分成多个单元段时，可以按以下的操作方法实现：绘制单元选择器选择要细分的单元，打开单元选择器对话框（图 3-33），在“单元合并拆除”页面的“单元批量分割”组合框中，输入单元细分长度列表，要求它们的总长于被分割单元的长度，再单击按钮“单元批量分割”。图 3-36a）中，3 号单元的长度为 12m，利用其上的交选单元选择器，可以将其分割成图 3-33b）所示的 6 个单元，各个细分单元长度均为 2m。

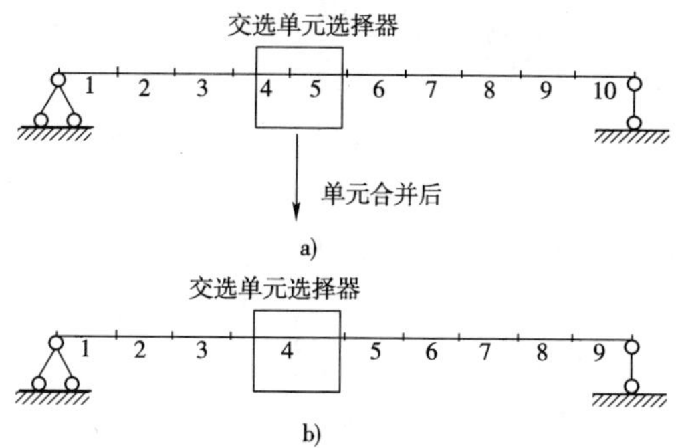

图 3-34　两相邻直线单元合并示例

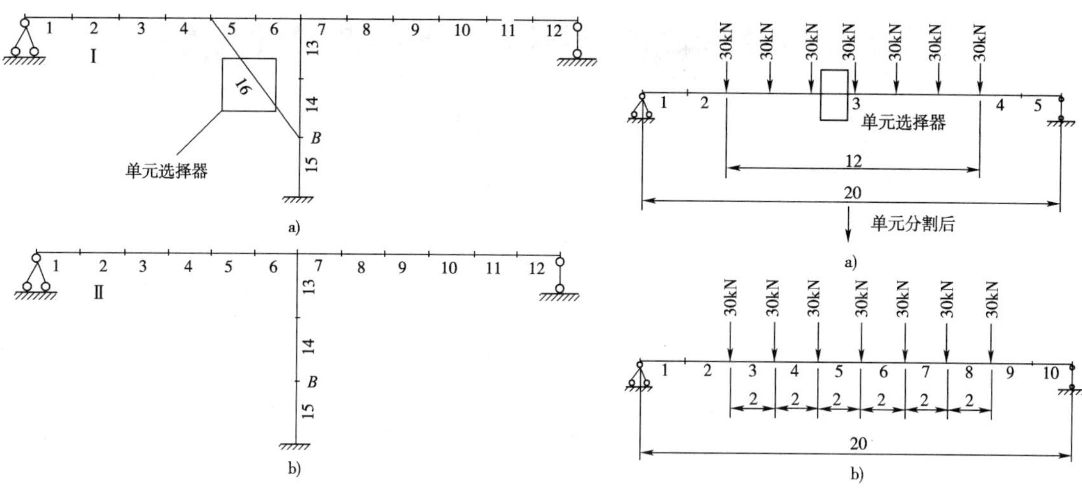

图 3-35　单元拆除示例

图 3-36　单元批量分割示例

3.6 节点约束布置

可以采用指引线法创建约束对象实现节点约束的布置。单击指引线按钮，绘制直线段，起点指向目标约束节点，终点绘制在位移约束方向的某一点，之后，直线段就会自动消失，系统弹出“单指引线命令组”对话框后，单击某一约束对象按钮，即可绘制节点约束对象。对于活动铰支座，系统根据指引线的方向自动转化为铅直或水平的约束对象。图 3-37 中，绘制指引线 dLine 后，在“单指引线命令组”对话框上单击按钮后，即可创建出图中所示的铅直活动铰支座。

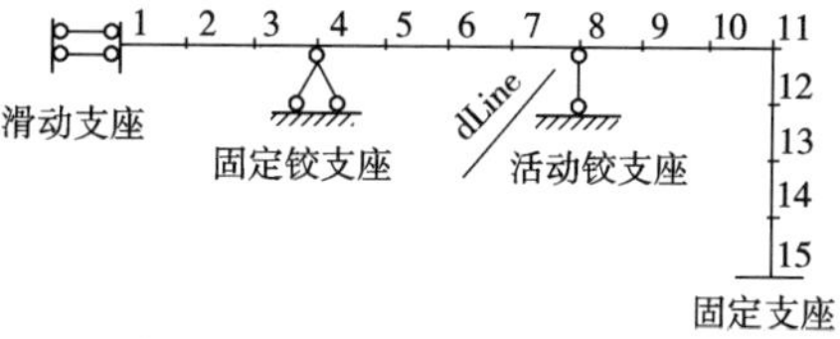

图 3-37　节点约束对象创建示例

每类约束对象均有其约束信息。根据图3-37所示的节点约束对象布置情况，可得到该结构的以下约束信息。

(1)节点1:水平位移 $u_x=0$，竖向位移 u_y 自由，角位移 $\theta=0$。

(2)节点4:水平位移 $u_x=0$，竖向位移 $u_y=0$，角位移 θ 自由。

(3)节点8:水平位移自由，竖向位移 $u_y=0$，角位移 θ 自由。

(4)节点15:水平位移 $u_x=0$，竖向位移 $u_y=0$，角位移 $\theta=0$。

实际上，当被约束节点处有强迫位移(或支座沉陷)，或者支座为弹性约束时，可以将这些数值当作约束对象的工程属性，并通过节点约束对象的属性对话框输入，具体操作方法是:打开约束对象的属性对话框(图3-38)，在"属性"页面上，输入约束节点的弹性系数或强迫位移，单击"约束调整"按钮即可。

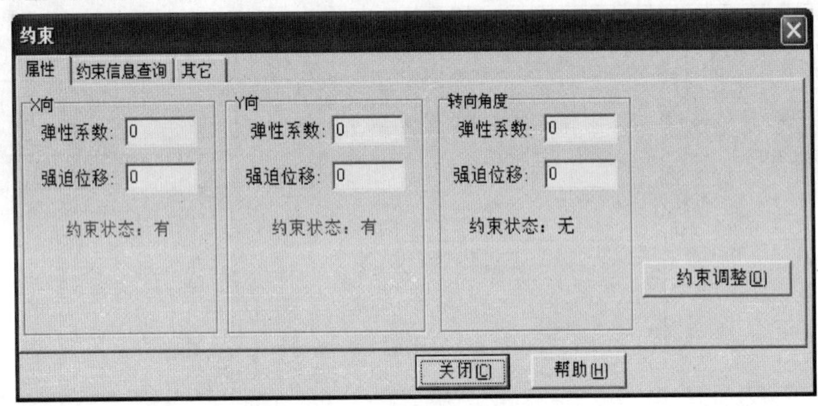

图3-38 "约束对象"的属性对话框

3.7 外荷载布置

RBCCE通过创建集中荷载、均布或分布荷载对象的创建实现杆件有限元对象外荷载的布置。

3.7.1 集中荷载创建方法

可以采用指引线法创建集中荷载。具体操作步骤是，单击指引线按钮，在单元节点附近绘制一条沿集中荷载方向的指引线，指引线绘制完成后，系统弹出"指引线命令组"对话框(图3-11)，单击按钮↓即可创建出一个沿指引线方向的集中荷载，集中荷载的作用点即为离指引线终点最近的节点或线段端点，当集中荷载作用于单元节点上时，该集中荷载即为节点集中荷载。

集中荷载具有荷载大小、方向及显示长度等特征参数，指引线法创建的集中荷载数值是系统预定义值，打开"荷载"对话框，在"荷载修改"组合框中，输入需要修改的数值，再单击"修改"按钮(图3-39)，即可得到按给定参数定义的集中荷载；如果单击"转向"按钮，则可以得到一反向的集中荷载；单击"所有长度修改"按钮，可以将当前图形窗口中框选的集中荷载的显示长度修改为指定的显示长度。

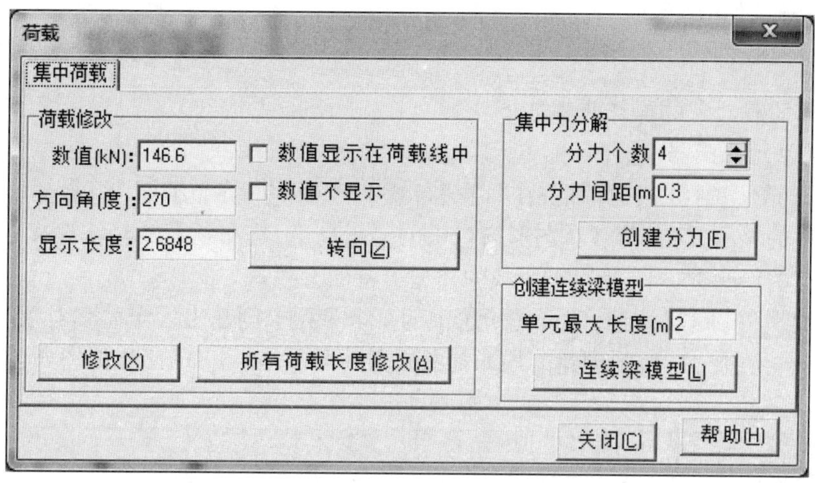

图 3-39　“荷载”对话框

创建集中荷载对象的另外一种方法为强制转化法。在集中力作用的节点处，绘制一条直线或圆弧，然后选中该线段，单击强制转化按钮，系统弹出“强制转化”对话框，在“转化 1”页面上的“将线段转化成已知荷载”组合框中输入集中荷载数值(图 3-40)，然后单击“将线段转化为已知荷载”按钮，则该线段将被转化为集中荷载；当线段为圆弧时，则集中荷载为一力矩，圆弧的箭头方向为节点力矩方向，由此可表达出力矩的顺时针或逆时针方向。要重新修改节点力矩的大小和方向，可以打开集中荷载属性对话框进行操作即可。

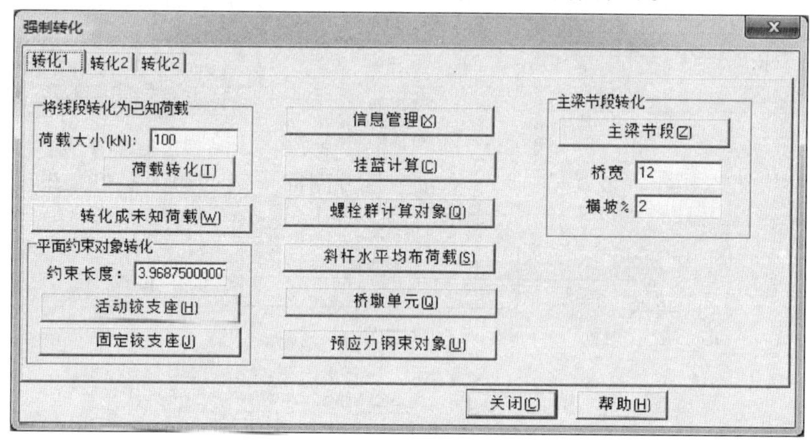

图 3-40　强制转化对话框的“转化 1”页面

图 3-41 为集中荷载创建的示例，图中两个力矩均为顺时针方向的集中力矩。

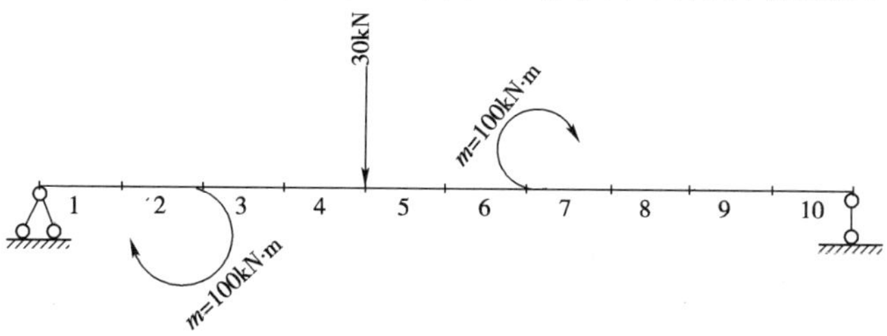

图 3-41　集中荷载创建示例

3.7.2 均布荷载创建

创建均布荷载对象的操作步骤如下:

(1)绘制单元选择器,选择目标单元群组。

(2)打开“单元选择器”对话框,在“荷载布置 1”页面的“均布荷载”组合框中(图 3-42),输入均布荷载的大小,均布荷载在图形窗口中的显示高度,均布荷载的箭头密度(为单元上显示的均布荷载的箭头数 -1)及均布荷载的类型等特征参数。

(3)单击“均布荷载”按钮,即可在所选中的每个单元上创建出均布荷载对象类型;如果单击的“反向均布荷载”按钮,则创建的均布荷载对象将与单击“均布荷载”按钮所创建的均布荷载方向相反。

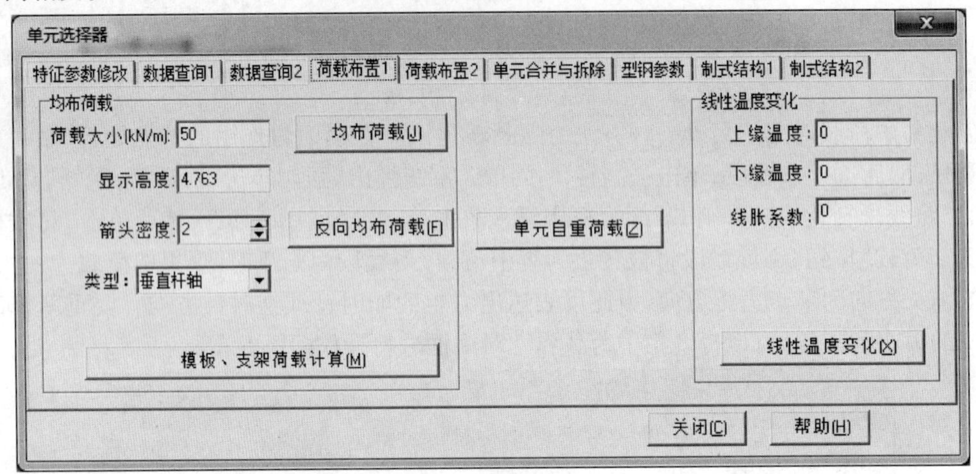

图 3-42 “单元选择器”对话框的“荷载布置 1”页面

图 3-43 显示了作用于简支梁 3 ~ 8 号单元上且方向向下的均布荷载创建的一个例子。

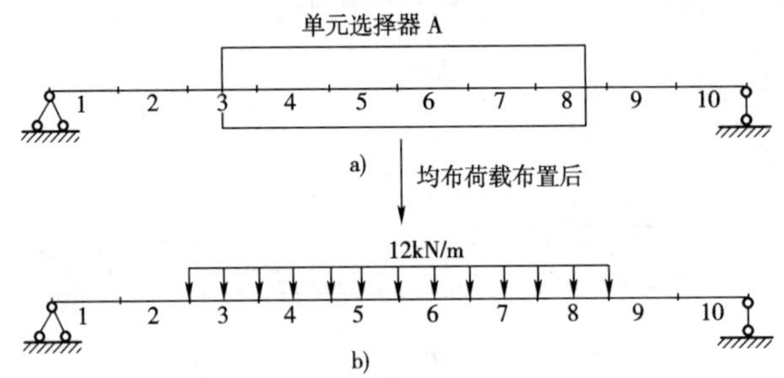

图 3-43 利用单元选器创建均布荷载示例

实际上,单元上的每个均布荷载是一个独立的图形对象,打开其对话框(图 3-44),可以对均布荷载的属性进行修改。

3.7.3 分布荷载的创建方法

可以采用单元选择器法实现单元上分布荷载的创建,具体操作步骤是:

(1)绘制单元选择器,选择目标单元群组。

(2)打开"单元选择器"对话框,在"荷载布置2"页面上(图3-45),输入分布荷载的大小,分布荷载在图形窗口中的显示高度等特征参数。

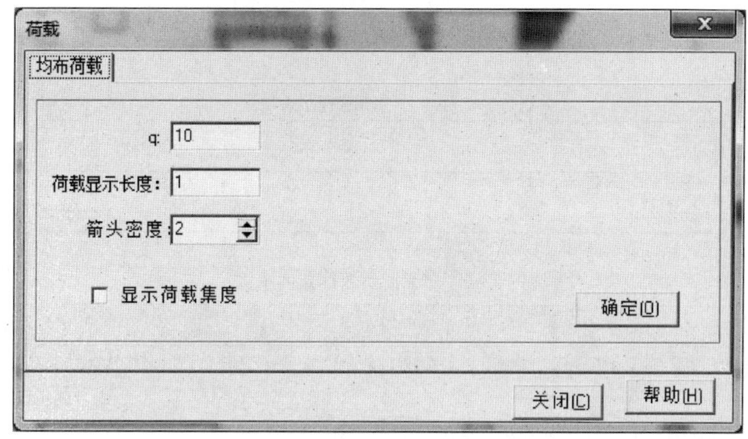

图3-44　"均布荷载"对话框

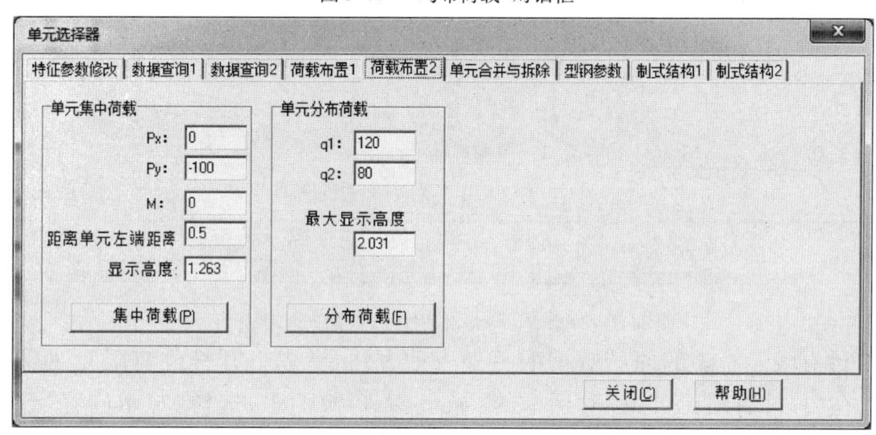

图3-45　"单元选择器"对话框的"荷载布置2"页面

(3)单击"分布荷载"按钮,即可在选中的每个单元上创建出一分布荷载对象,荷载方向与单元杆轴垂直。

3.8 温度变化的输入

当杆件单元发生线性温度变化时,可以通过单元选择器来实现杆件温度变化数据的输入。首先,绘制单元选择器选中有温度变化的单元组,打开单元选择器对话框,然后在"荷载布置1"页面的"线性温度变化"组合框中(图3-42),输入单元上下翼缘的温度变化值,以及杆件的线胀系数,单击"线形温变"按钮,可以实现单元线性温度变化的输入。

3.9 杆件有限元对象原始数据查询

杆件有限元对象创建后,还需要检查其原始数据,以确保杆件有限元对象建模数据的正确性。有两种方法查询杆件有限元对象的原始数据。一种是通过单元选择器，创建所选择单元的单元特征数据表。例如，在图3-46中，利用单元选择器A，可以打开其属性对话框，在“数据查询1”页面上(图3-47)，单击“单元特征数据表”按钮就可以得到所选单元群组的单元属性数据表。

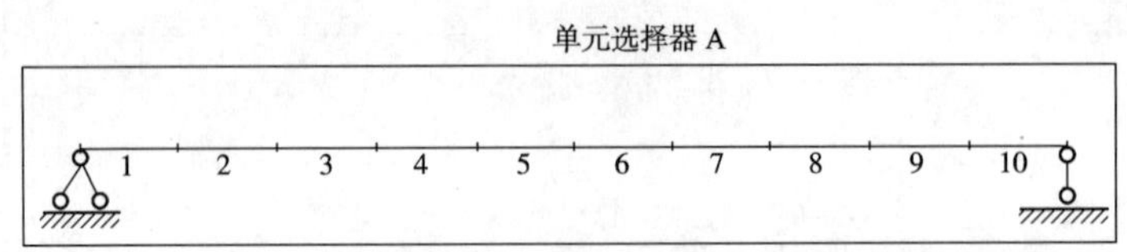

图3-46　单元原始数据查询示例

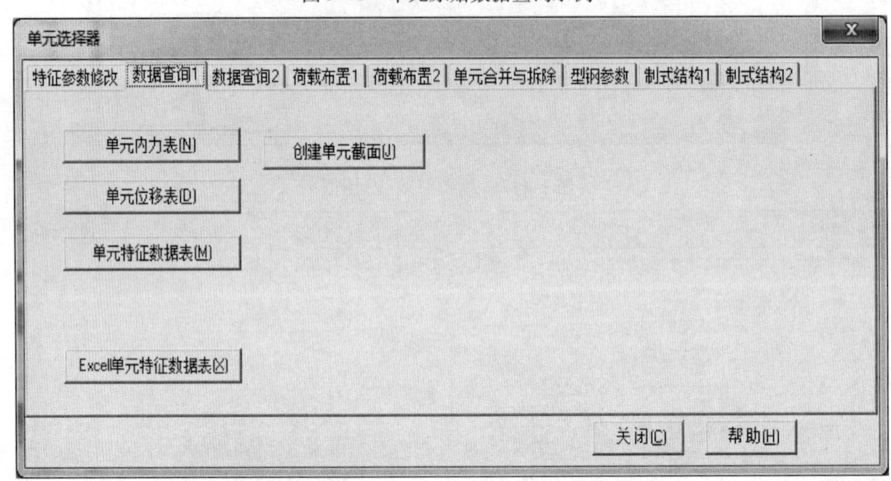

图3-47　“单元选择器”对话框的“数据查询1”页面

查询杆件有限元对象的原始数据的另外一种方法是，先打开杆件有限元对象的对话框(图3-48)，在“杆件有限元对象”对话框的“显示控制”页面上，选择“显示内容”选项中选择“单元特征值”单选按钮，再在“单元特征值选项”下拉列表中选择关心的单元属性项，即可在杆件有限元对象上，显示单元的属性数据。

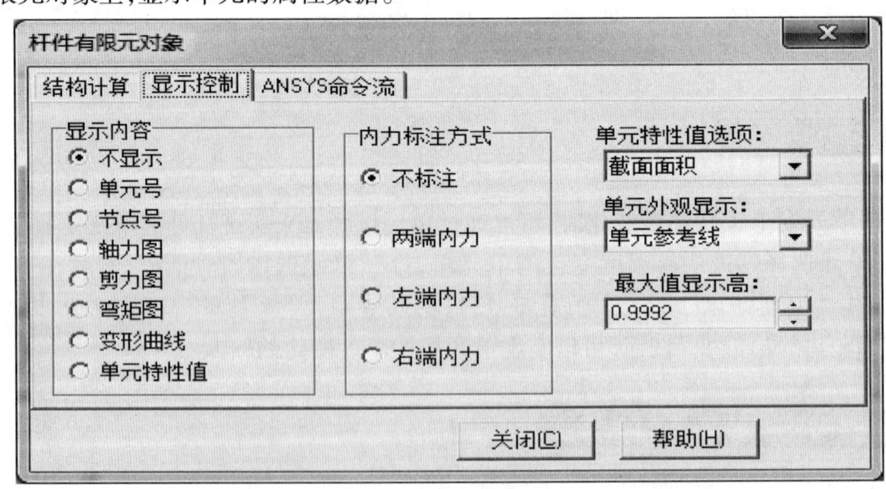

图3-48　“杆件有限元对象”对话框的“显示控制”页面

3.10 连续梁模型的自动创建方法

用一组铅直的集中荷载对象、支座约束对象或边界线对象可以方便创建出简支梁或连续梁杆件有限元模型。

边界线对象是一种铅直的直线段，其功能之一主要是用来标记梁式结构的支座约束作用点及梁体边界点位置。一个梁式杆件有限元模型可以用一组集中荷载及边界线来表达。当一组铅直的集中荷载及边界线绘制完成，则可以得到一个初始的简支梁或连续梁杆件有限元模型，创建模型时可以根据指定的最大单元长度，以及在集中荷载作用位置、梁体边界及支座约束位置设置一个单元节点的原则，自动进行单元节点和长度划分。边界线对象的类型可以通过其下端显示的文字标记加以区分，“BD”代表梁体边界线，“支座”代表支座约束点位置的边界线，见图3-49。

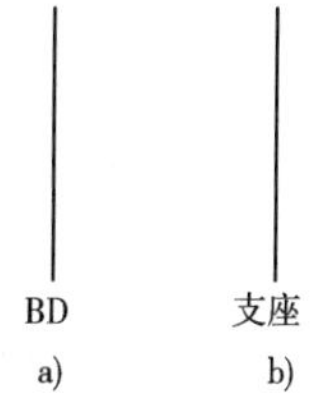

图3-49　边界线示例
a）梁体边界线；b）支座约束边界线

绘制一条铅直的边界线方法是，单击边界线绘制按钮，绘制一条铅直线，该铅直线即为边界线对象，打开其对话框，在“功能1”页面的“直线连续梁模型定义与创建”组合框中，选择边界线类型，单击“边界线类型定义”按钮（图3-50），可以得到需要的边界线类型。通过复制、平移、对称、阵列等操作，可以得到真实反映梁式结构支座约束和梁体边界位置的一组边界线。

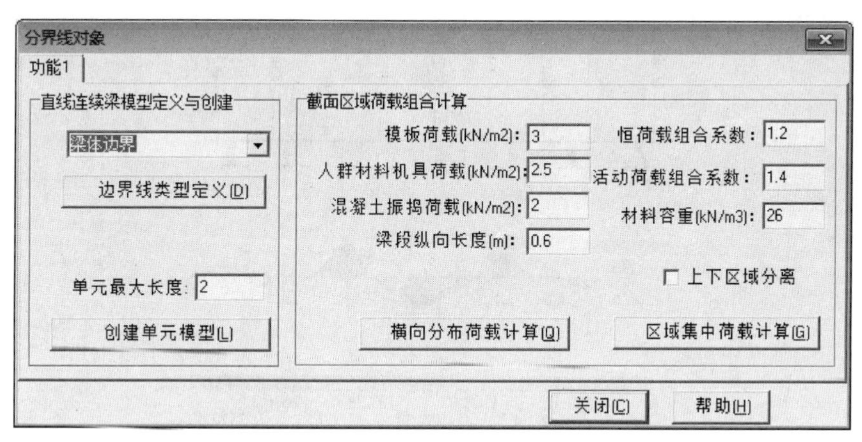

图3-50　“边界线对象”对话框的“功能1”页面

在边界线组（或支座约束）及铅直的集中荷载组创建完成后，再绘制一矩形对象，全部框选它们，打开边界线对象，在“直线连续梁模型定义与创建”组合框中，输入杆件有限元模型中允许的最大的单元长度，再单击“创建单元模型”按钮，即可自动创建出一初始的简支或连续梁模型，之后，可以采用杆件有限元模型的修改和编辑方法得到需要模型。当有分布荷载时，可先在分布荷载的两端点绘制边界线，创建模型后，删除相应的集中荷载，再创建分布荷载。也可以通过打开“集中荷载”对话框（图3-51），在“创建连续梁模型”组合框中，输入杆件有限元模型中允许的最大的单元长度，并单击“连续梁模型”按钮，可自动创建出一初始的简支或连续梁模型。图3-52为利用边界线对象自动创建连续梁杆件有限元模型的示例。

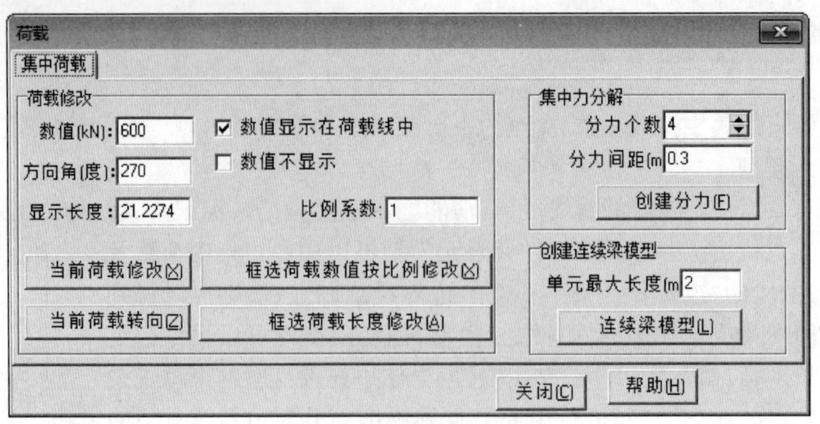

图 3-51 “集中荷载”对话框

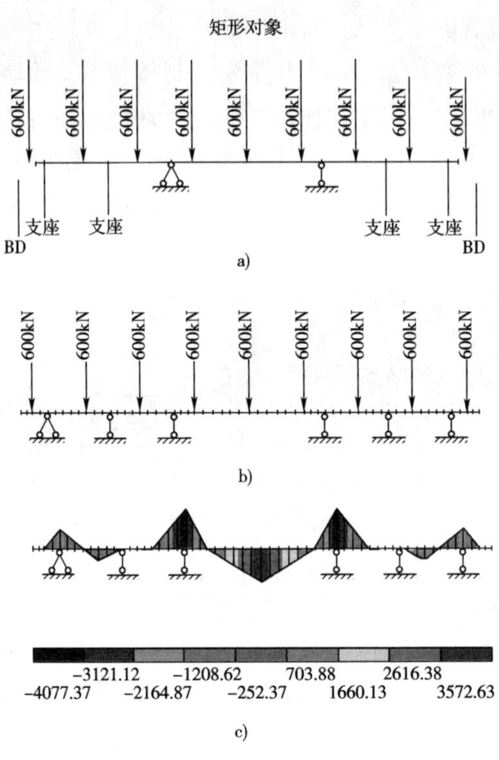

图 3-52 连续梁模型自动创建示例

a)对象组；b)自动创建的连续梁模型；c)弯矩图

3.11 杆件结构力学计算

当杆件有限元对模型、节点约束对象及荷载对象布置完成后，可以进行结构力学计算。打开“杆件有限元对象”的对话框，在“结构计算” 页面上(图 3-53)，勾选“计算自重”、“计算外载”、“计算支座沉陷”、“计算温度变化”等选项，单击“结构计算”按钮，可以实现杆件结构力学的组合计算，杆件结构力学的计算结果，为所勾选计算选项的计算结果的累加。

如果勾选“追加弯矩图”、“ 追加剪力图”或“追加轴力图”等选项,则在单击“结构计算”之后,系统可以同时创建出相应的结构内力图。

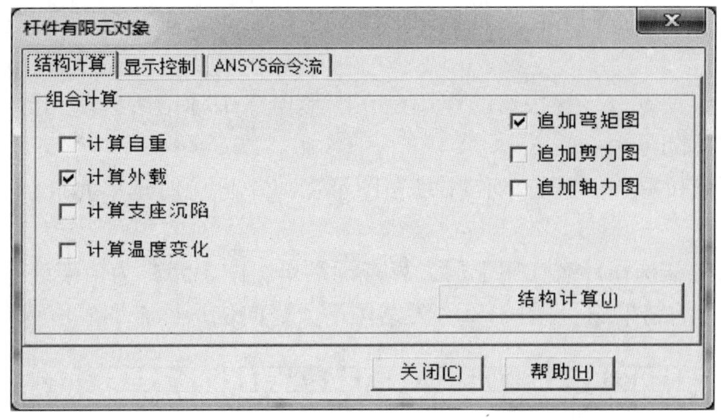

图 3-53 “杆件有限元对象”对话框的“结构计算” 页面

3.12 计算结果查询

杆件结构力学计算后,杆件有限元对象及支座约束对象中均包含有其相应的结构力学计算结果。将杆件有限元对象及相关约束对象拷贝到系统中的任何其他位置,均可以查询到结构的力学计算结果。

有两种方法可以实现结构计算结果的查询,一种方法是通过打开杆件有限元对象的对话框,在其“显示控制”页面的“显示内容”选项中,选择“轴力图”、“剪力图”及“弯矩图”或“变形曲线”等选项,可以显示出相应的结构内力图和变形曲线,见图 3-45。另外一种方法是单元选择器法。绘制单元选择器选择需要查询的单元群组,打开“单元选器”对话框,在“数据查询2”页面的“内力与位移查询”组合框中(图 3-54),选择单元组的查询范围,单击如下按钮。

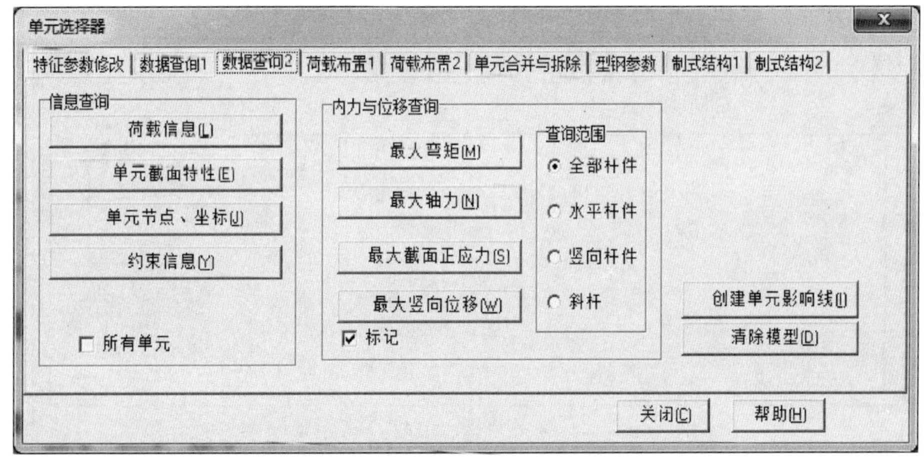

图 3-54 “单元选器”对话框的“数据查询 2”页面

(1)“最大弯矩”:该按钮的作用是在图形窗口中标记所选单元群组中最大截面弯矩所在的单元与数值。

(2)“最大剪力”:该按钮的作用是在图形窗口中标记所选单元组中最大截面剪力所在单元与数值。

(3)“最大截面正应力”:该按钮的作用是在图形窗口中标记所选单元群组中最大截面正应力所在的单元与数值。

(4)“最大竖向位移”:该按钮的作用是在图形窗口中标记所选单元群组中最大竖向位移所在的节点与数值。

图 3-55 为桁架结构在外载作用下的计算查询结果。图 3-55a)为桁架计算模型;图 3-55b)为最大轴力查询后的结果显示;图 3-55c)为结构最大竖向位移标查询显示结果。

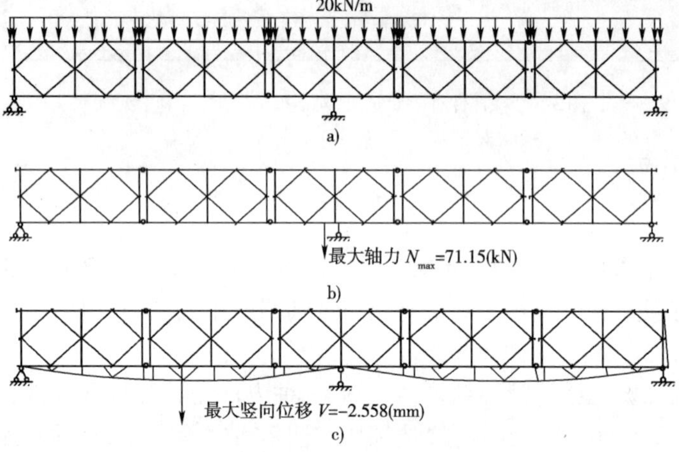

图 3-55 杆件结构力学计算结果查询示例

结构计算完成后除了需要查询结构各杆件内力之外,还需要查询结构在外载作用下产生的支座约束反力。可以通过打开“约束”对话框,在“约束信息查询”页面上(图 3-56),单击“约束反力”按钮就可以在约束对象附近创建出约束反力对象,见图 3-57。

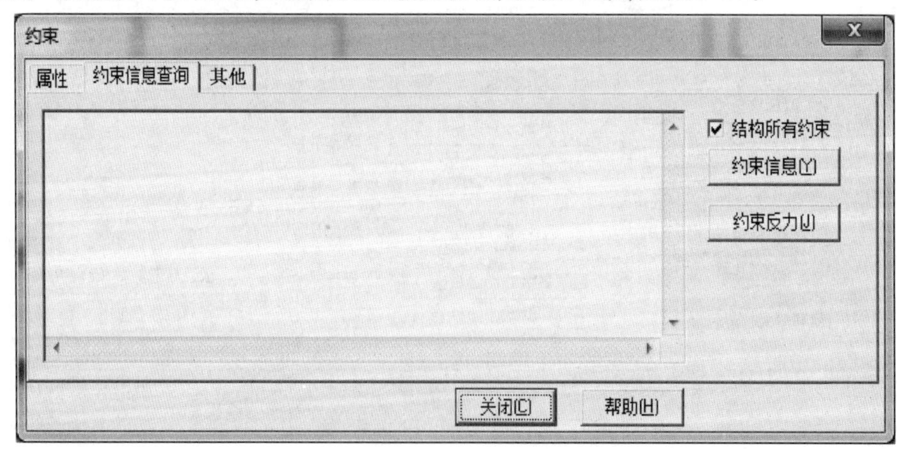

图 3-56 “约束”对话框的“约束信息查询”页面

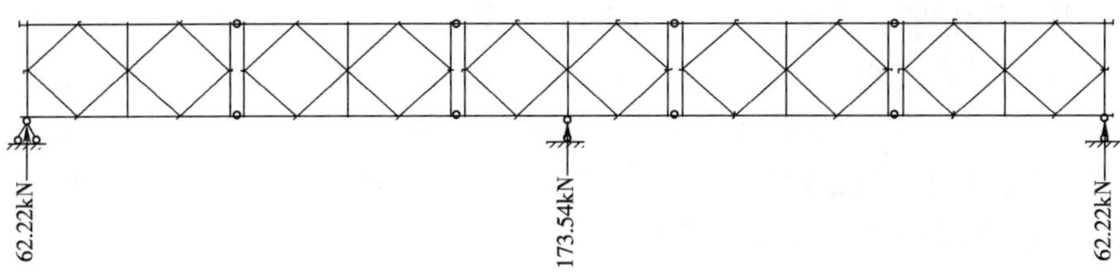

图 3-57　约束反力查询示例

3.13 算例分析

【算例 3-1】　图 3-58a) 为一静定刚架结构，该图形也是图形流技术创建该结构的杆件有限元计算模型图。该模型中杆件有限元对象、节点力矩、均布荷载、节点约束等对象均为功能图形对象；为了使均布荷载产生的杆件弯矩图为一光滑的抛物线，可将 *AB*、*GI* 杆件等分成 4 个单元；采用指引线法布置约束支座；采用指引线法修改 *D*、*G* 为组合铰节点，打开杆件有限元对象对话框，可以实现该结构内力计算，并得到图所绘制的弯矩图、剪力图及轴力图。

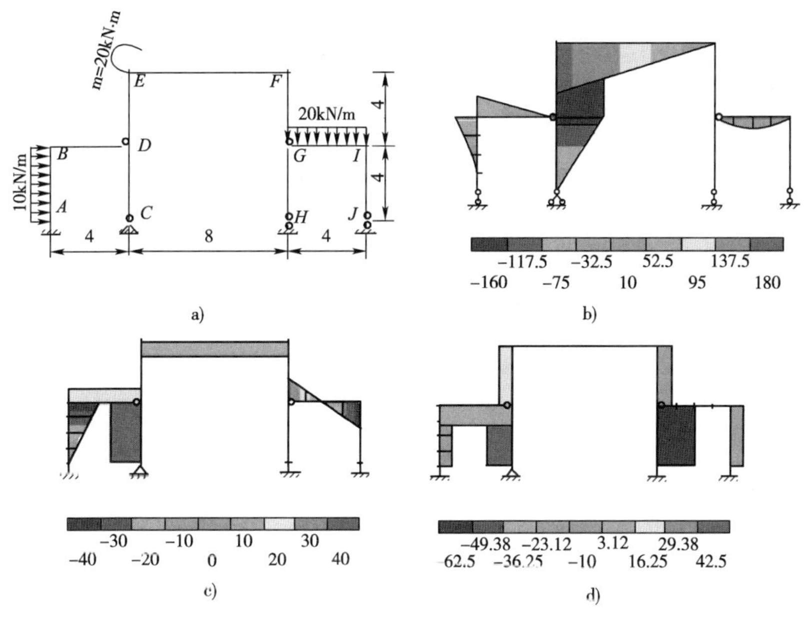

图 3-58　平面杆件结构力学计算算例

【算例 3-2】　图 3-59 为同一图形页面中多个结构力学行为分析示例。在图 3-59a) 计算模型中，各单元刚性连接；在图 3-59b) 计算模型中，单元⑥的两端节点为全铰，其他节点为刚性节点；在图 3-59c) 计算模型中，单元⑥的下端与其他杆件全铰相连，其他节点为刚性节点；三种计算模型中各单元具有相同的截面特性。将这些计算模型与计算结果创建在 RBCCE 的同一图形页面中，可方便分析和比较不同结构模型的力学行为。

【算例 3-3】　图 3-60 为一铰接点处作用有节点力矩的组合结构计算示例。图中 3-60a) 为一组合结构的计算模型，各杆 EI 相同，忽略杆件的轴向变形的影响，计算模型 K 节点为一全铰,该铰的右截面作用有一顺时针转的节点力矩,G 节点为组合铰接点,在该铰的水平杆处作用有一顺时针转的节点力矩。建模时可在 K 节点右端附近(a 值较小,如为 0.1m)设置为一刚性节点,然后将节点力矩作用于该节点上,见图 3-60b);同理,可以采用类似的方法处理组合铰节点 G 处的节点力矩,见图 3-60c)。当结构忽略杆件的轴向变形时,可将模型中各单元截面赋以一较大数。图 3-60d)、3-60e)、30-60f)分别为该计算模型的弯矩图、剪力图和轴力图。

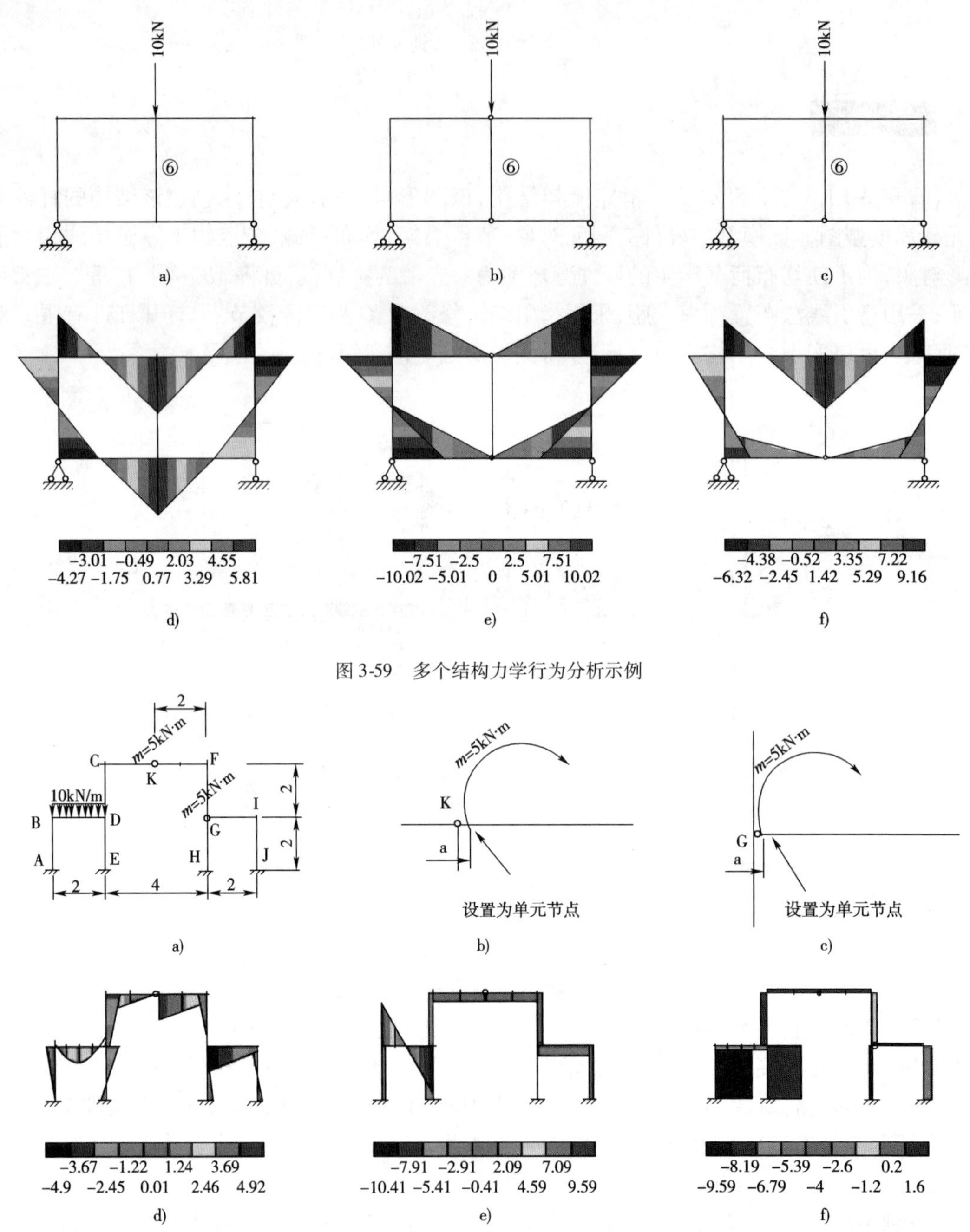

图 3-59 多个结构力学行为分析示例

图 3-60 铰接点处节点力矩处理示例

3.14 影响线计算

当结构受移动荷载作用时,可以采用以下步骤计算结构单元截面内力的影响线。

(1)创建结构的杆件有限元模型。

(2)绘制单元选择器对象,框选移动荷载作用的单元,打开“单元选择器”对话框,见图3-26。在“特征参数修改”页面的“单元类型”修改组合框中,单击“修改为桥面单元”按钮。

(3)绘制单元选择器对象,选中某一需要计算影响线的目标单元(只能选择一个单元),打开“单元选择器”对话框,在“数据查询2”页面上(图3-54),单击“创建单元影响线”按钮,可以得到选中单元杆端截面内力的影响线。打开“影响线对象”对话框,见图3-61,可以切换该单元两端截面杆端力的影响线。

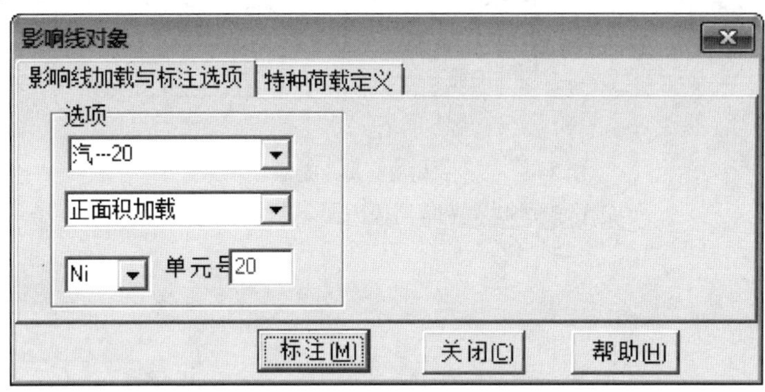

图3-61 “影响线对象”对话框

图3-62为一等截面连续梁模型10单元左截面的弯矩和剪力影响线图。图3-63为一下承式桁架结构中单元⑳的轴力影响线。

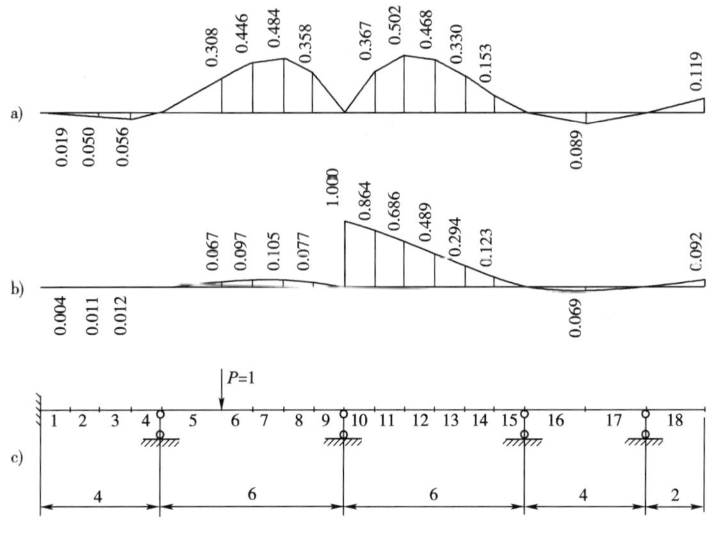

图3-62 连续梁截面弯矩和剪力影响线

a)单元10左截面弯矩影响线;b)单元⑩左截面剪力影响线;c)连续梁计算模型

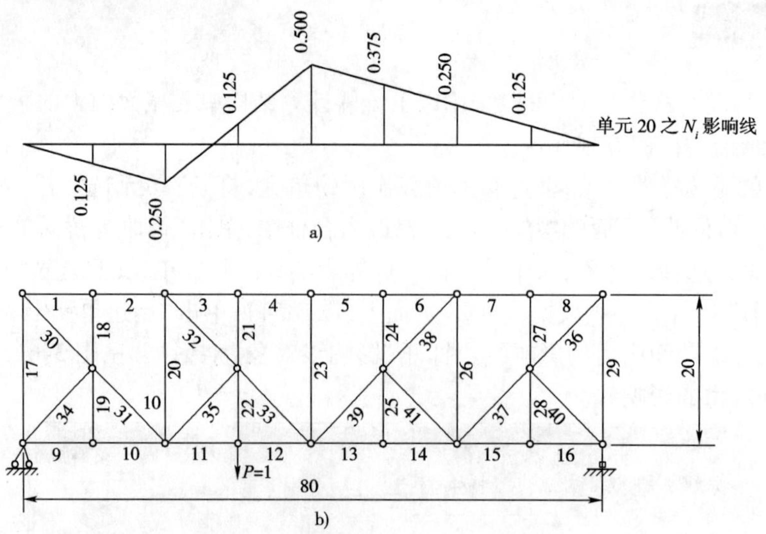

图 3-63 下承式桁架结构单元轴力影响线

a)⑳号单元轴力影响线图；b)下承式桁架结构模型图

第4章 空间杆件结构的建模与计算

在桥梁施工计算中，经常需要采用空间杆件结构模型计算其力学行为。通常情况下，相比于平面杆件结构计算模型，空间杆件结构有限元模型更能够真实地反映实际结构的受力特征。在目前的图形流技术中，采用二维的功能图形对象构建三维杆件有限元模型是可行的，但有时也会存在建模效率的问题。然而，通过对大量的桥梁临时结构的空间杆件有限元模型的分析研究发现，许多桥梁临时结构的空间杆件有限元计算模型存在明显的整体或局部结构特征，可以通过若干个能够负载空间特征的功能图形对象的协同合作，快速构建出空间的三维杆件结构计算模型；由于 ANSYS 是通用和有效的大型商业化有限元数值分析软件，RBCCE 可将图形流技术建立的模型自动翻译成相应的命令流模型，用户直接将其导入 ANSYS 系统进行空间杆件结构的力学计算，并完成计算结果后处理，从而实现了一种基于图形流技术的空间杆件结构建模方法，以及空间杆件结构计算的简单化和高效率。本章重点介绍基于图形流技术建立空间杆件结构计算模型的方法，以及将图形流模型转化成 ANSYS 命令流的原理与方法。

4.1 空间杆件有限元建模方法

采用图形流技术实现空间杆件结构有限元建模，需要根据杆件结构的几何特征进行规划分解，将杆件结构有限元模型分解成若干个具有空间属性的平面功能图形对象来进行描述。通常一个空间杆件结构模型可以采用三维笛卡儿右手坐标系描述，该坐标系可定义为结构的整体坐标系。图 4-1a)为一右手三维笛卡儿坐标系。图 4-1b)显示了该笛卡儿坐标系的三个基准面 *XOY*、*ZOX* 及 *ZOY*，可分别称为 *XY*、*ZX* 及 *ZY* 平面，每个基准面对应一个与其正交的笛卡儿坐标轴，简称面外坐标轴。例如，*XY* 平面的面外坐标轴为 *Z* 轴，*ZY* 平面的面外坐标轴为 *X* 轴，而 *ZX* 平面的面外坐标轴是 *Y* 轴。

RBCCE 中图形窗口中隐含有一个 *XOY* 平面坐标系是一种图形窗口坐标系，相对于描述空间杆件结构的整体坐标系而言，它是一种局部坐标；在图形窗口中创建的杆件有限元、荷载与约束等功能图形对象，可以绘制于图形窗口中的任意位置，具有缺省的图形窗口坐标系，它们需要加载空间特征信息来共同构建整体坐标系下的空间杆件有限元模型。功能图形对象的空间特征信息主要包括以下内容。

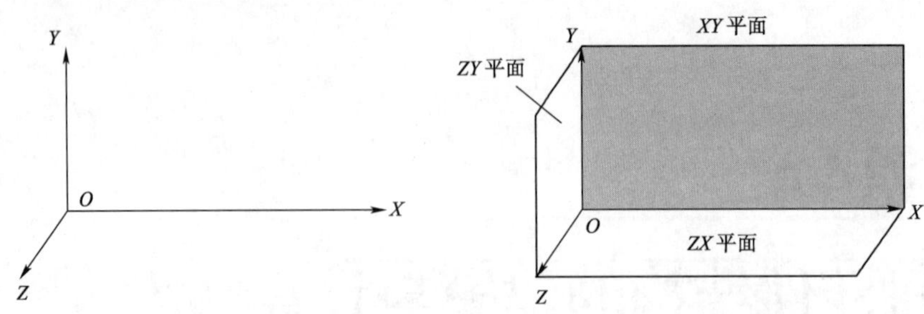

图 4-1　三维笛卡儿坐标系及基准面

(1)面特征信息:用于描述平面的功能图形对象的平面位置信息,简称面特征,可以是 XY、ZX、ZY 平面,简称基准面。当一个功能图形对象具有 ZY 特征时,则该功能图形对象位于与 ZOY 平面平行的平面上。

(2)基准面定位点:功能图形对象上某一点,具有描述空间杆件结构的整体坐标系下的三维坐标。

一个功能图形对象可以通过其面特征及定位点坐标唯一确定其空间位置。图 4-2a)给出了一个具有 ZX 面特征的功能图形对象,其在定位点 A 处的三维坐标为(a,b,c),则可以得到该功能图形对象在三维坐标系中的位置,见图 4-2b)。

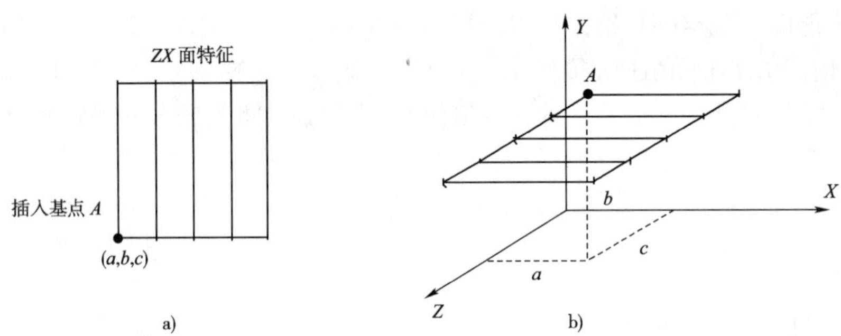

图 4-2　功能图形对象定位示例

当功能图形对象位于整体坐标系的某一斜面时,则可以用功能图形对象上的三个关键点来描述该斜面,这三个关键点即为斜面的面特征;也可以称这三个关键点为斜面定位点,它们具有整体坐标系下的三维坐标,规定:第一个关键点用于描述斜面上局部坐标系的原点,第二个点用于指定 X 方向,第三个点用于确定斜面方向的定位点,要求位于斜面局部坐标系的第一或第二象限内。图 4-3 给出了一个功能图形对象平面上的三个关键点 P_1、P_2、P_3,它们在整体坐标系中的三维坐标已知,且 P_1 为该平面局部坐标系的原点,P_2 为局部坐标系的 X 方向的关键点,P_3 为确定该平面方向的关键点,则可以将该平面的功能图形对象定位在整体的三维坐标系中。

另外,还可以通过加载一组面外坐标间距(简称面间距)来表达一组工程属性相同但面外坐标不同的平行图形组。如图 4-4a)为一个具有 ZY 面特征的功能图形对象,面外间距信息为

$a_1, a_2, \cdots, a_n$ 的信息，通过该功能图形对象的空间特征信息可以表达出图 4-4b）所示的平行图形组，各层图形平行于 ZY 基准面，且具有相同的工程属性。因此，可将具有一组面外间距信息的功能图形对象定义为层式功能图形对象。

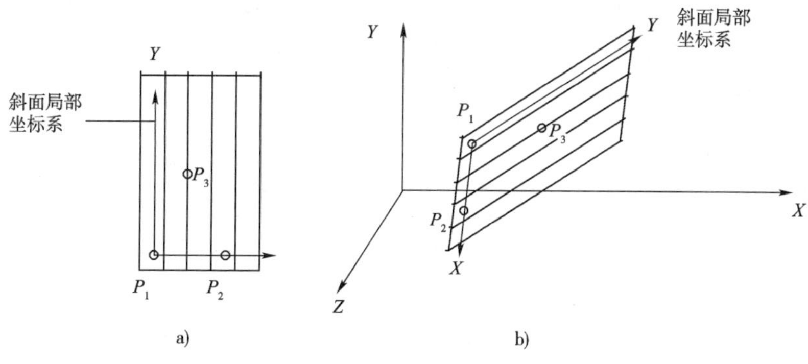

图 4-3　三个定位点定位一个平面的功能图形对象图

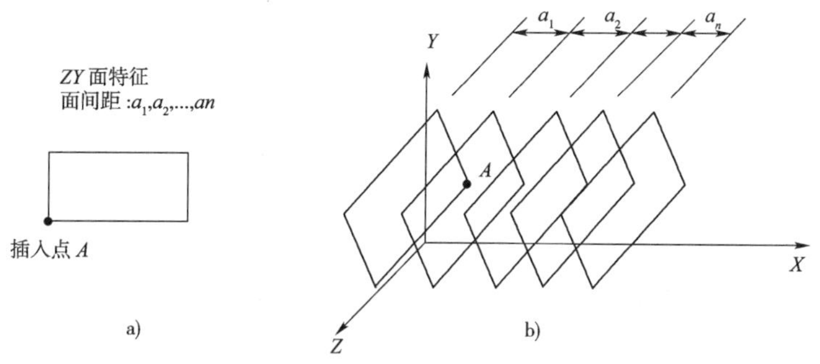

图 4-4　利用面外坐标间距定位功能图形对象示例

4.2　平面杆件有限元的空间特征描述方法

用平面的杆件有限元对象来表达空间杆件有限元对象的前提是，要求该空间杆件结构具有空间的面特征。可以通过绘制一条空间特征指示线实现平面杆件有限元的空间特征加载，再通过创建若干个具有空间特征的平面杆件有限元对象来表达一个空间的杆件有限元模型。

指示线为一条带箭头的直线段，其终点需要捕捉在杆件有限元上的某个节点，通过线段终点来捕捉目标平面杆件有限元对象，并对其进行空间特征加载或编辑。用于杆件有限元空间特征加载的指示线可细分为基准面指示线及斜面指示线两种类型，前者用来加载具有 XY、ZX、ZY 面特征的杆件有限元空间特征，指示线的终点捕捉在基准面定位点上，而后者指示线终点捕捉在斜面定位点上。

采用强制转化法创建空间特征指示线的方法是：首先绘制一直线段，该直线段终点捕捉在相关的定位点上；然后选中该直线段，单击强制转化按钮，在“转化 2”页面的“ANSYS 空间特征指示线”组合框中（图 4-5），单击“基准面指示线”或“斜面指示线”按钮，即可将该直线段转化为相应的指示线对象。

图4-6a）中有一条直线段Line1，其终点捕捉在一平面杆件有限元对象的节点上，单击“基准面指示线”按钮后，该直线段将强制转化成基准面指示线，见图4-6b）；打开指示线的“空间特征加载”对话框（图4-7），修改指示线面外坐标间距，选择*XY*、*ZY*或*ZX*面特征选项，输入基准面定位点的三维坐标，可得到图4-6c）所示的基准面指示线。指示线的起点显示有面外间距信息，终点显示有功能图形对象所采用的局部坐标系，及基准面定位点的三维坐标。

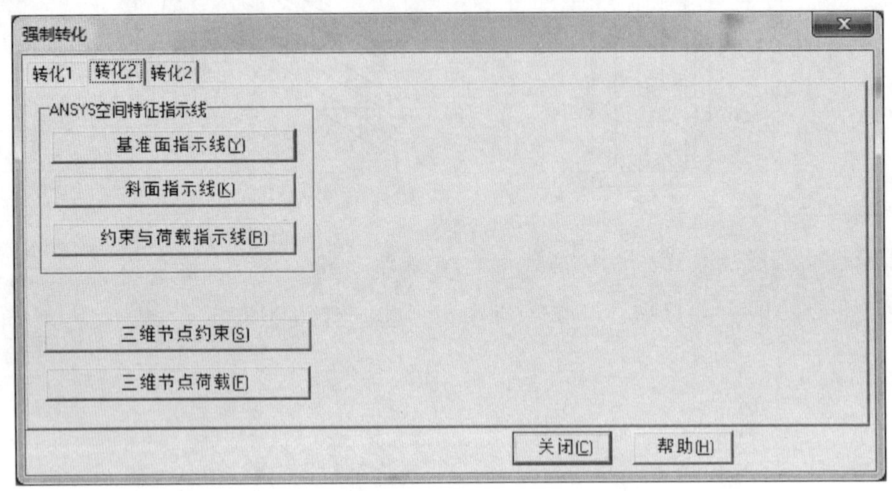

图4-5 “强制转化”对话框的“转化2”页面

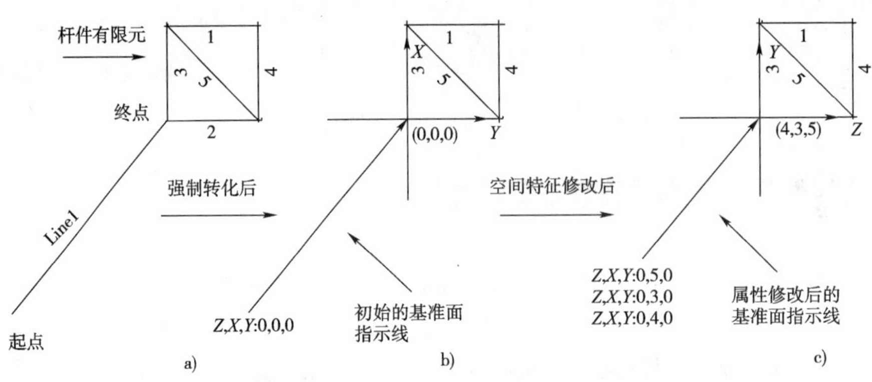

图4-6 指示线空间特征加载示例

图4-8为一杆件有限元对象具有斜面特征，其斜面特征通过标记有*O*、*X*及*PM*三条斜面指示线体现，标记*O*、*X*、*PM*是指示线的编码，其三维定位点对应于*A*、*B*及*C*点；斜面指示线的定位点三维坐标显示于指示线的起点位置。斜面指示线可以通过标记加以区分，当为局部坐标系原点时，其起点有一小圆标记；在线段中点则有“*X*向”标记，表示为*X*方向定位点；线段中点有“*PM*”标记，表示为斜面平面定位点。打开斜面指示线“空间特征加载”对话框，在“斜面指示线”页面上（图4-9），可以修改包括三维坐标、编号及斜面定位点性质等属性。

图4-10显示了一个用若干具有空间特征的平面杆件有限元对象表达空间杆件有限元模型的方法。该图中，图4-10a）为具有*XY*面特征的三角形杆件有限元，其基准面定位点在（0，

0,0)处,有两层,分别位于 $Z=0$ 及 $Z=-3$ 处;图 4-10b)表示具有 ZY 面特征的杆件有限元,其基准面定位点在(0,1,0)处;图 4-10c)为一根梁,具有 ZX 面特征,基准面定位点在(4.3,0,0);图 4-10d)为一斜面,斜面定位点中坐标原点坐标为(-0.8,2.4,-3),X 定向点为(-0.8,2.4,0),斜面定向点为(0,3,-3),将它们组装后可以得到图 4-10e)所示的空间杆件有限元模型。

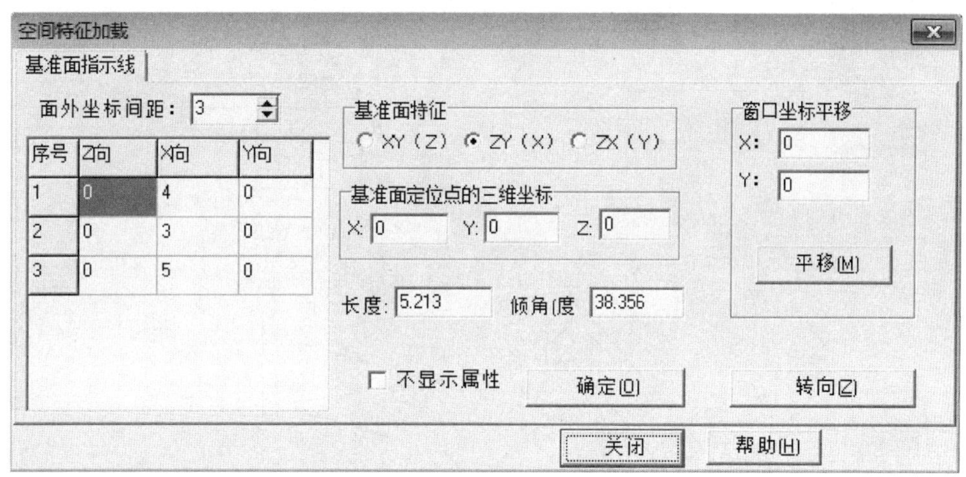

图 4-7　“空间特征加载”对话框的“基准面指示线”页面

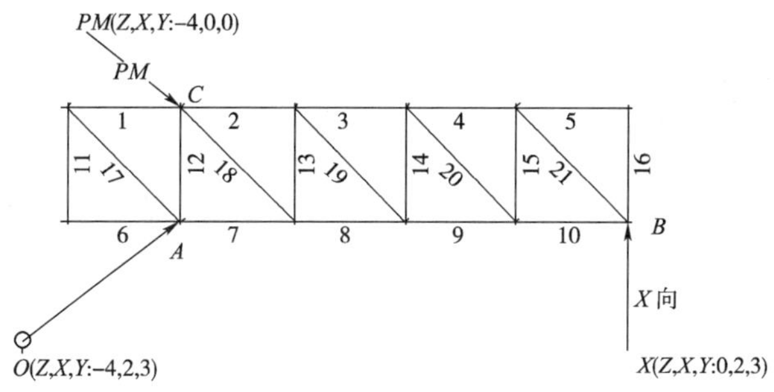

图 4-8　斜面指示线创建示例

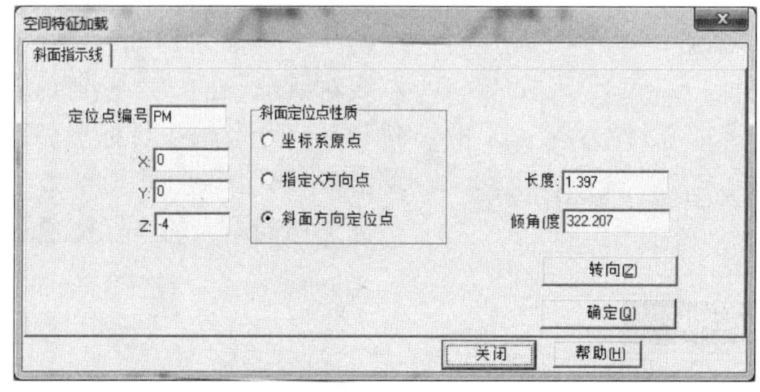

图 4-9　“空间特征加载”对话框的“斜面指示线”页面

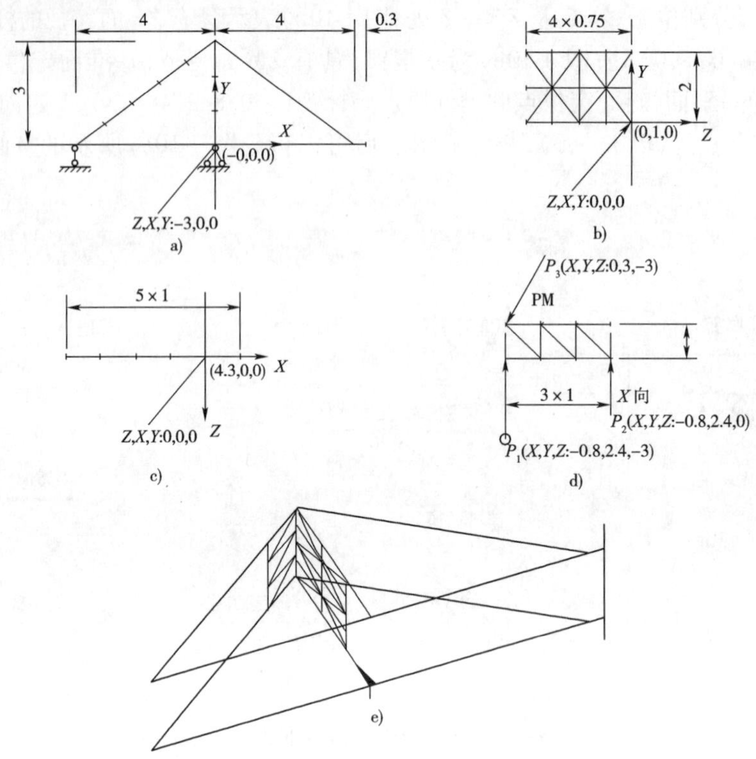

图 4-10 用功能图形对象表达空间杆件有限元模型示例

4.3 基准面定位点窗口坐标平移

对于基准面指示线定位点有两种坐标，一种是指示线端点的显示的三维坐标，另一种是图形窗口中的平面坐标，前者属于整体坐标，后者属于局部坐标，整体坐标不因捕捉的杆件有限元对象在图形窗口中的平面位置中的变化而改变，而后者则需要真实地体现杆件有限元对象在图形窗口中的实际位置。在图 4-11 中，XY 基准面指示线定位点坐标为（3，4，5），若在图形窗口中的显示坐标为（12，100），可以打开基准面指示线对话框，在"XY 基准面定位点窗口坐标平移"组合框中，输入目标点的平面坐标（42，32），单击"平移"按钮，即可将 XY 基准面定位点窗口坐标平移到输入的坐标位置。

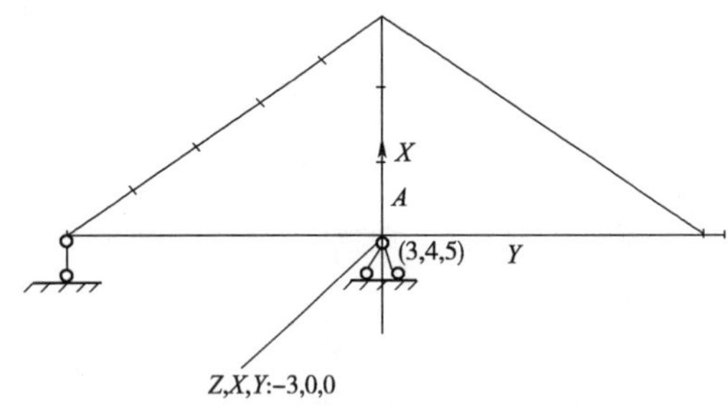

图 4-11 基准面定位点窗口坐标平移示例

4.4 约束及荷载描述方法

绘制任意一条直线段，选中该直线段，单击强制转化按钮命令，系统打开"强制转化"对话框，在"转化 2"页面的"ANSYS 空间特征指示线"组合框中（图 4-5），单击"约束与荷载指示线”按钮，则该直线将转化成一个约束与荷载指示线对象，见图4-12，可以用来输入结构所受的节点约束及节点力。

打开“约束与荷载指示线”对话框，见图4-13，在对话框的编辑框中，按行输入结构所受的节点约束及节点荷载信息。

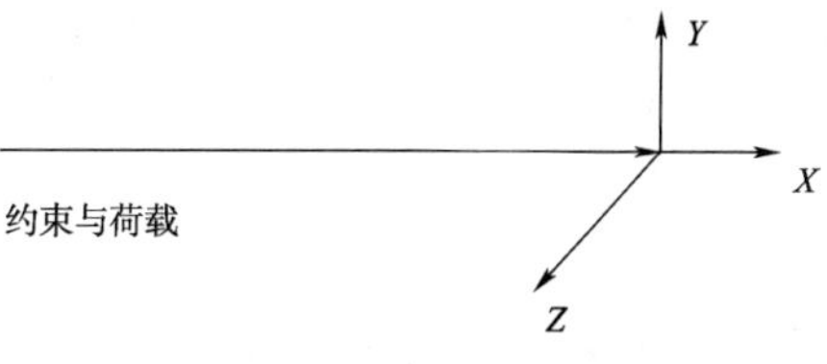

图4-12　约束与荷载指示线

在图4-13所示的编辑框中，每一行都可以输入一个节点的约束、一个节点荷载或一个分布荷载。

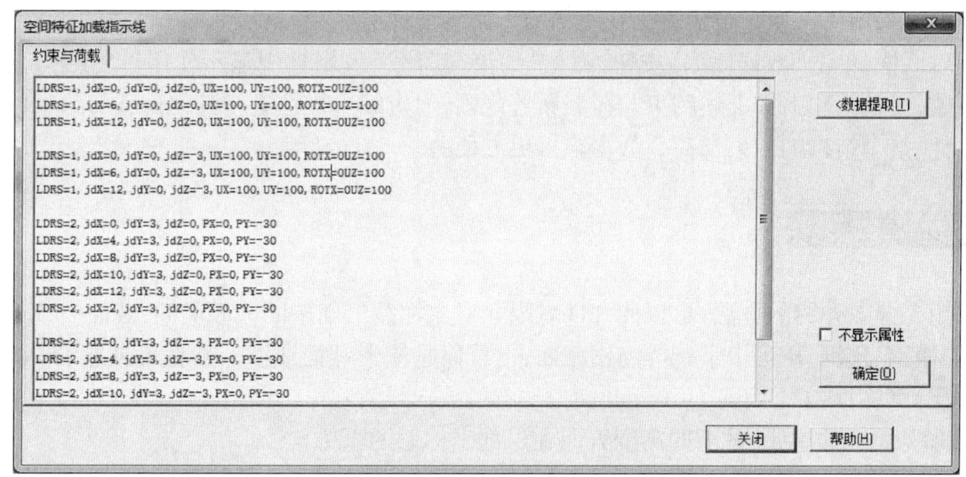

图4-13　“空间特征加载指示线”对话框的“约束与荷载指示线”页面

一个节点的约束信息输入格式为：

LDRS = 1，jdX = v1，jdY = v2，jdZ = v3，UX = d1，UY = d2，UZ = d3，ROTX = d4，ROTY = d5，ROTZ = d6

其中：

LDRS = 1表示节点约束标记，jdX、jdY、jdZ分别为约束节点的X、Y、Z坐标标记；UX、UY、UZ、ROTX、ROTY、ROTZ分别为X、Y、Z方向的线位移和角位移标记，d1、d2、…、d6为相应的位移数值。无论是线位移约束信息还是角位移约束信息，均可以是刚性约束或强迫位信息等。当为刚性约束信息时，数值为100，而对于强迫位移信息，则其数值为强迫位移值，线位移单位为m，角位移为弧度。

一个节点荷载的输入格式为：

LDRS = 2，jdX = v1，jdY = v2，jdZ = v3，PX = d1，PY = d2，PZ = d3，MX = d4，MY = d5，MZ = d6

其中：

LDRS = 2表示为节点荷载标记，jdX、jdY、jdZ分别为节点的X、Y、Z坐标标记，区分大小写，v1、v2、v3为相应的坐标数值，标记缺省时其数值为0。PX、PY、PZ、MX、MY、MZ分别为X、Y、Z方向的集中力和力矩，缺省数值为0。

一个分布荷载信息的输入格式为：

LDRS = 3, jdX = v1, jdY = v2, jdZ = v3, jdX1 = v4, jdY1 = v5, jdZ1 = v6, q1 = v7, q2 = v8, FACE = v9

其中：

LDRS = 3 表示是线性分布荷载，jdX、jdY、jdZ、jdX1、jdY1、jdZ1 分别为分布荷载起点和终点的 *X*、*Y*、*Z* 坐标标记，区分大小写，v1、v2、v3、v4、v5、v6 为相应的坐标数值，标记缺省时其数值为 0；q1、q2 分别为线性分布荷载的两端荷载标记，v7、v8 分别为相应的荷载数值；FACE 为分布荷载类型，v9 = 1、2、3 分别表示分布荷载为沿 *X*、*Y*、*Z* 轴的均布荷载，v9 = 4、5、6 分别表示绕 *X*、*Y*、*Z* 轴的扭转力矩。

也可以采用第三章介绍的方法在主结构上布置上部分约束与荷载，再打开“约束与荷载”指示线对话框，单击“数据提取”按钮，则在“约束与荷载”编辑框中显示作用于主结构上的约束与荷载，在此基础上按上述约束与荷载布置规则，通过编辑操作进行其他荷载与约束数据输入，则可使整个结构的约束与荷载数据输入更方便些。

4.5 截面方向设置

采用 3.3 节介绍的方法，可以使杆件有限元对象加载上期望的截面属性，截面类型可以是工字钢、槽钢、角钢、H 形工字钢等型钢截面，也可以是箱形截面或者一般截面或组合截面（仅适合单层）等截面类型，相应的单元截面按缺省的方向设置：

（1）*XY* 面上的单元：截面的高度方向在局部坐标系的 *Y* 方向。

（2）*ZX* 面上单元：截面的高度方向为整体坐标系的 *Y* 方向。

（3）*ZY* 面上的单元：截面的高度方向在 *Z* 方向。

图 4-14 为用图形流技术表达的空间杆件有限元模型。图中各杆件单元的截面为 I28b 工字钢，则该模型所表达的空间杆件有限元模型为图 4-15，图中显示了 *XY* 面及 *ZX* 面上的缺省的工字钢截面的布置方向。

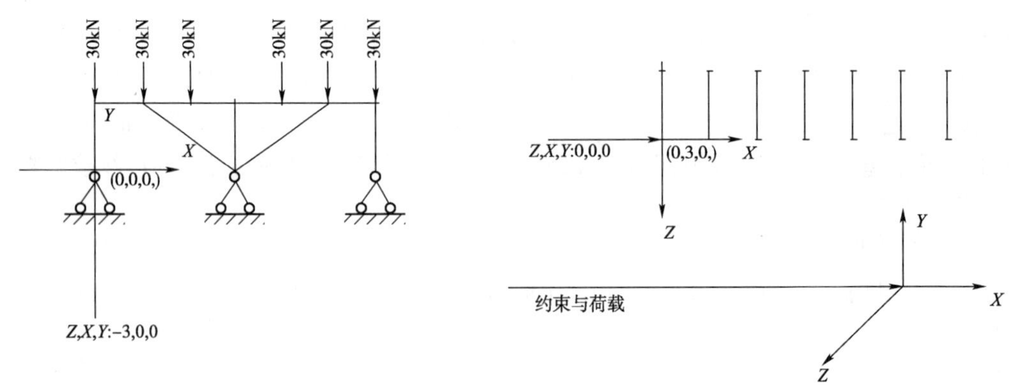

图 4-14　功能图形对象表达的空间杆件有限元模型

当需要的截面方向与上述约定的截面方向不一致时，可以采用以下方法加以修改：

（1）绘制单元选择器，选择目标单元群组。

(2)打开单元选择器,在"特征参数修改"页面上的"截面方向"组合框中(图4-16),选择截面方向。

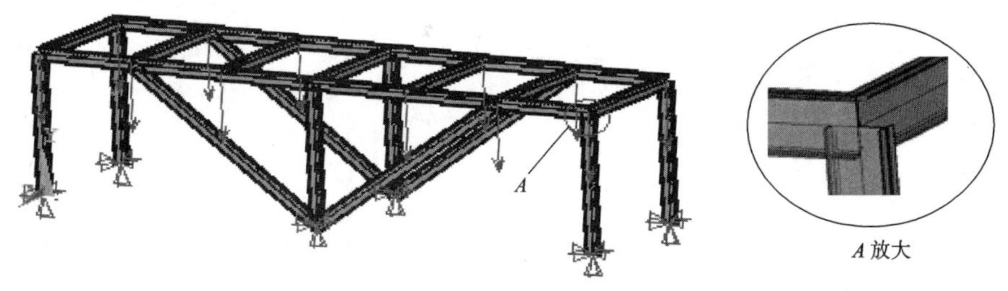

图4-15 空间杆件有限元模型

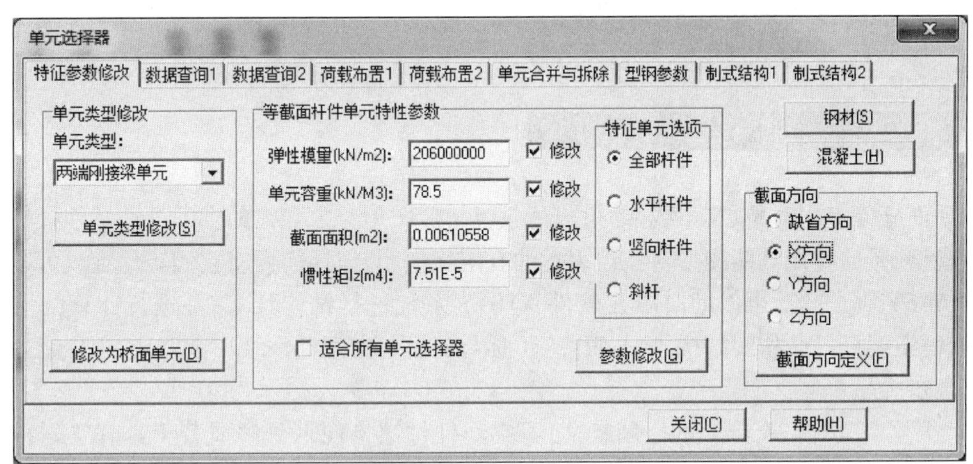

图4-16 "单元选择器"对话框的"特征参数修改"页面

①缺省方向:按上述缺省方向定义截面方向。

②X 方向:截面的高度方向在整体坐标系的 X 方向。

③Y 方向:截面的高度方向在整体坐标系的 Y 方向。

④Z 方向:截面的高度方向在整体坐标系的 Z 方向。

(3)单击"截面方向定义"按钮。

4.6 截面偏移设置

可以采用以下方法实现杆件截面的偏移。先创建一个需要截面偏移的截面,打开其对话框,在"截面对象"对话框的"功能2"页面的"截面偏置"组合框中(图4-17),输入截面高度方向偏移量及横向方向偏移量,单击"设置"按钮就可以得到具有截面偏移量的截面对象;再将该截面对象传递到杆件有限元对象的目标单元中,则可生成具有截面偏移的杆件有限元模型。

图4-18为一截面对象偏移量定义示例,其梁节点在 O 点,则 a 表示截面高度方向的截面

偏移量,b 为在横向方向的偏移量。

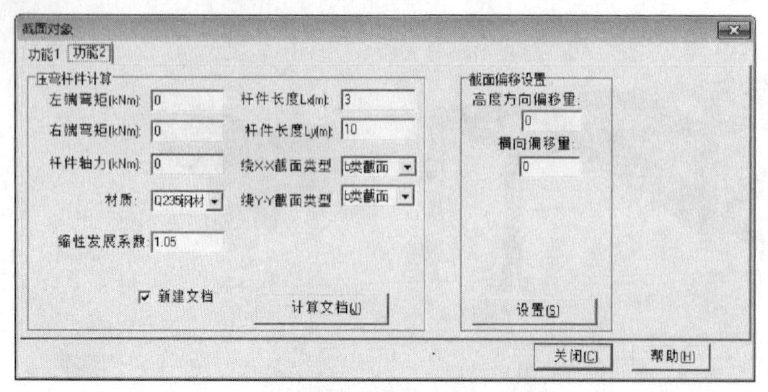

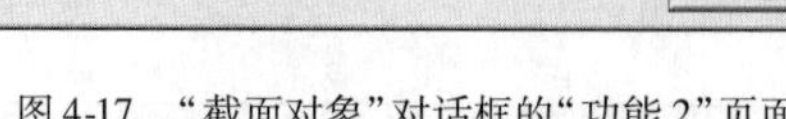
图 4-17 “截面对象”对话框的“功能 2”页面

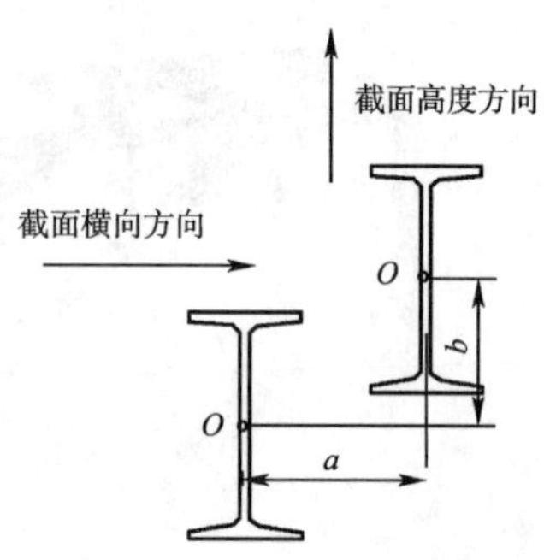

图 4-18 截面偏移量示例

4.7 空间杆件结构静力计算的实现步骤

用平面杆件有限对象、指示线、约束与荷载等功能图形对象表达的空间杆件结构杆件有限元计算模型,是一种用功能图形对象组表达的有限元模型,但还需要将它们转化生成可以求解计算的 ANSYS 命令流,再借助有限元软件 ANSYS 系统进行结构计算,并进行计算结果后处理,以获得空间杆件结构的结构内力、反力、位移与变形。空间杆件结构 ANSYS 命令流自动生成的基本步骤是:

(1)根据空间杆件有限元的空间特征,将空间杆件结构规划分解成若干具有空间特征的平面杆件有限结构;创建各个杆件有限元对象、截面对象,并将各杆件单元设置成需要的单元类型、截面属性和材料属性。

(2)绘制基准面指示线、斜面指示线对象,加载并编辑相应的空间特征。

(3)绘制杆件有限元上的约束及荷载对象,利用其对话框输入结构所受的节点约束信息和荷载信息;创建“约束与荷载”指示线,提取作用于主结构上的约束与荷载信息,在此基础上编辑修改其他荷载、约束信息。

(4)创建一个矩形对话框,框选平面杆件有限对象、指示线、约束与荷载等功能图形对象作为空间杆件有限元模型的相关图形对象组。

(5)打开任一平面杆件有限元对象,单击“ANSYS 命令流”页面上(图 4-19),勾选“结构自重”、“外荷载”、“支座沉陷”或“温度变化”等选项,单击“ANSYS 命令流生成”按钮后就可以自动得到由功能图形对象表达的空间杆件结构力学计算模型的 ANSYS 命令流;在生成 ANSYS 命令流过程中,系统会自动分析各杆件有限元、荷载及约束指示线的空间特征,选择合适的单元类型、节点耦合方法、节点约束及荷载加载方法,正确所生成模型所表达的 ANSYS 有限元命令流模型。

实际上,当结构模型仅为平面杆件结构有限元时,利用 RBCCE,也可以得到平面杆件结构力学计算的 ANSYS 命令流,此时步骤(4)可忽略。

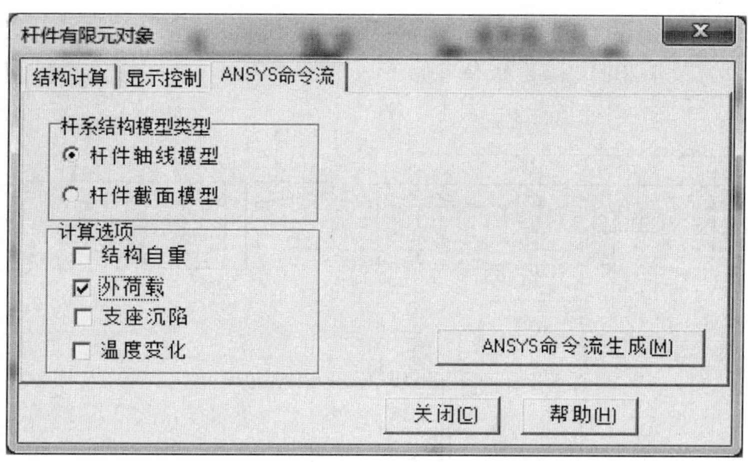

图4-19　“杆件有限元对象”对话框的“ANSYS命令流”页面

4.8　ANSYS命令流自动生成技术特点

RBCCE自动生成的命令流规范、易于理解和阅读,其基本特点如下:

(1)生成自定义截面命令流。

(2)单元类型组号定义,单元自由度释放组号定义。

(3)将杆件结构中所有节点定义为关键点(分布荷载的两端点问题)。

(4)建立所有杆件线段,并对线段的单元属性、网格划分方法进行定义。

(5)网格划分,形成单元及节点。

(6)对所有单元、节点进行合并处理,容许误差为0.005m。

(7)定义所有节点约束。

(8)定义所有节点荷载及分布荷载。

(9)选择全部单元、约束及荷载,进入求解器、进行结构静力求解。

(10)进入后处理模块,进行变形显示,单元内力表定义,显示结构内力。

1)自动生成自定义截面命令流

RBCCE可以将各种型钢截面、一般截面或部分组合截面设置为自定义截面类型,并自动生成自定义截面定义的ANSYS命令流,相应的基本步骤是:根据截面的组成特点将其分割成小面域,定义各个区域关键点,由各区域关键点形成相应的区域面;定义PLANE82面单元,给定网格划分控制信息并对所有区域面进行划分网格,将截面写入给定的文件名。上述步骤所用到命令主要包括:

(1)K,jdh,x,x,z　　! 创建编号为jdh的关键点,坐标为X、Y、Z。

(2)A,P1,P2,P3,P4,…　　! 创建面,由该面由关键点编号P1,P2,P3,P4,…构成。

(3)ET,1,PLANE82　　! 定义PLANE82单元类型,1为单元。

(4)ESIZE,0.2　　! 截面网格划分大小定义,可以根据截面情况做适当调整。

(5)AMESH,ALL　　! 将截面中所有小面域进行网格划分。

(6)SECWRITE,MYSEC1　　! 截面名称定义。

图 4-20 中,图 4-20a)为一箱形截面,图 4-20b)为区域自动分割情况,共分成 10 个小面,形成的 ANSYS 截面为图 4-20c),相关命令流如下。

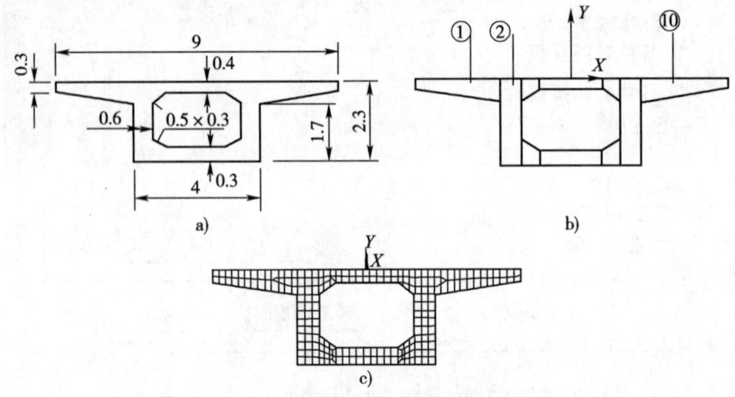

图 4-20 ANSYS 自定义截面区域分割与生成示例

```
FINISH                      ! 退出 PREP7 处理器
/CLEAR                      ! 清除当前数据
/Prep7                      ! 进入 prep7 处理器
K,1, -4.5,0                 ! 定义关键点
K,2, -2,0                   ! 定义关键点
K,3, -2, -0.6               ! 定义关键点
K,4, -4.5, -0.3             ! 定义关键点
A,1,2,3,4                   ! 第 1 面域
K,5, -2,0                   ! 定义关键点
K,6, -1.4,0                 ! 定义关键点
K,7, -1.4, -0.6             ! 定义关键点
K,8, -1.4, -1.6             ! 定义关键点
K,9, -1.4, -2.3             ! 定义关键点
K,10, -2, -2.3              ! 定义关键点
K,11, -2, -0.6              ! 定义关键点
A,5,6,7,8,9,10,11           ! 第 2 面域
K,12, -1.4,0                ! 定义关键点
K,13, -0.9,0                ! 定义关键点
K,14, -0.9, -0.3            ! 定义关键点
K,15, -1.4, -0.6            ! 定义关键点
A,12,13,14,15               ! 第 3 面域
K,16, -1.4, -2.3            ! 定义关键点
K,17, -0.9, -2.3            ! 定义关键点
K,18, -0.9, -1.9            ! 定义关键点
```

```
K,19,-1.4,-1.6                  ! 定义关键点
A,16,17,18,19                   ! 第 4 面域
K,20,-0.9,0                     ! 定义关键点
K,21,0.9,0                      ! 定义关键点
K,22,0.9,-0.3                   ! 定义关键点
K,23,-0.9,-0.3                  ! 定义关键点
A,20,21,22,23                   ! 第 5 面域
K,24,-0.9,-2.3                  ! 定义关键点
K,25,0.9,-2.3                   ! 定义关键点
K,26,0.9,-1.9                   ! 定义关键点
K,27,-0.9,-1.9                  ! 定义关键点
A,24,25,26,27                   ! 第 6 面域
K,28,0.9,0                      ! 定义关键点
K,29,1.4,0                      ! 定义关键点
K,30,1.4,-0.6                   ! 定义关键点
K,31,0.9,-0.3                   ! 定义关键点
A,28,29,30,31                   ! 第 7 面域
K,32,0.9,-2.3                   ! 定义关键点
K,33,1.4,-2.3                   ! 定义关键点
K,34,1.4,-1.6                   ! 定义关键点
K,35,0.9,-1.9                   ! 定义关键点
A,32,33,34,35                   ! 第 8 面域
K,36,1.4,0                      ! 定义关键点
K,37,2,0                        ! 定义关键点
K,38,2,-0.6                     ! 定义关键点
K,39,2,-2.3                     ! 定义关键点
K,40,1.4,-2.3                   ! 定义关键点
K,41,1.4,-1.6                   ! 定义关键点
K,42,1.4,-0.6                   ! 定义关键点
A,36,37,38,39,40,41,42          ! 第 9 面域
K,43,2,0                        ! 定义关键点
K,44,4.5,0                      ! 定义关键点
K,45,4.5,-0.3                   ! 定义关键点
K,46,2,-0.6                     ! 定义关键点
A,43,44,45,46                   ! 第 10 面域
ET,1,PLANE82                    ! 面域按 PLANE82 单元类型定义
ESIZE,0.2                       ! 网分数据定义
```

```
AMESH,ALL                ! 网格划分
SECWRITE,MYSEC1          ! 写入截面名称
```

2)单元类型选择

对于梁单元和链杆单元,ANSYS 提供了多种单元类型,可以适用于多种空间杆件结构类型。针对桥梁临时结构常用计算类型,RBCCE 提供的杆件单元类型主要是等截面梁单元或链杆单元,其端截面节点在截面形心位置处;在生成命令流时,梁单元定义为 BEAM44 类型,而链杆单元类定义为 LINK8 类型;通常情况下,采用这两种单元类型,可以满足众多的平面或空间杆件结构的静力计算要求。如需选其他单元类型,可在 ANSYS 命令流自动生成后,在 ANSYS 命令流中作相应的修改。

BEAM44 梁单元的基本特点是:可以承受压、拉、弯曲和扭转作用,两端节点有 X、Y、Z 方向的线位移及绕 X、Y、Z 轴的角位移等 6 个自由度,相应的杆端截面内力包括:X 方向轴力、Y 方向剪力、Z 方向剪力、绕 X 轴扭矩、绕 Y 轴的弯矩及绕 Z 轴的弯矩等。在 ANSYS 中的 BEAM44 单元类型的定义方法是:

```
ET,X,BEAM44      ! 定义编号为 X 的 BEAM44 单元类型
```

LINK8 单元是一种只能承受轴向拉压的单元单元类型,其端节点自由度为 X、Y 和 Z 方向的线位移,相应的杆端力为 X 方向轴力、Y 方向剪力及 Z 方向剪力。

LINK8 单元类型的定义方法是:

```
ET,X,LINK8      ! 定义单元类型号为 X,单元类型为 LINK8
```

3)单元自由度释放

当梁单元左端或右端以铰接的方式与其他单元相连时,需要对梁单元进行自由度释放,使梁单元端截面的转角位移不受约束;而当单元两端同为铰接时,则无需铰位移自由度释放,RBCCE 会自动将该单元定义为 LINK8 单元类型。命令流自动生成时需先预先定义自由度释放类型,在网格划分单元形成后,再按预定义的自由度释放类型进行单元自由度释放。BEAM44 自由度释放采用 KEYOPT 定义方法:

```
KEYOPT,ITYPE,kNUM,VALUE      ! 释放自由度
```

其中:

(1)ITYPE 表示释放自由度类型编号。

(2)kNUM 的值为 7 或 8,分别代表单元的 I 节点(左端)和 J 节点(右端)。

(3)VALUE 的含义见表 4-1。

VALUE 值 表 4-1

VALUE	自由度释放类型
1	释放单元截面绕 Z 轴转角位移(ROT_z)
10	释放单元截面绕 Y 轴转角位移(ROT_y)
100	释放单元截面绕 X 轴转角位移(ROT_x)
1000	释放单元截面 Z 方向约束(U_z)
10000	释放单元截面 Y 方向约束(U_y)
100000	释放单元截面 X 方向约束(U_x)

例如,针对 BEAM44 单元左端节点和右端节点绕 Z 轴转角位移 ROT_z 释放定义方法是:

(1)KEYOPT,3,7,1 ! 释放单元左端绕 Z 轴角位移,类型号为 3。

(2)KEYOPT,5,8,1 ! 释放单元左端绕 Z 轴角位移,类型号为 5。

在单元自由度释放类型定义后,可以用 EMODIF 命令来实现自由度释放:

EMODIF,X,TYPE,ITYPE ! 表示释放 X 号单元的自由度,自由度释放类型号为 ITYPE

RBCCE 将根据平面杆件有限元中单元与节点类型,自动生成 ANSYS 命令流的自由度释放定义,而各个具有空间特征的平面杆件有限元的组装采用刚性连接,当与实际不符时,可在 ANSYS 命令流中进一步修改。

4)单元属性定义

杆件划分之前需要先定义好材料属性、截面属性。材料属性主要包括弹性模量、泊松比、密度等参数,定义方法是:

(1)MP,EX,X,V1 ! 定义材料号为 X,弹性模量值 V1。

(2)MP,PRXY,X,V2 ! 定义材料号 X,泊松比值 V2。

(3)MP,DENS,X,V3 ! 定义材料号 X,质量密度值 V3。

截面属性也称为实常数。在杆件结构中,不同的杆件可能具有相同的实常数,可对实常数进行归类编号,定义出不同编号的实常数;几何建模时,可以利用 LATT 命令通过实常数编号进行线的实常数定义。

对于 BEAM44 单元类型,实常数主要包括 A、Iz、Iy、B、H、Ix,其中 A 代表截面面积,B 代表截面宽度,H 代表截面高度,Iz、Iy、Ix 分别是截面绕 Z 轴和 Y 轴惯性矩,Ix 为绕 X 轴的扭转惯性矩,相应的截面属性定义方法是:

R,X,A,Iz,Iy,B,H,Ix ! 定义实常数号为 X 的实常数系列

对于 LINK8 单元类型,实常数主要为杆件的截面面积 A,其定义方法是:

R,X,A ! 定义实常数号为 X 的实常数

为了便于生成规范且易于阅读理解和检查的命令流,RBCCE 将每个单元的截面特性定义一个实常数号。

5)几何建模方法

杆件结构的几何建模主要通过关键点、线的建立实现,定义方法是:

(1)K,jdh,X,Y,Z ! 创建编号为 jdh 的关键点,坐标为 X,Y,Z;

(2)L,jdh1,jdh2 ! 将关键点 jdh1 和 jdh2 连接起来建立线。

6)线段单元属性定义

所有杆件线段均需要进行单元属性定义,并进行线段划分。杆件线段的单元属性定义的方法是:

LATT,MAT,REAL,TYPE,,KB,KE,SecID

其中:

(1)MAT 为材料编号。

(2)REAL 为截面的实常数编号,采用自定义截面时此数据可为空。

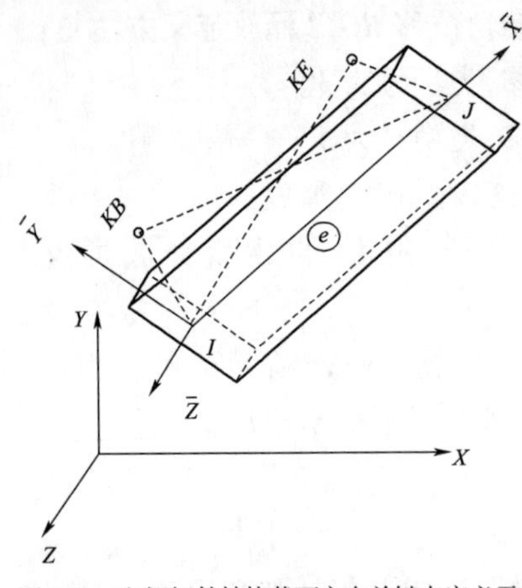

图 4-21 空间杆件结构截面方向关键点定义示例

(3)TYPE 为单元类型号编号。

(4)KB 为线段左端截面方向点编号。

(5)KE 为线段右端截面方向点编号。

(6)SecID 采用自定义截面时,为自定义截面类型号,无自定义截面时,可为空。

图 4-21 中,由 *I*、*J* 分别 *KB* 和 *KE* 点组成的平面方向为自定义截面在 *I* 端和 *J* 端的截面方向。当单元采用自定义截面时,RBCCE 可根据单元所在的面特征或用户规定的截面方向,自动生成 *KB*、*KE* 方向点,并自动进行杆件线段的单元属性的定义。

以下是一条杆件线段单元属性的加载方法实例:

```
R,3,7.27,4.70230507,32.70648333,0.144,0.4,34.33      ! 定义实常数
LSEL,none          ! 不选择线段
L,3,4              ! 建立一条连接 3、4 节点的线段
LATT,1,3,1         ! 设置上面连线的单元属性:包括材料号为 1、实常数号为 3 及单元类
                     型号为 1
```

如果按以上杆件实常数定义方法,ANSYS 只能显示杆件有限元的线模型。如要想看到杆件有限元实体模型,则需要在杆件线段上加载相应的自定义截面类型:

```
SECTYPE,SecID,BEAM,MESH        ! 定义梁截面类型号 SecID
SECREAD,MYSEC2,,,MESH          ! 读出 SECWRITE 命令保存的自定义网分的截面类
                                 型,MYSEC2 为截面名,内涵截面实常数,并与截面类
                                 型号为 SecID 相关联,可用于杆件的线段属性赋值
```

以下是考虑自定义截面的线段单元属性定义实例:

```
SECTYPE,1,BEAM,MESH            ! 定义梁截面类型号 1
SECREAD,MYSEC1,,,MESH          ! 读出截面 MYSEC1,并与 1 号截面联系
LSEL,none                      ! 不选择线段
L,4,5                          ! 创建由 4、5 关键点连成的直线段
k,16,45.08416,111.54894,0      ! 定义截面方向点 16
k,17,46.08416,111.54894,0      ! 定义截面方向点 17
LATT,1,,1,,16,17,1             ! 设置 4、5 连线的单元属性:包括材料号、单元类型为
                                 1,无截面实常数,采用 1 号自定义截面,两端截面的方
                                 向点分别为 16、17
```

当截面有偏移量时,还需要采用下面命令进行截面偏移定义:

SECOFFSET,USER,OFFSETY,OFFSETY ! 截面偏移定义

其中:

(1)USER:梁节点偏移到用户指定的位置标记。

(2)OFFSETY:*Y* 方向偏移量(需按 ANSYS 规定的截面坐系)。

(3)OFFSETZ:*Z* 方向偏移量(需按 ANSYS 规定的截面坐系)。

RBCCE 将每一条线段定义为一个单元,即一条线段的分段数为 1,因此,在 ANSYS 命令流中,可以对所有线段进行统一的网格划分,定义方法是:

(1)LSEL,ALL! 选择线段(仅有一条线段)。

(2)LESIZE,ALL,,,1 ! 网格划分定义:一条线段一个单元。

(3)LMESH,ALL ! 划分线段,形成单元。

7)荷载定义

RBCCE 考虑的荷载主要节点集中荷载和单元分布荷载两种类,ANSYS 中荷载既可以施加到关键点和线上,也可以施加到节点和单元上,或者混合使用。RBCCE 按集中荷载作用在关键点上考虑,因此,在定义节点荷载前,需要先定义节点荷载所在关键点。可按下面方法定义:

(1)K,jdh,X,Y,Z ! 创建编号为 jdh 的关键点,坐标为 *X*,*Y*,*Z*;

(2)FK,jdh,FY,VALUE ! 定义第 jdh 关键点在 *Y* 方向的节点力,如 *FY* 分别替换为 *FX*, *FZ*,*MX*,*MY*,*MZ* 则分别表示在第 jdh 关键点处作用有 *X* 方向的节点力、*Z* 方向的节点力、绕 *X* 轴的节点扭矩,绕 *Y* 轴的节点力矩及绕 *Z* 轴的节点力矩,节点力矩以绕轴线逆时针转为正。

例如:

FK,14,MZ,12 ! 表示关键点 14 处有一个绕 *Z* 方向的逆时针转的节点力矩,大小为 12kN · m

当单元上受分布荷载作用时,可根据分布荷载所作用的单元进行荷载定义。对于单元 BEAM44 施加单元分布荷载的定义方法是:

SFBEAM,ELEM,LKEY,Lab,VALI,VALJ,VAL2I,VAL2J,IOFFST,JOFFST,其中:

(1)ELEM:表示单元号。

(2)LKEY:当值为 1 时表示对应施加垂直荷载,值为 2 表示对应施加平行荷载。

(3)Lab:结构分析默认 PRES。

(4)VALI,VALJ:左边值,右边值。

(5)VAL2I,VAL2J:一般不用。

(6)IOFFST,JOFFST:荷载始点离 *I* 端的值,荷载终点离 *J* 端的值。

例如:

SFBEAM,6,1,PRES,50,100,,,0.3,0.1 ! 表示对单元 6 施加垂直局部线性分布荷载,值为 50 和 100,50 距离 I 节点(单元 6 左端)0.3,100 距离 J 节点(单元 6 右端)0.1

8)节点约束定义

其中:DK, KPOI, Lab, VALUE, VALUE2, KEXPND, Lab2, Lab3, Lab4, Lab5, Lab6

KPOI：预加位移约束的节点号，如果为 ALL，则所有选中节点全加约束。

Lab：自由度标示符，UX、UY、UZ、ROTx、ROTy、ROTz。如为 ALL 则为所有自由度。

VALUE：自由度约束位移值，缺省为 0。

VALUE2：第二个自由度位移值（缺省为 0）。

例如：

DK,336,,,,,,UY ！约束节点 336 的自由度 UY

DK,336,UX ,0.01 ,,,UY,ROTz ！约束 336 节点的 UX、UY、ROTz，且位移值均为 0.01。

下面以一平面刚架为例，介绍 RBCCE 自动生成的命令流结构。图 4-22 为组合平面刚架结构，弹性模量 $E = 2e^8 kN/m^2$，重度 $\rho = 78kN/m^3$，截面面积为 $A = 0.00485883m^2$，$I_z = 0.00022855$，$I_y = 7.4E\text{-}6$，生成该结构在外载作用下的 ANSYS 命令流。

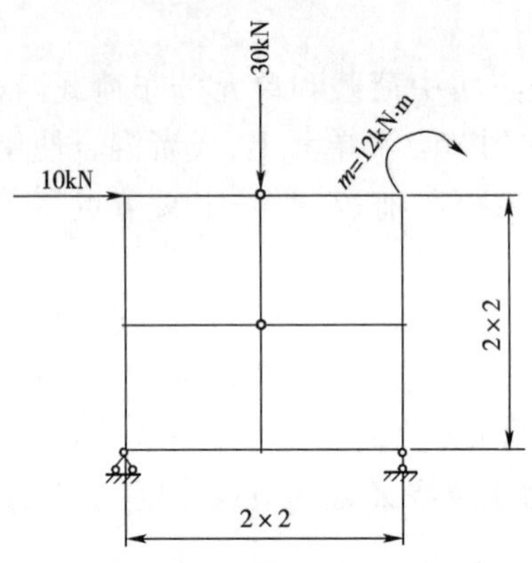

图 4-22 平面杆件结构计算算例

```
! 平面杆件结构静力分析
FINISH                      ! 退出 PREP7 处理器
/CLEAR                      ! 清除当前数据
/Prep7                      ! 进入 prep7 处理器
! 创建线，赋予线属性
*DO,I,1,5,1                 ! 连续定义 5 个单元类型参考号，单元类型为 BEAM44
                            ET,I,BEAM44
*ENDDO
ET,6,Link8                  ! 定义第 6 个单元类型参考号，单元类型为 Link8
KEYOPT,3,7,1                ! 定义单元左端绕 Z 轴角位移自由度释放类型号为 3
KEYOPT,5,8,1                ! 定义单元右端绕 Z 轴角位移自由度释放类型号为 5
MP,EX,1,200000000           ! 定义弹性模量
MP,prxy,1,0.16              ! 定义泊松比
MP,DENS,1,78                ! 定义单元重度
K,1,0,4                     ! 定义关键点
```

```
K,2,2,4                              ! 定义关键点
K,3,4,4                              ! 定义关键点
K,4,0,2                              ! 定义关键点
K,5,2,2                              ! 定义关键点
K,6,4,2                              ! 定义关键点
K,7,0,0                              ! 定义关键点
K,8,2,0                              ! 定义关键点
K,9,4,0                              ! 定义关键点
R,1,0.00485883,0.00022855,7.4E-6,0.144,1.4994        ! 定义实常数
LSEL,none                            ! 默认选前一线段
L,1,2                                ! 连接两关键点为直线
LATT,1,1,1                           ! 设置上面连接线的单元属性:包括材料属性、实常数
                                     及 BEAM44 单元类型
R,2,0.00485883,0.00022855,7.4E-6,0.144,1.4994        ! 定义实常数
LSEL,none                            ! 默认选前一线段
L,2,3                                ! 连接两关键点为直线
LATT,1,2,1                           ! 设置上面连接线的单元属性:包括材料属性、实常数
                                     及 BEAM44 单元类型
R,3,0.00485883,0.00022855,7.4E-6,0.144,1.4994        ! 定义实常数
LSEL,none                            ! 默认选前一线段
L,4,5                                ! 连接两关键点为直线
LATT,1,3,1                           ! 设置上面连接线的单元属性:包括材料属性、实常数
                                     及 BEAM44 单元类型
R,4,0.00485883,0.00022855,7.4E-6,0.144,1.4994        ! 定义实常数
LSEL,none                            ! 默认选前一线段
L,5,6                                ! 连接两关键点为直线
LATT,1,4,1                           ! 设置上面连接线的单元属性:包括材料属性、实常数
                                     及 BEAM44 单元类型
R,5,0.00485883,0.00022855,7.4E-6,0.144,1.4994        ! 定义实常数
LSEL,none                            ! 默认选前一线段
L,7,8                                ! 连接两关键点为直线
LATT,1,5,1                           ! 设置上面连接线的单元属性:包括材料属性、实常数
                                     及 BEAM44 单元类型
R,6,0.00485883,0.00022855,7.4E-6,0.144,1.4994        ! 定义实常数
LSEL,none                            ! 默认选前一线段
L,8,9                                ! 连接两关键点为直线
```

```
LATT,1,6,1                    ! 设置上面连接线的单元属性:包括材料属性、实常数
                              及 BEAM44 单元类型
R,7,0.00485883,0.00022855,7.4E-6,0.144,1.4994        ! 定义实常数
LSEL,none                     ! 默认选前一线段
L,1,4                         ! 连接两关键点为直线
LATT,1,7,1                    ! 设置上面连接线的单元属性:包括材料属性、实常数
                              及 BEAM44 单元类型
R,8,0.00485883,0.00022855,7.4E-6,0.144,1.4994        ! 定义实常数
LSEL,none                     ! 默认选前一线段
L,4,7                         ! 连接两关键点为直线
LATT,1,8,1                    ! 设置上面连接线的单元属性:包括材料属性、实常数
                              及 BEAM44 单元类型
R,9,0.00485883,0.00022855,7.4E-6,0.144,1.4994        ! 定义实常数
LSEL,none                     ! 默认选前一线段
L,2,5                         ! 连接两关键点为直线
LATT,1,9,1                    ! 设置上面连接线的单元属性:包括材料属性、实常数
                              及 BEAM44 单元类型
R,10,0.00485883,0.00022855,7.4E-6,0.144,1.4994       ! 定义实常数
LSEL,none                     ! 默认选前一线段
L,5,8                         ! 连接两关键点为直线
LATT,1,10,1                   ! 设置上面连接线的单元属性:包括材料属性、实常数
                              及 BEAM44 单元类型
R,11,0.00485883,0.00022855,7.4E-6,0.144,1.4994       ! 定义实常数
LSEL,none                     ! 默认选前一线段
L,3,6                         ! 连接两关键点为直线
LATT,1,11,1                   ! 设置上面连接线的单元属性:包括材料属性、实常数
                              及 BEAM44 单元类型
R,12,0.00485883,0.00022855,7.4E-6,0.144,1.4994       ! 定义实常数
LSEL,none                     ! 默认选前一线段
L,6,9                         ! 连接两关键点为直线
LATT,1,12,1                   ! 设置上面连接线的单元属性:包括材料属性、实常数
                              及 BEAM44 单元类型
! 划分网格
LSEL,ALL                      ! 选择所有线段
LESIZE,ALL,,,1                ! 网格划分定义:一条线段一个单元
LMESH,ALL                     ! 所有线段进行网格划分,形成单元
```

```
! 定义约束
K,10,0,0                    ! 定义关键点
DK,10,UX,,,,UY,UZ           ! 这是一个固定铰支座,节点的 X、Y、Z 三个方向的线位移被约束
K,11,4,0                    ! 定义关键点
DK,11,UY,,,,UZ              ! 这是一个竖向活动支座,Y 向位移被约束,同时也约束了 Z 方向的线位移
! 定义荷载
K,17,0,4                    ! 定义关键点
FK,17,FX,10                 ! 节点在 X 方向的节点力
K,18,2,4                    ! 定义关键点
FK,18,FY,-30                ! 节点在 Y 方向的节点力
K,19,4,4                    ! 定义关键点
FK,19,MZ,-12                ! 节点绕 Z 方向的节点力矩,顺时针转为正
NUMMRG,KP,0.005             ! 对所有关键点进行合并
! 以下为释放自由度
EMODIF,1,TYPE,5             ! 对给定单元号 1 按第 5 类型进行自由度释放
EMODIF,2,TYPE,3             ! 对给定单元号 2 按第 3 类型进行自由度释放
EMODIF,9,TYPE,3             ! 对给定单元号 9 按第 3 类型进行自由度释放
EMODIF,10,TYPE,3            ! 对给定单元号 10 按第 4 类型进行自由度释放
ALLSEL,ALL                  ! 选择全部实体
/SOLU                       ! 进入 solu 求解器
SOLVE                       ! 结构力学求解计算
/POST1                      ! 进入后处理器
PLDISP,1                    ! 显示变形
ETABLE,FXI,SMISC,1          ! 定义单元左端轴力表
ETABLE,FXJ,SMISC,7          ! 定义单元右端轴力表
ETABLE,FYI,SMISC,2          ! 定义单元左端 Y 方向剪力表
ETABLE,FYJ,SMISC,8          ! 定义单元右端 Y 方向剪力表
ETABLE,FZI,SMISC,3          ! 定义单元左端 Z 方向剪力表
ETABLE,FZJ,SMISC,9          ! 定义单元右端 Z 方向剪力表
ETABLE,MXI,SMISC,4          ! 定义单元左端绕 X 轴力矩表
ETABLE,MXJ,SMISC,10         ! 定义单元右端绕 X 轴力矩表
ETABLE,MYI,SMISC,5          ! 定义单元左端绕 Y 轴弯矩表
ETABLE,MYJ,SMISC,11         ! 定义单元右端绕 Y 轴弯矩表
ETABLE,MZI,SMISC,6          ! 定义单元左端绕 Z 轴弯矩表
```

```
ETABLE,MZJ,SMISC,12              ! 定义单元右端绕 Z 轴弯矩表
ETABLE,SMINI,NMISC,2
ETABLE,SMINJ,NMISC,4
PLLS,FXI,FXJ                     ! 显示轴力
PLLS,FYI,FYJ                     ! 显示剪力
PLLS,MXI,MXJ                     ! 显示扭矩
PLLS,MYI,MYJ                     ! 显示绕 Y 轴的弯矩
PLLS,SMINI,SMINJ
PLLS,MZI,MZJ                     ! 显示单元绕 Z 轴的弯矩
```

4.9 算例分析

已知一防护棚主体结构,其组成构件主要包括:横梁为 I28b 工字钢,纵梁为双 I32b 工字钢(静距 4mm),立柱为直径 ϕ600mm、壁厚 10mm 的钢管,小斜撑及小横撑均为[12 槽钢,横梁固结于纵梁上。结构整体坐标系统、结构尺寸及其所受荷载,见图 4-23。试建立该结构计算的图形流模型并绘制该结构的变形图。

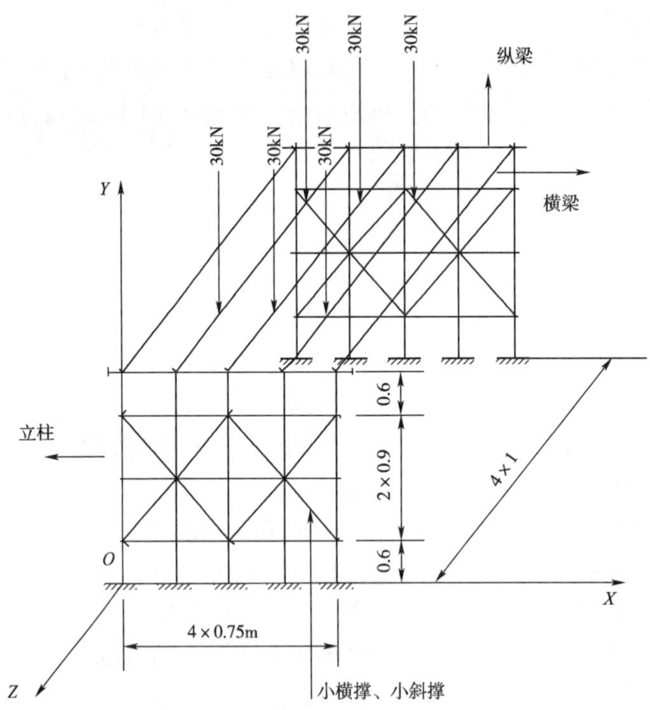

图 4-23　防护棚空间结构图

解:可以将该防护棚结构分解成 XY 面上和 ZX 面上两个平面杆件有限元组成,按第 3 章介绍方法可以方便地建立起这两个面上的平面杆件有限元图形,采用单元选择器法或截面属

性传递法对平面杆件有限元对象进行截面属性加载;创建相应的基准面指示线,对该两平面杆件有限元进行空间特征加载;考虑到要在 ANSYS 空间杆件有限元模型中体现出横梁布置于纵梁上的特点,需要对横梁截面(I28b)进行截面偏移设置(截面高度方向偏移量为 0.16 +0.14 =0.3m);创建 XY 面上的节点荷载,创建约束与荷载指示线,修改结构所受的三节点约束及荷载。打开任意杆件有限元对象的对话框,自动生成该图形流计算模型的 ANSYS 命令流,导入 ANSYS 系统,可以得到该结构的 ANSYS 空间杆件有限元模型,并得到需要的变形结果。所涉及模型见图 4-24 和图 4-25。

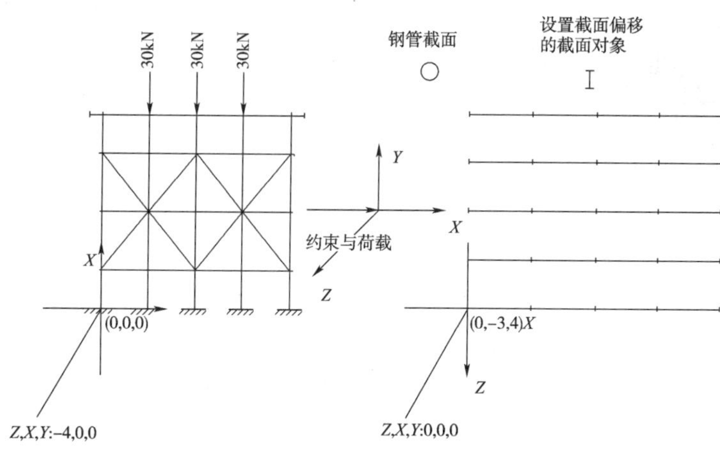

图 4-24 防护棚图形流模型图

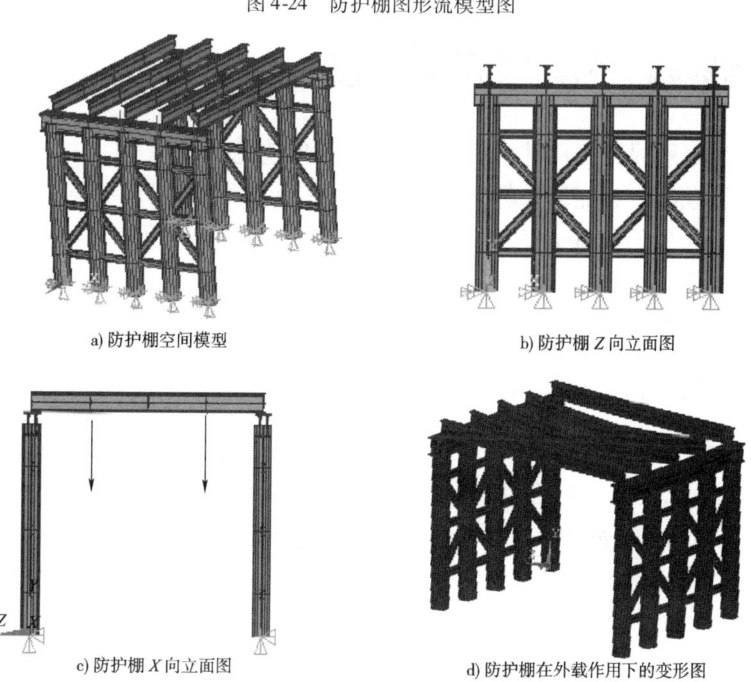

图 4-25 防护棚 ANSYS 计算模型与变形图

第5章 基本问题的建模与实现

一项桥梁施工计算任务的完成可能需要涉及多学科知识的综合应用,其中可能包括一些规模小、计算相对简单的问题,它们的求解实现需要涉及相关的技术规范,或者需要其他求解步骤的计算结果。本章将这些问题定义为基本问题,采用图形流技术,可以方便地将它们设计成相关的功能图形对象作为计算模型,并通过功能图形对象的创建、操作来实现基本问题的求解实现。本章主要针对一些常见的基本计算问题的建模与实现。

5.1 钢筋混凝土截面受弯承载能力和配筋计算

当截面对象为钢筋混凝土构件截面时,在截面对象创建完成后,可以打开其对话框进行钢筋混凝土构件的承载能力和配筋计算,计算所遵循规范为《公路钢筋混凝土和预应力混凝土桥涵设计规范》(JTG D62—2004)。具体功能主要包括:受弯构件承载能力与配筋计算;普通箍筋柱轴心受压构件的承载能力计算;螺旋箍筋柱轴心受压构件的承载能力计算;偏心受压构件承载能力计算及圆形截面偏心受压构件承载能力计算等。

5.1.1 已知正截面弯矩设计值,计算截面钢筋面积

打开“截面对象”对话框(图3-22),单击“受弯构件正截面承载能力与配筋计算”按钮,转换为“受弯构件”页面,见图5-1,在其上的“截面受弯钢筋计算”组合框中输入以下参数:

(1)截面弯矩设计值:按规范考虑组合系数的截面弯矩设计值。

(2)钢筋类别:所选纵向受拉钢筋的类型。

(3)混凝土材料标号:相当于混凝土材料的强度等级。

(4)受拉钢筋重心:纵向受拉钢筋的重心距离截面边缘距离,该数据是用户自行选定的参数。

(5)受拉钢筋直径。

(6)结构重要系数:截面是上缘受拉还是下缘受拉。

单击“计算”按钮,可以得到根据规范计算出的截面受拉钢筋的面积、配筋率、受压高度界限系数等数据,并对计算结果进行配筋率及受压区高度检查。

截面对象
受弯构件
截面受弯钢筋计算
弯矩设计值(kNm): 4000
钢筋类别: R235
混凝土材料标号: C20
受拉钢筋重心(m): 0.045
受拉钢筋直径(mm): 20
结构重要系数: 1.0
计算(S)
根据钢筋布置计算承载能力
层数: 1　层间距模式: 静距　中心距　布置(D)

钢筋信息	类	直径(mm	根 数	间 距(m)	相对部位	水平中心距
层1	HRB335	22	0	0.12	下缘	0.15

单筋截面承载能力计算(U)
下缘受拉　双筋截面承载能力计算(U)
关闭(C)　帮助(H)

图 5-1　“截面对象”对话框的“受弯构件”页面

该截面受拉钢筋计算方法,适合于下缘受拉的单筋矩形截面或 T 形截面受弯构件;当截面上缘受拉时,可以将截面翻转成下缘受拉的截面对象,再按该方法进行计算。

【算例 5-1】　截面承受的弯矩组合设计值 $M_d = 215\text{kN}\cdot\text{m}$,截面尺寸为 250mm × 650mm,见图 5-2,结构重要系数 $\gamma_0 = 1.0$。拟采用 C25 混凝土和 HRB335 钢筋。求梁的钢筋截面面积。

解:该矩形截面配筋计算结果如下。

截面抗弯力矩(kN·m):215.1;

截面弯矩设计值(kN·m):215;

计算钢筋总面积(mm^2):1435.4;

选用钢筋根数:5;

选用钢筋直径 ϕ(mm):20;

选用钢筋总面积(mm^2):1570.8;

钢筋重心(m):0.045;

配筋率:0.0104;

最小配筋率:0.002;

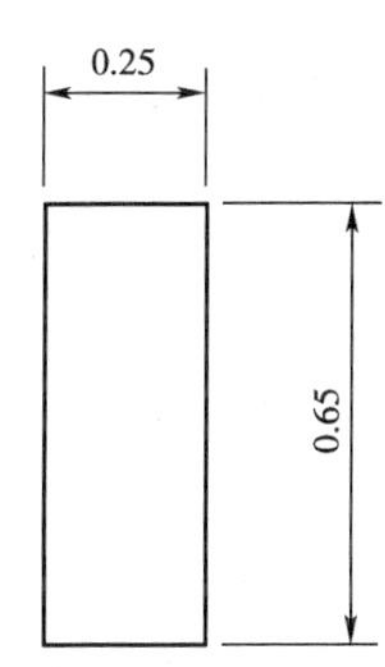

图 5-2　算例 5-1 截面图（尺寸单位:m）

受拉区配筋率 $p = 0.0104 >$ 最小配筋率 $p_{\min} = 0.002$,满足最小配筋率要求;

最大受压区高度(m):0.339;

受压高度界限系数:0.56;

受压区高度(m):0.153;

受拉区高度 $X = 0.153 <$ 最大允许受压区高度 $X_b = 0.339$,满足最大配筋率要求。

【算例 5-2】　T 形截面尺寸如图 5-3 所示,所承受的弯矩组合设计值 $M_d = 580\text{kN}\cdot\text{m}$,结构的重要系数 $\gamma_0 = 1.0$。拟采用 C30 混凝土,HRB400 钢筋,钢筋直径为 20mm,钢筋重心值为 0.06m。试选择钢筋并复核该正截面承载能力。

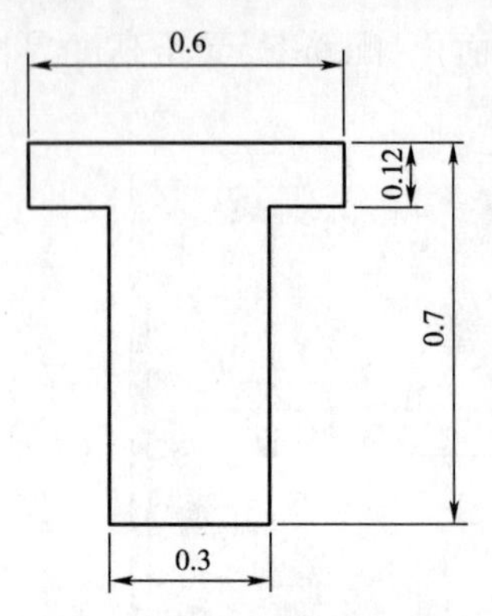

图5-3 算例5-2截面图(尺寸单位:m)

解:该T形截面的配筋计算结果如下。

截面弯矩设计值(kN·m):580;

计算钢筋总面积(mm^2):3038.5;

选用钢筋根数:10;

选用钢筋直径(mm):20;

选用钢筋总面积(mm^2):3141.6;

钢筋重心(m):0.06;

配筋率:0.0082;

最小配筋率:0.002;

受拉区配筋率 $p=0.0082>$ 最小配筋率 $p_{min}=0.002$,满足最小配筋率要求;

最大受压区高度(m):0.339;

受压高度界限系数 X_b:0.53;

受压区高度(m):0.131;

受压区高度 $X=0.131<$ 最大允许受压区高度 $X_b=0.339$,满足最大配筋率要求。

5.1.2 已知受拉区钢筋布置,计算该截面的承载能力

当矩形截面或T形截面上已经布置有受拉钢筋,可以实现该截面的正截面抗弯承载能力计算。具体实现步骤是:打开"截面对象"对话框(图3-22),在其上单击"受弯构件正截面承载能力与配筋计算"按钮,对话框转换为"受弯构件"页面(图5-1),在其上的"根据钢筋布置计算截面抗弯承载能力"组合框中,输入钢筋的层数、层间距模式、钢筋类型、钢筋直径、水平间距及相对部位(相对于截面的上缘或下缘)等参数。

该计算方法既可以适合于单筋截面类型,也可以适合于双筋截面类型。对于单筋截面类型,钢筋布置在截面的下缘,而对于双筋截面,则钢筋应该布置在上、下缘,并指明受拉区域。当"下缘受拉"勾选时,表示钢筋下缘受拉,否则上缘受拉。对于单、双筋截面的承载能力可以分别单击"单筋截面承载能力计算"或"双筋截面承载能力计算"按钮。

【算例5-3】 已知T形截面梁尺寸及受拉区钢筋布置如图5-4所示。采用C30混凝土,HRB440钢筋10根,直径Φ20,分两排布置,钢筋重心到下缘距离0.0677m,试计算截面承载能力。

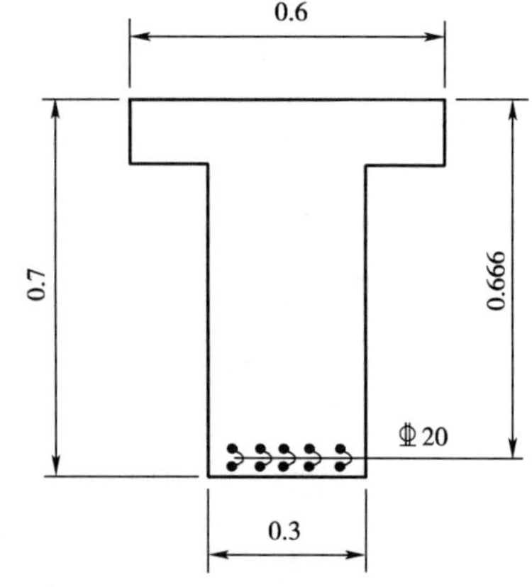

图5-4 算例5-3图(尺寸单位:m)

解:该截面属于单筋截面,其承载能力主要计算结果如下。

计算类型:下缘受拉的单筋截面;

截面抗弯力矩(kN·m):600.2;

钢筋总面积(mm^2):3145.3;

钢筋重心(m):0.056;

配筋率:0.0163;

最小配筋率:0.002;

受压区高度(m):0.131;

最大受压区高度(m):0.341;

受压高度界限系数:0.53。

5.2 轴心受压构件的计算

钢结构中轴心受压构件是桥梁临时结构设计中常用的一种承重构件类型,其截面形式多种多样,依据截面的组成情况可以分为三种。第一种是热轧型钢截面,包括圆钢、圆管、角钢、工字钢、槽钢、T形钢等;第二种是冷弯薄壁型钢截面,包括带卷边或不带卷边的角形、槽形截面和方管等;第三种是用型钢和钢板连接而成的组合截面,有实腹式组合截面和格构式组合截面,见图5-5。图中截面坐标系采用水平为X轴竖向为Y轴的笛卡儿坐标系。

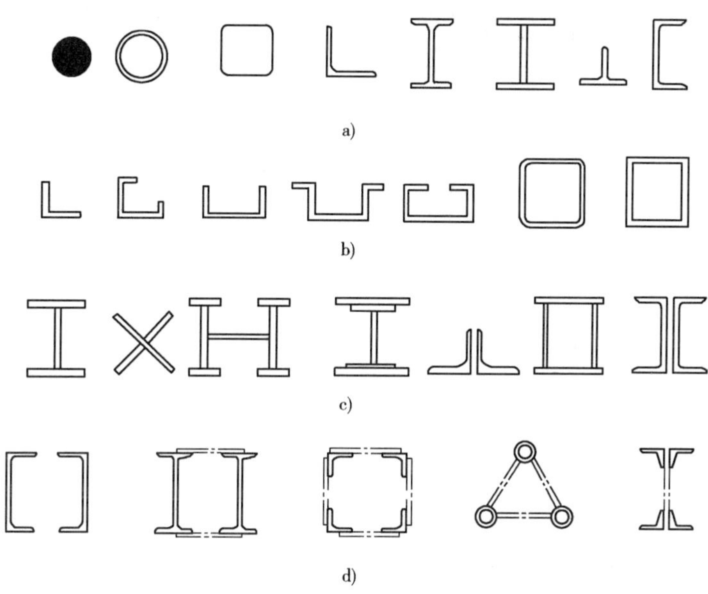

a)

b)

c)

d)

图5-5　轴心受力构件的截面形式

a)热轧型钢截面;b)冷弯薄壁型钢截面;c)实腹组合截面;d)格构组合截面

由格构式组合截面构成的轴心受压构件,其缀件可分为缀条或缀板两种类型,见图5-6。

钢结构轴心受力构件的计算包括强度、刚度和稳定性等内容。其强度计算公式为:

$$\sigma = N/A_n \leqslant f \tag{5-1}$$

式中:N——轴心力设计值;

A_n——构件的净截面值;

f——钢材的抗压强度设计值。

对于刚度,可以通过限制轴心受压构件的长细比小于容许长细比进行控制。即:

$$\lambda \leqslant [\lambda] \tag{5-2}$$

式中:λ——构件的最大长细比;

$[\lambda]$——构件的容许长细比,可取150。

钢结构轴心受压稳定性计算公式为：

$$\sigma = \frac{N}{\varphi A_n} \leqslant f \tag{5-3}$$

式中：N——轴心力设计值；

A_n——构件的净截面值；

f——钢材的抗压强度设计值；

φ——轴心受压构件的稳定系数。

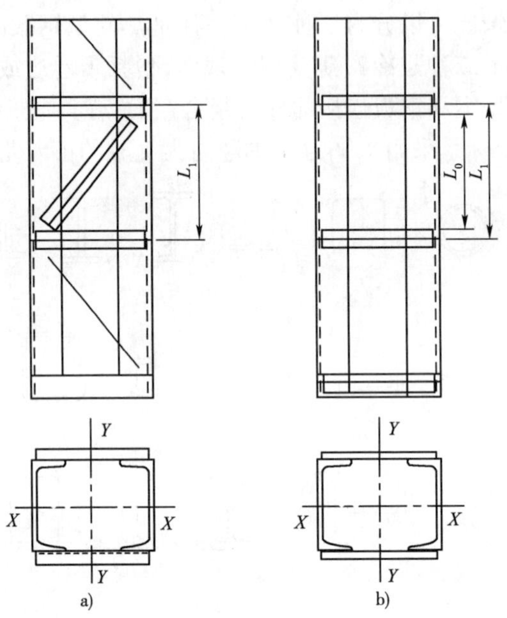

图 5-6　格构式的轴心受压构件

a）缀条式双肢格构；b）缀板式双肢格构

相对于压杆强度与刚度计算，稳定性计算稍显麻烦，需要正确计算出稳定系数 φ，其数值与压杆的截面类型、长度系数 μ、失稳时弯曲方向（绕形心惯性轴 X-X 或 Y-Y 轴失稳）等因素密切相关。

根据压杆截面形状、加工方法等情况，《钢结构设计规范》（GB 50017—2003）等规范将轴心受压杆件截面细分为 a、b、c、d 四种类型：

（1）当压杆截面属于热轧工字钢，且 b/h 不大于 0.8，并绕 X-X 轴失稳，则按 a 类截面计算 φ。

（2）当压杆截面为焊接翼缘边、热轧槽钢、焊接槽钢（包括由角钢焊接的槽钢），且对 X-X 轴失稳，无任何对称轴的截面，板厚大于 40mm 的焊接实腹截面，则按 c 类截面计算 φ；

（3）除了 a、b 类截面的其他截面按 c 类截面计算 φ。

一般截面情况属于 b 类型，具体截面类型可参考表 5-1 和表 5-2。

压杆长度系数 μ 与压杆失稳时弯曲方向的两端边界约束条件有关。常见的约束类型与相应的长度系数如下。

两端铰支：$\mu = 1$；

两端固定：$\mu = 2$；

一端固定另一端铰支：$\mu = 0.7$；

一端固定另一端可水平移动：$\mu = 1$。

轴心受压构件的截面分类（板厚 $t < 40$mm）　　表 5-1

截面形式	对 x 轴	对 y 轴
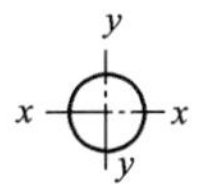 轧制	a类	a类
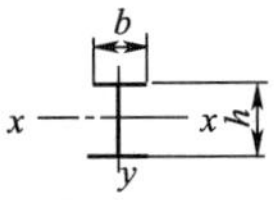 轧制、$b/h \leq 0.8$	a类	b类
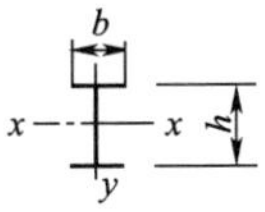 轧制、$b/h > 0.8$；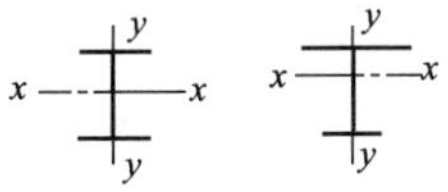 焊接，翼缘为焰切边；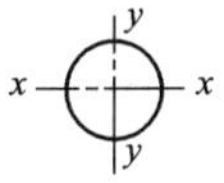 焊接	b类	b类
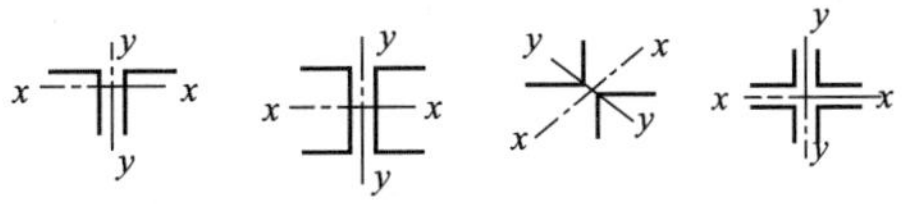；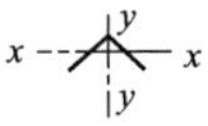 轧制，等边角钢		
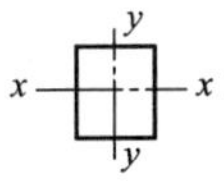 轧制，焊接(板件宽厚比大于20)；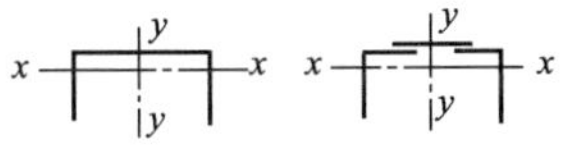 轧制或焊接		
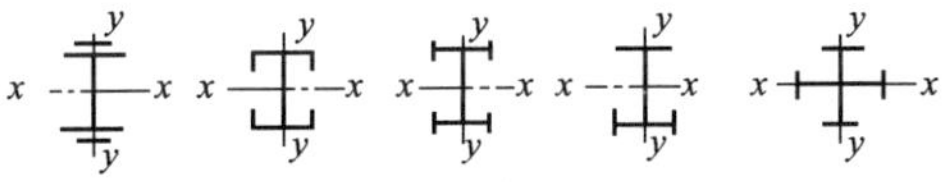 焊接；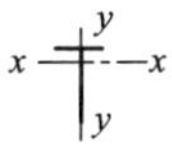 轧制截面和翼缘为焰切边的焊接截面		
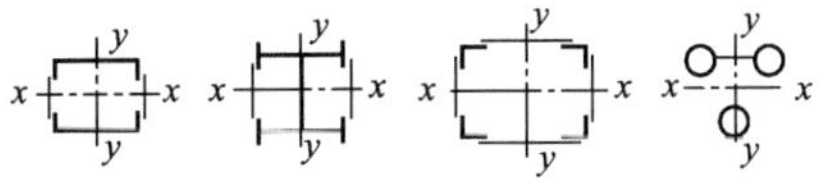 格构式；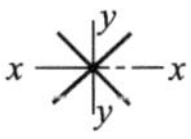 焊接、板件边缘焰切边		
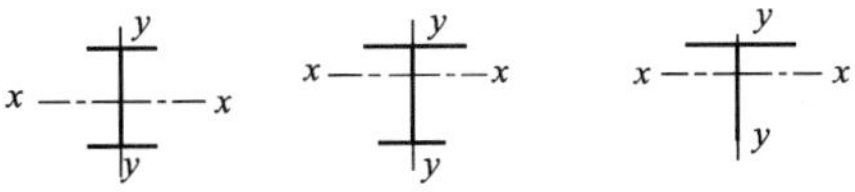 焊接，翼缘为轧制或剪切	b类	c类
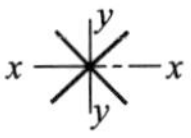 焊接，板件边缘为轧制或剪切；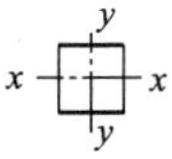 焊接，板件宽厚比≤20	c类	c类

轴心受压构件的截面分类(板厚 $t \geq 40$mm)　　表 5-2

截 面 形 式		对 x 轴	对 y 轴
轧制工字形或H形截面	$t < 80$mm	b 类	c 类
	$t \geq 80$mm	c 类	d 类
焊接工字形截面	翼缘为焰切边	b 类	b 类
	翼缘为轧制或剪切边	c 类	d 类
焊接箱形截面	板件宽厚比 > 20	b 类	b 类
	板件宽厚比 ≤ 20	c 类	c 类

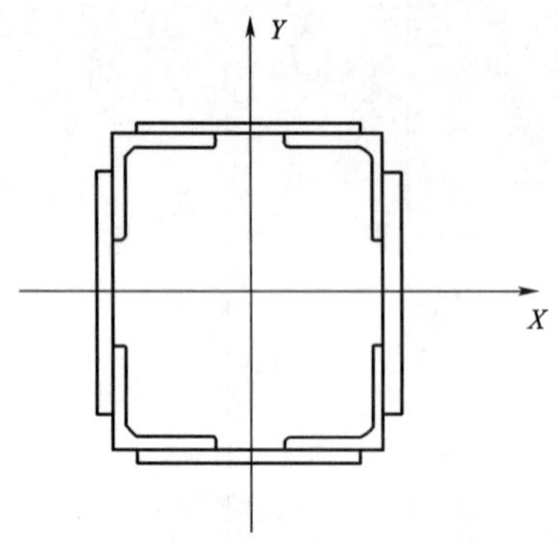

图 5-7　两个虚轴的格构截面

对于格构式轴心压杆类型,其失稳弯曲旋转轴分实轴和虚轴两种情况,弯曲旋转轴类型不同,失稳计算的方法也不同。绕实轴失稳时的计算方法与实腹式压杆相同;对于绕虚轴失稳,稳定系数的计算需要考虑格构式轴心压杆的缀件类型,可以是缀板或缀条情况。为了方便计算,创建截面对象时,可将 X-X 截面设置为实轴,Y-Y 设置为虚轴。有时,格构式压杆也可以采用用四角钢作肢件,此时压杆截面出现两个虚轴的情况,见图 5-7。

可以采用换算长细比的方法实现对虚轴稳定性计算,换算长细比的计算方法如下:

(1)对于双肢缀条式格构压杆:

$$\lambda_{oy} = \sqrt{\lambda_y^2 + 27\frac{A}{A_1}} \tag{5-4}$$

(2)对于双肢缀板式格构压杆:

$$\lambda_{oy} = \sqrt{\lambda_y^2 + \lambda_1^2} \tag{5-5}$$

上两式中:λ_y ——整个受压构件对虚轴 Y 的长细比;

A——缀肢毛截面面积之和;

A_1——压杆垂直于虚轴各个斜缀条的毛截面面积之和;

λ_1 ——单肢对平行于虚轴自身形心轴的长细比。

RBCCE 将轴心压杆按实腹式压杆及格构式压杆等两种压杆类型进行计算,并采用统一的操作方法对其进行稳定性计算,具体操作方法如下。

(1)创建压杆件截面对象。当为格构式压杆时,需要按组合截面的创建方法创建由分肢截面构成的组合截面对象,称为主截面对象,再创建缀条或缀板的截面对象,称为副截面对象,并绘制一个矩形框选主、副截面对象。图 5-8a)为实腹压杆截面对象,图 5-8b)为格构压杆截面。

(2)打开截面对象对话框,在“功能 1”页面的“压杆稳定计算”组合框中(图 5-9),选择压杆类型,单击“压杆稳定性计算”按钮,对话框转换为“压杆计算”对话框,见图 5-10,输入压杆长度、轴力大小、压杆材料,相对绕形心的弯曲旋转主轴 *X-X*、*Y-Y* 的两端约束条件等信息;当为格构式压杆时,还需要输入相邻缀板中心间距等。

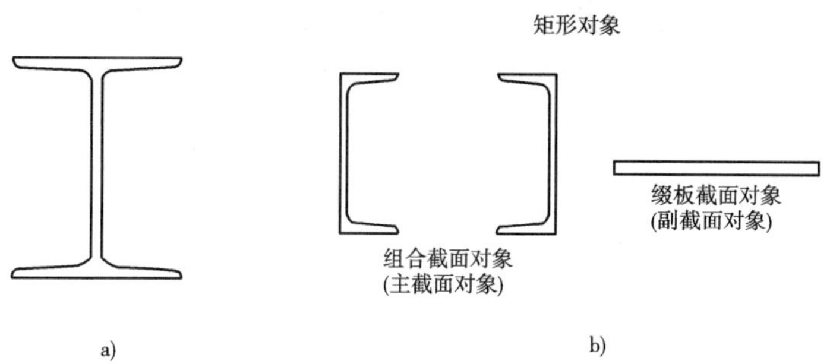

图 5-8　压杆截面对象创建示例

a)实腹截面;b)格构截面

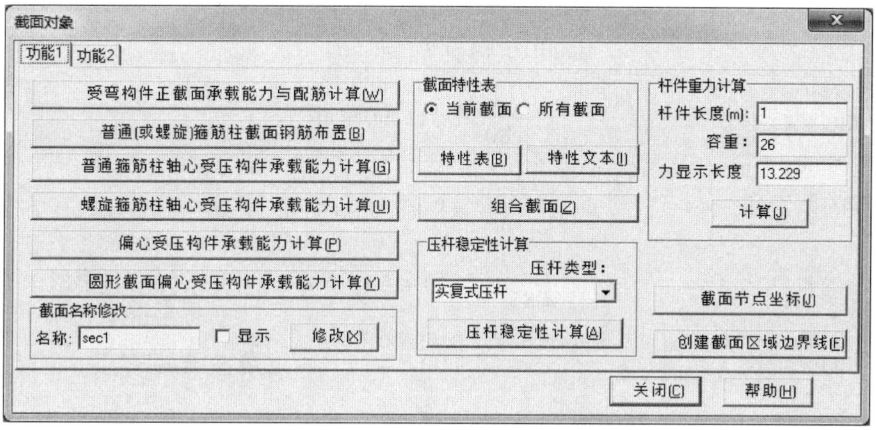

图 5-9　“截面对象”对话框的“功能 1”页面

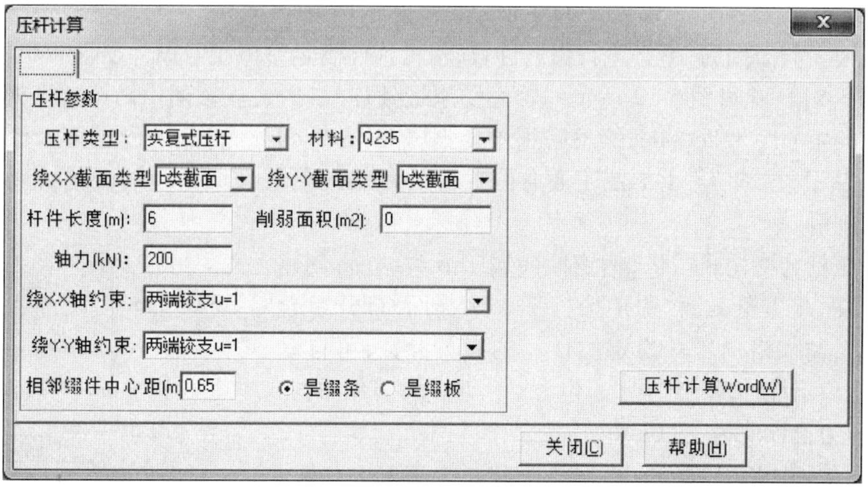

图 5-10　“压杆计算”对话框

(3)单击“压杆计算 WORD”按钮,可以得到用 WORD 文档表达的计算结果。

【算例 5-4】 验算图 5-11 所示的焊接组合工字形截面轴心压柱的整体稳定性,轴心压力设计值为 $N=2000\text{kN}$,柱长为 6m,柱子绕 X-X 弯曲失稳的约束条件是两端铰接,绕 X-X 弯曲失稳的约束条件是两端固定。钢材为 16Mn 钢,翼板为焰切边,截面无剥削。

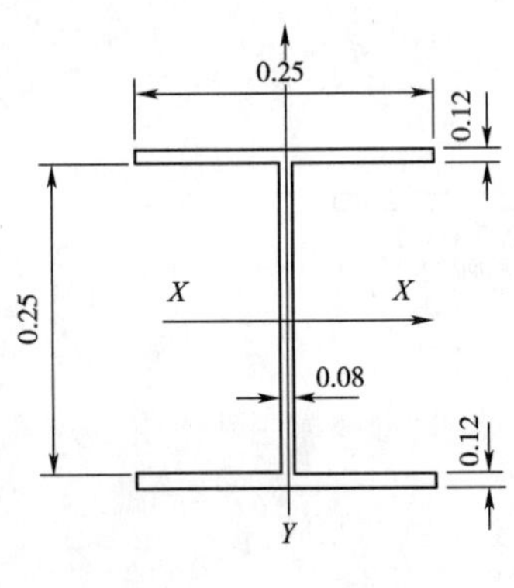

图 5-11 算例 5-4 图

解:该压杆为实腹式压杆,焊接工字钢的翼缘为焰切边属于 b 类截面,按上述步骤创建截面对象,输入压杆稳定性计算参数,可得该压杆稳定性计算的文档结果如下:

轴心压力设计值为 2000kN;

截面面积 $A=80\text{cm}^2$;

绕 X 轴弯曲的计算长度 $L_x=600\text{cm}$;

绕 Y 轴计算长度 $L_y=300\text{cm}$;

绕 X 轴截面惯性矩 $I_x=11345\text{cm}^4$;

绕 Y 轴截面惯性矩 $I_y=3126\text{cm}^4$;

材料抗压强度设计值 $f=315\text{MPa}$;

容许长细比 $[\lambda]=150$。

绕 X 轴的回转半径 $i_x=\sqrt{\dfrac{I_x}{A}}=\sqrt{\dfrac{11345}{80}}=11.9084\text{m}$。

绕 Y 轴的回转半径 $i_y=\sqrt{\dfrac{I_y}{A}}=\sqrt{\dfrac{3126}{80}}=6.251\text{cm}$。

绕 X 轴的长细比 $\lambda_x=\dfrac{L_x}{i_x}=\dfrac{600}{11.9085}=50.4<[\lambda]=150$,刚度条件满足要求。

绕 Y 轴的长细比 $\lambda_y=\dfrac{L_y}{i_y}=\dfrac{300}{6.251}=48<[\lambda]=150$,刚度条件满足要求。

$\lambda_x>\lambda_y$,根据 λ_x 及 b 类受压构件查表得稳定系数 $\phi=0.802$。

稳定性检算:$\sigma=\dfrac{F}{A}=\dfrac{2000\times1000000}{0.802\times80\times10^6}=311.7\text{MPa}<f=315\text{MPa}$。

结论:因无截面削弱,不必进行强度计算,格构构件满足整体稳定条件要求。

【算例 5-5】 验算图 5-12 所示的轴心受压缀条柱,格构式柱截面由两个普通槽钢 2[32a 组成,柱肢的中心距为 260mm,缀条采用单角钢(L45 ×45 ×4)。荷载的设计值为轴心压力 $N=1750\text{kN}$,柱子长 6m,绕 X-X 及 Y-Y 弯曲失稳的两端约束条件均为两端铰接,钢材为 Q235 钢,截面无削弱。

解:该压杆为格构式压杆,槽钢截面属于 b 类截面;创建构件组合截面和缀条截面,用矩形框选该两截面,打开组合截面对话框,输入格构压杆稳定性计算的有关参数,可自动得到该压杆稳定性计算的结果(未包含对实轴的计算结果)。

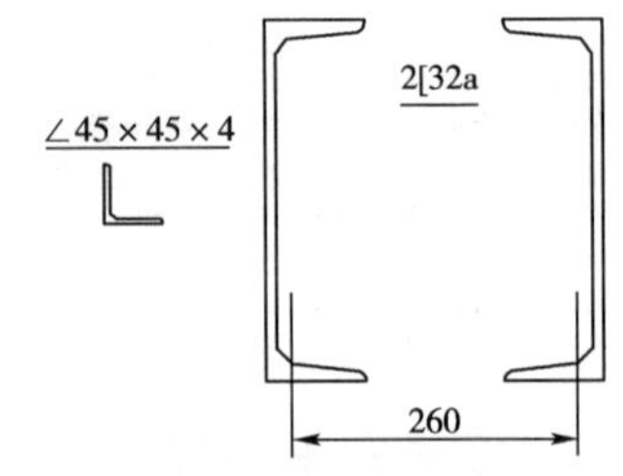

图 5-12 算例 5-5 图

轴心压力设计值为 1750kN;

截面面积 $A=96.996\text{cm}^2$;

构件对 Y 轴(虚轴)的计算长度 $L_y=600\text{cm}$;

构件对 Y 轴(虚轴)的截面惯性矩 $I_y = 17002\text{cm}^4$；

缀件对平行虚轴的惯性矩 $I_y = 14\text{cm}^4$；

垂直于实轴一斜缀条的毛截面 $A_1 = 3.4817\text{cm}^4$；

材料抗压强度设计值 $f = 215\text{MPa}$；

容许长细比 $[\lambda] = 150$。

构件对 Y 轴的回转半径 $i_y = \sqrt{\dfrac{I_y}{A}} = \sqrt{\dfrac{17002}{96.996}} = 13.2395\text{cm}$。

绕 Y 轴的长细比 $\lambda_y = \dfrac{L_y}{i_y} = \dfrac{600}{13.2395} = 45.3 < [\lambda] = 150$，刚度条件满足构件对虚轴要求。

两条缀条截面面积为 6.9634cm^2，构件对 Y 轴的换算长细比为：

$$\lambda_{0y} = \sqrt{\lambda_y^2 + 27\frac{A}{A_1}} = \sqrt{45.3 \times 45.3 + 27 \times \frac{96.996}{6.9634}} = 49.3\text{cm}$$

构件对实轴稳定系数：

$$\varphi = 0.86$$

构件对虚轴稳定性检算：

$$\sigma = \frac{F}{\varphi A} = \frac{1750 \times 1000}{0.86 \times 96.996 \times 100} = 209.8\text{MPa} < f = 215\text{MPa}$$

结论：满足构件对虚轴的稳定性条件要求。

5.3 强制转化法创建未知荷载

除了可以将一条直线段或圆弧转化成一个已知的集中荷载外，还可以将它们强制转化为未知荷载。具体操作是：选中一条或多条直线段，单击强制转化按钮，系统弹出“强制转化”对话框(图5-13)，在“转化1”页面的“将线段转化为已知荷载”组合框中，输入荷载数值，单击“转化为未知荷载”按钮，可以将选中线段转化为未知荷载。图5-14为一强制转化法创建未知荷载示例。

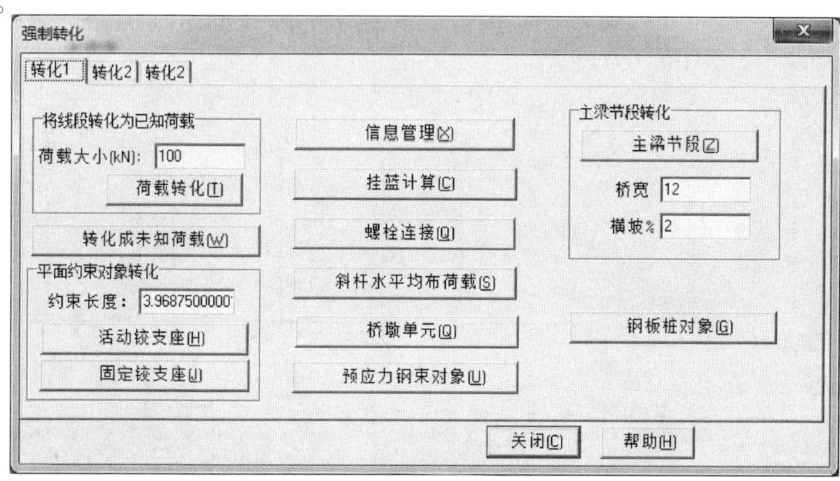

图5-13 “强制转化”对话框

图 5-14　强制转化法创建未知荷载示例

5.4 平面力系的静力计算

平面力系的静力平衡计算包括集中力分解、等效荷载计算及平面力系静力平衡计算等内容。

1）竖向集中力分解

对于一个竖向集中荷载，可以将其平均分解成若干个分力，并按等间距加以布置。图 5-15a）为一竖向集中荷载，打开其对话框，在“集中力分解”组合框（图 5-16）中，输入集中力分解的个数及分力布置间距，单击“创建分力”按钮，可以在集中力下面创建出若干分力，见图5-15b）。

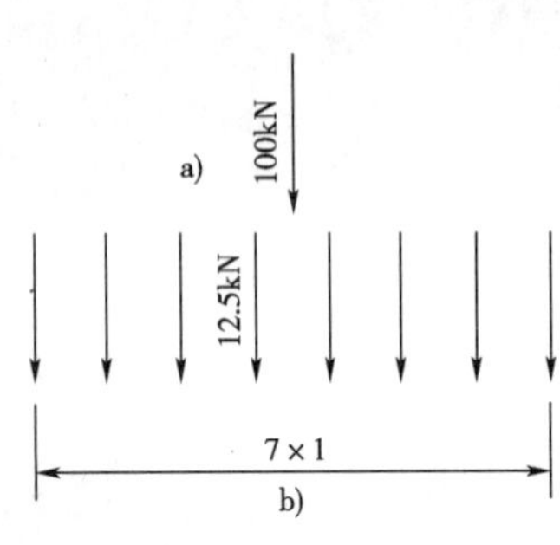

图 5-15　竖向集中荷载分解示例

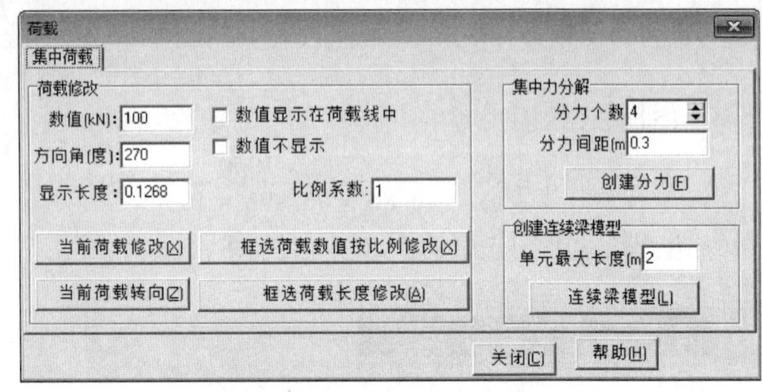

图 5-16　“荷载”对话框的“集中荷载”页面

2）等效荷载计算

选中一组平面力系，单击“荷载静力计算”按钮 就可以计算出该组平面力系的等效荷载。图5-17显示了一组平行力系，按上述方法可以得到该平行力系的等效集中的位置、方向与数值。图 5-18a）显示了由四个集中力组成的一般平面力系，按上述计算方法，可以得到该平面力系的等效集中力为 198.093kN。

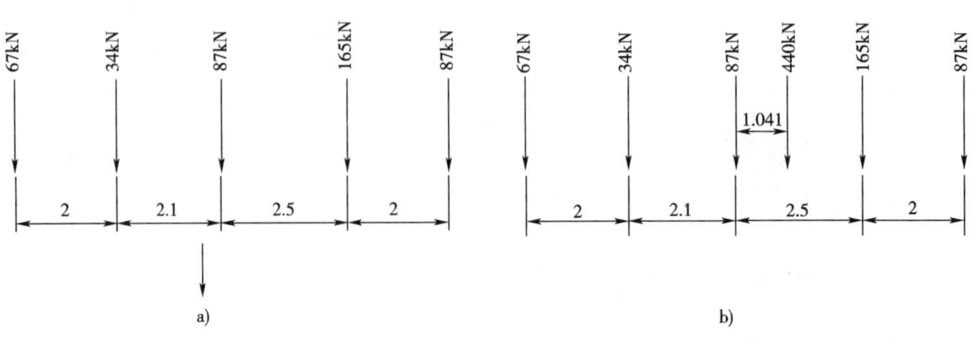

图 5-17　平行力系等效荷载计算示例（尺寸单位：m）

a）计算前；b）计算后

图 5-19 显示了一组平面汇交力系等效荷载的计算结果。

当选中荷载仅为一个集中力,单击“荷载静力计算”按钮则可以得到该集中力在水平和竖向方向的等效分力,见图 5-20。

当选中荷载一组分布荷载,单击“荷载静力计算”按钮则可以得到该分布荷载的等效合力,见图 5-21。

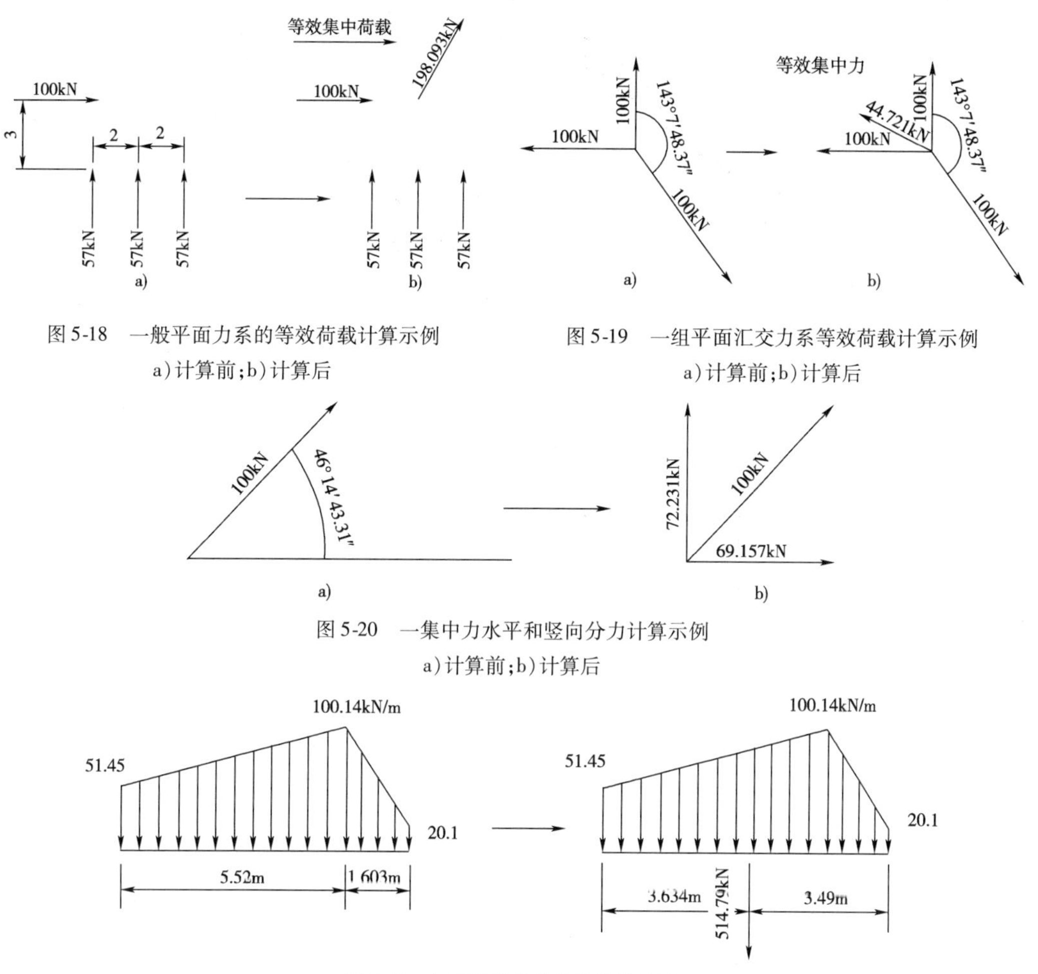

图 5-18　一般平面力系的等效荷载计算示例
a)计算前;b)计算后

图 5-19　一组平面汇交力系等效荷载计算示例
a)计算前;b)计算后

图 5-20　一集中力水平和竖向分力计算示例
a)计算前;b)计算后

图 5-21　分布荷载等效荷载计算示例

3)平面力系的静力平衡计算

对于一组带有未知力的平面力系的静力平衡计算,可以计算出力系中未知力,具体操作步骤是:选中带有未知力且处于静力平衡状态的一组一般平面力系,单击“荷载静力计算”按钮,即可以将未知力计算出来。图 5-22a)为计算前的一般平面力系,未知力为 V、H 及 R,计算后可得 $H=68.535$kN,$V=273.366$kN,$R=210.809$kN。

4)静力平衡计算算例

图 5-23 为一静定结构支座反力及杆件内力计算图,可以模拟截面法计算杆件 1、2、3 杆的轴力。具体操作步骤是:先在 A、B 点处,创建三个未知的支座反力,见图 5-23b);选中该三个支座反力及已知的两个集中荷载组成一平面静力平衡力系,单击“荷载静力计算”按钮,则

可以计算出支座反力，见图 5-23c），$V_A=57\text{kN}$，$V_B=33\text{kN}$；利用图形编辑功能，取截 1、2、3 杆以左的隔离体为研究对象，见图 5-23d），用强制转化法将 1、2、3 杆转化为未知轴力，见图5-23e），选择作用于隔离体上已知荷载、支座反力及未知轴力组成一平面静力平衡力系，单击“荷载静力计算”按钮，可以计算出 1、2、3 杆件的轴力，$S_1=165\text{kN}$，$S_2=4.243\text{kN}$，$S_3=168\text{kN}$，见图 5-23f）。

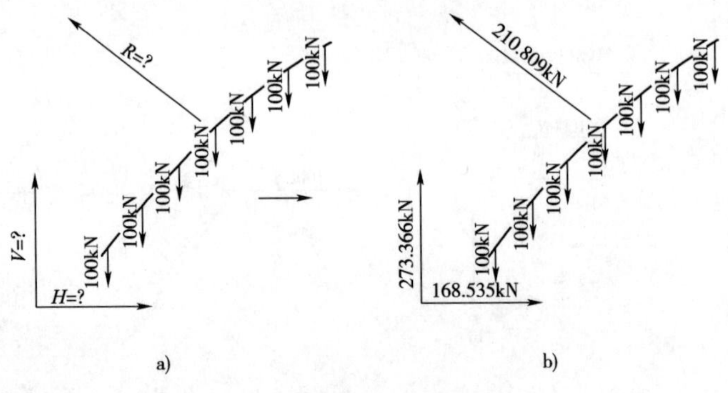

图 5-22　平面力系的静力平衡计算示例

a）计算前；b）计算后

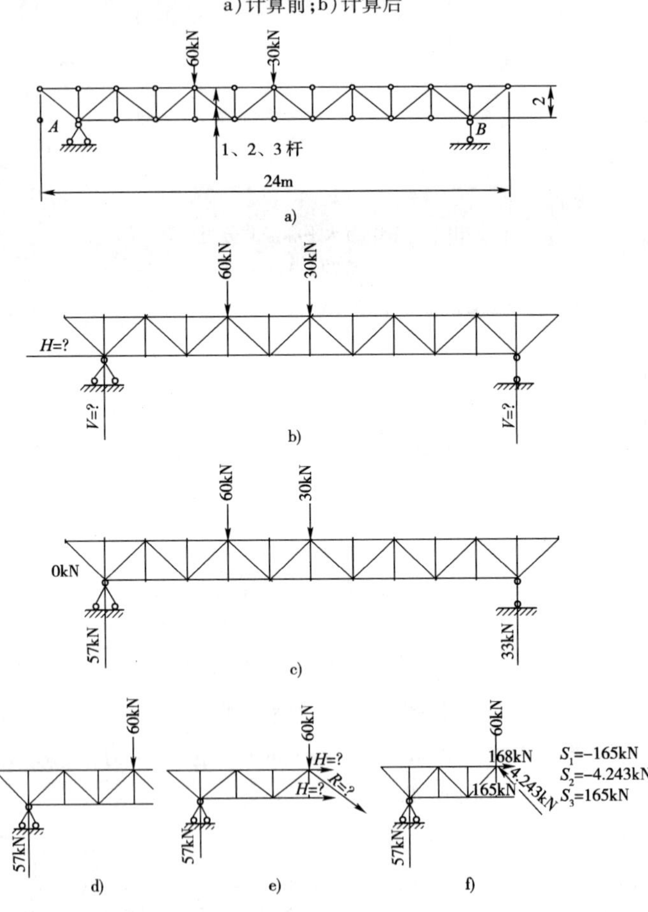

图 5-23　算例图

5.5 复杂构筑物重力、重心计算

通过创建和操作截面对象、集中力荷载对象，可以实现复杂构筑物的重力和重心计算。具体计算步骤是：

(1)将构筑物分解成长方体、棱柱体等构件。

(2)将这些构件模拟成一根杆件，利用截面对象的对话框，计算各个杆件的重力、重心。

(3)采用平面力系的静力计算方法，计算所有构件的重力的等效合力，即可得到构筑物的总重力大小及重心位置。

图5-24a)为一用于转体施工的钢筋混凝土箱形拱桥墩及其配重的纵断面图，由1～5号块体组成，其中1～3为桥墩混凝土本身，重度为25kN/m^3，4、5号块为浆砌片石，重度为23kN/m^3，各块体在桥横向的长度见图。按上述计算步骤，可得图5-24b)所示各分块重力大小、位置及全桥墩的总力大小和位置。

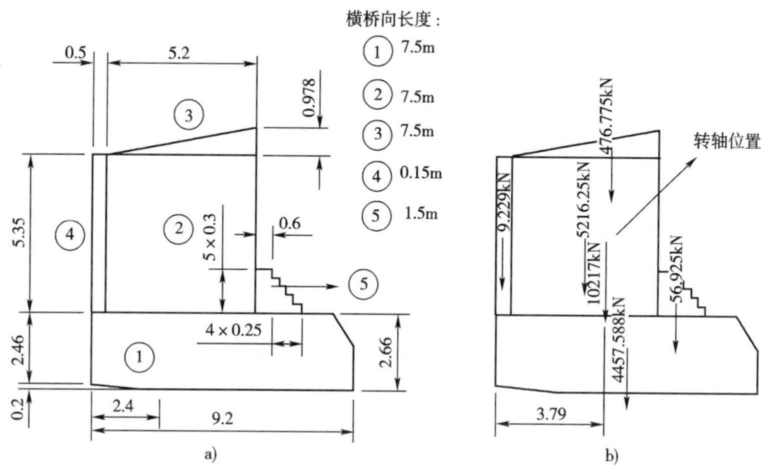

图5-24　复杂构筑物重力、重心计算示例(尺寸单位：m)

a)桥墩纵断面图；b)计算结果

5.6 普通螺栓连接计算

按螺栓传力方式的不同，普通螺栓连接可分为抗剪连接、抗拉连接、同时承受拉力和剪力的连接等三种类型。图5-25为普通螺栓连接图，图上显示了螺栓群布置及可能承受的荷载类型，荷载类型包括通过螺栓群形心的水平剪力F_x、竖向剪力F_y，转矩T，拉力N及弯矩M等，其中，水平剪力F_x，竖向剪力F_y通过螺栓群形心，规定向上为正，向下为负；拉力N系相对于螺栓群形心的轴向拉力，M为绕螺栓群形心的弯矩，且规定弯矩为顺手针转为正，逆时针转为负。当螺栓连接受偏心拉力时，需要将该拉力转换成作用于形心的拉力和相应的弯矩。

可以根据上述荷载类型的取值来判定螺栓连接类型。如当F_x、F_y、T不为0，而其他荷载类为0时，该螺栓连接为抗剪连接类型；而当M、F_x不等于0，而其他荷载类型为0时，该螺栓连接为同时承受拉力和剪力的连接类型。

螺栓连接需要根据其螺栓连接类型，计算最不利螺栓的受力情况，并与相应的螺栓承载力设计值进行比较，才能判断出螺栓连接强度是否满足规范要求。

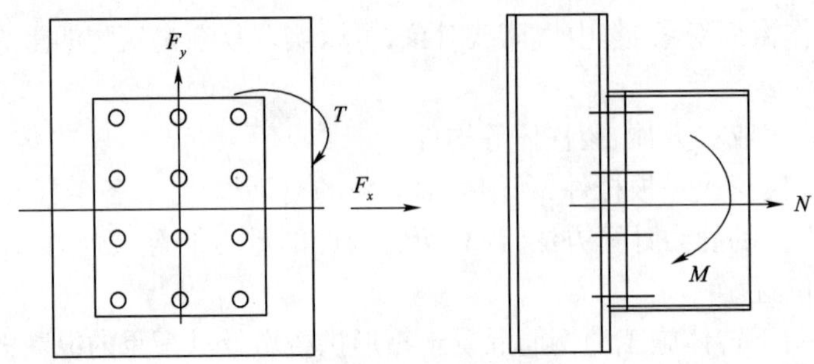

图 5-25　普通螺栓连接图

(1)对于抗剪连接类型，螺栓需要进行承压和抗剪强度检核，要求螺栓最大剪力不大于螺栓最小承压或抗剪承载能力，即：

$$N_{max}^{V} \leqslant \sqrt{(\sum N_y^V)^2 + (\sum N_x^V)^2} \leqslant N_{min}^{b} \tag{5-6}$$

$$N_{min}^{b} = \min(N_V^b, N_c^b) \tag{5-7}$$

$$N_V^b = n_v \frac{\pi d^2}{4} f_v^b \tag{5-8}$$

$$N_c^b = d \sum t f_c^b \tag{5-9}$$

式中：N_{max}^{V} ——螺栓所受到最不利剪力；

$\sum N_x^V$——在水平剪力 F_x，转矩 T 共同作用下，最不利螺栓所受水平剪力之和；

$\sum N_y^V$——在竖向剪力 F_y，转矩 T 共同作用下，最不利螺栓所受竖向剪力之和；

N_V^b ——螺栓的抗剪设计承载力；

N_c^b ——螺栓的抗压设计承载力；

N_{min}^{b} ——螺栓既不承压破坏，也不抗剪破坏的设计承载力；

d——螺栓杆的直径；

n_v ——一个螺栓的受剪面数；

f_v^b ——螺栓的抗剪设计强度；

f_c^b ——螺栓的抗拉设计强度；

$\sum t$——同一承压方向上，被连接构件的较小总厚度。

(2)对于抗拉连接类型，螺栓不被拉坏的强度条件是螺栓的最大拉力小于抗拉设计承载力，即：

$$N_t \leqslant N_t^b \tag{5-10}$$

$$N_t = \frac{N}{n} \pm \frac{M y_1}{m \sum y_i^2} \tag{5-11}$$

式中：N_t——螺栓所受的最不利拉力；

N_t^b——螺栓抗拉设计承载力；

m——螺栓列数；

y_1 ——受力最大的螺栓对螺栓旋转中心的距离；

$\sum y_i^2$——各排螺栓对旋转轴距离平方和，其计算需要根据螺栓群计算按小偏心还是大偏心计算来取值。小偏心是指螺栓群连接的旋转中心在螺栓群中心，而大偏心时，螺栓群旋转中心在螺栓群的最一排螺栓轴线上。具体计算时，可先按小偏心计算拉力，此时所得到的螺栓最大、最小拉力应该大于0，否则需改用大偏心计算螺栓拉力。

（3）对于同时受拉力和剪力的连接情况，其强度检算需要满足以下两个条件：

$$\sqrt{\left(\frac{N_v}{N_V^b}\right)^2+\left(\frac{N_t}{N_t^b}\right)^2} \leqslant 1 \tag{5-12}$$

$$N_v \leqslant N_c^b \tag{5-13}$$

式中：N_V^b ——单个螺栓的抗剪承载能力设计值；

N_c^b ——单个螺栓的抗压承载能力设计值；

N_v ——螺栓所承受的最大剪力；

N_t ——螺栓所承受的最大拉力。

可以采用螺栓连接对象来描述螺栓连接计算模型，该对象由一组小圆及若干辅助连接板轮廓线组成，其中，小圆代表螺栓连接中各个螺栓，辅助轮廓线是由用户根据螺栓的实际连接情况绘制的一种简化了的几何辅助线，其几何形状可以由用户自行绘制。图5-26a）、图5-26b）、图5-26c）中，三个螺栓连接对象中的螺栓数量和相对位置相同，当它们的螺栓、荷载属性相同时，可以认为它们是同一个螺栓连接对象。

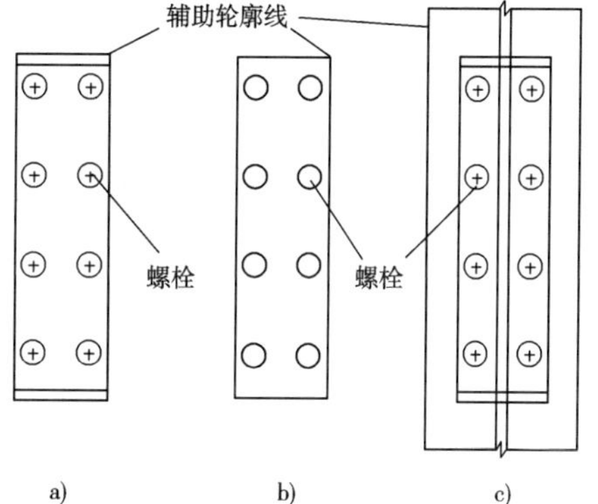

图5-26 螺栓连接对象

螺栓连接对象的属性主要包括：

（1）螺栓连接所受荷载，包括 F_x，F_y，T，N，M。

（2）螺栓连接剪切面个数，是单剪还是双剪。

（3）普通螺栓类型分Q235A、B或C级别普通螺栓三种类型。

（4）普通螺栓直径。

（5）普通螺栓的连接类型。

（6）螺栓承压的最小厚度。

（7）螺栓孔直径。

（8）螺栓连接的构件钢号。

RBCCE通过创建和操作螺栓连接对象来实现各种螺栓连接类型的统一计算，具体操作步骤是：

（1）绘制螺栓连接对象的几何图形，并将它们合并成一个图形整体。

（2）选择上述图形整体，单击强制转化按钮命令，在强制转化对话框的“转化1”页面上（图5-13），单击“螺栓连接”按钮，系统将选中的图形整体转化为螺栓连接对象。

（3）打开“钢结构连接”对话框，在“普通螺栓连接”页面上（图5-27），输入普通螺栓连接对象的有关属性参数,单击“计算”按钮,系统可以实现普通螺栓连接计算,并自动生成 WORD 计算书文档。

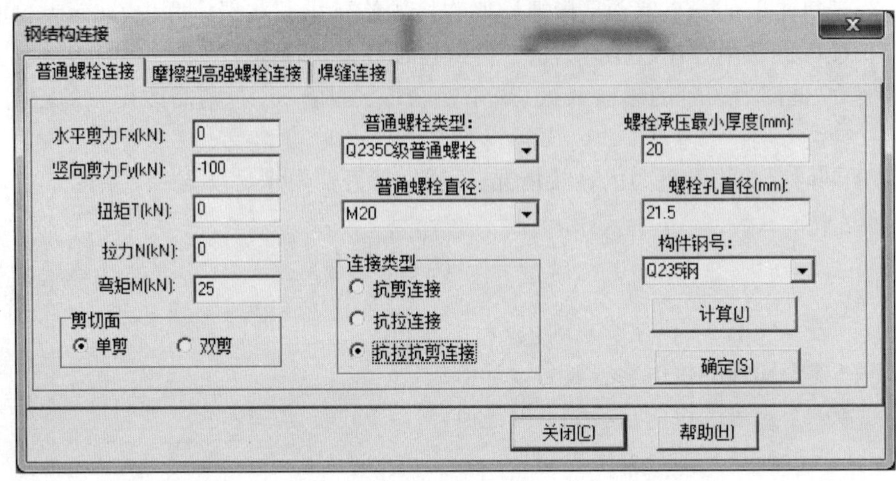

图 5-27 “钢结构连接”对话框的“普通螺栓连接”页面

【算例 5-6】 试检算图 5-28 所示的普通螺栓连接的强度。已知螺栓为 M20C 级螺栓,孔径 $d_0=21.5\text{mm}$,构件的计算拉力 $N=200\text{kN}$。

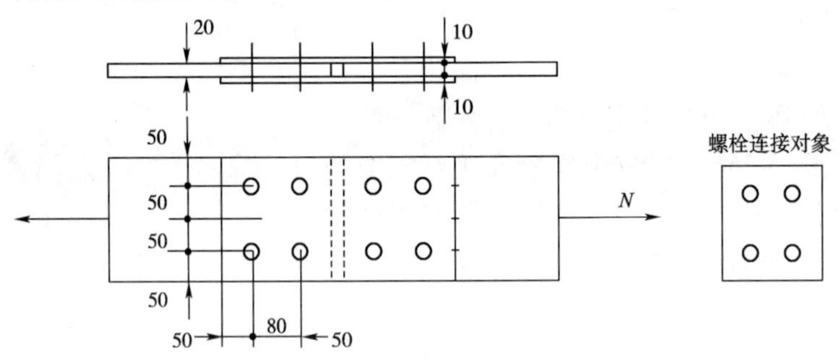

图 5-28 算例 5-6 图(尺寸单位:mm)

解:本算例为抗剪连接计算问题,一侧受剪螺栓总数为 4,属于双剪,最小承压厚度 $t=20\text{mm}$,螺栓为 M20C 级普通螺栓。在 RBCCE 的图形页面上绘制按设计间距布置的螺栓群组及相应的连接板的平面轮廓,螺栓群个数为 4。将所绘图形合并成图形整体后,将其强制转化为螺栓连接对象,打开其对话框输入螺栓群计算的有关参数,可以得到以下计算结果。

螺栓等级为 C 级普通螺栓;

剪切面 $n_v=2$;

螺栓直径 $d=20\text{mm}$;

螺栓孔直径 $d_0=21.5\text{mm}$;

螺栓承压最小厚度 $t=20\text{mm}$;

螺栓承载力折减系数 $\beta=1$;

螺栓抗剪强度 $f_v^b=130\text{MPa}$;

螺栓抗剪承载力 $N_v^b=nv\pi d^2 f_v^b\div 4\div 1000=2\pi\times 20\times 20\times 130\div 4\div 1000=81.7\text{kN}$;

螺栓抗压强度 $f_c^b = 305\text{MPa}$；

螺栓抗压承载力 $N_c^b = d\sum t \cdot f_c^b \div 1000 = 20 \times 20 \times 305 \div 1000 = 122\text{kN}$；

螺栓最小设计承载能力 $N_{min}^b = N_v^b \beta = 81.7 \times 1 = 81.7\text{kN}$；

抗剪普通螺栓总数 $N = 4$；

因剪力 F_x 引起的在 X 方向的剪力 $N_{xf}^v = 50\text{kN}$；

螺栓在 X 方向的总水平剪力 $N_x^v = 50\text{kN}$；

螺栓所承受的最大剪力 $N_{max}^v = 50\text{kN}$。

结论：螺栓承受的最大剪力 < 螺栓承载能力设计值，检算通过。

【算例 5-7】　检算图 5-29 所示的普通螺栓连接的强度。已知螺栓为 M20 级螺栓，螺栓和构件的材料为 Q235，螺栓群所受力矩 $T = 30\text{kN·m}$。

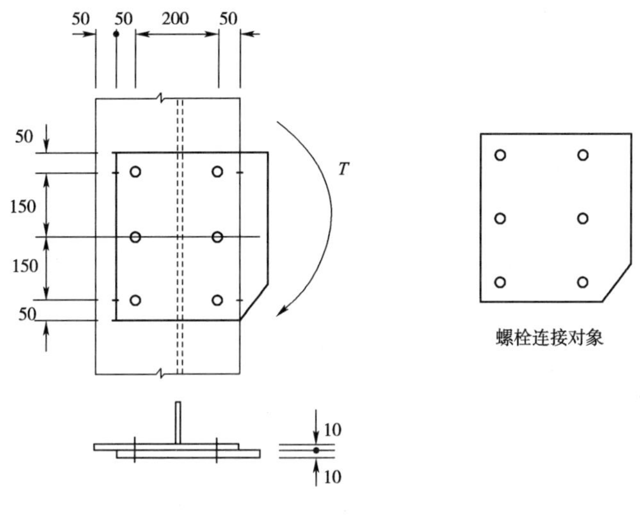

图 5-29　算例 5-7 图

解：本算例为一受力矩作用的螺栓抗剪连接计算问题，受剪螺栓总数为 6，属于单剪，一个螺栓承压的最小厚度为 10mm。创建螺栓计算对象，见图，图上仅需绘制 6 个螺栓孔。打开其对话框输入螺栓群计算的有关参数，可以得到以下计算文档结果。

螺栓等级为 C 级普通螺栓；

剪切面 $n_v = 1$；

螺栓直径 $d = 20\text{mm}$；

螺栓孔直径 $d_0 = 20.6\text{mm}$；

螺栓承压最小厚度 $t = 10\text{mm}$；

螺栓承载力折减系数 $\beta = 1$；

螺栓抗剪强度 $f_v^b = 130\text{MPa}$；

螺栓抗剪承载力 $N_v^b = n_v \pi d^2 f_v^b \div 4 \div 1000 = 1 \times \pi \times 20 \times 20 \times 130 \div 4 \div 1000 = 40.8\text{kN}$；

螺栓抗压强度 $f_c^b = 305\text{MPa}$；

螺栓抗压承载力 $N_c^b = d\sum t \cdot f_c^b \div 1000 = 20 \times 10 \times 305 \div 1000 = 61\text{kN}$；

螺栓最小设计承载能力 $N_{min}^{b}=N_{v}^{b}\beta=40.8\times1=40.8$kN；

抗剪普通螺栓总数 $N=6$；

因力矩 T 引起的在 X 方向的剪力 $N_{xT}^{v}=19.9$kN；

因力矩 T 引起的在 Y 方向的剪力 $N_{yT}^{v}=29.9$kN；

螺栓所承受的最大剪力 $N_{max}^{v}=35.9$kN；

可知：$N_{max}^{v}<N_{min}^{b}$

结论：螺栓承受的最大剪力 < 螺栓承载能力设计值，检算通过。

【算例 5-8】 试验算图 5-30 所示普通螺栓的强度。已知螺栓为 M20C 级，螺栓和构件材料为 Q235，外力设计值为 $F=100$kN。

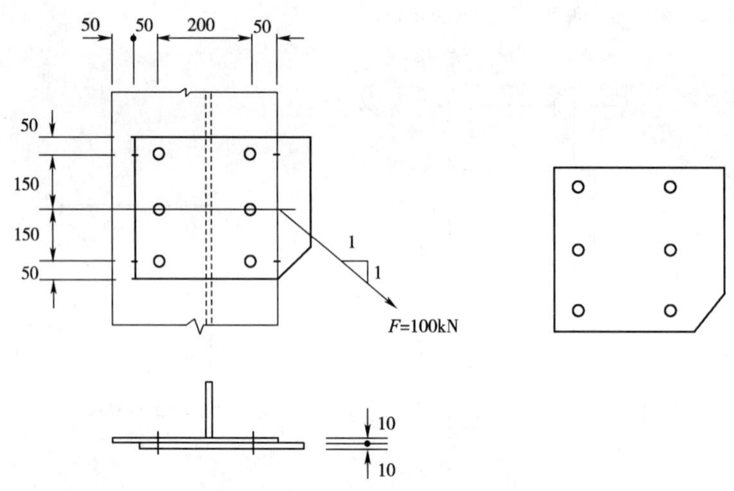

图 5-30 算例 5-8 图(尺寸单位：mm)

解：本算例为一受扭矩和剪力作用的抗剪连接计算问题，受剪螺栓总数为 6，属于单剪，一个螺栓承压的最小厚度为 10mm。只需要绘制图所示的螺栓群组对象，见图 5-30，图中仅需绘制了 6 个螺栓孔。计算前，需要将集中荷载 $F=100$kN 转化为过螺栓群形心的水平力 $F_x=70.7$kN，竖向力 $F_y=-70.7$kN，$T=10.605$kN。将所绘图形合并成图形整体后，将其强制转化为螺栓群对象，打开其对话框输入螺栓群计算的有关参数。单击“计算”按钮，可以得到以下计算结果。

螺栓等级为 C 级普通螺栓；

剪切面 $n_v=1$；

螺栓直径 $d=20$mm；

螺栓孔直径 $d_0=20.6$mm；

螺栓承压最小厚度 $t=10$mm；

螺栓承载力折减系数 $\beta=1$；

螺栓抗剪强度 $f_v^b=130$MPa；

螺栓抗剪承载力 $N_v^b=n_v\pi d^2 f_v^b\div4\div1000=1\times\pi\times20\times20\times130\div4\div1000=40.8$kN；

螺栓抗压强度 $f_c^b=305$MPa；

螺栓抗压承载力 $N_c^b = d\sum t \cdot f_c^b \div 1000 = 20 \times 10 \times 305 \div 1000 = 61\text{kN}$;

螺栓最小设计承载能力 $N_{min}^b = N_v^b \beta = 40.8 \times 1 = 40.8\text{kN}$;

抗剪普通螺栓总数 $N = 6$;

因剪力 F_x 引起的在 X 方向的剪力 $N_{xf}^v = 11.8\text{kN}$;

因剪力 F_y 引起的在 Y 方向的剪力 $N_{yf}^v = 11.8\text{kN}$;

因力矩 T 引起的在 X 方向的剪力 $N_{xT}^v = 7.1\text{kN}$;

因力矩 T 引起的在 Y 方向的剪力 $N_{yT}^v = 10.6\text{kN}$;

螺栓在 X 方向的总水平剪力 $N_x^v = 18.9\text{kN}$;

螺栓在 Y 方向的总水平剪力 $N_y^v = 22.4\text{kN}$;

螺栓所承受的最大剪力 $N_{max}^v = 29.3\text{kN}$;

可知道:$N_{max}^v < N_{min}^b$。

结论:螺栓承受的最大剪力 < 螺栓承载能力设计值,检算通过。

【算例 5-9】 验算图 5-31 所示普通螺栓群连接的强度。假设节点中端板与节点板间的连接焊缝已设计好,强度可以保证。已知螺栓为 M22C 级,按两列布置,间距为 80mm,螺栓和构件材料为 Q235,孔径为 23.5mm。

解:该螺栓群为受偏心拉力的情况,属于抗拉连接类型,可以将该拉力向螺栓群形心等效,得到等效的通过螺栓群形心的拉力 $N = 245\text{kN}$,弯矩 $M = 245 \times 0.13 = 31.85\text{kN}\cdot\text{m}$。创建螺栓连接对象,将其强制转化为螺栓群对象后,打开其属性对话框,输入有关参数,可以得到如下计算结果。

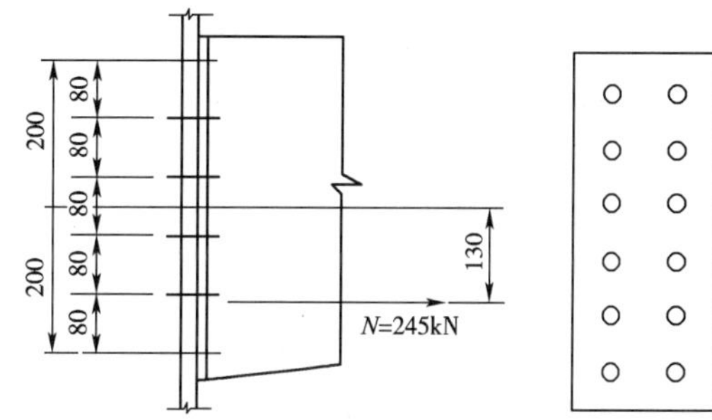

图 5-31　算例题 5-9 图(尺寸单位:mm)

螺栓等级为 C 级普通螺栓;

螺栓直径 $d = 22\text{mm}$;

螺栓孔直径 $d_0 = 21.5\text{mm}$;

螺栓螺纹处的有效面积 $A_e = 303$;

螺栓抗拉强度 $f_t^b = 170\text{MPa}$;

螺栓抗拉承载力 $N_t^b = A_e f_t^b \div 1000 = 303 \times 170 \div 1000 = 51.51\text{kN}$;

属于大偏心受拉情况(旋转轴为螺栓群的最外一排螺栓,轴线在最下侧):$M = Ne = 245 \times 0.33 = 80.9\text{kN} \cdot \text{m}$; $\sum y_i^2 = 0.704\text{m}^2$; $y_{max} = 0.4\text{m}$。

螺栓实际承受最大拉力:$N_1^M = \dfrac{My_1}{m\sum y_i^2} = \dfrac{80.9 \times 0.4}{0.704} = 46\text{kN}$。

结论:螺栓承受的最大拉力 < 螺栓抗拉承载能力设计值,检算通过。

【算例 5-10】 检算图 5-32 所示普通螺栓群连接的强度,已知螺栓为 M20C 级螺栓,螺栓和构件材料为 Q235,集中荷载 $F = 100\text{kN}$。

解:该螺栓群连接为抗拉抗剪连接类型,所受剪力为 $F_y = -100\text{kN}$,为单剪,最小剪切厚度为 20mm,弯矩 $M = 25\text{kN}\cdot\text{m}$。创建螺栓连接对象,打开螺栓连接对话框,输入有关参数,单击

"计算"按钮,可以得到如下计算结果。

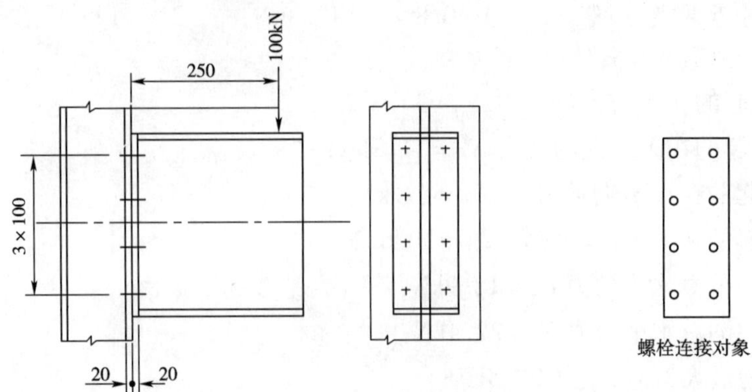

图 5-32 算例 5-10 图(尺寸单位:mm)

螺栓等级:C 级普通螺栓;

螺栓直径 $d=20\text{mm}$;

螺栓孔直径 $d_0=21.5\text{mm}$;

螺栓承压最小厚度 $t=20\text{mm}$;

剪切面 $n_v=1$;

螺栓承载力折减系数 $\beta=1$;

螺栓抗剪强度 $f_v^b=130\text{MPa}$;

螺栓抗剪承载力 $N_v^b=n_v\pi d^2\div4\times f_v^b\div1000=1\times\pi\times20\times20\div4\times130\div1000=40.8\text{kN}$;

螺栓抗压强度 $f_c^b=305\text{MPa}$;

螺栓抗压承载力 $N_c^b=d\sum t\cdot f_c^b\div1000=20\times20\times305\div1000=122\text{kN}$;

螺栓最小设计承载能力 $N_{min}^b=N_v^b\beta=40.8\times1=40.8\text{kN}$;

螺栓螺纹处的有效面积 $A_e=245\text{mm}^2$;

螺栓抗拉强度 $f_t^b=170\text{MPa}$;

螺栓抗拉设计承载力 $N_t^b=A_e f_t^b\div1000=245\times170\div1000=41.65\text{kN}$;

抗剪普通螺栓总数 $N=8$;

螺栓所承受的最大剪力 $N_{max}^v=12.5\text{kN}$。

仅受弯矩作用,旋转轴为螺栓群的最外一排螺栓,轴线在最外侧,螺栓实际承受最大拉力:

$$N_1^M=\frac{My_1}{m\sum y_i^2}=\frac{25\times0.3}{0.28}=26.8\text{kN}$$

结论:抗拉抗受剪连接强度检核条件:

(1)$\sqrt{\left(\frac{N_v}{N_v^b}\right)^2+\left(\frac{N_t}{N_t^b}\right)^2}=\sqrt{\left(\frac{12.5}{40.8}\right)^2+\left(\frac{26.8}{41.65}\right)^2}=0.71<1$,满足强度检算的第一条件。

(2)螺栓实际承受的最大剪力:$N_v=12.5\text{kN}<N_C^b=122\text{kN}$(螺栓承压设计承载能力);满足强度检算的第二条件。

5.7 摩擦型高强螺栓连接计算

根据设计和受力情况的不同,高强螺栓连接可分为摩擦型和承压型两种类型,本节主要介绍摩擦型高强螺栓的计算。与普通螺栓连接相似,摩擦型高强螺栓连接也分为抗剪连接、抗拉连接及同时受拉力与剪力等三种连接类型,相应的承载能力计算法方法如下:

(1)对于抗剪连接计算,摩擦型高强螺栓的抗剪设计承载力为:

$$N_V^b = 0.9 n_f \mu P \tag{5-14}$$

式中:P——一个高强螺栓的预拉力;

n_f——一个高强螺栓的传摩擦力的面数;

μ——摩擦面抗滑移系数,与连接处构件的接触面处理方法及构件的钢号有关;

对于抗拉连接摩擦型高强螺栓抗拉设计承载力 $N_t^b = 0.8P$。

(2)同时承受拉力和剪力的摩擦型高强螺栓,其抗剪设计承载力需要做出如下修改:

$$N_V^b = 0.9 n_f \mu (P - 1.25 N_t) \tag{5-15}$$

式中:N_t——一个高强螺栓所承受的外拉力。

由于高强螺栓存在预拉力,因此,外拉力的计算可按普通螺栓连接中小偏心情况处理。

连接不破坏的设计承载力条件是:

① $N_V \leqslant N_V^b$;

② $N_t \leqslant 0.8P$。

其中 N_V 为螺栓承受的最大剪力。

摩擦型高强螺栓连接计算方法与普通螺栓连接相似,其实现可以参考普通螺栓连接的计算方法,可以通过创建和操作螺栓连接对象来实现高强摩擦型螺栓的连接计算。

【算例 5-11】 图 5-33 所示摩擦型螺栓连接,已知螺栓为 8.8 级 M20 高强螺栓,螺栓摩擦面为未经处理的干净扎制表面。螺栓和构件材料为 Q235,集中荷载 $F = 100$kN。试检算该螺栓连接。

解:该螺栓连接为摩擦型高强螺栓连接,同时受拉和剪力,所受剪力为 $F_y = -100$kN,为单剪,最小剪切厚度为 20mm,弯矩为 $M - 25$kN·m。创建螺栓连接对象,打开其对话框,在“摩擦型高强螺栓连接”页面上,输入有关计算参数。

单击“计算”按钮,可以得到以下计算结果:

螺栓等级为 8.8 级摩擦型高强螺栓,M20;

螺栓直径 $d = 20$mm;

螺栓直径 $\mu = 0.3$;

螺栓预拉力 $P = 110$kN;

螺栓孔直径 $d_0 = 21.5$mm;

螺栓承压最小厚度 $t = 20$mm;

剪切面 $n_f = 1$;

螺栓抗剪设计承载能力 $N_v^b = 0.9 n_f \mu P = 0.9 \times 1 \times 0.3 \times 110 = 29.7$kN;

螺栓拉设计承载能力 $N_t^b = 0.8P = 0.8 \times 110 = 88$kN;

螺栓所承受的最大剪力 $N_{max}^{v}=12.5\text{kN}$；

按小偏心受拉情况 $\sum y_i^2=0.1$，$y_{max}=0.15$

螺栓实际承受最大拉力 $N_1^M=\dfrac{My_1}{m\sum y_i^2}=\dfrac{25\times0.15}{0.1}=37.5\text{kN}$；

同时承拉力和剪力时螺栓抗剪设计承载能力 $N_v^b=0.9n_f\mu(P-1.25N_t)=0.9\times1\times0.3\times(110-37.5)=17\text{kN}$。

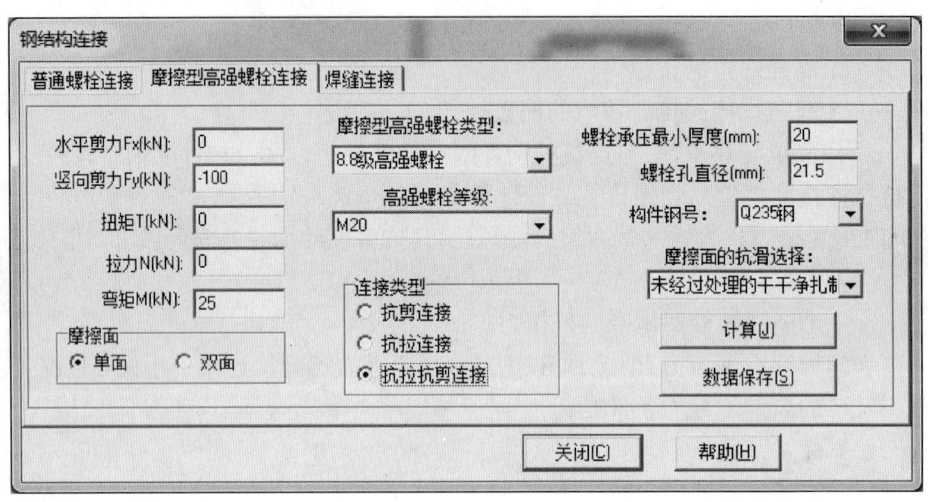

图 5-33 “钢结构连接”对话框的“摩擦型高强螺栓连接”页面

结论：承载能力检核条件如下。

(1)螺栓实际承受的最大剪力：$N_v=12.5\text{kN}<$ 螺栓抗剪设计承载能力：$N_v^b=17\text{kN}$；满足强度检算的第一条件。

(2)螺栓实际承受的最大拉力：$N_t=37.5\text{kN}<$ 螺栓抗拉设计承载能力：$N_t^b=88\text{kN}$；满足强度检算的第二条件。

5.8 模板、支架与脚手架荷载计算

桥梁临时结构设计中，模板、支架与脚手架计算的设计荷载计算是一种常见计算内容，正确的设计荷载计算是正确设计临时结构的基础。作用于模板、支架与脚手架计算的设计荷载可分为竖向荷载、水平荷载、风载及其他流水压力等荷载类型，它们有各个自计算方法。

1)竖向荷载计算

根据《路桥施工计算手册》，竖向荷载项包括以下内容：

(1)模板、拱架、支架或脚手架等自重荷载。

(2)新浇混凝土、钢筋或砌体的自重荷载。

(3)施工人员、施工机具及堆放荷载，需要根据以下几种情况取值。

①计算模板及直接支撑模板的小棱时，均布荷载可取 2.5kN/m^2，另外还需以集中荷载 2.5kN进行检算。

②计算支撑小棱的梁或拱架时，均布荷载可取 1.5kN/m^2。

③计算支架立柱或支撑拱架的其他结构构件时，均布荷载取值 1.0kN/m^2。

(4)倾倒混凝土时产生的冲击荷载，需要根据向模板中供料方式选用相应的荷载数值：

①用小于及等于 0.2m^3 容积的容器或用溜槽、串筒或导管倾倒时，荷载大小为：2.0kN/m^3。

②用 0.2～0.8m^3 容器倾倒时，荷载为：4.0kN/m^3。

③用大于 0.8m^3 容器倾倒时，荷载为：6.0kN/m^3。

④当混凝土厚度大于 1m 时，不计该项。

(5)振捣混凝土产生的荷载，可取 2.0kN/m^2。

(6)其他可能产生的荷载：雪荷载及冬季保温设施荷载按实际情况考虑。

RBCCE 将竖向荷载计算功能设置在单元选择器对话框，打开单元选择器对话框，在“荷载布置 1”页面上，单击“模板、支架荷载计算”按钮，可得到“模板支架荷载计算”对话框，在“竖向荷载”页面上(图 5-34)，根据模板支架施工的具体情况输入相应的荷载参数，单击“单位长均布荷载”按钮，可以得到模板支架计算的设计均布荷载。

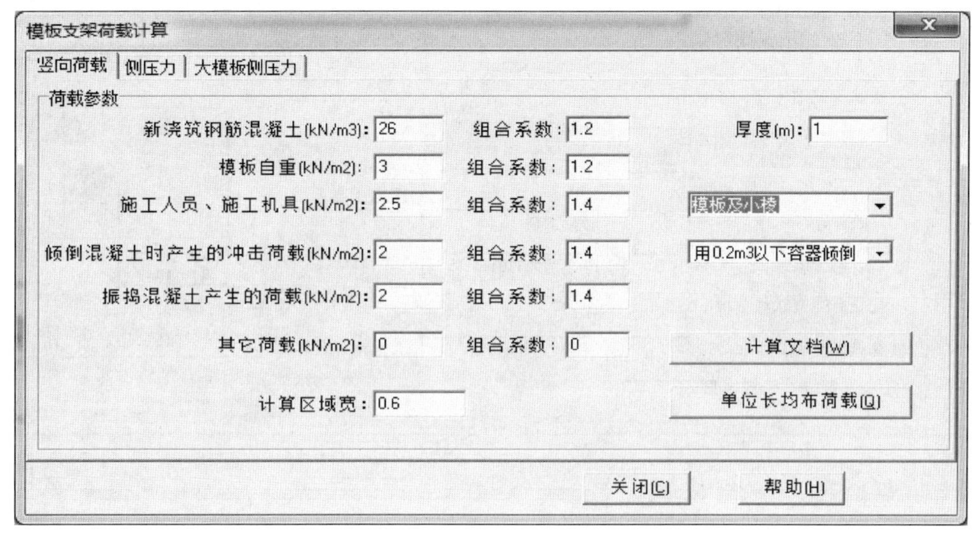

图 5-34　“模板支架荷载计算”对话框的“竖向荷载”页面

2)新浇混凝土水平侧压力计算

对于竖直模板，新浇混凝土的侧压力是它的主要荷载，混凝土作用于模板的侧压力。混凝土作用于模板的侧压力，随混凝土的浇注高度而增加，当浇注高度达到某一临界值时，侧压力就不再增加，此时的侧压力即为新浇注混凝土的最大侧压力。侧压力达到最大值的浇注高度称为混凝土的有效压头。通过理论推导和实验，国内外推出过很多混凝土最大侧压力的计算公式，根据我国《混凝土结构工程施工及验收规范》(GB 50204—2002)，当采用内部振捣器时，新浇筑的混凝土作用于模板的侧压力标准值，可按下列公式计算，并取其中的较小值：

$$P_{max}=0.22\gamma t_0 K_1 K_2\sqrt{V} \tag{5-16}$$

$$P_{max}=K_1\gamma h \tag{5-17}$$

式中：P_{max}——新浇混凝土对侧面模板的最大侧压力，kPa；

γ——混凝土的重度,kN/m^3;

t_0——新浇混凝土的初凝时间,h,可取 $200/(T+15)$,T 为混凝土入模温度(℃);

K_1——外加剂影响修正系数,不加外加剂时,取 1.0;掺外加剂时取 1.2;

K_2——坍落度影响修正系数,坍落度小于 30mm,取 0.85;坍落度为 50 ~ 90mm 时,取 1.0;坍落度为 110 ~ 150mm 时,取 1.15;

V——混凝土的浇筑速度,m/h;

h——有效压头高度,m,当 $V/T \leqslant 0.035$ 时,$h=0.22+24.9V/T$,当 $V/T>0.035$ 时,$h=1.53+3.8V/T$。

采用上述侧压力计算公式,并与竖向荷载计算方法相似,RBCCE 实现水平荷载的计算方法是:打开单元选择器对话框,在"荷载布置 1"页面上,单击"模板、支架荷载计算"按钮,可得到"模板支架荷载计算"对话框,在"侧压力"页面上(图 5-35),输入相应的荷载参数,单击"取水平荷载"按钮,可以得到模板计算的设计水平荷载最大值 P_{max}。

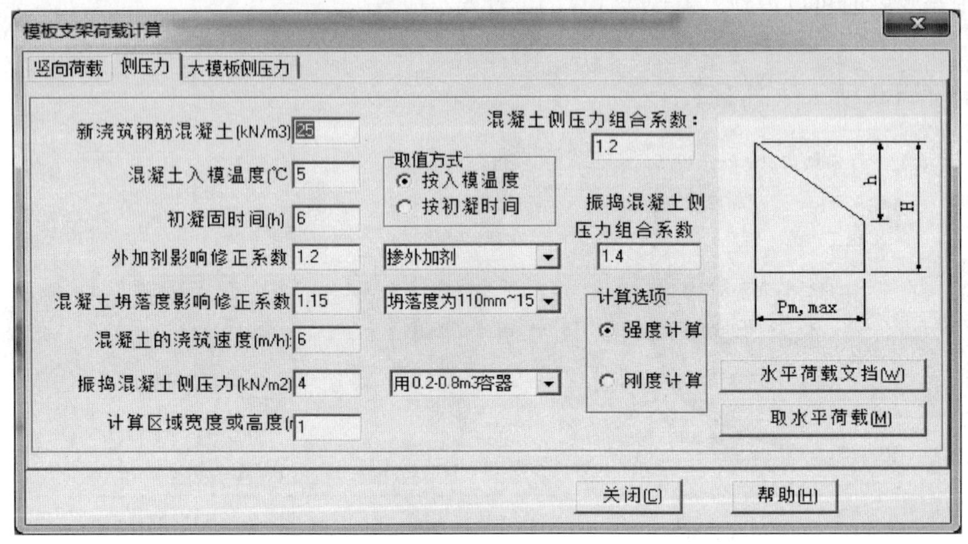

图 5-35 "模板支架荷载计算"对话框的"侧压力"页面

图 5-36 为一桥梁 0 号块施工用模板计算图,图 5-36a)为模板横断面布置图,图 5-36b)为该模板的部分侧面布置图,模板面板为 δ6 钢板,横向小肋为[6.3, 竖向间距 $S=300$mm;竖向大背肋为][12 组焊而成的桁架,间距 $L=1000$mm。根据横向小肋的受力特点,可以将其简化为图 5-36c)所示的简支外伸梁计算模型,主梁计算截面为横向小肋的槽钢截面与面板截面构成的组合截面,截面宽度为横向小肋的竖向间距 S,所受荷载为新浇混凝土对模板的水平侧向压力。计算结果如下:

混凝土的重度 $\gamma=25$kN/m^3;

新浇混凝土的初凝时间 $T_0=6$h;

外加剂影响修正系数 $K_1=1.2$;

坍落度影响修正系数 $K_2=1$;

混凝土的浇筑速度 $V=4\text{m/h}$；

$V/T=4/6>0.035$；

有效压头高度 $h=1.53+3.8V\div T=4.06\text{m}$；

$P_{\max_1}=0.22\gamma t_0 K_1 K_2\sqrt{V}=79.2\text{kN/m}^2$；

$P_{\max_2}=K_1\gamma h=121.8\text{kN/m}^2$；

取最小水平压力 $P_m=79.2\text{kN/m}^2$；

振捣产生的侧压力 $F=2\text{kN/m}^2$；

计算高度 $S=0.3\text{m}$；

混凝土侧压力分项系数 $\mu_1=1.2$；

倾倒混凝土时振捣侧压力分项系数 $\mu_2=1.4$；

单位长水平侧压力 $(\mu_1 P_m+\mu_2 F)\times S=29.34\text{kN/m}$。

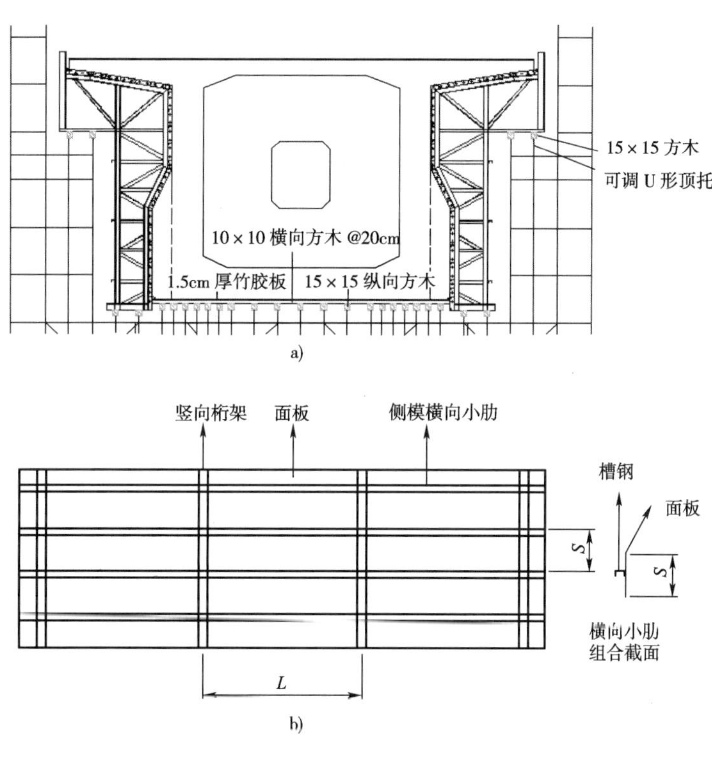

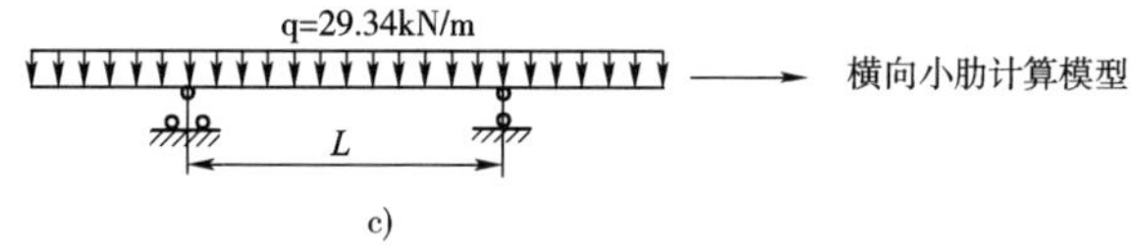

图 5-36　桥梁模板计算示例

横向小肋组合截面尺寸如图 5-37 所示，先创建组合截面，再计算组合截面的截面特性。横向小肋的部分计算结果见图 5-38，满足强度要求。

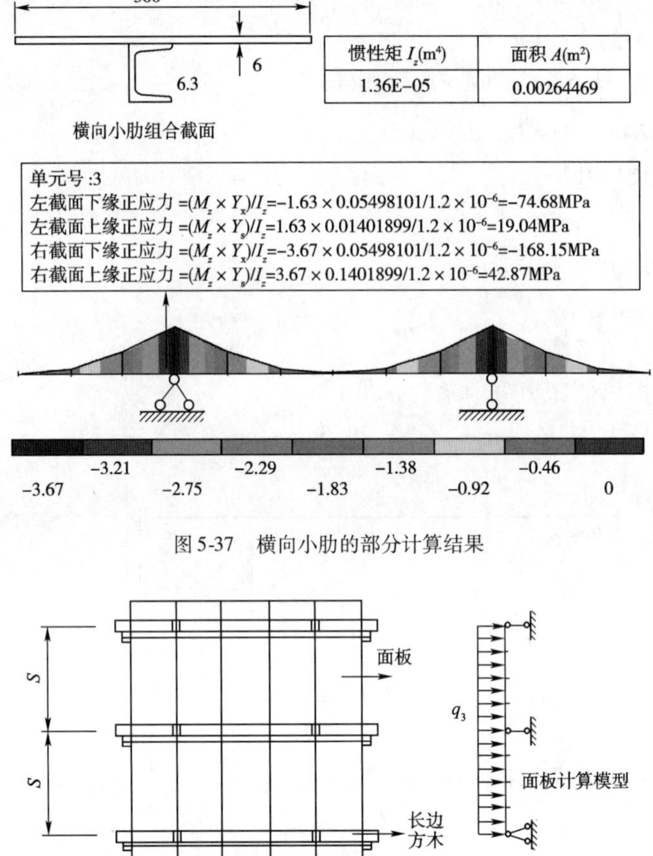

惯性矩 I_z(m^4)	面积 A(m^2)
1.36E−05	0.00264469

图 5-37　横向小肋的部分计算结果

图 5-38　柱模板构造与计算模型

5.9 柱模板计算

图 5-38 显示了一柱模板构造与计算模型。柱模板主要由面板、柱箍长边方木、柱箍短边方木及拉紧螺栓组成，主要承受混凝土的水平侧压力及倾倒混凝土的冲击荷载。柱模板中的面板可取两跨等截面连续梁计算，柱箍长边方木可取简支外伸梁计算，而柱箍短边方木可取简

支梁计算，它们所受荷载可取新浇混凝土对模板产生的最大水平侧压力值，这也是柱模板计算的一个关键。

图5-38中，柱模板截面尺寸为600mm×400mm，柱高4m，每节模板高2m，浇筑速度为2m/h，柱箍为80mm×40mm×2mm钢管，柱箍间距$S=600$mm，混凝土入模温度为30℃，模板为100×35木板，$E=9.0\times10^3$MPa，柱箍长边方木边距$a=150$mm，短边方木边距$d=100$mm。可以得到柱模板受到的侧压力计算结果：

混凝土的重度$\gamma=25\text{kN/m}^3$；

新浇混凝土的初凝时间$T_0=4.44$h；

混凝土入模温度=30℃；

外加剂影响修正系数$K_1=1$；

坍落度影响修正系数$K_2=1.15$；

混凝土的浇筑速度$V=2$m/h；

$\dfrac{V}{T}=2/30>0.035$；

有效压头高度$h=1.53+3.8\times V/T=1.78$m；

$P_{\max_1}=0.22\times\gamma\times t_0\times K_1\times K_2\times\sqrt{V}=39.72\text{kN/m}^2$；

$P_{\max_2}=K_1\times\gamma\times h=44.5\text{kN/m}^2$；

取最小水平压力$P_\text{m}=39.72\text{kN/m}^2$；

振捣产生的侧压力$F=4\text{kN/m}^2$；

计算高度$H=1$m；

混凝土侧压力分项系数$\mu_1=1.2$；

倾倒混凝土时振捣侧压力分项系数$\mu_2=1.4$；

单位长水平侧压力$(\mu_1P_\text{m}+\mu_2F)H=53.3$kN/m。

5.10 大模板计算

大模板通常分单向和双向大模两种类型，主要由钢面板、槽钢或角钢横肋、小扁钢或型钢小纵肋、两根槽钢组合的竖向主纵肋和对拉螺栓等构件组成。钢面板厚一般5mm左右，且与小纵肋和横肋焊接成整体，形成小方格；横肋一般采用[8槽钢，主纵肋一般采用2[8槽钢。大模板所受荷载主要为混凝土的侧压力，当大模板的高度在2.5～3.0m时，侧压力的分布见图5-39，当最大侧压力$P=50\text{kN/m}^2$时，在$\dfrac{3}{4}H$段按三角形分布，以下按矩形分布计算。图5-40、图5-41分别为单向和双向大模板构造图及横肋和竖向主肋计算模型。

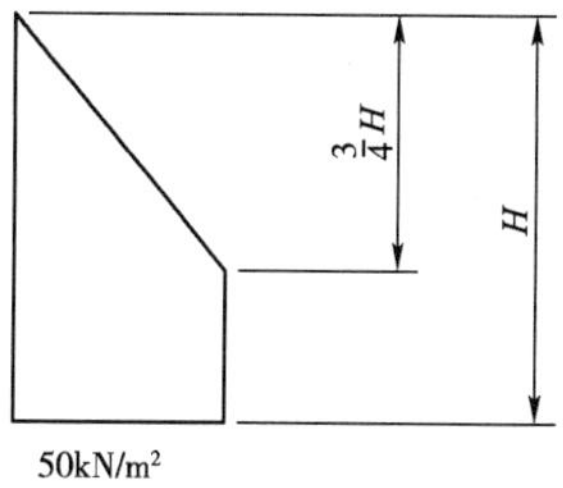

图5-39　大模板新浇混凝土对模板的侧压力分布图

大模板的计算内容包括竖向大纵肋、横向小横肋、面板的强度和刚度计算，以及对拉螺栓的计算。横肋可简化为一连续梁计算模型计算，连续梁的支点为大纵肋为其支撑点，其上所受的均布荷载为：

$$q_1=Fh\quad(\text{kN/m})\tag{5-18}$$

式中：F——模板的最大水平侧压力，当计算强度时，需要考虑组合系数的新浇混凝土的侧压力设计值（$50\mathrm{kN/m^2}$）与倾倒混凝土荷载的设计值之和；当计算刚度时，它是新浇混凝土的侧压力设计值，无需要考虑组合系数及倾倒混凝土荷载。

h——横肋的竖向间距。

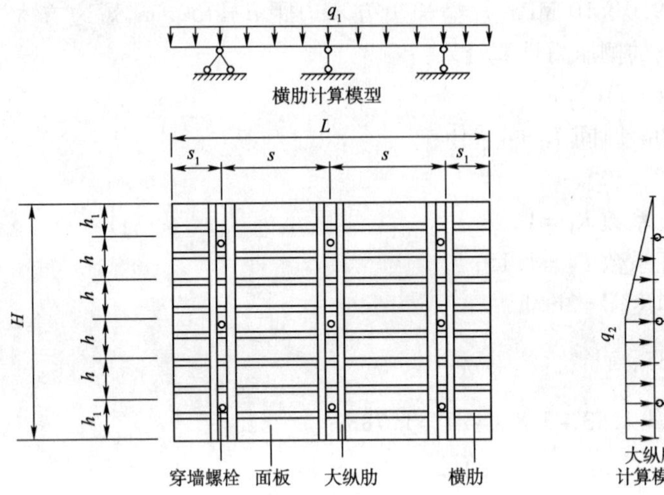

图 5-40　单向板构造的大模板

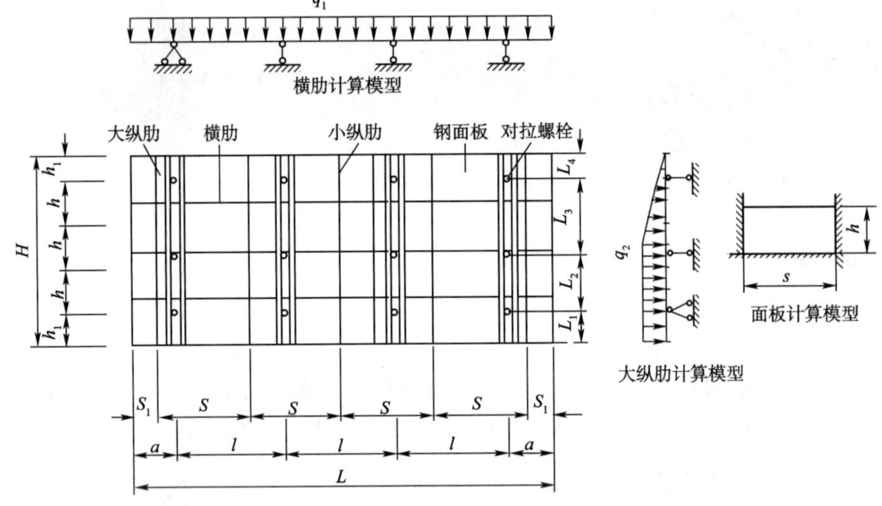

图 5-41　双向板构造的大模板

竖向主肋也可以简化为一连续梁计算模型计算，穿墙螺栓为其支撑点，所受荷载分为上下两部分：

主肋上部荷载　　$q_2 = FL_1$　（kN/m）　　(5-19)

主肋下部荷载　　$(0 \sim q_2)$　（kN/m）　　(5-20)

式中：F——数值为 $50\mathrm{kN/m^2}$；

L_1——主肋下部螺栓间距。

对于双向大模板，其最不利板是下端数第二或第三侧面方格，可简化为三面嵌固，一面简支边界条件的计算模型。

利用第3章所介绍方法可以方便地建立起横肋、大纵肋计算模型。在布置均布荷载时，可打开“单元选择器”对话框，在“荷载布置1”页面上，单击“模板、支架荷载计算”按钮命令，可得到“模板支架荷载计算”对话框的“大模板侧压力”页面（图5-42），在该页面上输入相应的荷载参数，单击“取模板侧压力”按钮，可以得到大模板侧压力计算数据。

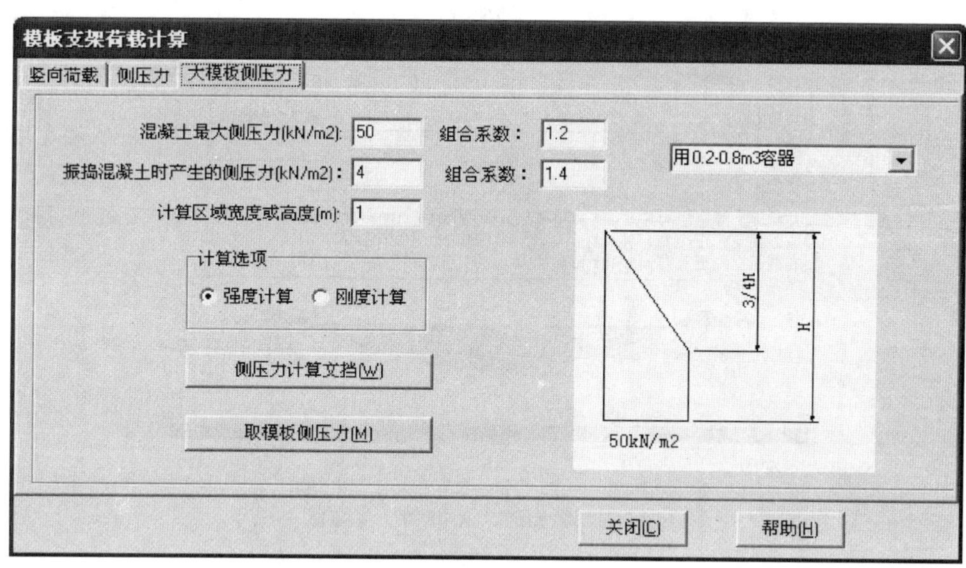

图5-42　“钢板支架荷载计算”对话框的“大模板侧压力”页面

【算例5-12】　对于如图5-41所示的大模板 $H=2.65\text{m}$，$L=2.4\text{m}$，$S=0.4\text{m}$，$h=0.3\text{m}$，$h_1=0.35\text{m}$，$l=0.9\text{m}$，$a=0.4\text{m}$，$L_1=0.18\text{m}$，$L_2=1.135\text{m}$，$L_3=1.135\text{m}$，$L_4=0.35\text{m}$，面板采用5mm厚钢板，竖向主肋采用2[8槽钢，竖向小肋采用 -60×6 扁钢，横肋采用[8槽钢，用容量大于 0.8m^3 的吊斗浇筑混凝土，穿墙螺栓为M30。试验算大模板的刚度。

解：1）横肋计算

（1）荷载计算

①大钢模板强度检算时侧压力计算结果

混凝土侧压力 $F_1=50\text{kN/m}^2$；

混凝土侧压力组合系数 $\mu_1=1.2$；

倾倒混凝土时侧压力 $F_2=6\text{kN/m}^2$；

倾倒混凝土时侧压力组合系数 $\mu_2=1.4$；

计算区域宽度或高度 $DL=0.3\text{m}$；

混凝土侧压力 $F=(\mu_1F_1+\mu_2F_2)DL=20.52\text{kN/m}$。

②大钢模板刚度计算时侧压力计算结果

混凝土侧压力 $F_1=50\text{kN/m}^2$；

混凝土侧压力组合系数 $\mu_1=1.0$；

倾倒混凝土时侧压力 $F_2 = 6\text{kN/m}^2$；

倾倒混凝土时侧压力组合系数 $\mu_2 = 0$；

计算区域宽度或高度 $DL = 0.3\text{m}$；

混凝土侧压力 $F = (\mu_1 F_1 + \mu_2 F_2) DL = 15\text{kN/m}$。

(2)横肋强度和刚度计算结果

横肋强度和刚度计算结果如图5-43和图5-44所示。

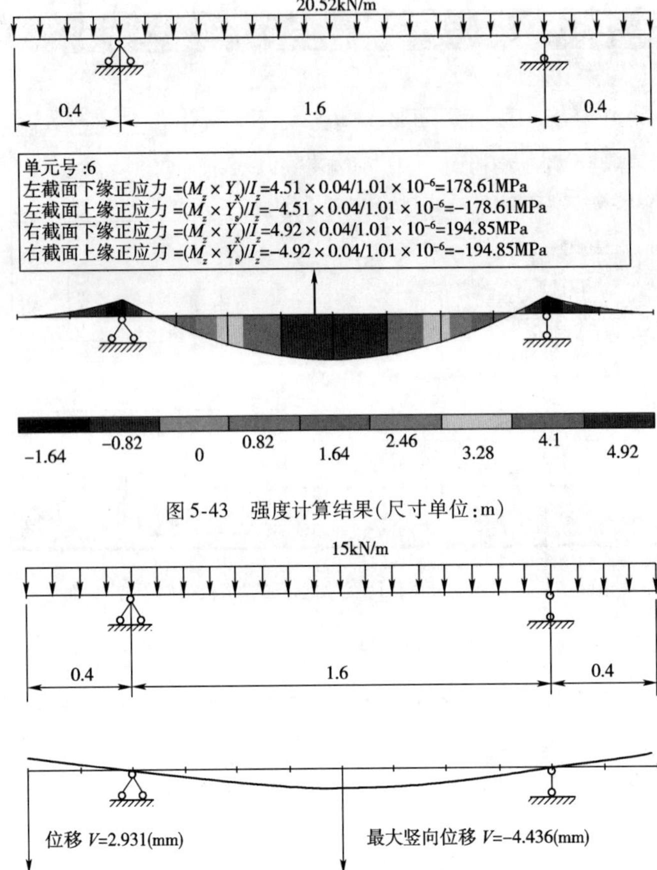

图5-43　强度计算结果(尺寸单位:m)

图5-44　刚度计算模型及计算结果(尺寸单位:m)

(3)结论

①横肋最大应力为 $\sigma_{\max} = 194.8\text{MPa} < f_y = 205\text{MPa}$；

②跨中刚度 $w = 4.436/1600 = 1/361 < 1/250$。

2)竖向主肋计算

(1)荷载计算

①大钢模板强度检算时侧压力计算结果

混凝土侧压力 $F_1 = 50\text{kN/m}^2$；

混凝土侧压力组合系数 $\mu_1 = 1.2$；

倾倒混凝土时侧压力 $F_2 = 4\text{kN/m}^2$；

倾倒混凝土时侧压力组合系数 $\mu_2 = 1.4$；

计算区域宽度或高度 $DL = 0.9\text{m}$；

混凝土侧压力 $F = (\mu_1 F_1 + \mu_2 F_2) DL = 59.04\text{kN/m}$。

②大钢模板刚度计算时侧压力计算结果

混凝土侧压力 $F_1 = 50\text{kN/m}^2$；

混凝土侧压力组合系数 $\mu_1 = 1.0$；

倾倒混凝土时侧压力 $F_2 = 4\text{kN/m}^2$；

倾倒混凝土时侧压力组合系数 $\mu_2 = 0$；

计算区域宽度或高度 $DL = 0.9\text{m}$；

混凝土侧压力 $F = (\mu_1 F_1 + \mu_2 F_2) DL = 45\text{kN/m}$。

(2)强度与刚度计算结果

强度和刚度计算结果如图 5-45 和图 5-46 所示。

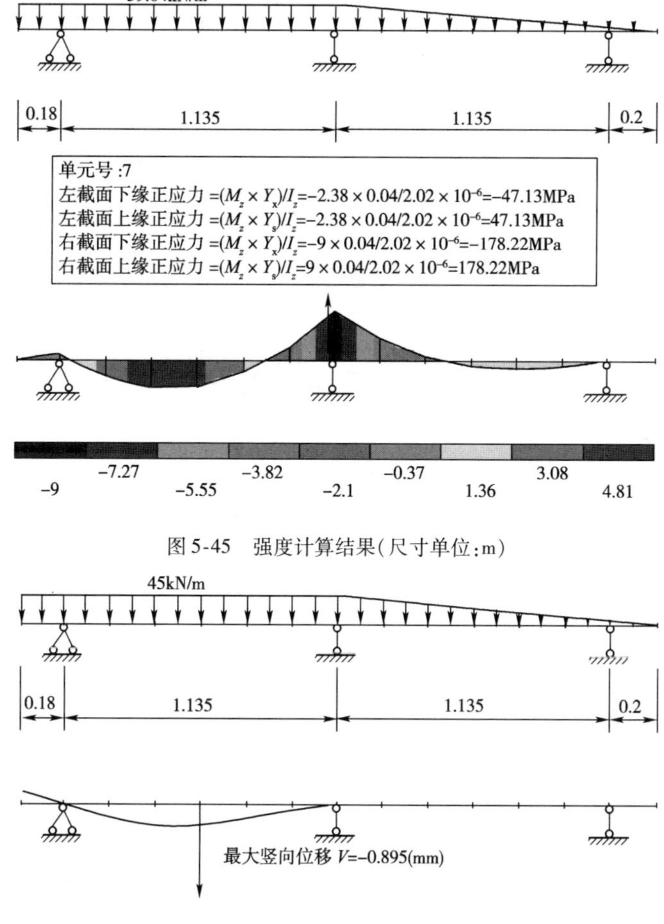

图 5-45　强度计算结果(尺寸单位:m)

图 5-46　刚度计算模型与结果(尺寸单位:m)

(3)结论

①横肋最大应力为 $\sigma_{\max} = 178.2\text{MPa} < f = 205\text{MPa}$；

②跨中刚度 $w = 0.895/1135 = 1/1268 < 1/500$。

5.11 压弯杆件的稳定性计算

针对桥梁临时结构中常采用的双对称的工字钢及H型钢及双槽钢压弯构件，RBCCE提供了这一类压弯杆件（图5-47）的强度计算、弯矩作用平面内及平面外的整体稳定性计算方法。假定截面的强轴水平，弱轴为铅直，弯矩作用平面为铅垂面，所受荷载为杆端弯矩、杆端剪力和杆端轴力，杆件上无横向荷载。

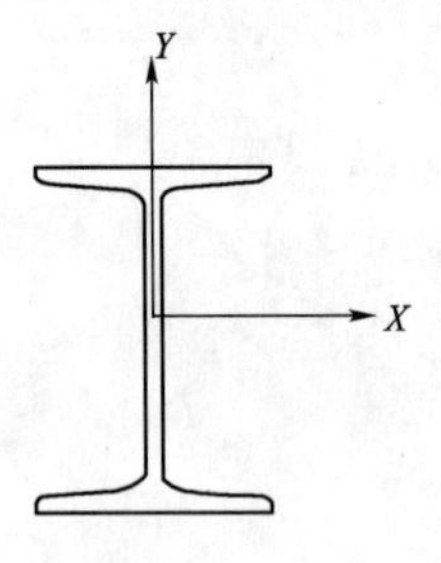

图5-47 压弯杆件截面

压弯杆计算的主要公式如下。

(1)强度计算公式：

$$\frac{N}{A}+\frac{M_x}{\gamma_x W_{1x}}\leqslant f$$

(2)弯矩作用平面内的稳定计算公式：

$$\frac{N}{\varphi_x A}+\frac{\beta_{mx}M_x}{\gamma_x W_{1x}\left(1-\frac{0.8N}{N'_{Ex}}\right)}\leqslant f$$

$$N'_{Ex}=\frac{\pi^2 EA}{1.1\lambda_x^2}$$

(3)弯矩作用平面外的稳定计算公式：

$$\frac{N}{\varphi_y A}+\eta\frac{\beta_{tx}M_x}{\varphi_b W_{1x}}\leqslant [f]$$

$$\varphi_{\mathrm{b}}=1.07-\frac{\lambda_y^2}{44000}\times\frac{f_y}{235}$$

以上三个公式中：N——杆件所受轴力，kN；

A——杆件的截面静面积，m^2；

M_x——所计算构件范围内的最大弯矩，kN·m；

γ_x——截面缩性发展系数；

η——截面影响系数，闭合截面为0.7，其他截面为1.0；

f——材料强度设计值，MPa；

f_y——钢材的屈服强度，MPa；

φ_x——在弯矩作用平面内，不计算弯矩作用时，轴心受压构件的稳定系数；

φ_y——在弯矩作用平面外，不计算弯矩作用时，轴心受压构件的稳定系数；

φ_{b}——构件整体稳定系数；

E——材料弹性模量，$\mathrm{kN/m^2}$；

λ_x——构件绕强轴的长细比；

λ_y——构件绕弱轴的长细比；

N'_{Ex}——参数，kN；

W_{1x}——抗弯截面模量，m^3；

β_{mx}——等效弯矩系数，其数值与杆件上所受荷载和弯矩形式有关，当杆件上无外载，仅有杆端弯矩、剪力和轴力时(图 5-48)，其计算可按下式计算：$\beta_{mx}=0.65+0.35\dfrac{M_2}{M_1}$，其中，$M_1$、$M_2$ 为受压构件的杆端弯矩。规定杆件端弯矩以逆时针转为正，数值最大的杆端弯矩定义为 M_1，另外一端杆端弯矩为 M_2。

M1
M2
N
N

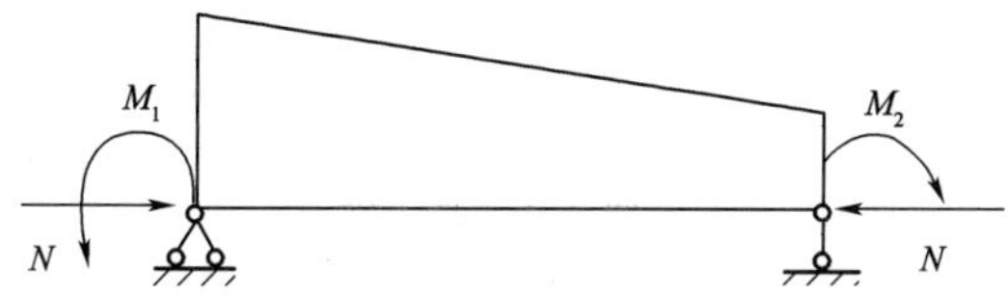

图 5-48　压弯杆件受力图

β_{tx}——等效弯矩系数，当杆件上无外载，仅有杆端弯矩、剪力和轴力时，其计算公式同 β_{mx}。

压弯杆件的具体计算步骤是，创建截面对象，打开截面对象对话框，在“截面对象”对话框的“功能 2”页面的“压弯杆件计算”组合框(图 5-49)中输入压弯杆件计算的有关参数，单击“计算文档”按钮，即可以实现压弯杆件的强度、面内稳定性及面外稳定性计算。

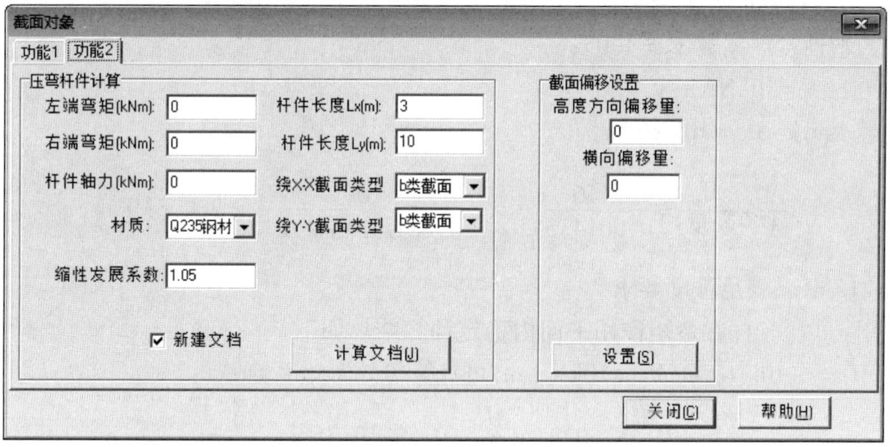

截面对象
功能1
功能2
压弯杆件计算
左端弯矩(kNm): 0
右端弯矩(kNm): 0
杆件轴力(kNm): 0
材质: Q235钢材
缩性发展系数: 1.05
杆件长度Lx(m): 3
杆件长度Ly(m): 10
绕X-X截面类型 b类截面
绕Y-Y截面类型 b类截面
新建文档
计算文档(J)
截面偏移设置
高度方向偏移量:
0
横向偏移量:
0
设置(S)
关闭(C)
帮助(H)

图 5-49　“截面对象”的“功能 2”页面

【算例 5-13】　某 I10 制作的压弯杆件，两端铰支，长度 3.3m，其所受内力见图 5-50，试验算该压弯杆件的承载能力。

10kN·m
10kN·m
N=16kN
N=16kN
3.3m

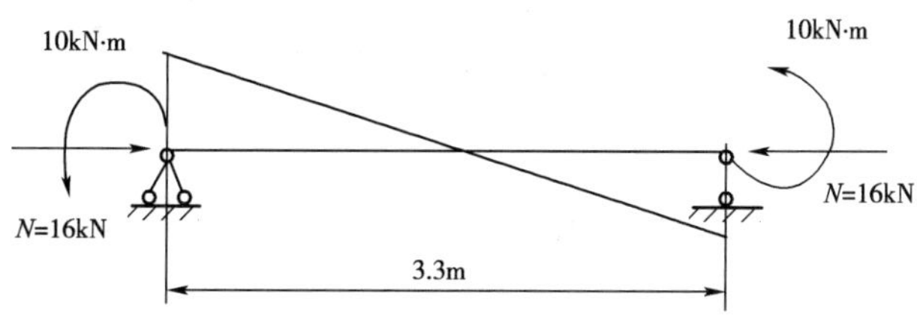

图 5-50　压弯杆件受力图

解:先创建I10工字钢对象,再打开该对象的对话框,在“功能2”页面的“压弯杆件计算”组合框中,输入图5-49所示的数据,单击“计算文档”按钮,可以得到如下计算结果。

(1)构件截面的基本参数如下:

截面高度 $H=10\text{cm}$;

惯性矩 $I_x=246.6\text{cm}^4$;

惯性矩 $I_y=35.2\text{cm}^4$;

截面面积 $A=14.4\text{cm}^2$;

弯矩平面内抗弯截面模量 $W_x=49.32\text{cm}^3$;

截面绕 x-x 轴的旋转半径 $i_x=\sqrt{\dfrac{I_x}{A}}=\sqrt{\dfrac{246.6}{14.4}}=4.138\text{cm}$;

截面绕 y-y 轴的旋转半径 $i_y=\sqrt{\dfrac{I_y}{A}}=\sqrt{\dfrac{35.2}{14.4}}=1.563\text{cm}$;

截面绕 x-x 轴的长细比 $\lambda_x=\dfrac{L}{i_x}=\dfrac{330}{4.138}=79.75$;

截面绕 y-y 轴的长细比 $\lambda_y=\dfrac{L}{i_y}=\dfrac{330}{1.563}=211.13$。

(2)压弯杆件强度计算结果如下:

材料的塑性发展系数 $\gamma_x=1.05$;

轴向压力 $N=16\text{kN}$;

截面最大弯矩 $M_x=10\text{kN}\cdot\text{m}$。

$$\frac{N}{A}+\frac{M_x}{\gamma_x W_x}=\frac{16}{0.00143645}+\frac{10}{1.05\times4.9313\times10^{-5}}=204.3\text{MPa}$$

$<f=215\text{MPa}$,满足强度要求。

(3)实腹式压弯杆在弯矩作用平面内稳定计算结果如下:

①由 $M_1=-10\text{kN}\cdot\text{m}$,$M_2=10\text{kN}\cdot\text{m}$,可计算等效弯矩系数 β_{mx}:

$$\beta_{mx}=0.65+0.35\times\frac{M_1}{M_2}=0.65+0.35\times\frac{-10}{10}=0.3$$

②按a类截面查询不计弯矩作用时的轴心受压构件的稳定系数 $\varphi_x=0.785$。

③由 $\text{E}=2.06\times10^8\text{kN/m}^2$,$A=0.00143645\text{m}^2$,$\lambda_x=79.651$ 可计算参数 N'_{Ex}:

$$N'_{Ex}=\frac{\pi^2EA}{1.1\lambda_x^2}=\frac{\pi^2\times2.06\times10^8\times0.00143645}{1.1\times79.651^2}=418.1\text{kN}$$

④材料的缩性发展系数 $\gamma_x=1.05$。

⑤弯矩作用平面内受压最大纤维的抗弯截面模量 $W_{1x}=49.31\text{cm}^3$

⑥轴力 $N=16\text{kN}$

⑦最大截面弯矩 $M_x=10\text{kN}\cdot\text{m}$

⑧弯矩作用平面内的稳定计算:

$$\frac{N}{\varphi_x A}+\frac{\beta_{mx}M_x}{\gamma_x W_{1x}(1-\frac{0.8N}{N'_{\rm Ex}})}$$

$$=\frac{16}{0.785\times0.00143645}+\frac{0.3\times10}{1.05\times4.9313\times\left(1-0.785\times\frac{16}{418.1}\right)}$$

$$=74\text{MPa}$$

因为 74MPa < [f] = 215MPa,所以满足构件的整体稳定性要求。

(4)实腹式压弯杆在弯矩作用平面外稳定计算结果如下:

①由 $M_1=-10\text{kN}\cdot\text{m}$,$M_2=10\text{kN}\cdot\text{m}$,可计算面外等效弯矩系数 β_{tx}:

$$\beta_{tx}=0.65+0.35\times\frac{M_1}{M_2}=0.65+0.35\times\frac{-10}{10}=0.3$$

②均匀弯矩作用时受弯构件的整体稳定系数 φ_b。

a. 截面绕 y-y 轴的旋转半径:

$$i_y=\sqrt{\frac{I_y}{A}}=\sqrt{\frac{246.565}{14.3645}}=4.143\text{cm}$$

b. 截面绕 y-y 轴的长细比:

$$\lambda_y=\frac{L}{i_y}=\frac{3.3}{0.04143}=79.65$$

c. 受弯构件的稳定系数 φ_b 计算:

$$\varphi_b=1.07-\frac{\lambda_y^2}{44000}\times\frac{f_y}{235}=1.07-\frac{79.7^2}{44000}\times\frac{235}{235}=0.93$$

③弯矩作用平面外稳定计算结果:

$$\frac{N}{\varphi_y A}+\eta\frac{\beta_{tx}M_x}{\varphi_b W_{1x}}=\frac{16}{0.181\times0.00143645}+1\times\frac{0.3\times10}{0.93\times4.9313\times10^{-5}}=127\text{MPa}$$

因为 127MPa < [f] = 215MPa,所以满足构件的整体稳定性要求。

第6章

满堂支架施工力学计算

扣件式或碗扣式满堂钢管支架因具有质量轻，工期短，运输、安装、搭设及拆卸方便等特点，而广泛应用于桥梁施工的临时结构。然而，既有工程实践表明，满堂钢管支架（简称满堂支架）也是一种容易发生安全事故的桥梁临时结构类型，在桥梁荷载预压或混凝土浇筑期间，因满堂支架坍塌造成事故甚至是重大施工事件时有发生。确保满堂支架安全的前提是满堂支架能够满足施工力学要求。本章根据现有支架施工技术规范及满堂支架的实际受力特点，重点分析了满堂支架中立杆、纵向方木、横向方木、模板、基础等主要组成构件的计算模型，并介绍了借助 RBCCE 实现这些构件的计算实现方法。

6.1 满堂支架结构特点及计算方法

当桥梁现浇施工采用满堂支架方案时，通常需要根据桥梁截面的变化情况沿纵向和横向分区域分别设计。图 6-1 显示了一典型的满堂支架方案的纵断面图和横断面图，满堂支架沿纵向分 A、B 两区域分别设计。一个区域的满堂支架主要包括钢管支架、纵向方木、横向方木、模板、基础等构件，其中模板可以是钢模板或胶合板，本章仅考虑胶合板，型钢模板也可以采用类似的计算方法；模板下面可以布置纵向方木或横向方木，见图 6-2，为便于描述，可将置于模板下面的方木称为小楞，小楞下面的方木称为大楞，有时方木也可用型钢（如槽钢、钢管）材料替代；钢管支架主要由立杆、大横杆、小横杆、斜杆等构件组成，其材料通常为 Q235ϕ48mm × 3.5mm 型钢管，设计参数主要包括立杆纵向步距、横向步距及横杆步距，其中立杆的横向步距需要针对翼缘区、腹板区和箱室区选择合适的步距，并尽量使各区域立杆能够均匀承担各个区域新浇混凝土荷载。实际上，除需要正确处理好地基和基础之外，满堂支架设计的关键在于选择合适的钢管支架设计参数，这样既可确保满堂支架安全可靠，同时又能有效降低钢管支架的施工成本。

满堂支架属于空间支架结构，将满堂支架抽象为一种空间结构计算模型并借助 ANSYS、MIDAS 等有限元软件进行计算分析，可以得到能够反映实际受力特征的计算结果，但这种计算实现方法既费时又费力，不便于被广大现场施工技术人员所使用。实际上，将满堂支架规划分解成模板、方木、立杆、基础、地基等部分进行单独的力学计算，是工程上普遍采用的计算方法，这种方法简单方便容易实现，便于手算。我国在桥梁用满堂支架的设计与计算上，还缺乏相应的技术规范，虽然有"公路桥涵施工技术规范"和"建筑施工碗口式(扣件式)钢管脚手架安全技术规范"指导桥梁用满堂支架设计与计算，但还存在一些不足，前者比较笼统，仅规定了荷载组合方案，以及支架结构应满足的强度、刚度和稳定性要求，但并未给出具体的计算方法，而后者则给出了房屋建筑施工中常用的单双排脚手架设计的计算方法。

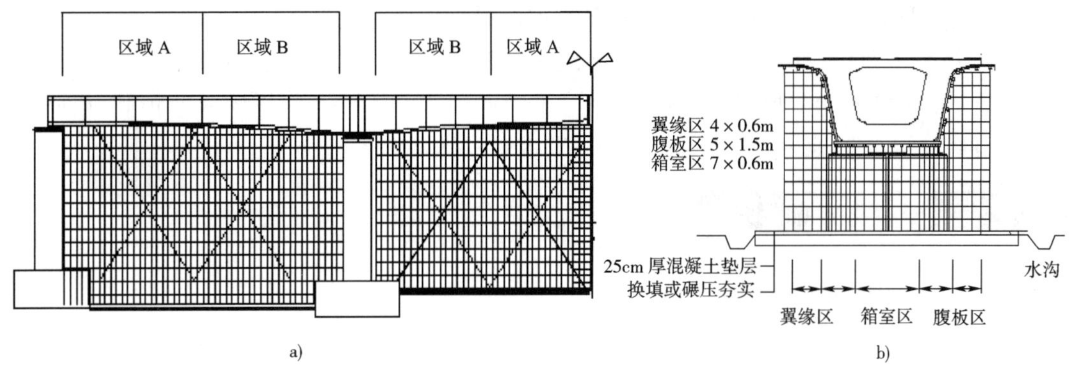

图 6-1　桥梁满堂支架方案

a)纵断面图;b)横断面图

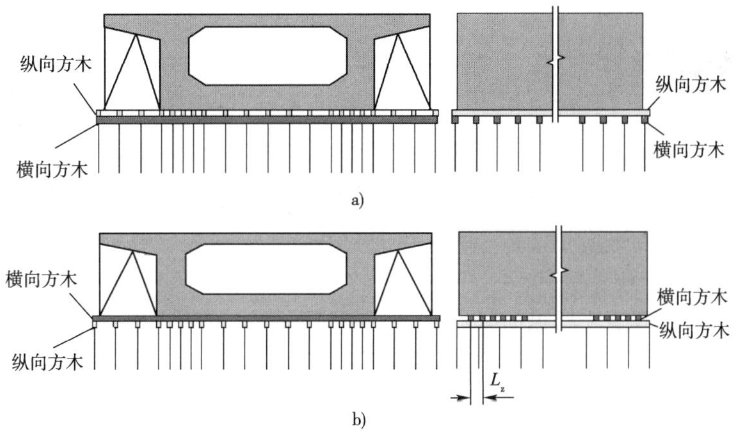

图 6-2　纵向方木与横向方木布置情况

a)纵向方木布置于横向方木之上的情况;b)横向方木布置于纵向方木之上的情况

6.2 荷载取值与组合计算

满堂支架(包括其他模板支架)所受设计荷载分恒载和活载两种类型，主要包括以下荷载。

(1)模板、支架自重。

(2)新浇钢筋混凝土自重，可取 26kN/m^3。

(3)施工人员、施工材料、机具等走行运输和堆放的荷载，简称人群机具荷载。

①计算模板或直接支撑模板的小棱时，取 2.5kN/m^2。

②计算直接支撑小棱时,可取1.5kN/m²。

③计算支架立杆时,可取1.0kN/m²。

④有实际资料时,可按实际取值。

(4)振捣混凝土时产生的振动荷载取4.0kN/m²,当新浇混凝土厚度大于有效压头高度时,可以不考虑该荷载的影响。为偏于安全,工程算例中按2.0kN/m²计。

(5)作用在模板支架上的风荷载;

(6)其他可能产生的荷载,如雪荷载、冬季保温设施荷载。

其中,恒载主要包括(1)、(2);活载主要包括(3)~(6)。强度验算时,荷载取(1)+(2)+(3)+(4)+(5)+(6);刚度验算时,取(1)+(2)+(3)+(6)。强度验算时恒载分项系数取1.2,活载分项系数取1.4;刚度计算时,分项系数均取1.0。

6.3 满堂支架的设计计算内容

满堂支架设计计算的内容主要包括:

(1)立杆强度、刚度和稳定性计算。

(2)模板强度和刚度计算。

(3)纵向和横向方木计算。

(4)基础计算。

6.4 立杆稳定性计算

钢管支架的安全稳定性检算主要是通过其立杆所承受的轴力来控制的。立杆所受荷载可分恒载和活载两大类型,恒载主要包括新浇混凝土重量及模板、方木及钢管支架自重等荷载,而活载主要包括混凝土振捣荷载及人群机具等荷载。

(1)立杆轴力计算

立杆荷载计算时,需要选择纵向区域中最不利箱形截面,并采用单元计算法或区域分割法计算立杆轴力。单元计算法需要在箱形截面的腹板区、箱室区和翼缘区,选择一根最不利立杆立杆的承载范围(立杆的横向步距×纵向步距)作为计算区域,计算其在该区域范围内的最大组合荷载,见图6-3a);而区域分割法则需要根据立杆的实际受力特征,将桥梁箱形截面分割成腹板区、箱室区及翼缘区三类区域,见图6-3b),各区域的纵向长度为立杆的纵向步距,在每个横向区域内可能有多根立杆存在,通过计算各个区域立杆的平均组合荷载来计算立杆的轴力。实际上,单元计算法和区域分割法本质上属于同一种类型方法,当区域分割法面向的区域是针对一根立杆时,区域分割法就等同于单元计算方法,单元计算法可以看成是区域分割法的一个特例。对于一些具有斜腹板的箱形截面桥梁,区域分割法更容易反映立杆实际受力情况。当采用区域分割法,分割区域的横向宽度选择具有一定的随机性,但该随机性不会影响对支架承载能力的正确评价。

对于图6-3b)显示的箱形截面横向区域分割方案,区域i范围内一根立杆承受新浇混凝土荷载重为:

$$N_{i1} = A_i L_z \times \frac{\gamma}{n_i} \tag{6-1}$$

式中：A_i——区域 i 的面积；

L_z——立杆的纵向步距；

γ——钢筋混凝土重度，$\gamma = 26\text{kN/m}^3$；

n_i——宽度 b_i 范围内横向一排布置的立杆数。

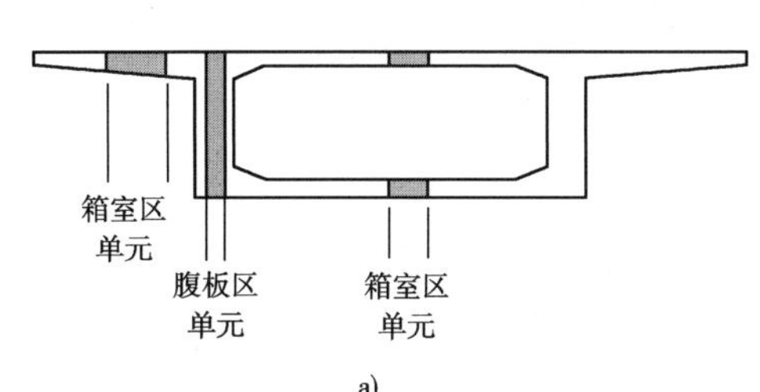

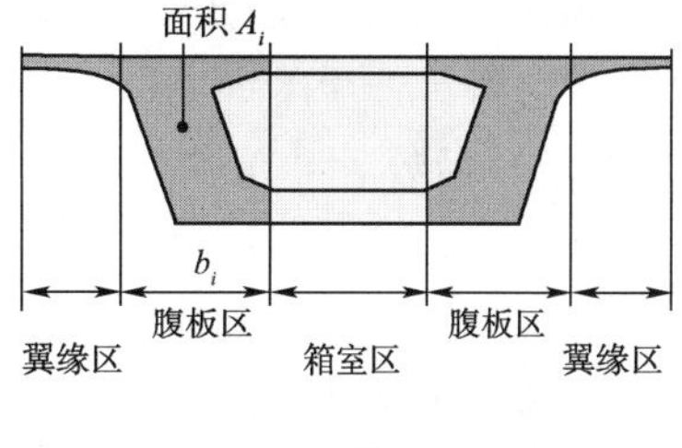

图6-3　立杆荷载计算方法

a）单元法；b）区域分割法

由于纵向方木和横向方木产生的面荷载为：

$$q_f = (A_{f_1}b + A_{f_2}a) \times \frac{\gamma_f}{a \times b} \tag{6-2}$$

式中：q_f——方木产生的面荷载，kN/m^2；

A_{f_1}——小楞断面面积，m^2；

γ_f——方木重度，kN/m^3

a——小楞间距，m；

A_{f_2}——大楞断面面积，m^2；

b——大楞间距，m。

一根立杆所受的钢管支架自重为：

$$N_z = \left[A_g H + \frac{H}{L_h} \times (L_z + L_y) \times A_g\right] \times \gamma_g \tag{6-3}$$

式中：A_g——钢管面积，m^2；

H——立杆总长，m；

L_h——横杆步距，m；

L_z——立杆步距，m；

L_y——立杆横向步距，m；

γ_g——钢管重度，可取 78.5kN/m^3。

实际上，不同的满堂支架在模板厚度、钢管步距参数变化而引起的荷载变化不大，为了简化计算过程，可以根据既有计算经验，将模板、方木引起的荷载设置为 $q_f = 1\text{kN/m}^2$，而钢管支架自重引起的荷载按每米高 $q_g = 0.3\text{kN/m}^2$ 考虑，并将它们统一合并成相当模板荷载考虑，并用 q_m 来表达。则区域 i 范围内一根立杆因相当模板荷载产生的立杆轴力为：

$$N_{i_2} = b_i L_z \times \frac{q_m}{n_i} \tag{6-4}$$

式中：$q_m=(1+0.3H)$，为相当模板荷载，kN/m²。

对于人群机具及混凝土倾倒荷载等活载，它们产生的立杆荷载为：

$$N_{i_3}=b_iL_z(q_{r_1}+q_{r_2})\cdot\frac{1}{n_i} \tag{6-5}$$

式中：q_{r_1}——振捣混凝土产生的冲击荷载，可取2kN/m²；

q_{r_2}——人群机具产生的面荷载，可取2.5kN/m²。

按一定的组合系数对上述三类荷载进行荷载组合，可得到区域 i 范围内一根立杆件所受的轴力为：

$$N_i=\mu_1(N_{i_1}+N_{i_2})+\mu_2N_{i_3} \tag{6-6}$$

式中：μ_1——恒载组合系数，强度和稳定性计算时取1.2，刚度计算时取1；

μ_2——活的组合系数，强度和稳定性计算时取1.4，刚度计算时取1。

立杆可按两端铰支、长度为横杆步距 L_h 的轴心压杆计算，其稳定性计算公式为：

$$N_i\leqslant[N]=\varphi A_gf \tag{6-7}$$

式中：φ——压杆的稳定系数；

A_g——钢管截面积，m²；

f——Q235钢材的强度设计值，可取205MPa。

当 $L_h=1.2$m时，长细比 $\lambda=76$，稳定系数 $\varphi=0.676$，$[N]=56.2$kN。

考虑到在钢管支架中组成构件中因在周转使用过程中的磨损和锈蚀，及理论计算结果与实际承载能力的差异，工程上通常将立杆轴力按以下原则加以控制：

①当横杆步距为0.6m时，立杆允许设计荷载$[N]=40$kN；

②当横杆步距为1.2m时，立杆允许设计荷载$[N]=30$kN；

③当横杆步距为1.8m时，立杆允许设计荷载$[N]=25$kN；

④当横杆步距为2.4m时，立杆允许设计荷载$[N]=20$kN。

(2)桥梁单位长度的横向分布荷载计算

将最不利截面的腹板、箱室和翼缘区域分割后，可以计算出单位长度梁段上各区域的分布荷载，并可得到截面区域荷载分布图(图6-4)，图中 $L_z=1$，各区域均布荷载的计算公式如下：

$$q_i=\mu_1\left(A_i\times1\times\frac{\gamma}{b_i}+q_f\right)+\mu_2(q_{r_1}+q_{r_2}) \tag{6-8}$$

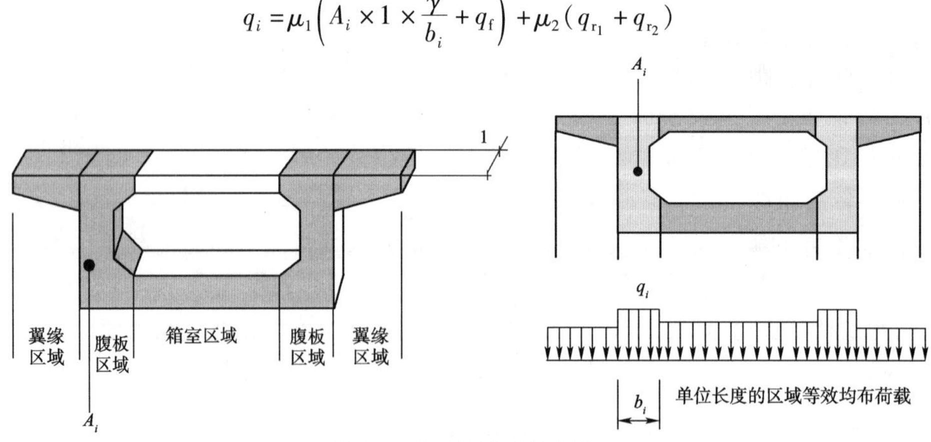

图6-4　横向等效荷载均布图

6.5 底模计算模型

底模是布置于满堂支架的纵向或横向方木上，可简化为单跨简支梁或多跨连续梁模型进行计算，其中简支梁模型是一种相对保守的计算方法，而连续梁模型更能真实地反映模板的受力特征。本书采用三跨单位宽的连续单向板模型计算底模，见图6-5。该模型支座对应于底模支撑方木位置，而均布荷载 q 为截面区域分布荷载图中最大均布荷载。

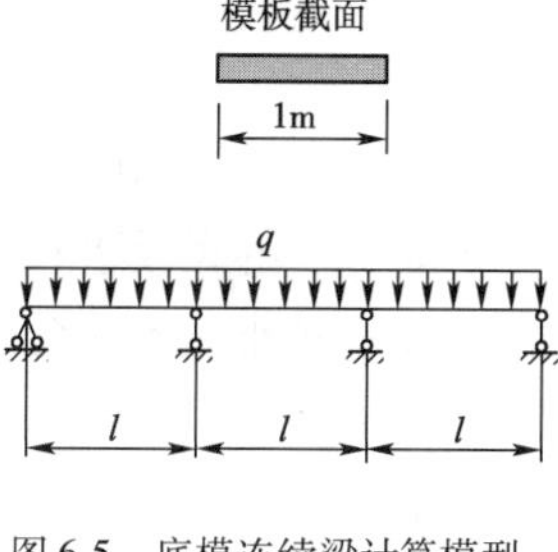

图6-5 底模连续梁计算模型

6.6 大小楞计算方法

大小楞计算的关键在于模型的选取及外载的计算。可以将小楞简化成简支梁模型或连续梁模型进行计算。当为简支梁模型时，计算结果偏于保守，而连续梁模型更能够真实地反映小楞的实际受力情况。图6-6a）为小楞计算的三跨连续梁计算模型，其支点对应于大楞位置，小楞所受荷载为：

$$q = q_{\max} a \tag{6-9}$$

式中：$q_{\max}$——截面区域分布荷载中的最大值；

a——小楞间距。

对于大楞，其所受荷载为小楞传递过来的集中荷载；当大小楞交叉点处均有立杆支撑时，大楞强度和刚度无需要检算，否则需要选择简支梁或连续梁模型作为大楞计算模型，其支座位置对应于支架立杆位置，而所受到集中荷载 P 为小楞计算模型中的最大支座反力。图6-6b）显示了大楞计算模型，为一四跨连续梁模型。

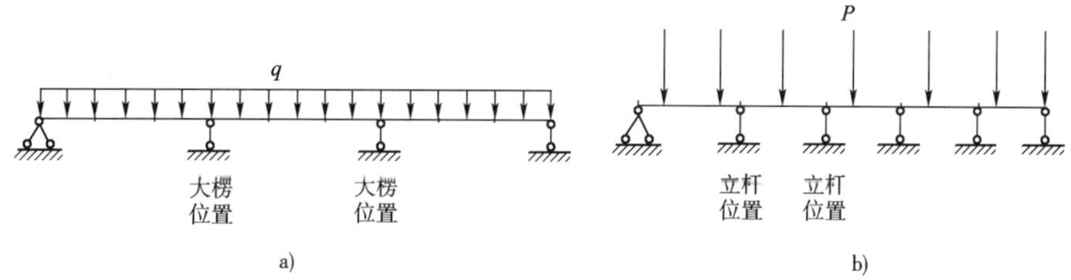

图6-6 连续梁模型

a）小楞计算模型；b）大楞计算模型

6.7 立杆基础计算方法

立杆基础计算方法与立杆基础类型有关。当满堂钢管支架的立杆基础为原状土或换填上浇筑20～30cm的C25混凝土垫层时，立杆荷载可通过枕木或钢垫板传力到混凝土垫层上，再将荷载传递到土层基础上。立杆基础的检算主要包括混凝土垫层及土层的承载能力计算，其中最不利的基础为土层基础。

当立杆底托下垫钢垫板时，土层顶所承受的压力 $P(\mathrm{kN/m^2})$ 为：

$$P = \frac{N}{(a+2h)^2} < [\sigma] \tag{6-10}$$

式中：N——立杆承受的最大组合轴力，kN；

a——钢底板边长(m)，一般为0.15m；

h——地面混凝土厚度(m)，一般为0.2～0.3m；

$[\sigma]$——土层基础的设计强度。

若立杆底托下垫枕木，枕木截面大小为 $a \times b$，d 为立杆横向间距，按混凝土面层向下传递荷载扩散角度为30°计算，则土层顶所承受的压力为：

$$P = \frac{N}{\left(a + \dfrac{b}{\tan 30^\circ}\right)d} < [\sigma]$$

6.8 满堂支架计算所涉及的功能图形对象

实现立杆稳定性计算所涉及的功能图形对象主要包括箱形截面对象，分界线、杆件有限元、约束支座及集中荷载等功能图形对象类型。其中，分界线是一种可以对截面对象进行区域分割的直线段，并具有计算各个区域模板所受组合荷载的功能。可以按一定的求解步骤，通过创建、操作和推演这些功能图形对象实现满堂支架的计算。

6.9 立杆稳定性计算步骤

立杆稳定性计算是满堂钢管支架计算重要内容。根据以上立杆轴力计算原理，RBCCE 提供了碗扣式支架立杆轴力的计算功能，具体实现步骤如下：

1)创建最不利箱型截面对象

先绘制几何箱型截面对象，再将其强制转化为具有工程属性的截面对象。

2)箱形截面横向区域分割

绘制区域分界线，对箱形截面对象进行区域分割。分界线绘制方法有两种，一是打开箱形截面对话框(图6-7)，单击“创建区域边界线”按钮，系统将在箱形截面对象的下面，创建出一组初始的区域分界线；之后，可利用系统的移动、删除、拷贝等编辑功能，调整区域分界线位置，使截面区域分割趋于合理，立杆受力能够较为真实地反映实际受力特征；对箱形截面对象进行横向区域分割的另外一种方法是，单击按钮，绘制一条铅直线，该铅直线即为区域边界线。图6-8为一个用区域分界线分割箱形截面对象的例子，通过图形编辑操作，可以将区域分界线调整到合适的位置。

3)利用区域分界线对象计算各个分块区域的组合集中荷载

绘制一矩形对象，框选箱形截面和相关的区域边界线，构成立杆稳定性计算的功能图形组，见图6-9；打开区域分界线对话框，在“功能1”页面上的“截面区域荷载计算”组合框中(图6-10)，输入区域荷载计算的有关参数，单击“区域荷载计算”按钮，可以在图形窗口中创建出各截面区域对象，并创建相应区域的组合荷载，见图6-11。

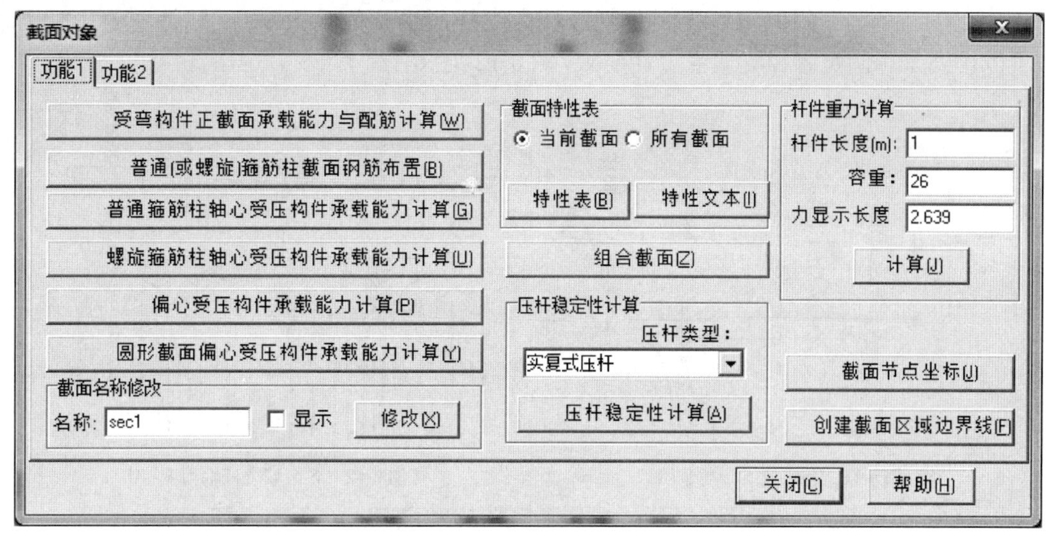

图6-7　“截面对象”对话框

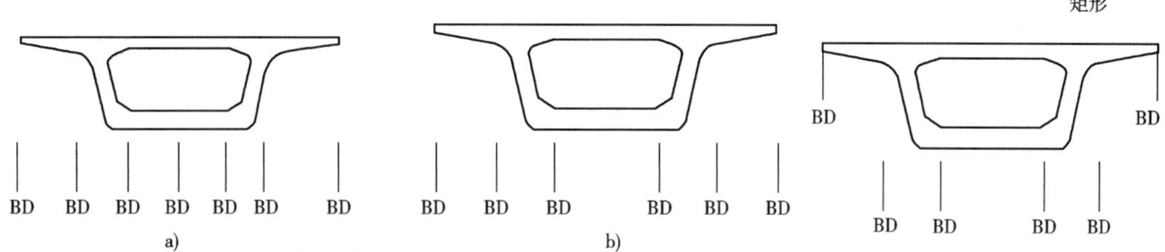

图6-8　区域分界线分割箱形截面对象

a)边界线调整前的状态；b)边界线调整后的状态

图6-9　立杆稳定性计算的功能图形组

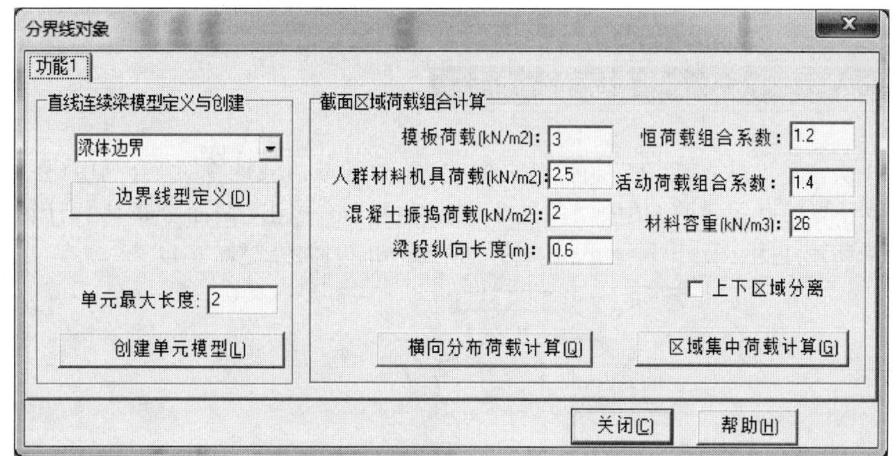

图6-10　“分界线对象”对话框的“功能1”界面

4)计算各个区域立杆轴力

打开各个区域组合荷载对象的对话框，见图6-12，在“集中力分解”组合框中，输入：

(1)分力个数：对应于箱形截面各横向区域范围内的立杆数。

(2)分力间距:对应于箱形截面横向区域范围内立杆的横向间距。

单击“创建分力”按钮,可以得到分割区域内立杆所受到的轴力,将该轴力与允许轴力比较,可以得到是否满足碗扣支架稳定性要求(图 6-12、图 6-13)。

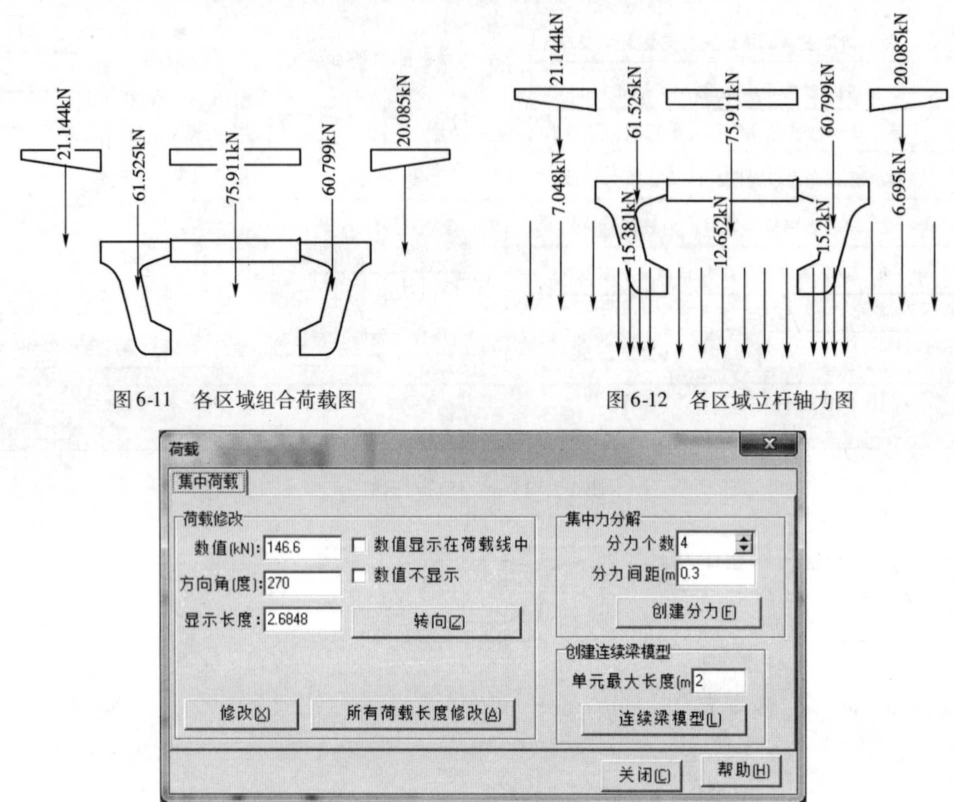

图 6-11　各区域组合荷载图

图 6-12　各区域立杆轴力图

图 6-13　“荷载”对话框的“集中荷载”页面

6.10 利用区域分界线对象计算截面分布荷载

打开区域分界线对话框,在“功能 1”页面的“截面区域荷载计算”组合框中(图 6-10),输入区域荷载计算的有关参数,其中梁段的纵向长度为 1m,单击“截面分布荷载计算”按钮命令,可以在图形窗口中创建出桥梁单位长度的横向分布荷载图,见图 6-14。

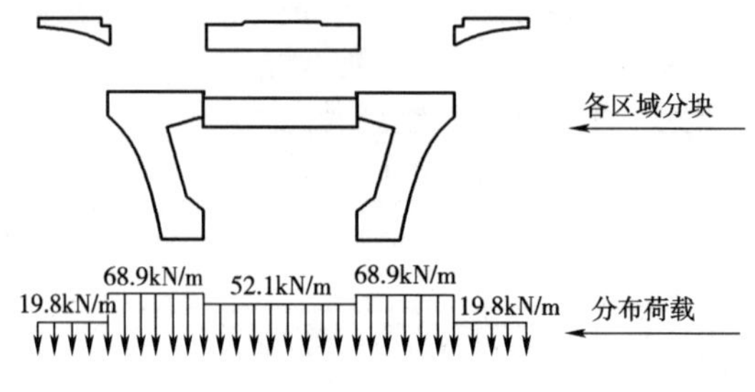

图 6-14　区域横向分布荷载图

6.11 大、小楞计算的实现方法

在区域横向分布荷载图创建后，根据6.5中的大小楞计算方法建立小棱计算模型，可以方便实现利用杆系结构计算实现方法创建大、小楞计算模型，并根据6.6中的所计算的分布小楞分布荷载，可以实现大、小楞计算。

根据6.6中的大小楞计算方法，利用RBCCE创建相关计算模型，可以方便实现利用杆系结构计算实现方法创建大、小楞计算模型，并根据6.6中的所计算的分布小楞分布荷载，可以实现大、小楞计算。

6.12 立杆支架计算说明

碗扣式满堂支架实际受力比较复杂，理论计算与实际存在一定的差异，需要增加一定数量的剪刀撑，并通过分级荷载预压来确定支架的实际承载能力，并要求在预压及后续的混凝土浇筑过程中进行全程变形监测，确保施工安全顺利有序进行。

6.13 工程算例

某高铁简支梁桥跨径为32.6m，其纵断面、平面及横断面布置见图6-15。采用碗扣式满堂支架施工方案，支架高20m，支架纵向分加密区和中央区两大区域进行方案设计。

图6-16为碗口支架方案布置图。选用Q235ϕ48×3.5mm型钢管，其中立杆为在中央区域，所有立杆纵向间距0.6cm，横杆步距0.6cm；横向间距：腹板区域0.3cm，共5排，箱室区域0.6cm，共5排；翼缘区域0.6cm，共4排。支架东西最外侧一排横向间距为0.9m，横杆步距120cm；在加密区域，除立杆纵距为0.3cm外，其横向布置与中央区布置相同。

该支架上设立U形可调顶托，沿托座方向横向铺设一层15cm×15cm的横向方木，间距同支架纵向间距。再在横向方木上按间距30cm铺设一层10cm×12cm的方木，再在该其上铺设底模，底模为2cm的胶合板；立杆基础为整体C20混凝土基础，厚度为20cm，基底最小承载力为250kPa。

试对该支架稳定性计算、纵横向方木强度及刚度计算、立杆基础强度及沉陷等项目进行计算。

6.13.1 荷载取值

(1)新浇混凝土重度26kN/m^3。

(2)人群、机具及混凝土振捣冲击荷载取4.5kN/m^2。

(3)模板、方木及支架荷载为$1+0.3\times19.8=6.94$kN/m^2，取7kN/m^2。

(4)新浇混凝土及模板荷载组合系数为1.2。

(5)人群、机具及混凝土振捣和冲击荷载的组合系数为1.4。

支座中心线
I
I
0.55
0.95
3
11.8
Ⅱ-Ⅱ剖面
Ⅲ
支座中心线
Ⅳ
桥梁中心线
Ⅲ
Ⅰ-Ⅰ剖面
Ⅳ
a)
1/2 Ⅰ-Ⅰ截面
1/2 Ⅱ-Ⅱ截面
12000/2=6000
12000/2=6000
b)
1/2 Ⅱ-Ⅱ截面
1:60
1/2Ⅳ-Ⅳ截面
1:60
Ⅵ
20×20mm 倒角
垂直中心线
c)

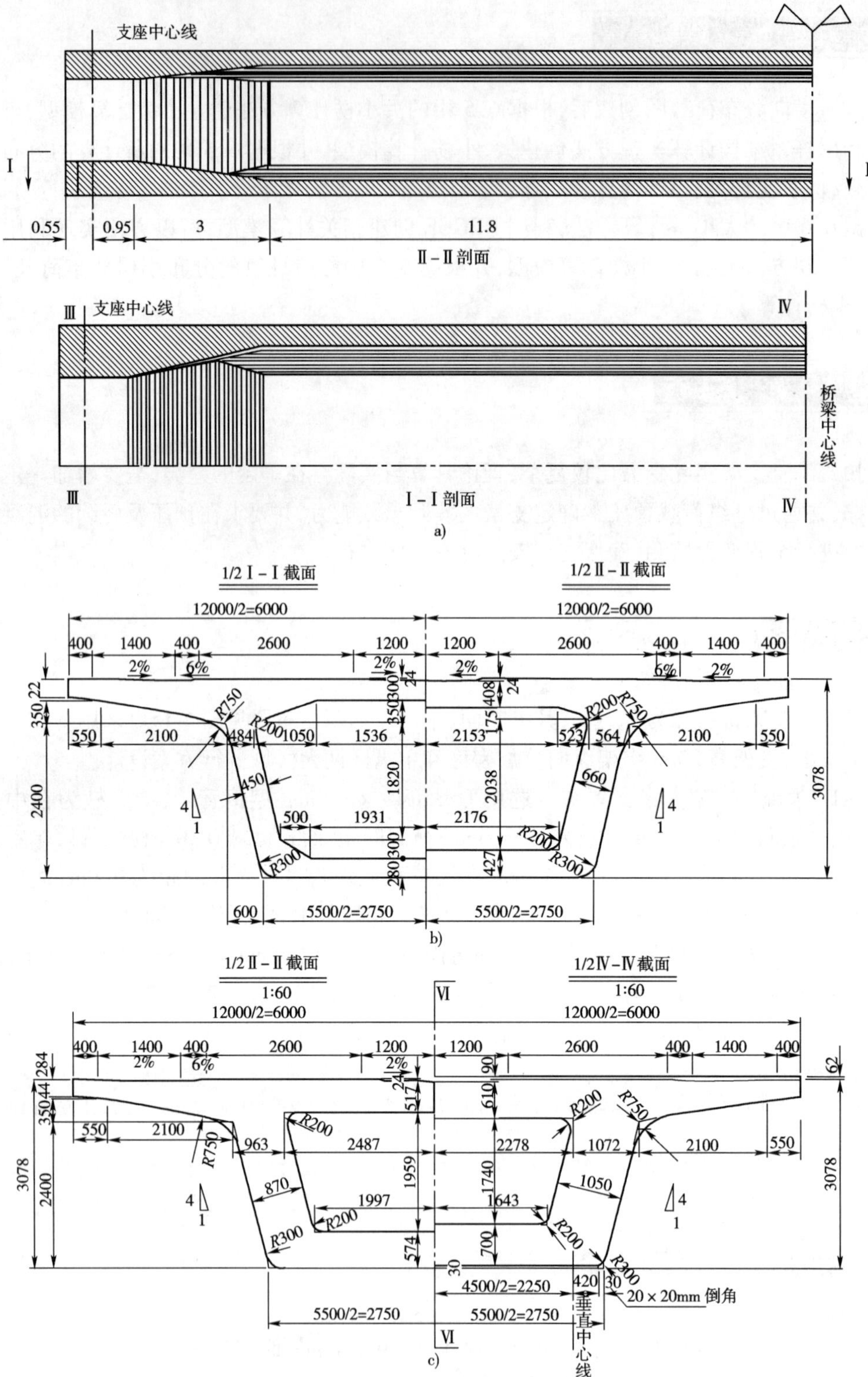

图 6-15 高铁简支梁图

6.13.2 加密区钢管支架稳定性计算

首先绘制加密区最不利箱形截面对象,然后对其进行区域分割,见图6-17;利用边界线对话框的专业功能,再利用集中荷载的对话框,根据立杆的横向分布间距和每一区域的立杆数量,可以得到每一区域的立杆所受的集中荷载,见图6-18。

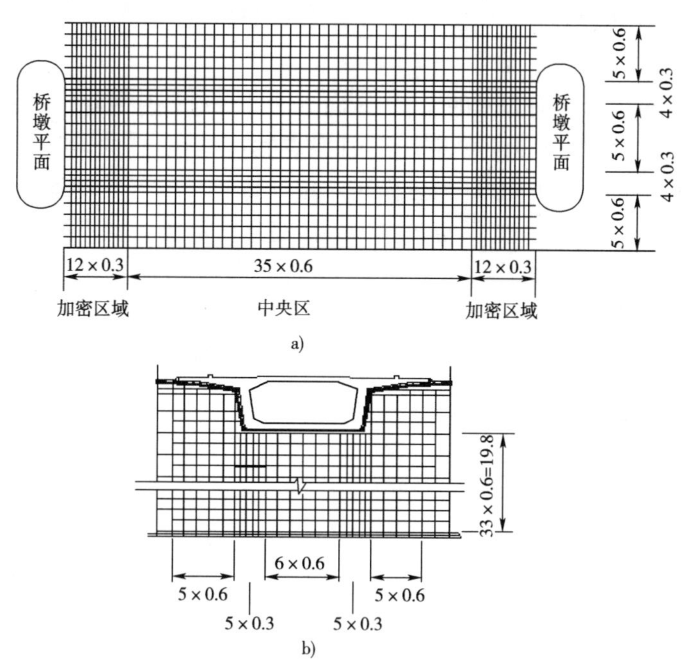

图6-16　满堂支架方案布置图(尺寸单位:m)

a)支架布置平面图;b)支架横断面布置图

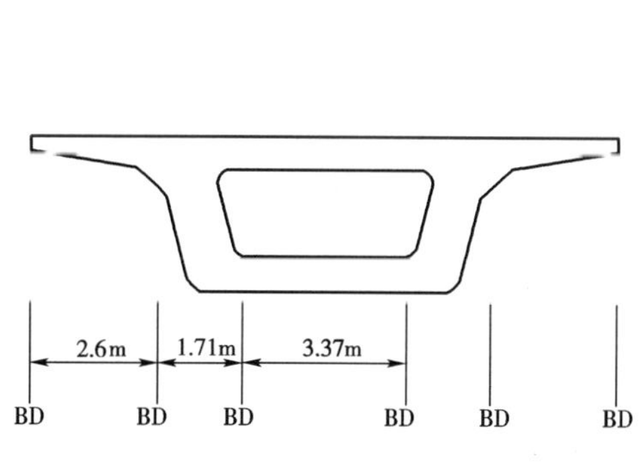

图6-17　加密区箱形截面区域分割图

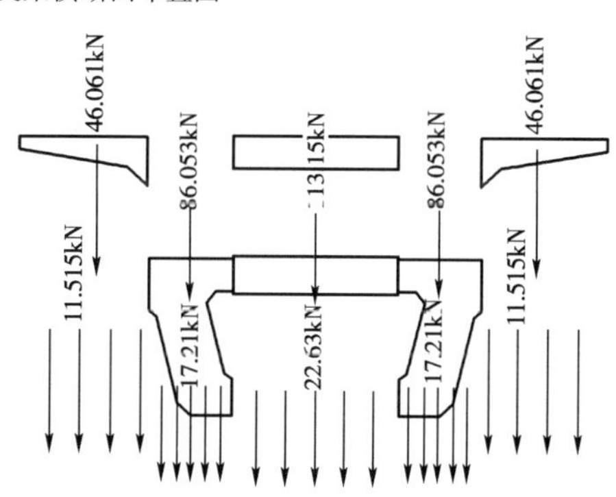

图6-18　区域组合荷载与立杆轴力

由上述各个区域立杆受荷载大小,可知。

(1)腹板区杆件轴力为:17.2kN < [N] = 40kN。

(2)箱室区杆件轴力为:22.6kN < [N] = 40kN。

(3)翼缘区杆件轴力为:11.5kN < [N] = 40kN。

可见,碗扣钢管支架轴向受力满足支架稳定性要求。

6.13.3 加密区方木计算方法

纵向方木采用15cm×15cm，其材料特性如下。

(1)弹性模量 $E=1.0\times10^5$MPa。

(2)容许弯曲应力：$[\sigma]=13$MPa。

(3)截面面积：$A=0.0225\text{m}^2$。

(4)惯性矩：$I_y=4.219\times10^{-5}\text{m}^4$。

本工程纵向方木布置于横向方木的上层，纵向方木计算应该分翼缘区、腹板区和箱室区三个区域分别计算。为此，需要先要计算各个区域的纵向方木所受到的等效均布荷载。因各个区域的纵向方木的间距布置的不同，利用分界线对象计算相应的区域的均布荷载计算需要用到纵向方木间距，如腹板区方木纵向间距为0.3m，而箱室区和翼缘区需要采用0.6m间距，则按纵向方木为0.3m间距可创建的图6-19所示的区域均布荷载图，从中可以得知腹板区纵向方木所受到的均布荷载为，可以用来检算腹板区纵向方木。

因此，腹板区纵向方木的计算模型如图6-20所示，图6-21为方木计算的部分结果。

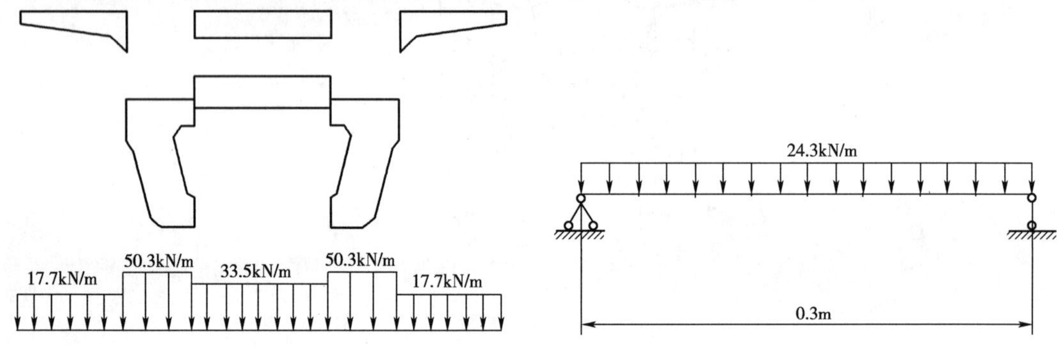

图6-19 方木间距为0.3m时的横向分布均布荷载

图6-20 纵向方木计算模型

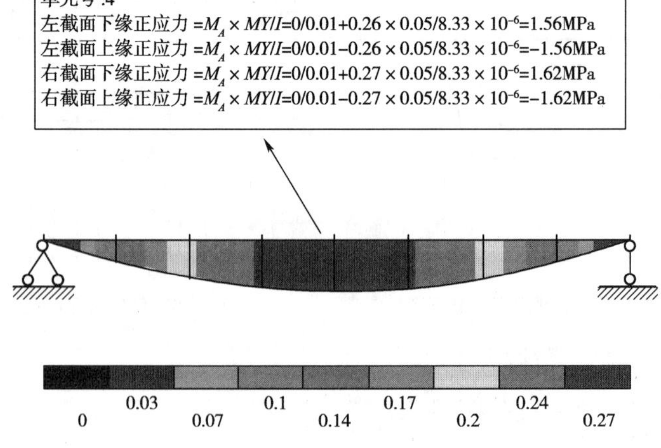

图6-21 纵向方木弯矩图

6.13.4 中央区钢管支架稳定性计算

如加密区立杆轴力计算过程一样，先创建中央区的截面对象，对其进行适当的区域分割，按纵向 0.6m 长计算分块区域的组合荷载及其作用于区域上的立杆轴力，计算结果如图 6-22 所示。

由此可见，各区域钢管所受轴向荷载如下。

(1)腹板区杆件轴力为：9.4kN < [N] = 40kN，满足立杆稳定性要求。

(2)箱室区杆件轴力为 9.6kN < [N] = 40kN，满足立杆稳定性计算要求。

(3)翼缘区杆件轴力为 8.9kN < [N] = 40kN，满足立杆稳定性计算要求。

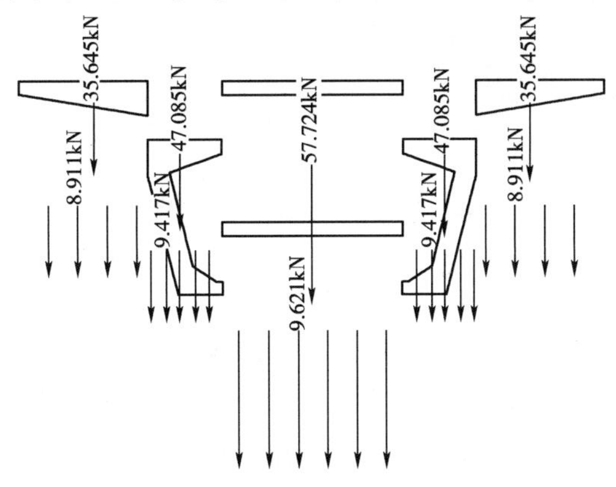

图 6-22　中央区立杆轴力图

6.13.5 立杆基础及基底计算

为偏于安全考虑，可将立杆区域的基础混凝土底面积按立杆下独立的混凝土区域 0.3m × 0.3m 计算，则基底的压应力如下。

(1)加密区：腹板区立杆，σ = 7900 ÷ 0.3 ÷ 0.3 = 87kPa < [σ] = 250kPa，满足地基强度要求。

(2)加密区：箱室区立杆，σ = 10000 ÷ 0.3 ÷ 0.3 = 111.1kPa < [σ] = 250kPa，满足地基强度要求。

(3)中央区：腹板区立杆，σ = 9400 ÷ 0.3 : 0.3 = 104.4kPa < [σ] = 250kPa，满足地基强度要求。

(4)中央区：箱室区立杆，σ = 9600 ÷ 0.3 ÷ 0.3 = 106.7kPa < [σ] = 250kPa，满足地基强度要求。

第7章 钢板桩支护结构的施工力学计算

钢板桩支护结构是桥梁基础围堰及其他基坑开挖支护的常用临时结构，具有易施工、可多次重复使用、成本较低等特点。钢板桩支护结构与材料类型众多，受力情况复杂多样，通常难以精确地得到其计算模型。工程上通常采用简化计算方法实现其力学计算，其计算过程可通过手算或计算机软件加以实现，解题过程具有一定的灵活性。本章主要针对桥梁基础围堰施工中广泛应用的钢板桩支护结构，分析其结构、受力特点，采用工程上被广泛采用的结构力学简化分析方法建立其图形流求解模型，并通过工程案例加以分析。

7.1 钢板桩支护结构与受力特点

钢板桩支护结构主要由钢板桩、围囹组成，其中，围囹主要是由导梁和水平支撑杆件组成的刚架结构，当钢板桩水平压力较小时，围囹可以仅由导梁组成，或者直接省去围囹，图7-1为

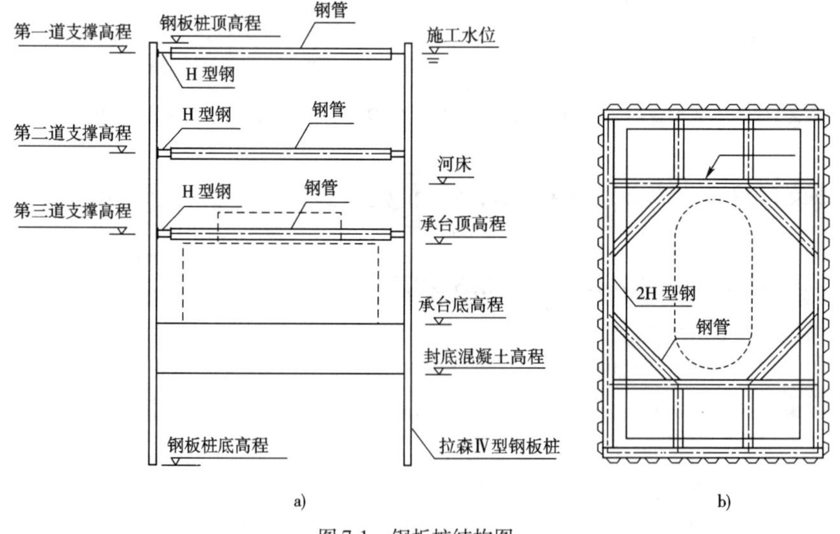

图7-1 钢板桩结构图

a）立面图；b）平面图

一部分用于桥梁基础施工的钢板桩支护结构图,该图可以反映出钢板桩的长度、入土深度、围囹层数及围囹结构的平面布置情况。

钢板桩断面形式有平形、槽形、Z 形和工型。常用的是具有槽形截面的拉森钢板桩,具有截面模量较大、能抵抗较大水压和土压力,而且插打方便的特点,表 7-1 给出了几种常用型号的拉森钢板桩的技术规格。

钢板桩型号与技术规格　　表 7-1

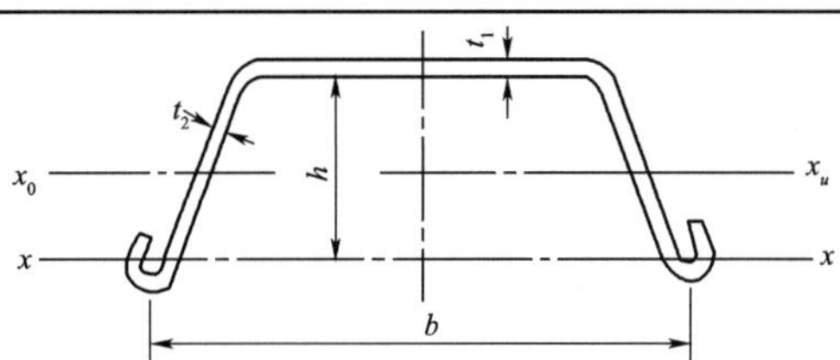

型　号	截面尺寸(mm)				每延米面积	每延米重量	每延米截面矩
	B	A	t_1	t_2	(cm^2)	(kg)	(cm^3)
拉森 II	400	100	10.5	—	61.18	48.0	874
拉森 III	400	145	13.0	8.5	198.00	60.0	1600
拉森 IV	400	155	15.5	11.0	236.00	74.0	2037
拉森 V	420	180	20.5	12.0	303.00	100.0	3000
拉森 VI	420	220	22.0	14.0	270.00	121.8	4200
鞍 IV	400	155	15.5	10.5	247.00	77.0	2040

注:1. 拉森型钢板桩长度有 12、18 和 30m 三种,根据需要可焊接接长。

2. 鞍 IV 型亦则拉森型。

在钢板桩支护结构设计中,因基础或基坑的深度及其平面几何形状的不同,需要设计出与它们相适应的围囹结构形式,图 7-2 显示了工程中采用的几种围囹结构形式。

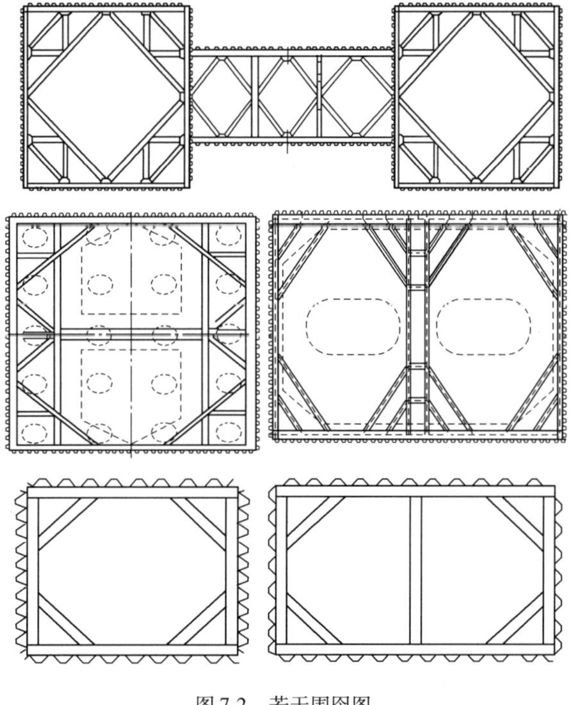

图 7-2　若干围囹图

钢板桩所受到的外侧土压力、水压力或动水压力作用，可以通过内侧的水平向外的支撑反力及基坑底部主动土压力与之达到静力平衡，具体计算时，可以将这一具有桩土联合作用的空间结构简化成钢板桩和围囹单独计算，它们之间通过反力相联系，即围囹所承受的荷载为钢板桩模型的支座反力，这样可实现钢板桩计算的简单化。

7.2 主要计算内容

钢板桩支护设计中的计算内容主要包括：

(1)钢板桩围囹层数布置和计算。

(2)钢板桩内力变形计算。

(3)钢板桩入土深度计算。

(4)钢板桩支护结构整体稳定性检算。

(5)基坑底部抗隆起计算。

7.3 主动和被动土压力计算

钢板桩计算的一个基础内容是土压力计算，其计算通常采用 W. J. M 郎金(Ran Kine)理论，相应的主动压力和被动土压力的计算公式如下。

主动土压力：

$$p_a = \gamma K_a Z - 2c\sqrt{K_a} \tag{7-1}$$

$$K_a = \tan^2\left(45° - \frac{\varphi}{2}\right)$$

被动土压力：

$$p_p = \gamma K\mathrm{p} Z + 2c\sqrt{K_p} \tag{7-2}$$

$$K_p = \tan^2\left(45° + \frac{\varphi}{2}\right)$$

式中：Z——计算压力点到土层顶面的距离，m；

φ——土层内摩擦角，°，根据试验确定，当无试验资料时，可参考 7-2 表数值选用；

c——土层的黏聚力，kN/m^2；

γ——土层重度，kN/m^3，地下水位以下时为浮重度；

K_a——主动土压力系数；

K_p——被动土压力系数。

土壤内摩擦角 φ 值参考数值 表 7-2

名称	粉砂土	细砂土	中砂土	粗砂土、砾砂土、砾石	碎石土	黏性土
内摩擦角 φ	15°~25°	20°~30°	25°~35°	30°~40°	40°~45°	10°~30°

当土层上面有均布荷载 q 时，可以将均布荷载换算成地表以上假想的当量土层，即等效的土层厚度：

$$h = \frac{q}{\gamma} \tag{7-3}$$

式中：γ ——土层重度，kN/m^3。

则相应的土压力为：

主动土压力 $p_a = \gamma K_a(Z+h) - 2c\sqrt{K_a}$ (kN/m^2)，见图7-3。

被动土压力 $p_p = \gamma K_p(Z+h) + 2c\sqrt{K_p}$ (kN/m^2)。

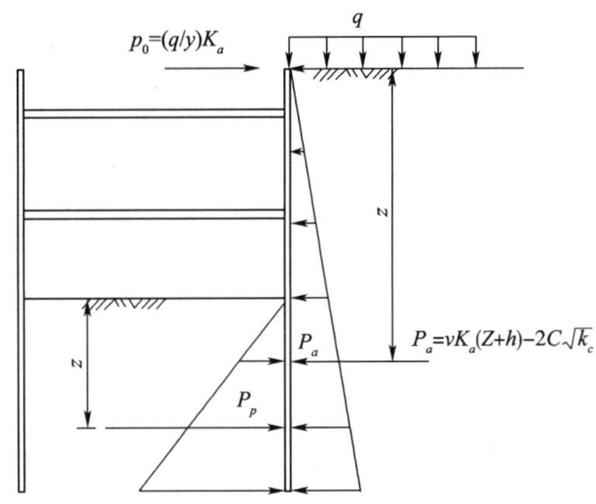

图7-3　土层表面有均布荷载的情况

对于钢板桩通常还需要考虑板桩墙与土层的摩擦作用，主动和被动土压力分别需要通过系数 K'、K 进行修正（表7-3），而为偏于安全计，主动土压力计算时不考虑折减。

钢板桩的拔动土压力修正系数　　表7-3

土的内摩擦角 φ	40°	35°	30°	25°	20°	15°	10°
K	2.3	2.00	1.80	1.70	1.60	1.40	1.20
K'	0.35	0.40	0.47	0.55	0.64	0.75	1.00

7.4 钢板桩内、外侧墙水平压力的计算方法

钢板桩在内、外侧墙上的水平压力需要综合考虑土压力及水压力的影响，除了土压力计算可按郎金土压力公式计算外，水平压力的数值计算还需要根据现场河流及河床地质条件采用不同的计算方法。图7-4列出了7种常见情况下钢板桩外侧墙土压力和水压力计算公式（未考虑土的黏聚力 c 的影响），图中，γ 为土重度，γ' 为土的浮重度，φ 为土的摩擦角，φ' 为透水土的摩擦角，K_a 为主动土压力系数。

钢板桩内侧墙仅在基底以下受水平的被动土压力和水压力。图7-5列出了钢板桩内侧墙水平力计算公式。

当土层中由多层土质构成时，则该土层参数可以按加权平均值计算土层参数。

$$\varphi = \frac{\sum h_i \varphi_i}{h} \tag{7-4}$$

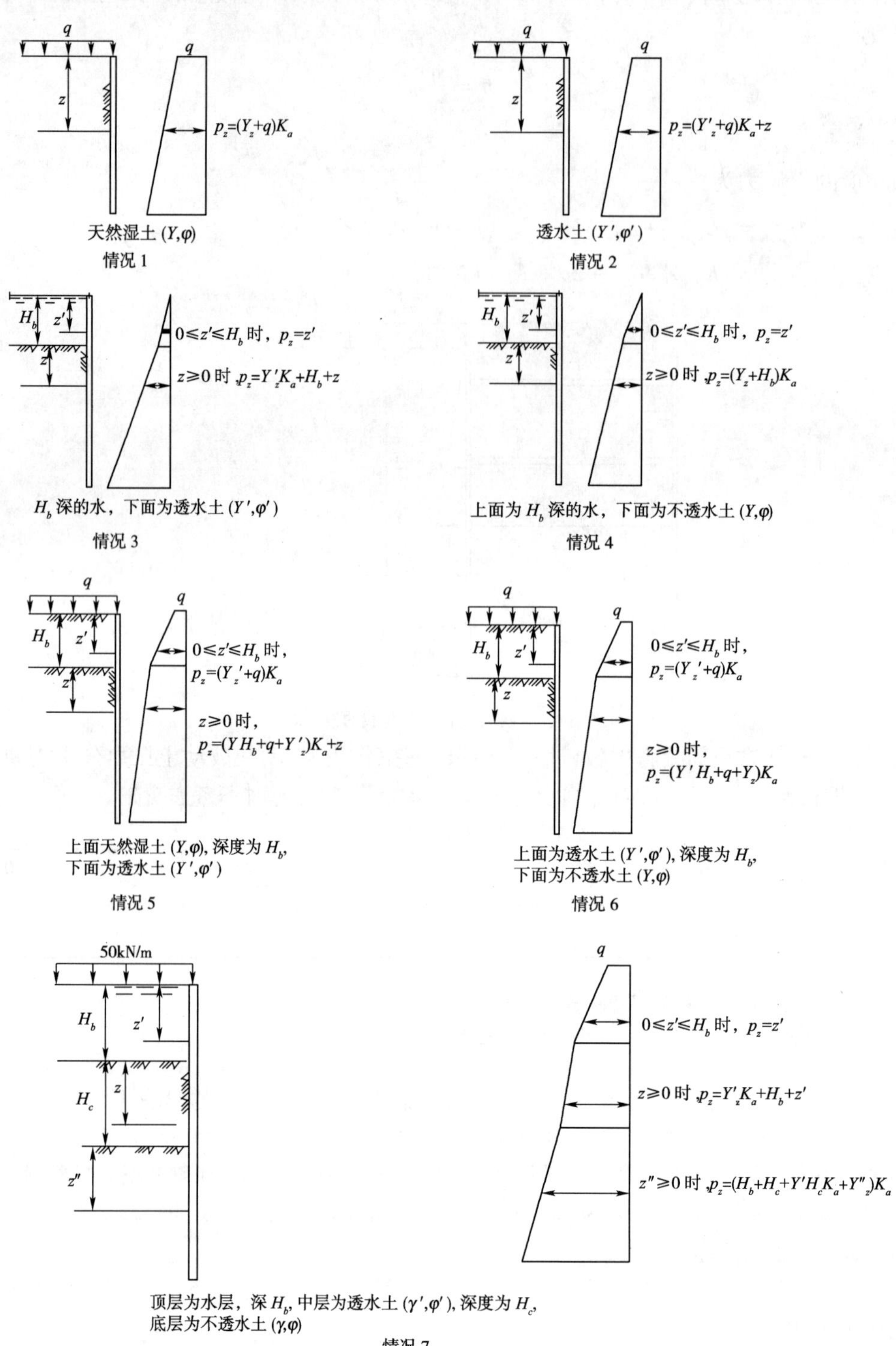

图 7-4　钢板桩外侧墙土压力和水压力计算公式

$$c = \frac{\sum h_i c_i}{h} \tag{7-5}$$

$$\gamma = \frac{\sum h_i \gamma_i}{h} \tag{7-6}$$

式中：φ_i——各土质层的摩擦角度；

c_i——各土层的内黏聚力；

γ_i——各土质层的重度；

h_i——各土质层的厚度；

h——总土层厚度。

当钢板桩还受有流动水作用时，还需要考虑动水压力水的影响。图7-6为动水压力强度计算公式，其中水面处动水压力强度为：

$$P = KA \times \frac{\gamma v^2}{2g} \tag{7-7}$$

式中：K——钢板桩的形状系数，取为2.0；

A——钢板桩单宽面积，m^2；

γ——水流速度，m/s；

g——重力加速度，m/s^2。

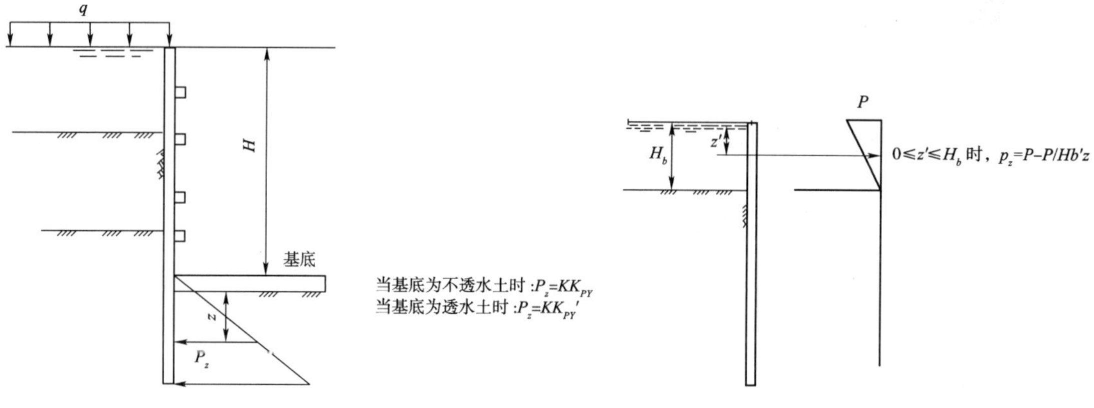

图7-5 钢板桩内侧墙水平力计算公式

图7-6 动水压力强度计算公式

7.5 等值梁模型

等值梁又称等效梁。当两根梁几何尺寸及截面尺寸完全相同，且所受外载及边界约束条件相同或者接近相等时，该两段梁即为等值梁。

在图7-7中，梁1在外载作用下，其在A点的弯矩及竖向位移接近为0，则该梁A截面以左的等值梁为图7-7b）显示的梁2，即对梁1在A截面以左部分的计算，可以转化在梁2上实现。

实际上，钢板桩受力复杂，桩土效应相互耦合，很难建立起其精确的力学模型。但是，根据钢板桩的受力特征,工程上通常可以采用等值梁法来实现钢板桩的近似计算,这也是一种偏于安全的计算方法。

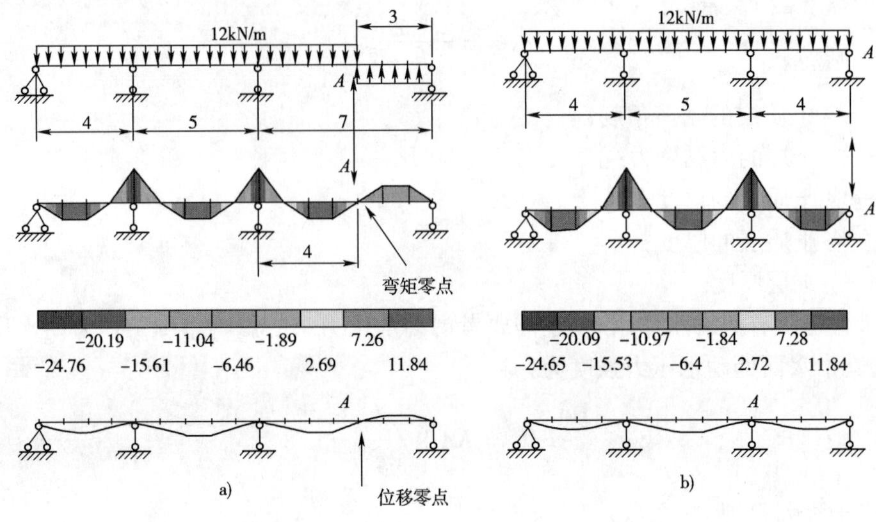

图 7-7 等值梁示例

a)梁 1;b)梁 2——等值梁

7.6 钢板桩计算模型

图 7-8 为一钢板桩计算模型分析图,图 7-8a)为简化的钢板桩立面图,图 7-8b)为钢板桩所受荷载与支座约束图,其上荷载为钢板桩内、外侧的水平压力,它们的总水平分布压力见图 7-8c),其上存在压力为零的点,简称压力零点 0。

可将钢板桩的压力零点近似地视为弯矩零点,且水平位移为零,则利用等值梁法可得到该钢板桩的两个等值梁,见图 7-8d)、图 7-8e)。利用杆件有限元法计算等值梁图 7-8d),可以计算出其内力、变形及支座反力,相应地,在弯矩零点处的支座反力等效于该截面剪力 Q_0。

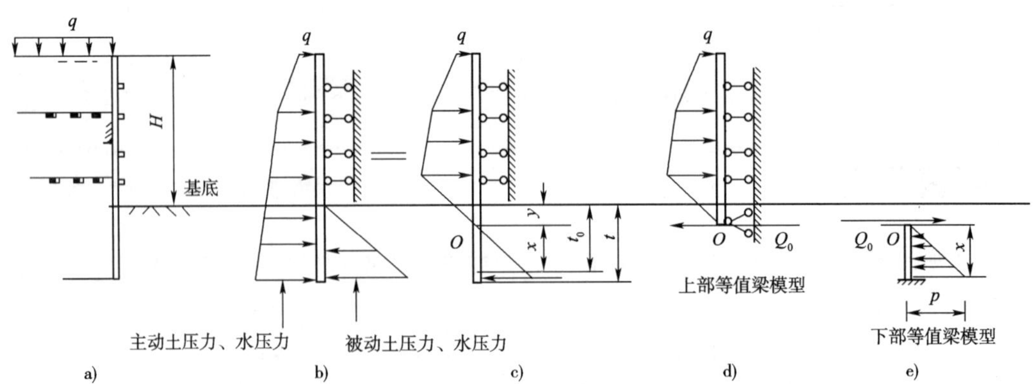

图 7-8 钢板桩所受荷载与支座约束图

7.7 钢板桩入土深度计算方法

钢板桩入土深度主要受两个因素的影响，一是竖向不产生管涌，二是基底土体横向不产生侧移。

1）不产生管涌的控制条件

基坑抽水后水头差为 h_1，入土深度为 x，最短的渗流途径为 h_1，不产生管涌的安全控制条件为：

$$Ki\gamma_w < \gamma_b \tag{7-8}$$

式中：$i = h_1 + 2 \times x$；

γ_w——水重度；

γ_b——土的浮重度。

2）基底土体横向不产生侧移的条件

利用等值梁图 7-6d）、图 7-6e）的计算结果，取桩底底端的力矩为零，可得钢板桩入土深度入土深度为：

$$t = (1.1 \sim 1.2)t_0, t_0 = x + y \tag{7-9}$$

$$x = \frac{6Q_0}{p} \tag{7-10}$$

式中：Q_0——钢板桩压力零点处的剪力，kN；

P——钢板桩底端所承受的总水平压力，kN/m^2。

一般取下限 1.1，当板桩后面为填土时，可取 1.2。

7.8 钢板桩桩顶最大允许跨度计算方法

钢板桩计算首先需要计算出桩顶悬臂部分的最大允许跨度 h，可按下式计算：

$$h = \sqrt{\frac{6[f]W}{\gamma K_a}} \tag{7-11}$$

式中：f——钢板桩的抗弯强度设计值，可取 200MPa；

W——钢板桩单位宽度的抗弯截面惯矩，m^3；

γ——桩背后土重度，kN/m^3。

7.9 围囹层间距布置

在计算出钢板桩桩顶悬臂部分的最大允许跨度 h 后，可按等弯矩法或按等反力法布置围囹间距。等弯矩法布置围囹层数和间距时，要求钢板桩在各围囹间的最大弯矩相等，则各围囹间距与钢板桩顶最大允许跨度 h 的关系见图 7-9。按等反力法布置围囹间距时,要求钢板桩对各围囹层的作用反力相等,相应的各围囹的间距与钢板桩顶最大允许跨度 h 的关系见图 7-10。

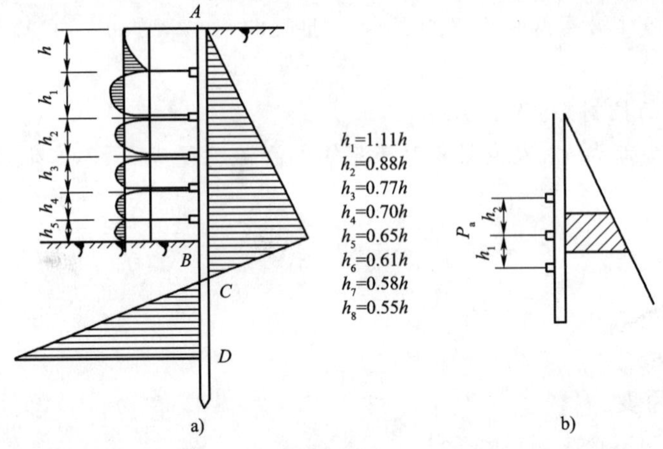

图 7-9 支撑的等弯矩布置

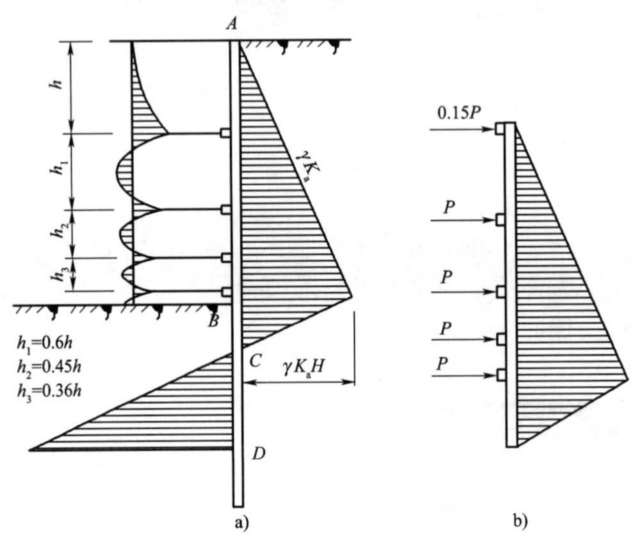

图 7-10 支撑的等反力布置

a) 支撑的等反力布置计算简图;b) 三角形荷载连续梁

7.10 基底抗倾覆稳定性计算

抗倾覆稳定性又称踢脚稳定性,是验算最下道支撑以下的主动、被动土压力绕支撑点的转动力矩是否平衡,按下式计算:

$$K_Q = \frac{M_{RC}}{M_{OC}} \tag{7-12}$$

式中:K_Q——抗倾覆安全系数,根据基坑重要性取值;

M_{RC}——抗倾覆力矩,取开挖面以下钢板桩内侧入土深度范围内的被土压力,对最下一层支撑点的力矩；

M_{OC}——倾覆力矩，取最底层围囹以下的钢板桩外侧入土深度范围的主动土压力，对最下一层支撑点的力矩。

7.11 基坑底部抗隆起计算

基底抗隆起稳定性验算方法很多，本书采用“同时考虑 c、φ 抗隆起稳定性验算法”。基底抗隆起稳定性分析可采用以下公式求抗隆起安全系数：

$$K_s = \frac{\gamma_2 T N_q + c N_c}{\gamma_1 (H + t) + q} \tag{7-13}$$

$$N_q = e^{\pi \tan\varphi} \tan^2\left(45° + \frac{\varphi}{2}\right) \tag{7-14}$$

$$N_c = \frac{(N_q - 1)}{\tan\varphi} \tag{7-15}$$

式中：γ_1、γ_2——坑内、外土层的重度加权平均值，取18kN/m³；

c——桩底处地基土黏聚力，kN/m²；

q——坑外地面荷载；

H——基坑开挖深度；

t——钢板桩入土深度；

N_q、N_c——地基承载力系数；

φ——桩底处地基土内摩擦角；

K_s——抗隆起安全系数，根据基坑重要性取值，可取1.7。

7.12 围囹计算方法

围囹本质上是个框架结构，其所受的外载作用于围囹导梁上的均布荷载 q，其数值为钢板桩等值梁计算模型的支座反力。因钢板桩等值梁计算模型中各支座反力是不同的，因此，各道围囹所受的均布荷载 q 也不相同，因此，围囹的设计需要针对各道围囹分别设计并进行相应的力学计算，这样才能得到一个优化了的钢板桩围堰设计方案。

可以采用平面杆件有限元法计算围囹结构，见图7-11。

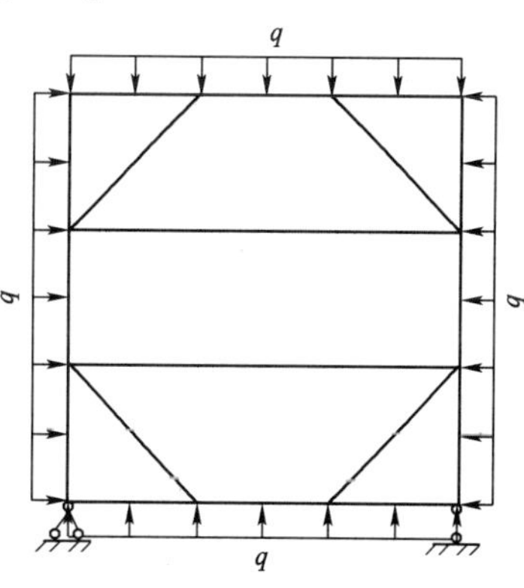

图7-11　围囹计算模型图

7.13 钢板桩计算的实现方法

RBCCE 实现钢板桩计算所涉及的功能图形对象主要包括钢板桩对象、用于平面杆件有限元计算及荷载静力平衡计算的一些基础功能图形对象。其中，钢板桩对象为一种钢板桩符号对象，具有钢板桩计算的一些工程参数，通过该对象的创建和操作实现钢板桩计算的一些主要功能。为实现计算的规范性,RBCCE 计算钢板桩内侧的水平压力计算时,仅考虑土压力的影响,当基坑内有水压力时,需要将钢板桩外侧的水平力扣去钢板桩内侧的水压力影响。

钢板桩对象的创建方法是强制转化法。仅需在图形窗口中绘制任意一条直线段,选中该对象,单击强制转化按钮,系统弹出"强制转化"对话框,单击"钢板桩对象"按钮➡,该直线段将自动转化为一初始的钢板桩对象,见图 7-12a)。打开其对话框,在"基本参数"页面上(图 7-13),需要输入的参数主要包括:

(1)钢板桩上单位宽度的外侧水平压力分布表:该参数需要根据钢板桩所受的外侧水平压力分段输入,其中基坑点位需要设置为一个分段点。

(2)围囹间距:从桩顶算起的各个围囹层之间的间距,其中第一个参数为最上层围囹到桩顶之间的距离。

(3)钢板桩类型。

(4)钢板桩入土深度。

(5)基坑深度。

(6)基坑宽度:该数据只影响钢板桩对象的宽度,对钢板桩受力无直接影响。

(7)基底土层内摩擦角、土重度及内黏聚力等。

输入参数后,单击"确定"按钮,即可以得到布置有水平侧压力分布荷载的钢板桩对象;当勾选了"主动土压力与被动土压力叠加后图形"选项后,可以得到如图 7-12b)所示的带有综合的水平荷载分布的钢板桩图,否则得到如图 7-12c)所示的图形。

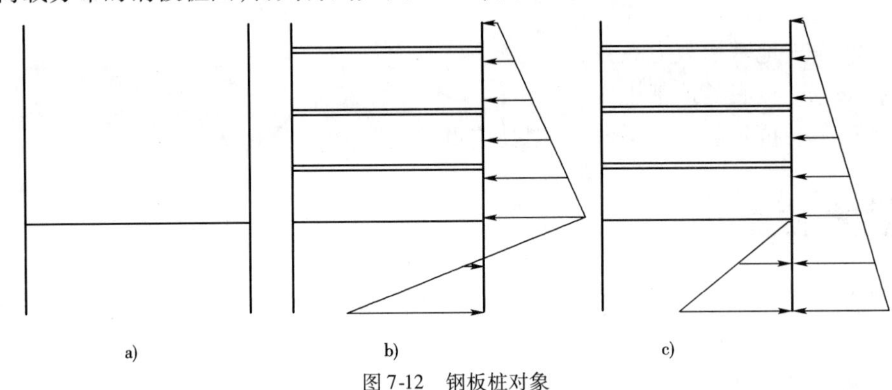

图 7-12 钢板桩对象

a)初始的钢板桩对象;b)带有综合的水平荷载分布的钢板桩图;c)分离的内、外侧水平荷载的钢板桩图

当钢板桩所受的水平压力属于 7.4 中所介绍的 7 种情况之一,可以在钢板桩对象的"水平压力"页面上(图 7-14),选择相应的水平压力情况,输入相关压力计算参数,单击"水平压力计算"按钮,可以得到水平压力计算的 WORD 文档,并在"基本参数"页面上自动生成钢板桩外侧墙的水平压力分布表。

当要采用等弯矩法或等反力法布置围囹层数和间距时,可在"钢板桩"对话框的"功能"页面的"桩顶最大跨度和围囹布置"组合框中(图 7-15),输入钢板桩墙背土重度及摩擦角,单选"等弯矩布置"或"等反力布置"选项,单击"计算结果"按钮,即可得到钢板桩桩顶最大跨度的 WORD 计算文档,同时也可以自动生成钢板桩对象"基本参数"页面上的围囹间距表;参考该表数据,并根据钢板桩基坑的实际情况适当修改围囹间距,并进行钢板桩力计算,可以得到满足现场情况又符合钢板桩受力特点的围囹间距表。

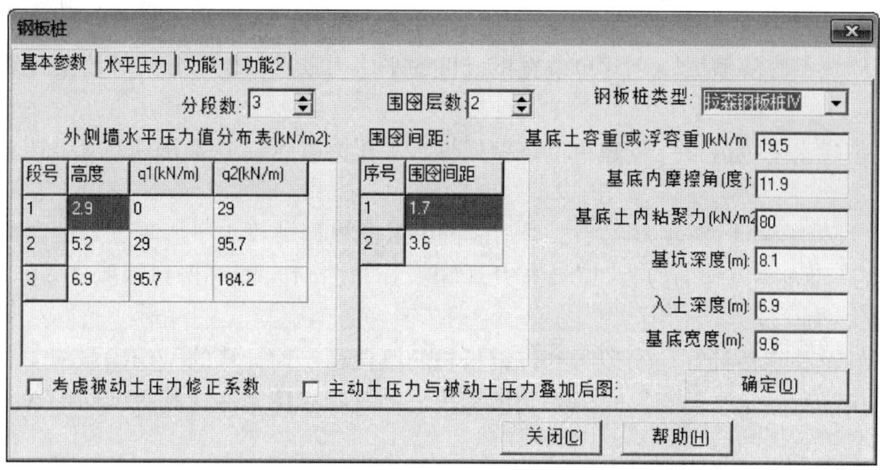

图 7-13　“钢板桩”对话框的“基本参数”页面

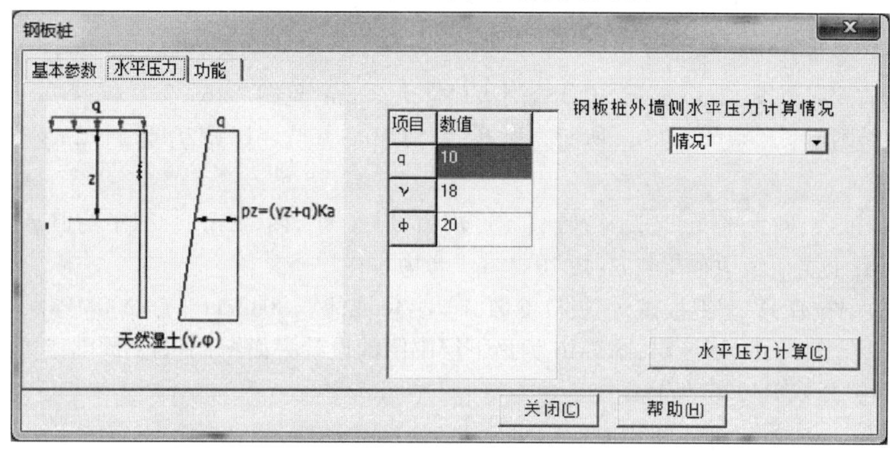

图 7-14　“钢板桩”对话框的“水平压力”页面

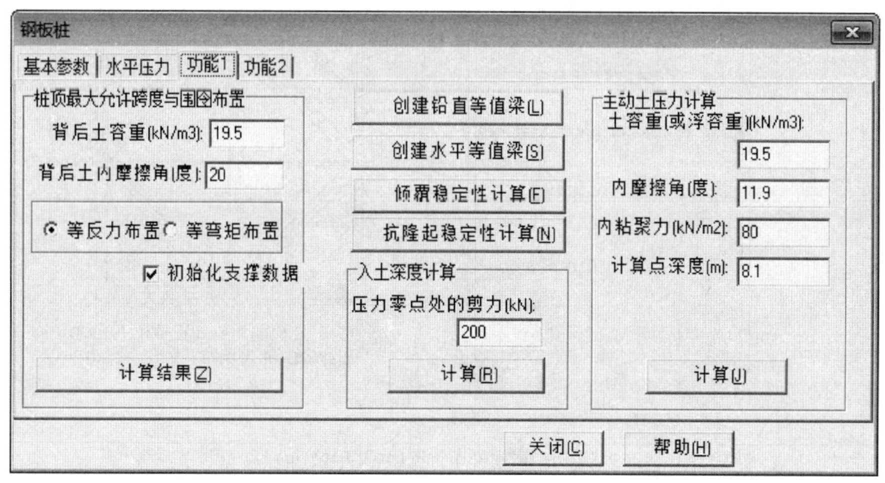

图 7-15　“钢板桩”对话框的“功能”页面

“钢板桩”对话框的“功能 1”页面上的按钮功能如下。

(1)“创建铅直等值梁”:创建单位宽钢板桩水平压力零点以上部分的等值梁计算模型,铅直布置。

(2)“创建水平等值梁”:创建单位宽钢板桩水平压力零点以上部分的等值梁计算模型,水平布置。

对于“入土深度计算”项。先要根据钢板桩等值梁模型计算水平压零点处的剪力,并输入到该页面的“压力零点处的剪力”编辑框中,单击“计算”按钮,即可得到钢板桩入土深度计算的 WORD 文档。

(3)“倾覆稳定性计算”:可以得到该钢板桩的倾覆稳定性计算的 WORD 文档。

(4)“抗隆起稳定性计算”:可以得到该钢板桩的抗隆起稳定性计算的 WORD 文档。

7.14 工程算例

1)钢板桩设计方案

钢板桩围堰范围 12m×12m,比承台周边尺寸大 1.5m,见图 7-16。

(1)桩顶高程 H_1 为 81.43m,地面高程 H_0 为 81.4m;基坑底标高 H_3 为 71.2m;开挖深度 H 为 10.2m。

(2)基坑内、外土重度加权平均值 γ_1 、γ_2 均为 18kN/m^3;内摩擦角加权平均值 $\varphi=20°$,内黏聚力为 0;土层顶面均布荷载 q:按 10kN/m^2 考虑。

(3)采用拉森 IV 型钢板桩,钢板桩参数 $A=243\text{cm}^2$,$W=2043\text{cm}^3$,$f=200\text{MPa}$。

(4)围囹分上、中、下三层,图 7-16 为最下层围囹的设计平面图,围囹四周圈梁为双 H550b 型钢,中间斜撑双 H400b 型钢。

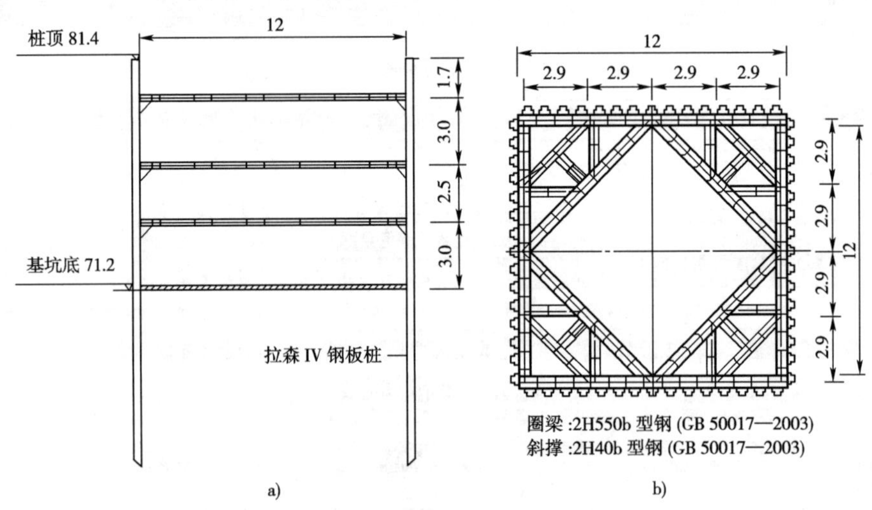

图 7-16 钢板桩布置图(尺寸单位:m)

a)立面图;b)平面图

2)作用在钢板桩上的土压力系数

初选桩长 $L=15\text{m}$,入土深度为 $Z=4.8\text{m}$,钢板桩仅受土压力作用。

主动土压力系数:

$$K_a = \tan^2\left(45° - \frac{20°}{2}\right) = 0.49$$

被动土压力系数:

$$K_{pi} = \tan^2\left(45° + \frac{20°}{2}\right) = 2.04$$

等效土层厚度:

$$h = \frac{q}{\gamma} = \frac{10}{18} = 0.556\text{m}$$

钢板桩桩顶的主动土压力:

$$P_{a0} = \lambda K_a h = 18 \times 0.49 \times 0.556 = 4.9\text{kN/m}^2$$

钢板桩在基坑底位置的主动土压力:

$$P_a = \gamma K_a (H + h) = 18 \times 0.49 \times (10.2 + 0.556) = 94.9\text{kN/m}^2$$

钢板桩桩底的主动土压力:

$$P_a = \gamma K_a (L + h) = 18 \times 0.49 \times (15 + 0.556) = 137.2\text{kN/m}^2$$

钢板桩桩底的被动土压力(考虑被动土压力系数 $K=1.6$):

$$P_a = \gamma K K_p Z = 18 \times 1.6 \times 2.04 \times 4.8 = 282\text{kN/m}^2$$

则钢板桩所受的水平单位宽的水平荷载分布见图7-17。

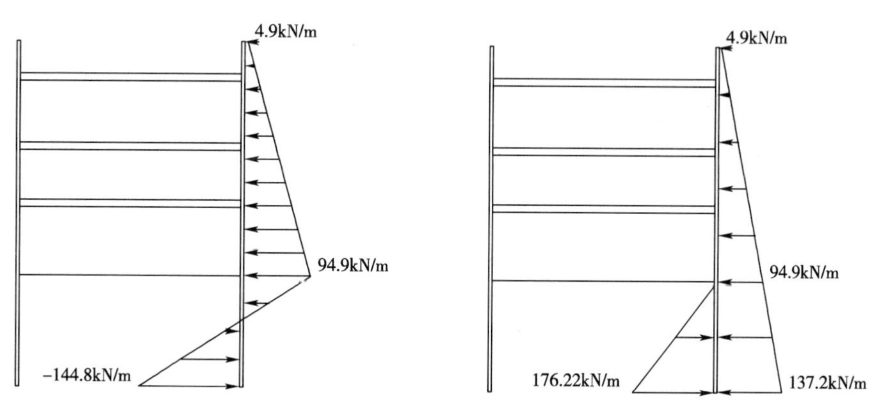

图7-17 钢板桩受水平分布荷载图

a)水平压力合成前情况;b)水平压力合成后情况

3)利用等值梁计算钢板桩

等值梁模型如图7-18所示。

钢板桩部分计算结果如图7-19所示。

结论：

(1)钢板桩的最大应力 $\sigma_{max}=57\text{MPa}<f=200\text{MPa}$，满足强度要求。

(2)刚度 $w=6/4900=1/817<[w]=1/400$，满足刚度要求。

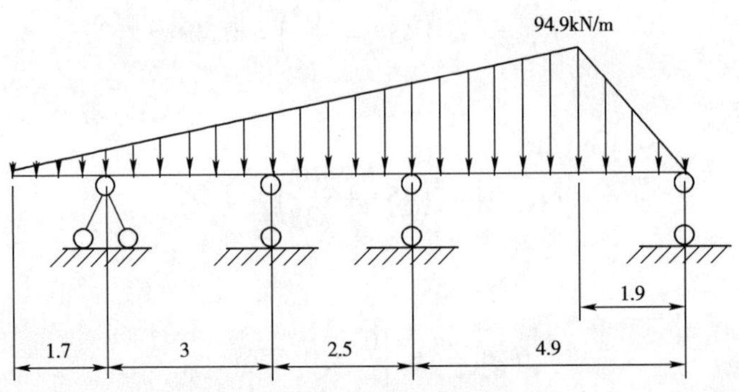

图 7-18 钢板桩等值梁模型

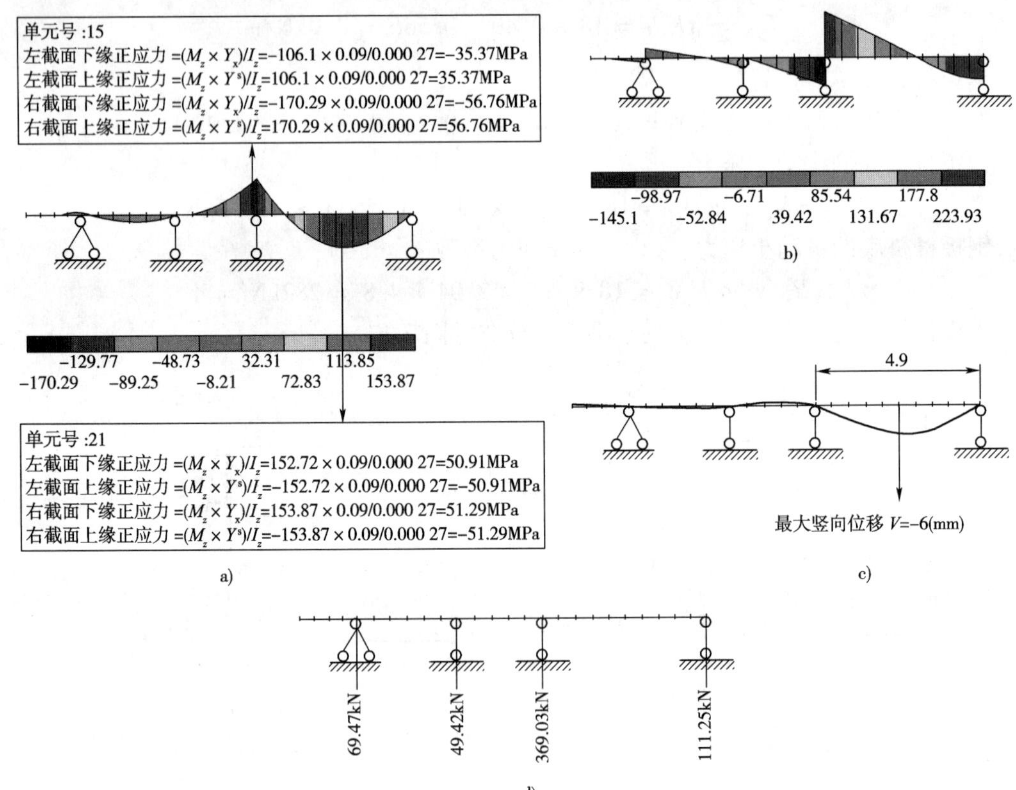

图 7-19 钢板桩部分计算结果

a)弯矩图和截面正应力；b)剪力图；c)变形图；d)支座反力图

4)入土深度与桩长计算

由 $P_0=111.3\text{kN}$，土体重度 $\gamma=18\text{kN/m}^3$，主动土压力系数 $K_a=0.49$，被动土压力系数

$K_p=2.04$，可计算钢板桩的入土深度：

$$t_0=1.1(y+x)$$

$$y=3.4\text{m}$$

$$x=\sqrt{\frac{6P_0}{\gamma(K\cdot K_p-K_a)}}=\sqrt{\frac{6\times111.3}{18\times(1.6\times2.04-0.49)}}=3.7\text{m}$$

$$t_0=1.1\times(1.9+3.7)=6.2\text{m}$$

桩长 $L=10.2+6.2=16.4\text{m}$，可选钢板桩长 18m。

5）抗倾覆稳定性分析

当钢板桩桩长为 18m 时，钢板桩桩底的主动土压力：

$$P_a=\gamma K_a(L+h)=18\times0.49\times(18+0.556)=163.7\text{kN/m}^2$$

钢板桩桩底的被动土压力（考虑被动土压力系数 $K=1.6$）：

$$P_a=\gamma KK_pZ=18\times1.6\times2.04\times7.8=458.3\text{kN/m}^2$$

图 7-20 为考虑被动土压力修正系数的钢板桩所受水平荷载分布图，相应的最下一层围囹的分布荷载情况见图 7-21。

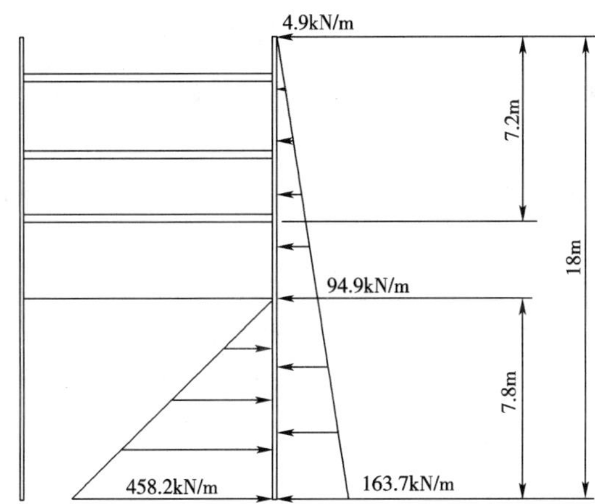

图 7-20　考虑被动土压力修正系数的钢板桩所受水平荷载分布图

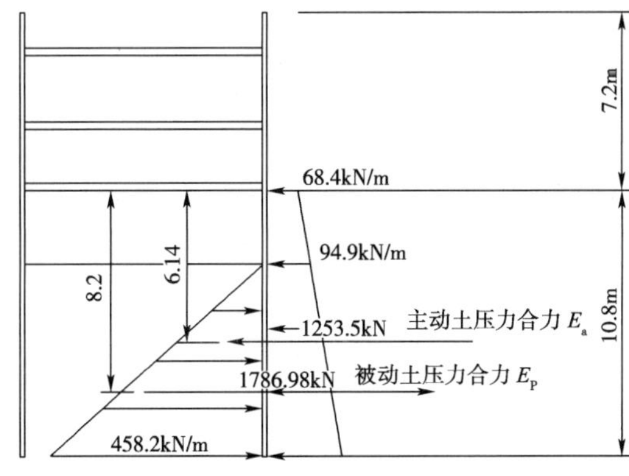

图 7-21　钢板桩最下一层围囹以下所受水平水平荷载分布图

钢板桩好抗倾覆稳定系数为:

$K_Q=(1787\times8.2)/(1253.5\times6.14)=1.9$;则满足抗倾覆稳定性要求。

6)基坑底部隆起验算

由于 γ_1 、γ_2 表示坑内、外土层的重度加权平均值,取 18kN/m^3;

c 表示桩底处地基土黏聚力,为 0;

q 表示坑外地面荷载,取 10kN/m^2;

H 表示基坑开挖深度,取 10.2m;

t 表示钢板桩入土深度,取 7.8m;

φ 表示桩底处地基土内摩擦角,取 18°

K_s 表示抗隆起安全系数,根据基坑重要性取值,取值为 1.7。

$$N_q=e^{\pi\tan\varphi}\tan^2\left(45^\circ+\frac{\varphi}{2}\right)=5.26$$

$$N_c=\frac{(N_q-1)}{\tan\varphi}=13.10$$

$$K_s=\frac{r_2xN_q+cN_c}{r_1(H+x)+q}=\frac{18\times7.78\times5.26+0\times13.78}{18\times(10.22+7.78)+10}=2.20>1.7$$

即 18m 的拉森 IV 钢板桩打入深度 7.8m,基坑土不会发生隆起。

7)围囹检算

应该针对每一层围囹分别计算。本算例仅针对最下层围囹进行力学计算,围囹所受最不利均布荷载为 369kN/m,则围囹计算模型见图 7-22。

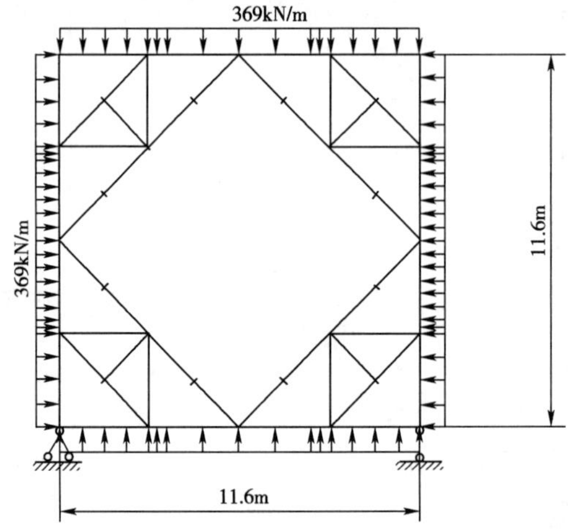

图 7-22 最下层围囹计算模型

部分计算结果见图 7-23。

结论:围囹最大正应力 $\sigma=92\text{MPa}<f=200\text{MPa}$,则满足强度要求。

单元号 :8
左截面下缘正应力 $=N_x/A+(M_z\times Y_x)/I_z$=−584.32/0.0395556+139.61 × 0.2/0.00115361=9.43MPa
左截面上缘正应力 $=N_x/A+(M_z\times Y_s)/I_z$=−584.32/0.0395556−139.61 × 0.2/0.00115361=−38.98MPa
右截面下缘正应力 $=N_x/A+(M_z\times Y_x)/I_z$=−584.32/0.0395556−319.84 × 0.2/0.00115361=−70.22MPa
右截面上缘正应力 $=N_x/A+(M_z\times Y_s)/I_z$=−584.32/0.0395556+319.84 × 0.2/0.00115361=40.68MPa

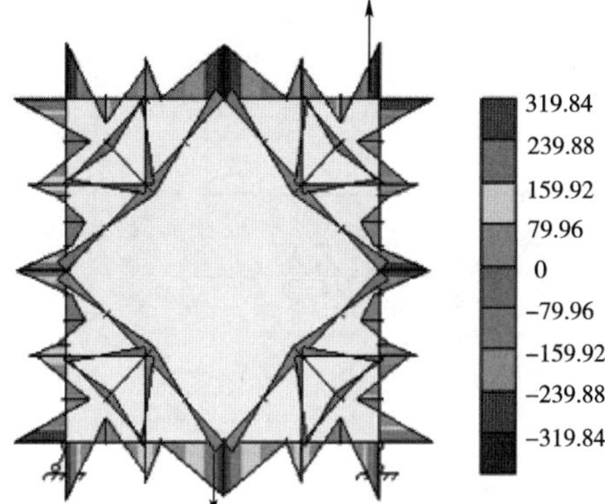

单元号 :12
左截面下缘正应力 $=N_x/A+(M_z\times Y_x)/I_z$=−1526/0.0395556−1.55 × 0.2/0.00115361=−38.85MPa
左截面上缘正应力 $=N_x/A+(M_z\times Y_s)/I_z$=−1526/0.0395556+1.55 × 0.2/0.00115361=−38.31MPa
右截面下缘正应力 $=N_x/A+(M_z\times Y_x)/I_z$=−1526/0.0395556+305.85 × 0.2/0.00115361=14.45MPa
右截面上缘正应力 $=N_x/A+(M_z\times Y_s)/I_z$=−1526/0.0395556−305.85 × 0.2/0.00115361=−91.6MPa

a)

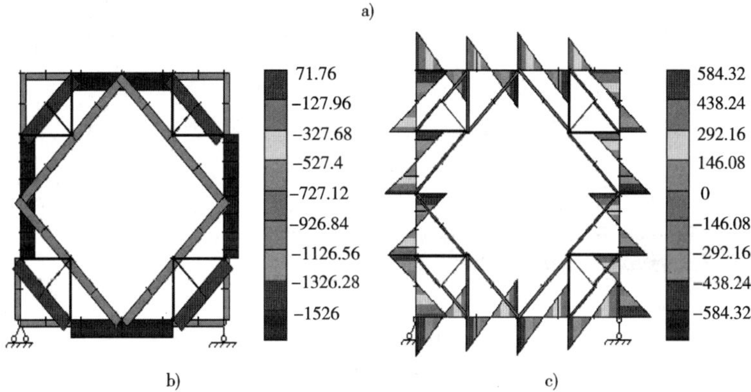

图 7-23　最下层围囹计算的部分结果

a）弯矩图和截面正应力；b）轴力图；c）剪力图

第8章

0号块托架力学计算

在预应力混凝土连续梁桥或刚构桥悬臂施工中,0号块施工是一道关键工序,其主要特点是浇筑的混凝土体积大,质量大,现场施工条件差,施工安全压力大,需要设计出既经济安全又施工方便的支架方案。因桥梁类型、现场施工技术条件的不同,可以设计出多种多样的0号块支架方案类型,其中托架方案是0号块施工支架方案中一种常用类型。本章以工程上常见的0号块托架方案为对象,介绍了0号块托架体系的结构特点、受力特点、力学模型的建立方法,以及借助RBCCE实现0号块托架的计算方法,并通过工程实例介绍了0号块托架的具体计算过程。

8.1 0号块托架方案的结构与受力特点

0号块托架方案的基本特点是:在墩身上架设型钢托架作为支撑平台,在支撑平台上架设纵向分配梁、横向分配梁、纵向方木、横向方木、模板等构件,以形成0号块混凝土施工的模板支撑体系。在具体方案设计上又会因现场施工技术条件、成本及进度要求等情况表现出丰富多样的特点,难以有统一的设计标准。

图8-1显示了四种工程上采用过的0号托架方案,其中,在图8-1a)所示的方案中,托架为纵向贝雷梁构件,贝雷梁上布设横向工字钢分配梁,横向分配梁上垫方木用于调整模板的坡度;在图8-1b)所示的方案中,桥墩为双薄壁墩,托架需要承担0号块悬臂段及两薄壁墩之间的新浇混凝土重量,托架体系中,桥墩横向设置三角型钢托架,其上布设纵向贝雷梁作为纵向托梁,在纵向贝雷梁上布设横向贝雷梁作为横向分配梁,在横向贝雷梁上架设纵向工字钢,再在纵向工字钢上铺设横向工字钢分配梁;在图8-1c)所示的方案中,纵向设置三角型钢托架,其上铺设横向工字钢作为横向分配梁,为主横向分配梁,横向分配梁上通过楔型支座架设型钢支架,再在型钢支架上铺设横向工字钢分配梁,为次横向分配梁,其上再铺设纵向方木和模板等;在图8-1d)所示的方案中,纵向三角型钢托架上铺设横向工字钢作为横向分配梁,其上铺设满堂碗扣支架。

图8-1a)、图8-1b)中，纵、横向分配梁采用了安装方便且可重复使用的贝雷梁制式构件作为满堂托架或横向分配梁的主要材料，是一种可有效节省施工成本的方案，但在托架的变形控制上容易存在问题；图8-1c)中，采用纵向型钢支架作为纵向次分配梁，施工简单方便，强度和刚度容易控制，但由于所有型钢材料通常为一次性使用，重复利用率差，不利于施工成本的控制；而图8-1d)中，是一种由型钢托架与满堂支架的联合应用方案，满堂支架的立杆支撑于横向工字钢分配梁上，在纵向通常等间距布置，而在梁段横截面方向，需要在腹板区域进行加密布置，该方案的优点是：既可充分利用了型钢托架的安装方便、变形容易控制，又可充分利用满堂支架容易安装拆卸、施工成本低、容易适应梁段变高等特点，因而在目前桥梁悬臂施工0号块托架施工中得到了广泛的应用。

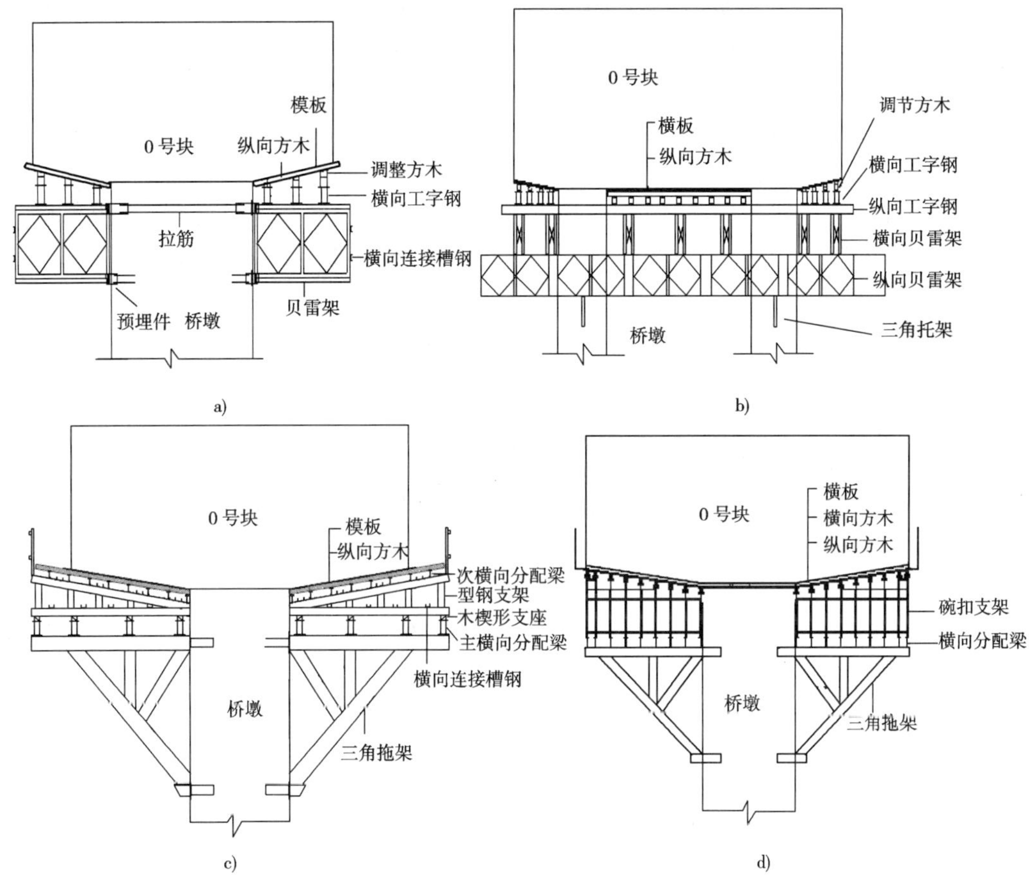

图8-1　几种托架方案示例

无论0号块托架方案如何变化，它们将具有相同或类似的结构和力学行为特征，具体表现在以下几个方面：

(1)所受荷载分恒载和活荷载两种类型，具体荷载类型与组合方法参见6.2节，组合荷载计算需要考虑箱梁截面横向不均匀荷载分布的影响。

(2)在考虑新浇钢筋混凝土重量这一分项荷载时，可将其变截面的悬臂梁段简化成等截面梁段计算，相应的截面尺寸可选择梁段中最不利截面尺寸；当这种简化与实际荷载相差较大时,可以将梁段分割成若干等截面梁段处理。

(3)托架体系中纵向分配梁、满堂支架部分的立杆及型钢托架等构件或部件需要根据箱形截面的横向不均匀荷载分布情况进行有差别布置,其中在荷载较大的腹板区要布置较密,其次是箱室区和翼缘区。

(4)合理的托架设计方案应尽可能使各片托架承受均衡的作用力,并能满足托架各构件强度、刚度及稳定性要求,托架方案设计时,通常需要反复调整托架的几何尺寸、型钢规格、总片数及托架的横向间距等参数,并通过多次的杆件有限元力学计算才能逼近满意的设计结果。

(5)0 号块托架体系主要受对称的恒载和活载作用,而对于施工过程中可能存在的偏载、风载等因素,由于难以精确地计算这些因素的结构力学效应,工程上可采用适当的构造措施或局部加强处理来克服这些因素的影响,如通过一定的横联或斜联杆件将纵向型钢托架连接成一个整体,横向分配梁与纵向托架焊接成整体,或者在受集中荷载的型钢处加肋板等。

(6)托架体系中各个组成构件之间的连接约束复杂,但模板、横向方木、纵向方木、横向分配梁、纵向分配梁、型钢托架、预埋件、连接件等构件间传力明确,可将托架体系分解成各组成构件或部件单独计算,一些构件或部件可以采用平面杆件有限元方法实现其力学计算,每一类构件或部件均有其自身的计算特征;整个托架体系计算是一个多结构协同综合计算过程,从荷载组合计算、到各个构件或部件的力学计算,彼此独立又相互影响,各个模型建立与过程计算需要充分反映这些计算特征。

8.2 荷载组合计算

如前所述,0 号块托架计算中荷载组合计算的一个重要特点是,需要考虑梁段横向的不均匀分布影响,具体计算实现时可将箱形截面进行横向区域分割,并按第六章介绍的荷载组合方法进行各区域组合计算。

图 8-2 为一箱形截面区域横向分割图,区域 i 的面积为 A_i,取梁段纵向长为 1m,相应的组合荷载为 G_i。若 n_i 为区域 i 下面于纵向分配梁或支架的片数,需要单片构件所承受的均布荷载 q_i,其数值为:$q_i = G_i / n_i$。

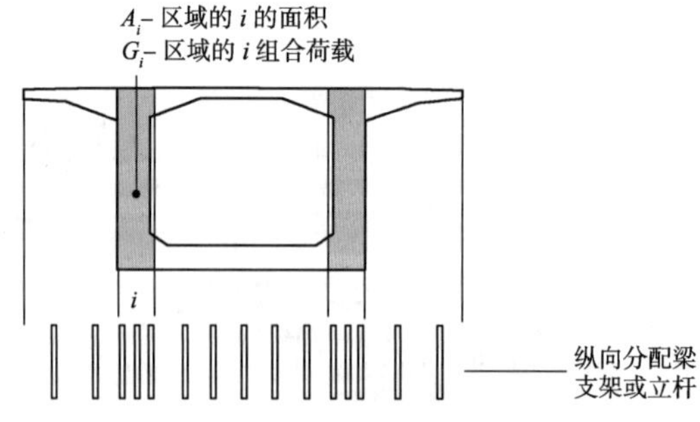

图 8-2 箱形截面区域横向分割图

当托架上采用满堂支架方案时,则需要计算出满堂支架的立杆的轴力,其数值为:

$$q_i = G_i \times \frac{L_z}{n_i} \tag{8-1}$$

式中：L_z——立杆的纵向间距；

n_i——区域 i 下面的横向一排立杆总数。

8.3 纵向分配梁计算模型

为便于描述，可将纵向分配梁或支架统称为纵向分配梁，它可以从托架体系中抽离出来并建立相应的杆件有限元计算模型进行计算，见图 8-3。该模型支座对应于横向分配梁对其支撑，可以是活动铰支座或固定铰支座，所受的均布荷载为箱形截面腹板区、箱室区及翼缘区所受的最不利的均布荷载 q_{max}。

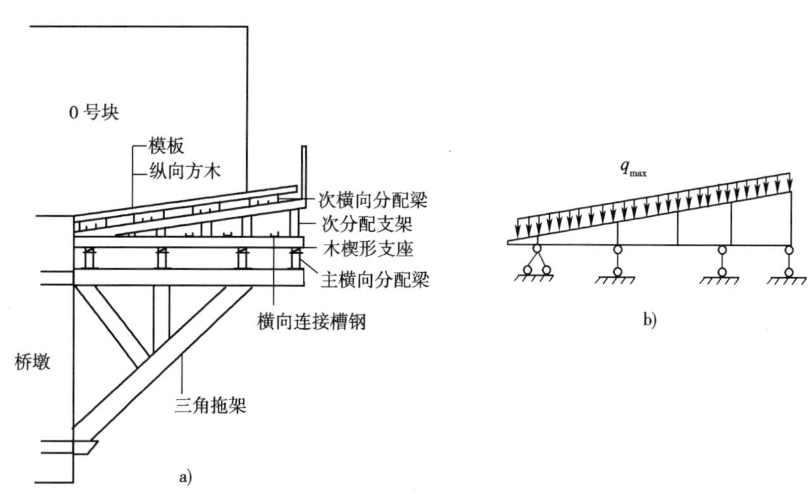

图 8-3 纵向分配梁及计算模型图

8.4 横向分配梁计算模型

横向分配梁所受到的荷载为集中力，对应于纵向分配梁的支座反力 R，其数值为：

$$P = \frac{q_i}{q_{max}} R_{max} \tag{8-2}$$

式中：q_i——区域 i 一根纵向分配梁所受到的均布荷载；

q_{max}——各区域所有纵向分配梁所受到的最大均布荷载；

R_{max}——最不利纵向分配梁所受到的最大支座反力。

对于型钢托架上采用满堂碗扣支架方案时，横向分配梁所受到的集中荷载为碗口支架中立杆的轴力。图 8-4 为一满堂型钢托架方案，图 8-4c）显示了托架中横向分配梁、立杆及托架的位置关系及相应的横向分配梁的连续梁有限元计算模型。显然，要表达连续梁模型的内力变化特点，需要在立杆、支座处将该连续梁有限模型设置成单元节点；所受荷载为翼缘区立杆轴力 P_1、腹板区立杆轴力 P_2 及箱室区立杆轴力 P_3，所得到的支座反力对应于分配梁对托架的作用力。

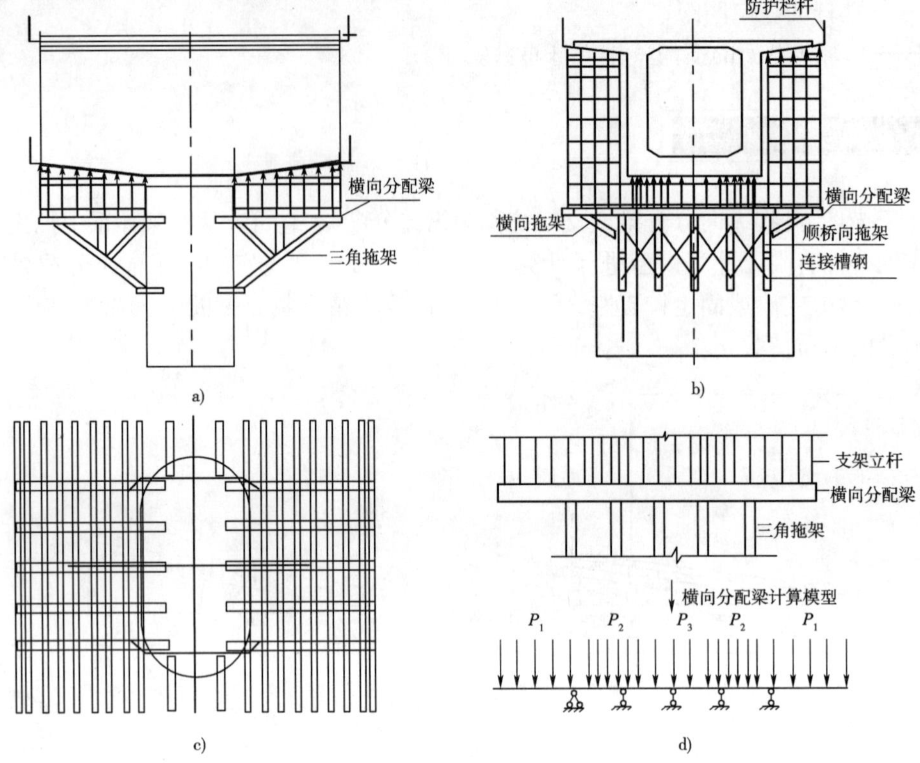

图 8-4　满堂型钢托架与横向分配梁计算模型

a)立面图;b)横断面图;c)平面图;d)横向分配梁计算模型

8.5 型钢托架的杆件有限元计算模型

可将托架简化为一平面杆件有限元模型进行其结构力学计算,各杆件间的连接方式需要根据实际情况设置为刚接或铰接,所受荷载为横向分配梁作用在托架上的支座反力,为简化计算,该反力可取所有横向分配梁所受的最大支座反力,见图 8-5。托架计算中,除了需要检算

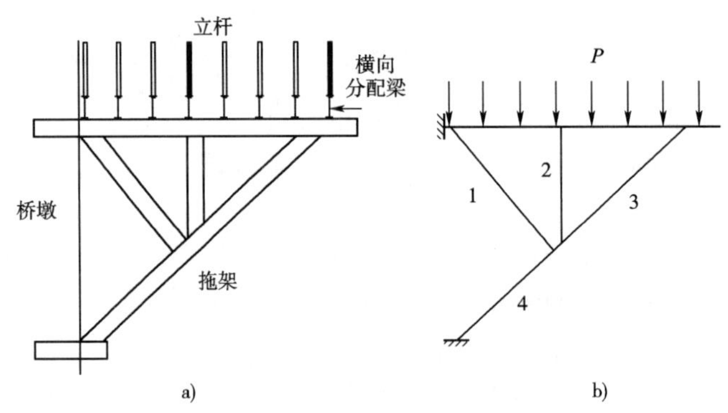

图 8-5　托架构造与计算模型

a)托架立面图;b)托架计算模型

各个杆件的强度要求外，还需要检算托架的稳定性要求。托架稳定性计算可以通过计算托架中各压弯杆件的稳定性来判断，图8-5中，2、3、4杆件为压弯杆件，可通过这些压弯杆件的稳定性计算来判断该托架结构的稳定性；另外，托架的最大竖向位移需也要控制在合理范围，在无规范规定的情况下，可参考已往工程经验进行刚度控制，建议控制在1cm以内为宜。

8.6 0号块托架的协同计算步骤

基于对0号块结构与受力特征及各构件计算模型特征的分析，RBCCE实现0号块托架体系的计算所涉及的功能图形对象主要包括：箱形截面、分界线、集中荷载、矩形截面、支座约束及杆件有限元等对象类型，创建、操作和推演这些功能图形对象可以得到需要的0号块托架的主要受力构件的力学计算结果。图8-6显示了一满堂支架式托架结构力学计算所涉及的若干功能图形对象。

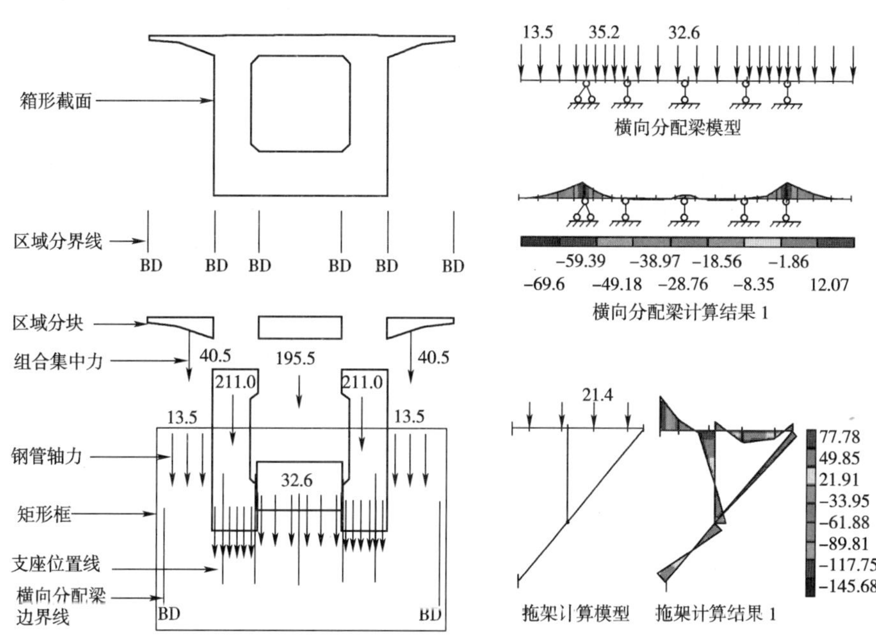

图8-6　满堂支架式托架所涉及的功能图形对象

对于常规的0号托架体系，可以按以下步骤进行其主要构件或部件的计算：

(1)创建0号块悬臂部分最大箱形截面对象。

(2)创建分界线对象对箱形截面进行横向区域分割。

(3)计算各分割区域的组合荷载集中力，并按区域内纵向分配梁、纵向分配支架或立杆等构件数量进行分解，计算各构件所受的均布荷载或轴力。

(4)创建横向分配梁连续梁计算模型，并进行力学计算。

(5)创建托架杆件有限元计算模型并进行力学计算，并对各压弯杆件进行稳定性检算。

对于第1、2、3步骤实现方法可参考第6章所介绍方法快速实现。对于第4步骤，又可通过以下操作方法实现：

(1)根据各纵向分配梁或立杆的横向布置位置,创建出相应的集中荷载,其数值对应于各纵向分配梁的最大支座反力或立杆轴力。

(2)采用区域分界线创建方法,绘制铅直的支座边界线(其位置对应于横向分配梁下的纵向托架)及横向分配梁的两端点边界线对象。

(3)绘制一个矩形对象,框选上述集中荷载及边界线。

(4)打开任意集中荷载对话框,在"创建连续梁模型"组合框中(图8-7),单击"连续梁模型"按钮,即可创建出横向分配梁的有限元计算模型,该模型将在集中荷载、支座自动设置为单元节点,并自动将集中荷载作用于单元节点上,见图8-8。

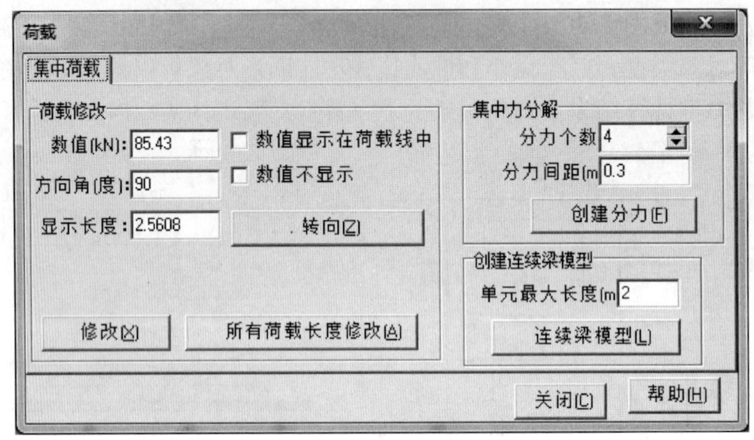

图8-7 "荷载"对话框的"集中荷载"页面

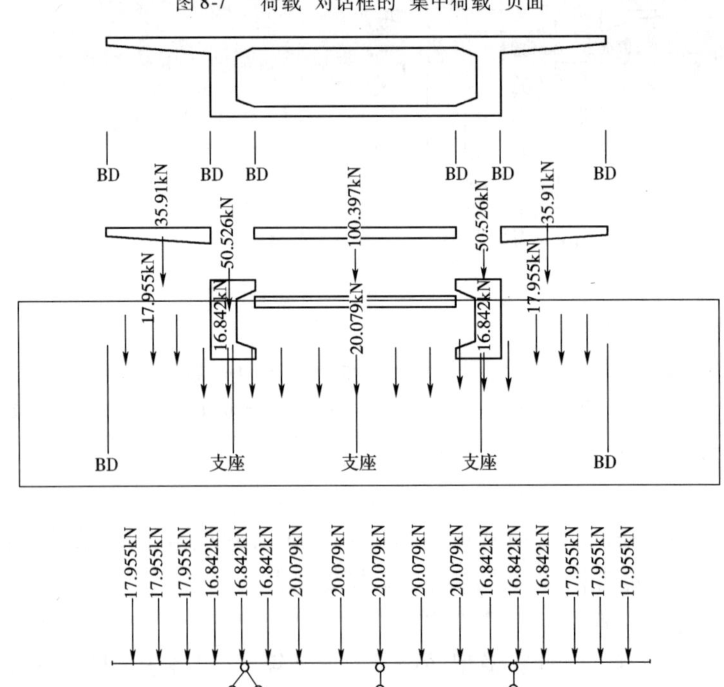

图8-8 横向分配梁连续梁计算模型创建示例

(5)利用单元选择器设置横向分配梁的单元截面特性后,即可进行连续梁的强度、刚度计算,并计算出连续梁支反力。

8.7 工程算例

8.7.1 0号块托架设计方案

某大桥为58m+93m+97m+58m连续刚构桥。1、2号桥墩0号块长度10.0m,悬臂长2.0m。箱梁顶宽12.4m,底宽为7.0m,与墩固结处梁高6.5m,见图8-9。

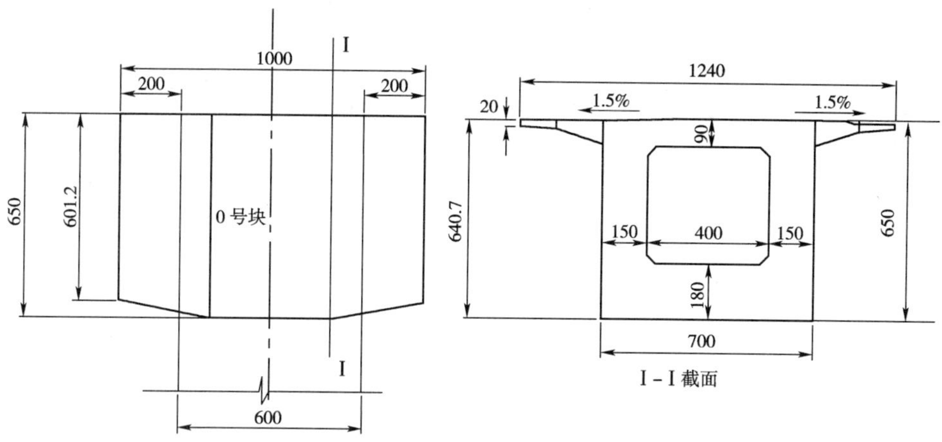

图8-9 1、2号墩0号块尺寸情况(尺寸单位:cm)

该桥0号块混凝土施工采用型钢托架加满堂支架方案,见图8-10,其基本特点是:纵向布置四片三角托架、横向布置两排三角托架;纵向三角托架上布置5道工字钢横向分配梁,横梁上箱室区与腹板区布置碗扣式钢管支架,支架上设横向和纵向方木,纵向方木上布置型钢底模,翼缘区采用挂篮外模,支撑于翼缘区三根纵梁上。需要计算的内容主要有:

(1)满堂支架稳定性检算。

(2)横向分配梁强度和刚度计算。

(3)三角托架强度、刚度和稳定性计算。

8.7.2 碗扣钢管支架的布置情况

碗扣式钢管支架的钢管规格为ϕ48mm×3.5mm;纵向布置5排立杆,立杆间距为0.5m;立杆横向布置18排,其中箱室区6排,间距0.6m,腹板区一侧6排,间距0.3m;支架横杆步距为0.6m。

8.7.3 立杆承载能力检算

将0号块悬臂部分按等截面梁段考虑,计算截面选为I-I截面(图8-9)。荷载取值情况如下:

(1)新浇混凝土重度26kN/m^3。

(2)人群、机具及混凝土振捣和冲击荷载按 4.5kN/m² 考虑。

(3)模板荷载,按外模 100kN,内模 60kN 考虑,总共 160kN,则模板荷载等效成桥面单位面积的分布荷载为:$160 \div 7 \div 12.4 = 1.8\ \text{kN/m}^2$。

(4)新浇混凝土及模板荷载组合系数为 1.2。

(5)人群、机具及混凝土振捣和冲击荷载的组合系数为 1.4。

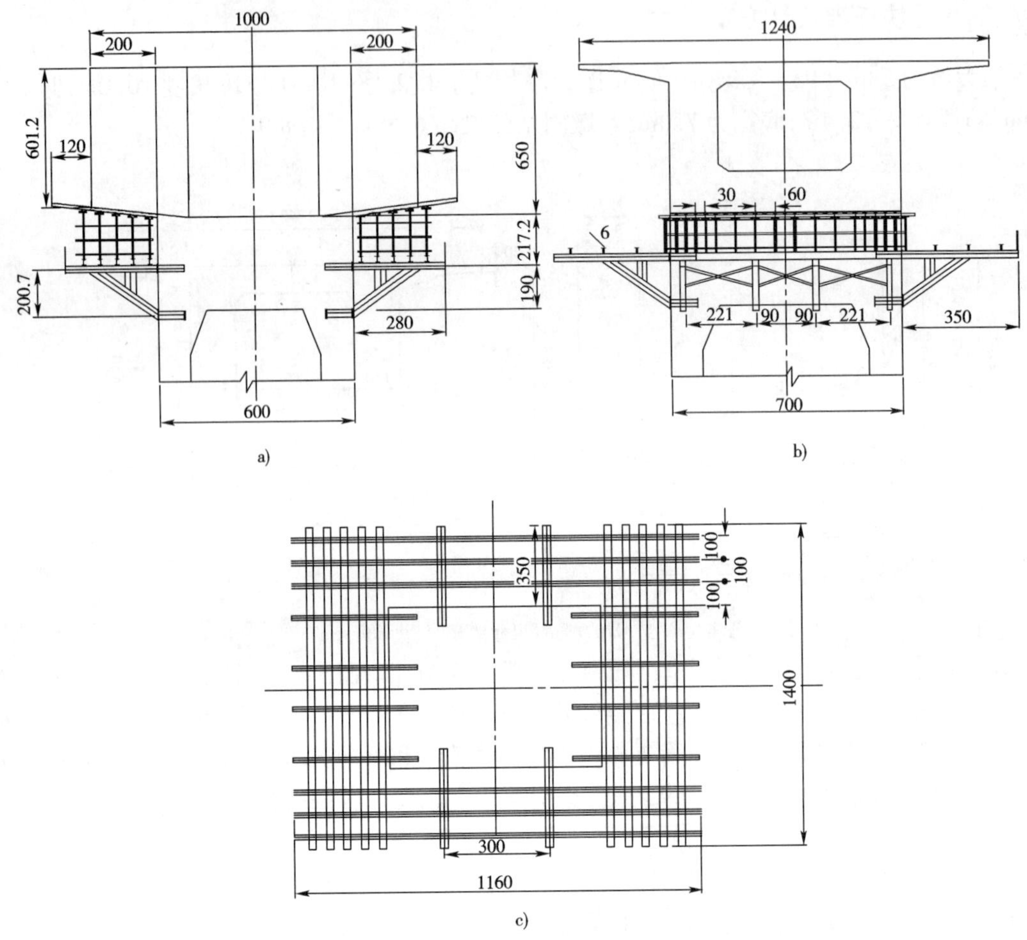

图 8-10　0 号块托架设计方案(尺寸单位:cm)

a)纵断面布置图;c)横断面布置图;c)平面布置图

箱形截面的横向区域分割情况见图 8-11,各区域组合荷载数值见图 8-12。

上述计算结果表明:

(1)腹板区立杆所受轴向压力:$N = 28.4\text{kN} < [N] = 40\text{kN}$,满足强度和稳定性要求。

(2)箱室区立杆所受轴向压力:$N = 25.4\text{kN} < [N] = 40\text{kN}$,满足强度和稳定性要求。

8.7.4 横向分配梁检算

托架横梁采用 28b 工字钢,其截面特性见表 8-1。

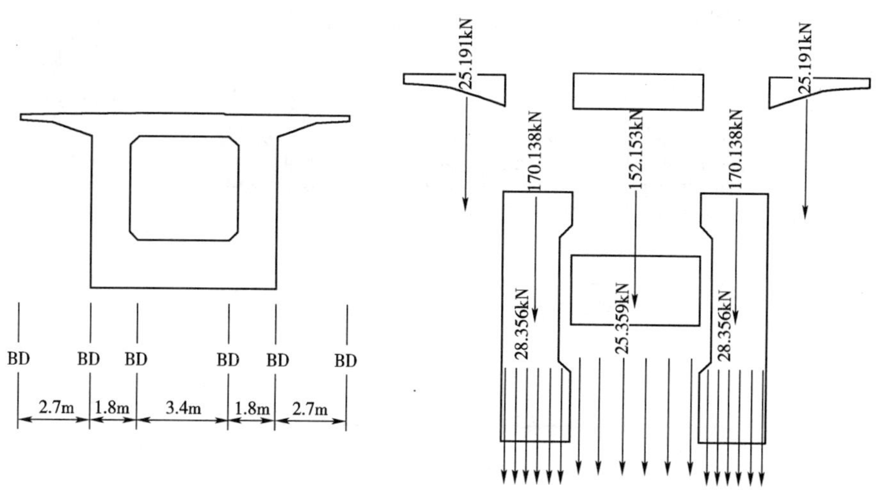

图 8-11　区域分块情况

图 8-12　区域组合荷载及相关立杆轴力

I28b 截 面 特 性 表　　表 8-1

项　　目	弹性模量（kN/m²）	高度（m）	截面面积（m²）	截面惯性矩（m⁴）
数值	200000000	0.28	0.0061004	7.48×10^{-5}

横梁计算荷载见图 8-13，其中翼缘板等效成 4 个集中荷载处理。

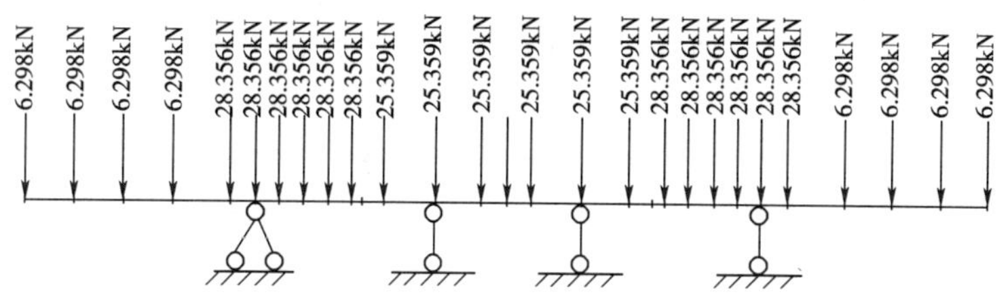

图 8-13　横向分配梁计算模型

横向分配梁计算结果见图 8-14。

可见，横向分配梁的最大应力 $\sigma=109.7\text{MPa}<\sigma=205\text{MPa}$，则满足强度要求。

8.7.5 三角托架计算

三角托架构造与计算模型

纵向三角托架结构与有限元计算见图 8-15。三角托架构造中，各杆件选用双[32b 槽钢，该计算模型中所取横梁对托架的作用力为横向分配梁的最大数值 $R=214.4\text{kN}$。

三角托架中，各杆件选用双 32b 槽钢，其截面特性见表 8-2。三角托架的部分计算结果见图 8-16。

双排[32b 槽钢截面特性　　表 8-2

项　　目	弹性模量（kN/m²）	高度（m）	截面面积（m²）	截面惯性矩（m⁴）
数　　值	200000000	0.32	0.109826	0.0001628

托架杆件最大应力 $\sigma = 172\text{MPa} < f = 205\text{MPa}$，满足强度要求。最大竖向位移为 0.96mm，满足刚度要求。

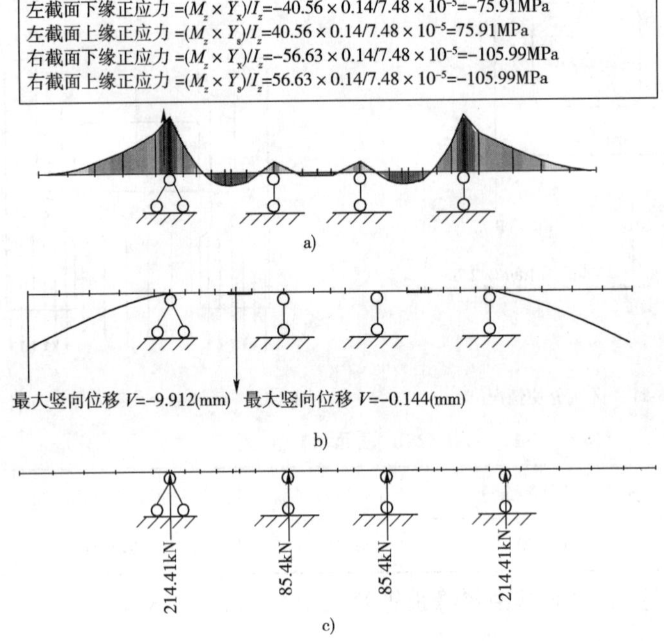

图 8-14 横向分配梁部分计算结果

a)弯矩图及最大正应力显示;b)变形图;c)约束反力图

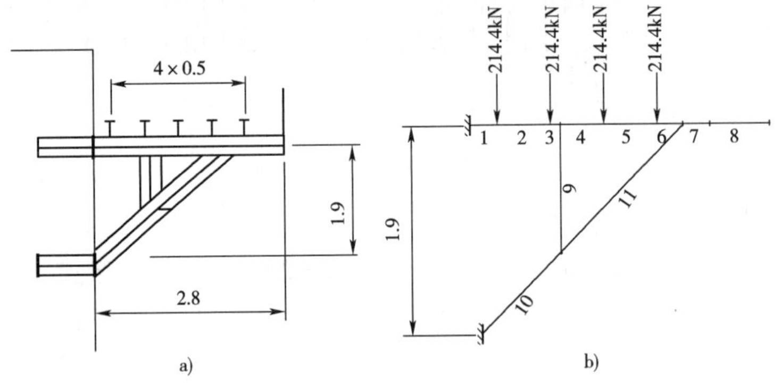

图 8-15 三角托架结构图与计算模型(尺寸单位:cm)

8.7.6 纵向三角托架压弯杆件的稳定性检算

三角托架中(图 8-15)，单元 9、10、11 为压弯杆件，除了需要对它们进行强度检算外，还需要对它们在弯矩平面内与平面外的稳定性检算。以下为 10 号单元压弯杆件稳定性计算结果。

(1)构件截面的基本参数如下：

①截面高度 $H = 32\text{cm}$；

②惯性矩 $I_x = 15021.3\text{cm}^4$；

③惯性矩 $I_y=1116.9\text{cm}^4$；

④截面面积 $A=97\text{cm}^2$；

⑤弯矩平面内抗弯截面模量 $W_x=938.83\text{cm}^3$；

⑥截面绕 x-x 轴的旋转半径：

$$i_x=\sqrt{\frac{I_x}{A}}=\sqrt{\frac{15021.3}{97}}=12.444\text{cm}$$

⑦截面绕 y-y 轴的旋转半径：

$$i_y=\sqrt{\frac{I_y}{A}}=\sqrt{\frac{1116.9}{97}}=3.393\text{cm}$$

⑧截面绕 x-x 轴的长细比：

$$\lambda_x=\frac{L}{i_x}=\frac{104.7}{12.444}=8.41$$

⑨截面绕 y-y 轴的长细比：

$$\lambda_y=\frac{L}{i_y}=\frac{104.7}{3.393}=30.86$$

(2)实腹式压弯杆在弯矩作用平面内稳定计算结果如下：

①由 $M_1=43.5\text{kN}\cdot\text{m}$，$M_2=58.3\text{kN}\cdot\text{m}$，可计算等效弯矩系数 β_{mx}：

$$\beta_{mx}=0.65+0.35\times\frac{M_1}{M_2}=0.65+0.35\times\frac{43.5}{58.3}=0.911$$

②按 a 类截面查询不计弯矩作用时的轴心受压构件的稳定系数 $\varphi_x=1$；

③由 $E=206000000\text{kN/m}^2$，$A=0.00969962\text{m}^2$，$\lambda_x=8.413$ 可计算参数 N'_{Ex}：

$$N'_{Ex}=\frac{\pi^2EA}{1.1\lambda_x^2}=\frac{\pi^2\times206000000\times0.00969962}{1.1\times8.413^2}=253038.6\text{kN}$$

④材料的缩性发展系数 $\gamma_x=1.05$；

⑤弯矩作用平面内受压最大纤维的抗弯截面模量 $W_{1x}=938.83\text{cm}^3$；

⑥轴力 $N=549.7\text{kN}$；

⑦最大截面弯矩 $M_x=58.3\text{kN}\cdot\text{m}$；

⑧弯矩作用平面内的稳定计算：

$$\begin{aligned}&\frac{N}{\varphi_xA}+\frac{\beta_{mx}M_x}{\gamma_xW_{1x}(1-0.8N/N'_{\text{Ex}})}\\&=\frac{549.7}{1\times0.00969962}+\frac{0.911\times58.3}{1.05\times0.000938828\times(1-1\times549.7/253038.6)}\\&=110.7\text{MPa}\end{aligned}$$

$110.7\text{MPa}<f=205\text{MPa}$，满足构件的整体稳定性要求。

(3)实腹式压弯杆在弯矩作用平面外稳定计算结果如下：

①由 $M_1=43.5\text{kN}\cdot\text{m}$，$M_2=58.3\text{kN}\cdot\text{m}$，可计算面外等效弯矩系数 β_{tx}：

$$\beta_{tx}=0.65+0.35\times\frac{M_1}{M_2}=0.65+0.35\times\frac{43.5}{58.3}=0.911$$

②均匀弯矩作用时受弯构件的整体稳定系数 φ_b 如下。

a. 截面绕 y-y 轴的旋转半径：

$$i_y=\sqrt{\frac{I_y}{A}}=\sqrt{\frac{15021.256}{96.9962}}=12.444\text{cm}$$

b. 截面绕 y-y 轴的长细比：

$$\lambda_y=\frac{L}{i_y}=\frac{1.047}{0.12444}=8.41$$

c. 受弯构件的稳定系数 φ_b 计算：

$$\varphi_b=1.07-\frac{\lambda_y^2}{44000}\times\frac{f_y}{235}=1.07-\frac{8.4^2}{44000}\times\frac{235}{235}=1.07$$

③弯矩作用平面外稳定计算结果如下：

$$\begin{aligned}&\frac{N}{\varphi_y A}+\eta\frac{\beta_{tx}M_x}{\varphi_b W_{1x}}\\&=\frac{549.7}{0.961\times0.00969962}+1\times\frac{0.91114922813036\times58.3}{1.07\times0.000938828}\\&=111.9\text{MPa}\end{aligned}$$

111.9MPa $<f=205$MPa，满足构件的整体稳定性要求。

第9章

挂篮施工力学计算

挂篮是桥梁悬臂施工方法中一种广泛应用的临时设施，具有结构简单、受力明确、重量轻、刚度大等特点。完整的挂篮施工力学计算包括各个组成构件、连接件及模板等的计算。本章在对挂篮结构与力学行为特征分析的基础上，重点介绍挂篮荷载组合计算方法，主构架、前上横梁、前下横梁、后下横梁、底模纵梁及内外模滑梁等主要受力构件的计算原理、有限元建模方法及其在 RBCCE 中的实现方法，并给出具体工程的计算算例。

9.1 挂篮的结构及受力特征

根据具体桥梁结构类型和现场施工条件，可以构造出多样的挂篮结构形式和构造设计细节。但无论挂篮结构形式如何变化，挂篮有其自身特有的结构和施工受力特征。通常情况下，挂篮均需要设计成一种由主构架、悬吊系统、模板系统、走行系统及锚固系统等部件组成的空间结构体系。其中，主构架可以是三角形、菱形、平行弦桁架、弓弦桁架或斜拉式等形式；锚固方式可以是锚固式、压重式或半锚固半压重式；走行时可以采用滑动式、滚动式或滑动与滚动组合式等方式，其动力系统可以是倒链或液压千斤顶；另外，挂篮的悬吊系统可以采用精扎螺纹钢筋或钢带形式等。对于广泛应用的预应力混凝土连续梁和刚构桥，常用的挂篮形式主要有锚固式三角形挂篮或菱形挂篮。

图 9-1 为一三角形挂篮部分构造图。该挂篮用于单箱单室箱梁桥的混凝土悬臂施工，其主要受力构件包括：主三角构架、外模滑梁、内模滑梁、前上横梁、前下横梁、后下横梁、前下吊杆、后吊杆、外模吊杆及内模吊杆、模板等；主三角构架后端锚固于走行轨道的垫梁上，前端支撑于走行轨道上；所有吊杆采用精轧螺纹钢筋，并通过吊耳与前下横梁或后下横梁连接。

实际上，挂篮是一种结构对称的空间悬吊结构，各组成构件均有其特有的结构特点和受力特点，其施工力学计算既可以采用统一的空间结构计算模型，也可以针对挂篮各组成构件建立相应的力学模型进行分析计算，这样可使得挂篮施工力学计算简单化和规范化，而且容易分析评价计算结果的正确性。无论何种计算方法,均需要计算模型能够充分反映挂篮结构中各组成构件的受力特征,这样均可得到与实际挂篮受力接近状态接近的力学分析结果,这是本章所重点介绍的方法。

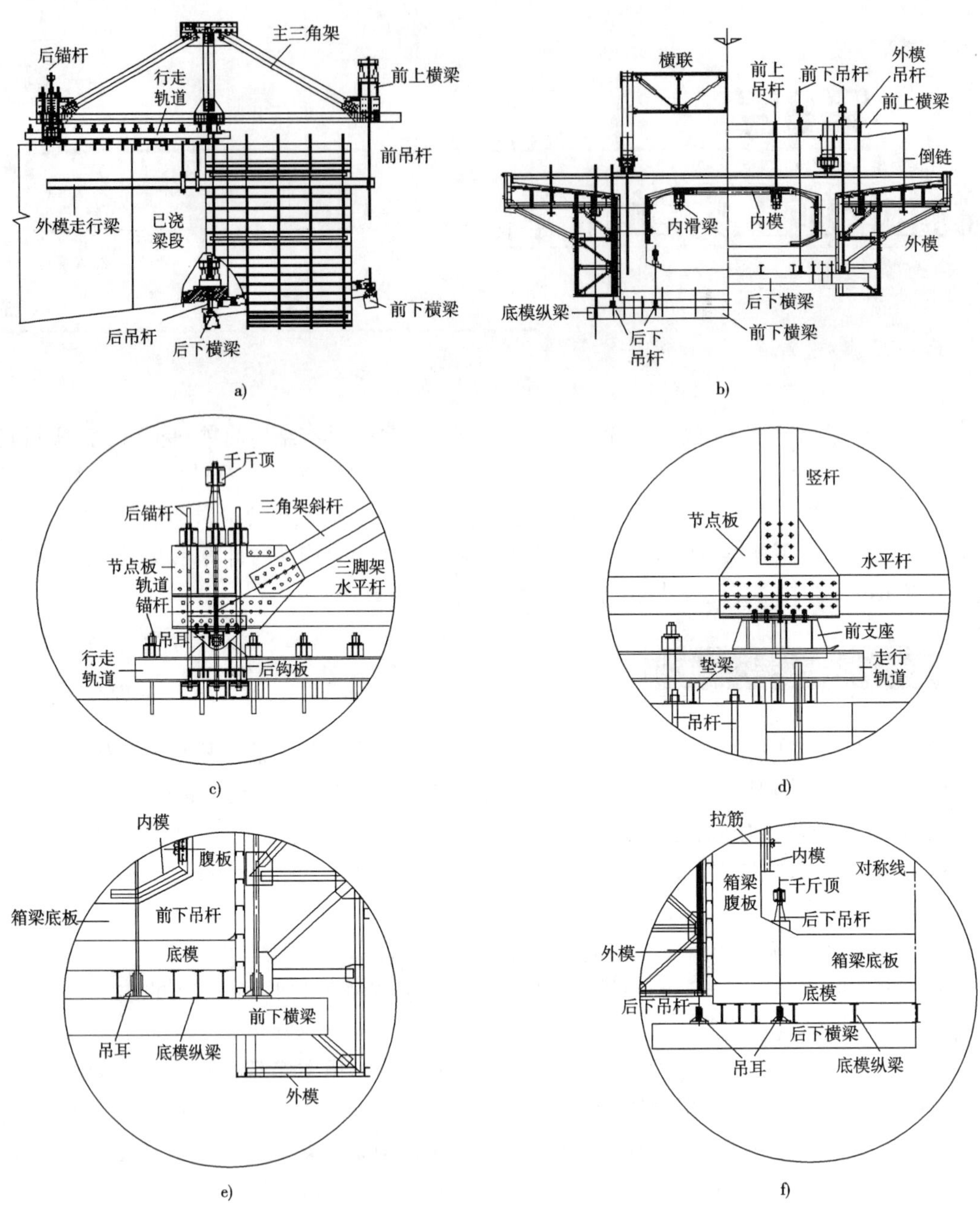

图 9-1　三角形挂篮部分构造图

a)立面图;b)横断面示意图;c)后锚立面局部放大图;d)前支座立面局部放大图;e)前吊杆布置局部放大图;f)后吊杆布置局部放大图

9.2 挂篮设计的有关规定

根据《公路桥涵施工技术规范》(JTG/T F50—2011)要求,挂篮设计需要遵循以下规范要求:

(1)挂篮质量与梁段最大混凝土质量比值宜控制在0.3~0.5之间,特殊情况下不超过0.7。

(2)允许最大变形(包括吊带或吊杆变形的综合)为20mm。

(3)混凝土浇筑时(或称为工作时)、走行时的最小抗倾覆安全系数为2。

(4)自锚固系统的最小安全系数为2。

9.3 挂篮计算模型分析

1)变截面梁段的简化

挂篮施工的混凝土梁段一般为变截面箱形截面梁段,在梁段混凝土浇筑过程中所受到的外荷载主要为梁段钢筋混凝土重量、挂篮自重及人员机械等附加荷载等。便于安全计算,可将变截面梁段简化为等截面梁段,简称等效梁段,其截面为变截面梁段的最大截面。图9-2a)为连续梁纵断面图示意图,1号块为变截面梁段,相应的等截面梁段如图9-2b)所示,其截面为图9-2a)中1号块的最大截面。

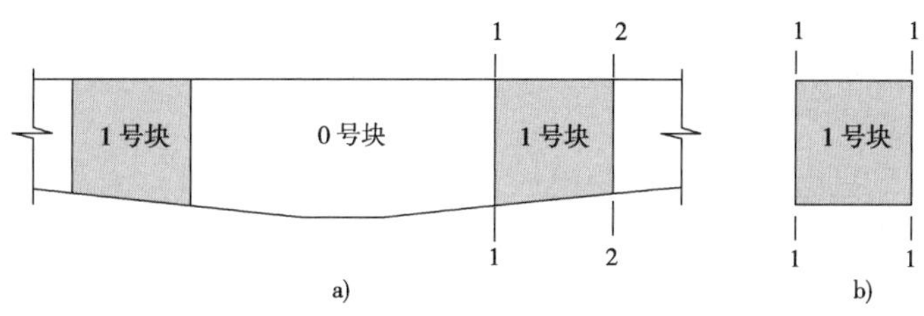

图9-2　变截面梁段

2)梁段横向区域分块

挂篮构件受力与箱形截面的横向荷载分布有关,需要将等效梁段在横向分割为A、B、C三个区域来考虑梁段在混凝土浇筑期间对挂篮的荷载影响,其中,A区代表梁段底板和腹板,B区代表箱室顶板,C区代表翼缘板,见图9-3;另外,还需要将A区细分为D、F区,其中,D代表腹板区,F代表底板区。不同区域的新浇混凝土将对挂篮的相关构件产生影响,其中,A区混凝土荷载将对底模、底模纵梁、前下横梁和后下横梁、前下吊杆及后下吊杆产生影响;B区混凝土荷载将对内模、内模滑梁、内模吊杆产生影响;而C混凝土荷载将对外模、外模滑梁、外模吊杆产生影响。

3)荷载组合计算

挂篮施工力学计算时,需要将挂篮所受的新浇混凝土自重、模板、人群、机具及混凝土倾倒和振动等荷载进行组合(注:不考虑风荷载的影响,当现场风较大时,一般要求停止混凝土浇筑或走行)。荷载组合方法是:

$G_i = U_1 \times$(梁段分块混凝土自重 + 分块区域挂篮模板自重) $+ U_2 \times$
　　分块区域施工人员、材料机具荷载及混凝土倾倒和振动等荷载其中：

(1) $i=1$、2、3、4、5 分别对应于 A、B、C、D、F 区的荷载组合；

(2) U_1、U_2 为组合系数，当进行挂篮混凝土浇筑时的强度计算，U_1 取 1.2，U_2 取 1.4，当进行挂篮刚度计算时，$U_1=U_2=1.0$；

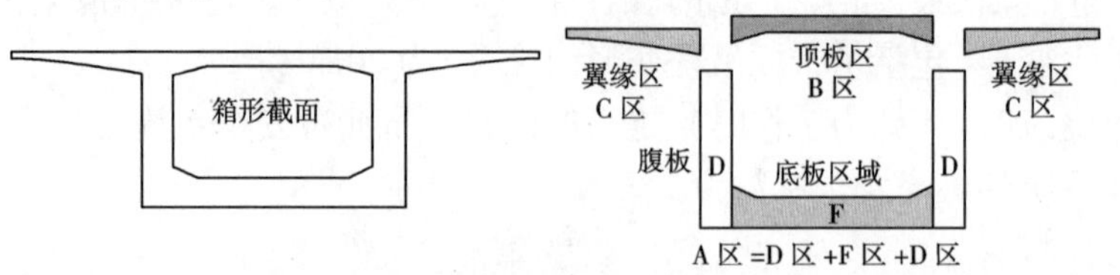

图 9-3　梁段混凝土在横向区域分割示意图

(3) 分块区域挂篮模板自重是指针对翼缘区、腹板区和箱室区顶部和箱室区底板等区域的模板自重，其中翼缘区模板称为外模板，箱室区顶部模板称为内模板，箱室区底部模板称为底模板。

当挂篮走行时，荷载组合方法是：$G=U\times$(挂篮自重＋模板自重)，强度计算时，$U=1.2$；刚度计算时，$U=1.0$。

4) 底模纵梁计算模型

底模纵梁支撑于前下横梁和后下横梁上，其上布置有底模模板，用于支撑底模模板及 F 区及 D 区新浇混凝土的重量(图 9-3)。将底模纵梁简化为简支梁进行计算，其长度为前下横梁与后下横梁的水平间距 L，所受的荷载可简化为均布荷载 q_i，见图 9-4。

$$q_i=G_i/n_i/L_d$$

式中：G_i——D 区或 F 区组合荷载，其中模板荷载对应于底模自重；

n_i——D 区或 F 区底模纵梁根数；

L_d——梁段区域长度；

$i=4$、5，分别代表 D、F 区的相关变量。

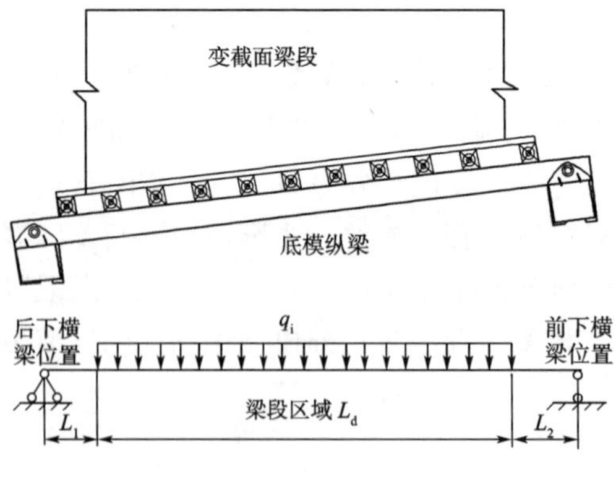

图 9-4　底模纵梁计算模型示意图

通常情况下，底模纵梁采用相同的型钢规格，因此可选择承受均布荷载最大的底模纵梁进行计算。

5) 前下横梁及后下横梁计算模型

前下横梁一般采用双工字钢或双槽钢组成的组合型钢钢梁，它们通过前下吊杆悬吊起来，并可承受底模纵梁产生的作用力。前下吊杆属于弹性杆，在简化前下横梁计算模型时，需要将前下吊杆模拟成一种弹性支撑。考虑到挂篮结构的对称性，及前下吊杆布置于箱室腹板区域的两侧附近，吊杆变形相差不大，因此，可以将前下横梁在前下吊杆处模拟为一个固定铰支座或活动铰支座，这样前下横梁即可简化成了一根承受若干集中荷载的超静定连续梁。图 9-5 为前下横梁计算模型，P_4、P_5 分别为 D 区、F 区底模纵梁传递下来的集中力，对应于图 9-4 计算模型支座下的前端支座反力。

$$P_i = \frac{G_i}{\frac{1}{2}n_i}$$

式中：G_i——D 区或 F 区组合荷载，其中模板荷载对应于外模、内模和底模自重；

n_i——D 区或 F 区纵梁根数；

$i = 4$、5，分别代表 F、D 区的相关变量。

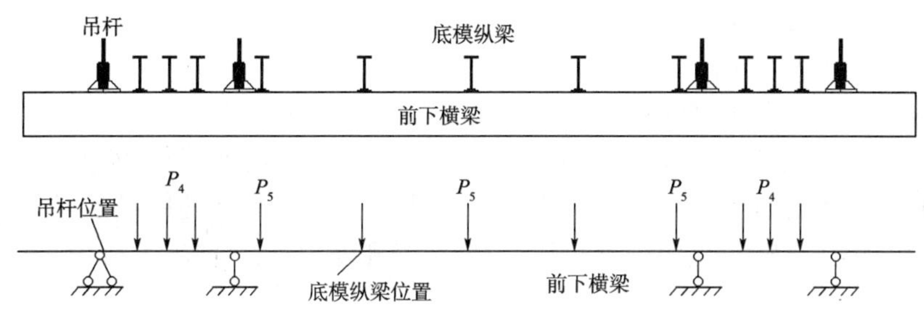

图 9-5　前下横梁计算模型示意图

后下横梁计算方法与前下横梁计算方法类似，在此不做详述。

6）内、外模滑梁计算模型

滑梁计算需要分混凝土浇筑和走行两种工况。内、外模滑梁计算模型均可以简化成简支梁计算模型（图 9-6），所受到的均布荷载 q_i 也可按相同的公式计算，但公式中的符号含义有所不同，其中：

（1）$i = 2$、3，分别代表 B、C 区相关变量。

（2）G_i 为 B 区或 C 区组合荷载；对于外滑梁，模板荷载为外模板；对于内滑梁，模板荷载为内模板。

（3）N_i 为 B 区或 C 区滑梁根数。

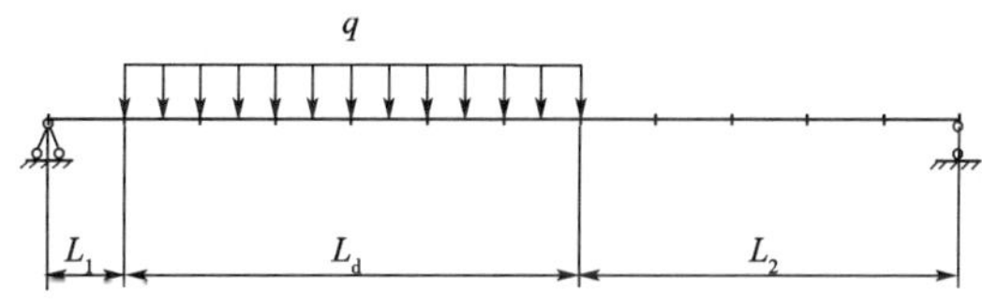

图 9-6　内、外模滑梁计算模型

对于混凝土浇筑状态，最不利工况为浇筑最重梁段时的状态，而挂篮行走时，挂篮滑行到位时外滑梁前后吊点间距最大，为最不利于状态，相应的外滑梁所受荷载为外侧模板自重及底模板自重，该重量通过外模支架施加于外滑梁上，滑梁可以简化为图 9-6 所示的简支梁计算模型，滑梁所受荷载为一均布荷载 q 计算。

$$q = \frac{G_h}{L_d}$$

式中：G_h——单个外滑梁承担的外模板系统的重量；

L_d——最不利梁段长度。

7）前吊杆计算

前吊杆锚固于前上横梁上，可细分为前下吊杆和前上吊杆两种类型。前下吊杆下端悬吊前下横梁，主要用于承担 A 区混凝土、底模及底模纵梁的重量，而前上吊杆主要用来悬吊内模或外模滑

梁,主要用于承担B、C区混凝土、底模及底模纵梁的重量。前吊杆的轴向拉力 F_i 计算公式为:

$$F_i = \frac{G_i}{\frac{1}{2}n_i}$$

式中:G_i——A区、B区或C区的组合荷载,其中模板荷载对应于外模、内模和底模自重;

n_i——A区、B区或C区的吊杆总数;

$i=1$、2、3,分别代表A、B、C区的相关变量。

8)前上横梁计算模型

前上横梁主要是由双工字钢或双槽钢组成的组合型钢钢梁,支撑于主构架的前端,用来为前吊杆提供悬吊锚固支撑,主要承担箱梁A、B、C三区混凝土、内外模板、模板滑梁、前上横梁、前下横梁及相应的人群、材料、机具等荷载,可以将其简化成一简支外伸梁模型进行力学计算,见图9-7。图中 F_1、F_2、F_3 分别为前下吊杆、内模吊杆和外模吊杆的拉力,其中:

$$F_1 = \frac{G_4 + G_5 + G_4}{8}$$

$$F_2 = \frac{G_2}{4}$$

$$F_2 = \frac{G_3}{4}$$

式中:G_2——B区的组合荷载;

G_3——C区的组合荷载;

G_4——D区的组合荷载;

G_5——F区的组合荷载。

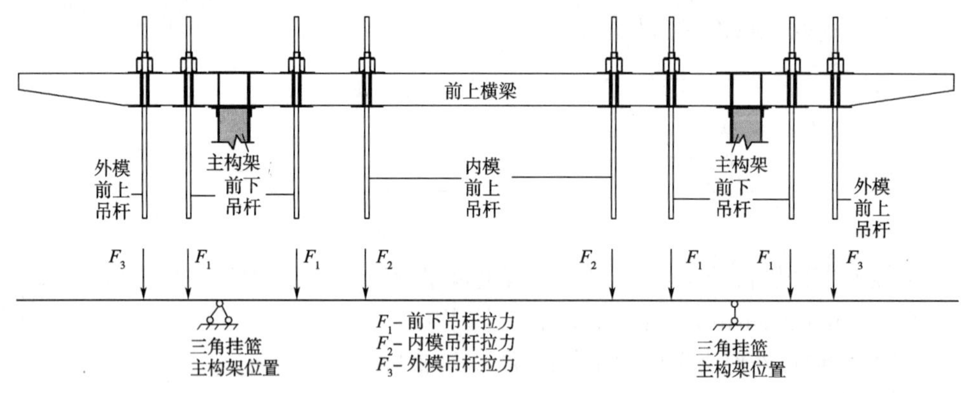

图9-7 前上横梁计算模型

9)主构架计算模型

主三角构架后端锚固于已浇梁段上,在立杆处通过前支座支撑于走行轨道上,用于承受前上横梁上的各种吊杆拉力,相应的力学计算模型(图9-8)为一由斜杆、水平杆和立杆组成的平面刚架或桁架结构计算模型,前端所受的计算荷载 P 为:

$$P = \frac{G_1 + G_2 + G_3}{4}$$

式中：G_1、G_2、G_3——A区、B区或C区的组合荷载。

在主构架中，当杆件为轴心受压或压弯杆件时，还需要对其进行稳定性计算。对于轴心压杆，需要根据截面形式区分是格构式杆件，还是实轴杆件，并采用相应的稳定性计算方法。

10）后锚杆拉力计算

工作时后锚杆对应于主三角构架的支座反力 R，其数值为主三角构架前端荷载 P（图9-8）。当一片主构架有 n 根后锚杆时，则一根后锚杆所受的力为：

$$N=\frac{R}{n}$$

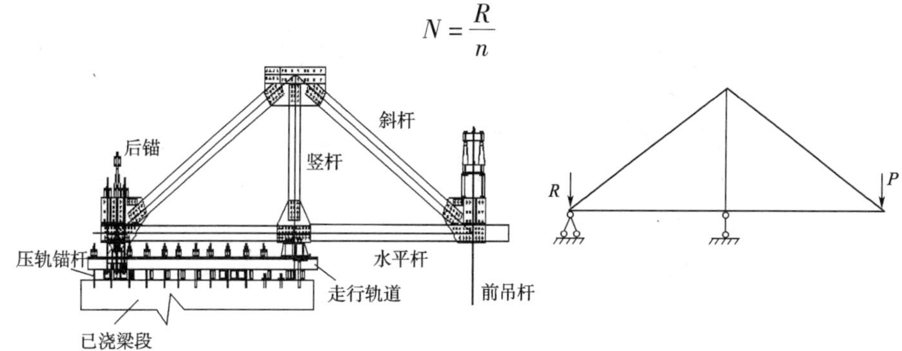

图9-8　主三角构架计算模型示意图

11）后下吊杆轴力计算

后下吊杆锚固于箱室底板上，用于悬吊后下横梁，主要用于承担A区混凝土、底模及底模纵梁的质量，其计算方法可参考前下吊杆的轴力计算方法。

12）后锚扁担梁计算

图9-9为后锚扁担梁，图9-9a）为其布置方案，图9-9b）为其计算模型。该模型为一悬臂梁，梁端所受荷载为：

$$P=\frac{R}{2}$$

式中：R——一侧主构架支座反力。

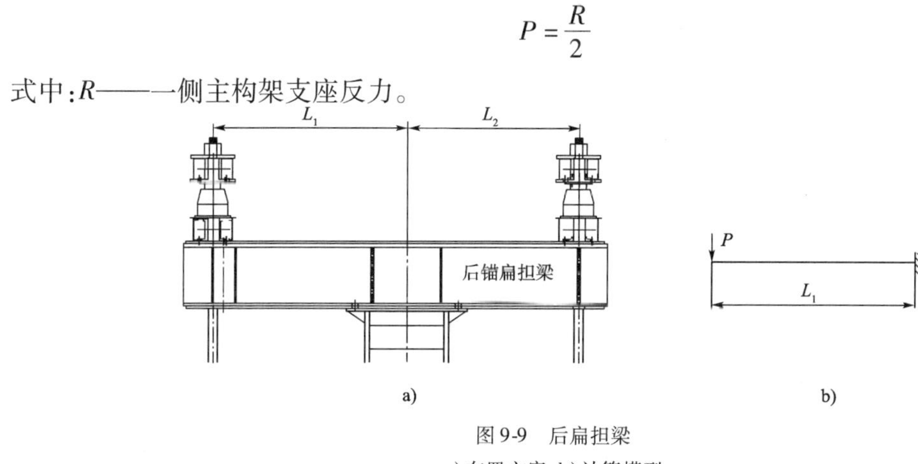

图9-9　后扁担梁

a）布置方案；b）计算模型

9.4　挂篮施工力学计算的一般步骤

RBCCE实现挂篮施工力学计算所涉及的功能图形对象类型主要包括箱形截面、分界线、集中荷载、支座约束及杆件有限元等，具体计算步骤包括：

(1)创建最不利箱形截面对象,用分界线进行区域分割,计算挂篮各构件所受组合荷载。

(2)创建主构架计算模型,计算主构架强度、刚度及稳定性计算。

(3)分别创建前下横梁、后下横梁、前上横梁、底模纵梁、内滑梁、外滑梁计算模型,并进行强度、刚度计算。

(4)其他构件或部件的计算等。

1)组合荷载计算

选择质量最大的悬臂浇筑梁段,将挂篮内、外模板质量折算成按梁段顶板面积分布的单位面荷载,其数值为模板总质量除以梁段的桥面面积。可以采用以下步骤实现挂篮内外滑梁的前吊杆轴力,以及前下横梁、后下横梁所受组合荷载的计算:

(1)创建所选梁段的最大箱形截面,绘制箱形截面区域分界线。

(2)绘制矩形对象,框选分界线及箱形截面对象,打开“分界线对象”对话框的“功能1”页面,在“截面区域荷载组合计算”组合框中(图9-10),输入模板、人群材料机具、梁段纵向长度(可取最重悬臂浇筑梁段长度的一半)、荷载组合系数等数据;勾选“上下区域分离”选项,单击“区域集中荷载计算”按钮,可以得到各区域的组合集中荷载,见图9-11。

图9-11中,F_3为一侧外滑梁一端吊杆所受组合荷载,F_2为所有内滑梁一端吊杆所受的组合荷载,对于一根内滑梁一端吊杆所受的组合荷载则为F_2除以内滑梁总数;G_3为箱室区底模一端纵梁对前(后)下横梁的影响,则一根底模纵梁对前下横梁的影响P_6为G_3除以箱室区底模纵梁总数;G_4为腹板区底模一端纵梁对前(后)下横梁的作用力,而一根腹板区底模纵梁对前下横梁的作用力P_4为G_4除以腹板区底模纵梁根数。

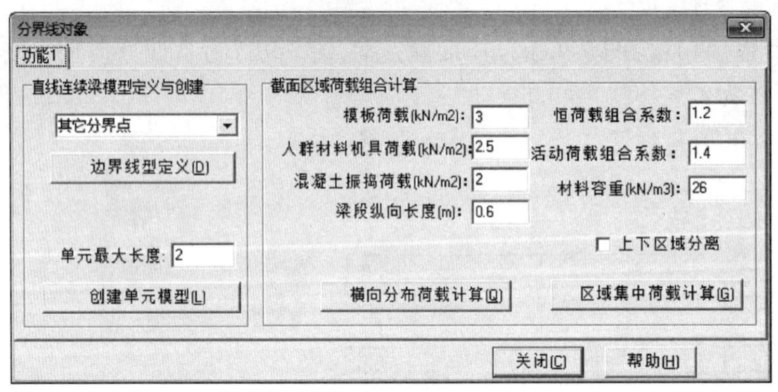

图9-10 “分界线对象”对话框的“功能1”页面

(3)各区域组合荷载的总和除以挂篮主构架的片数,为一片主构架在前上横梁位置所承受的组合集中荷载,可以用于主构架的计算。

2)创建前下横梁计算模型并进行力学计算

根据底模纵梁、前下吊杆布置位置及底模纵梁对前下横梁的作用力,可以创建出前下横梁计算模型,具体步骤是:

(1)在前下吊杆的位置绘制梁体边界线和支座分界线,见图9-12。

(2)绘制一矩形对象框选梁体边界线、支座边界线及底模纵梁对前下横梁的集中荷载作用力,见图9-10;打开“荷载”对话框的“集中荷载”页面(图9-13),在“创建连续梁计算模型”组合框中;单击“连续梁模型”按钮,即可得到初始的前下横梁的计算模型。

(3)利用单元选择器,设置初始的前下横梁的计算模型的截面特性,可以得到期望的前下横梁的计算模型,利用该模型可以得到相应前下横梁结构计算结果。

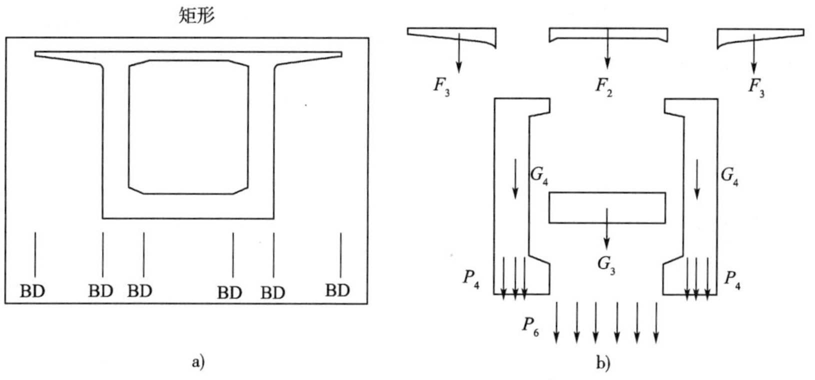

图9-11　截面区域分割与组合荷载计算

a)截面区域分割;b)区域组合荷载图

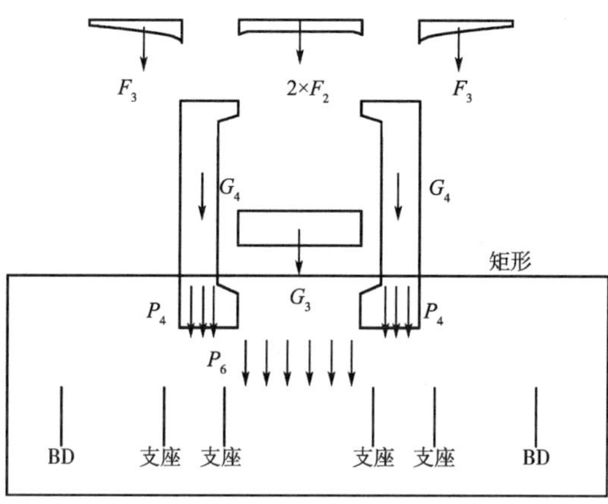

图9-12　前下横梁模型创建示意图

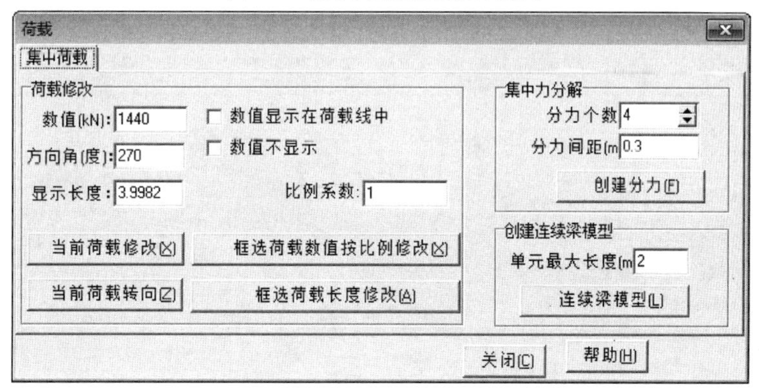

图9-13　“荷载”对话框的“集中荷载”页面

3)创建后下横梁计算模型并进行力学计算

可参考前下横梁计算模型的操作步骤。

4)前上横梁计算模型创建

从前上横梁计算模型分析可知,前上横梁所受荷载为前下横梁吊杆轴力及前上内、外滑梁吊杆轴力,而主构架则用来提供前上横梁的约束支座。通过挂篮的组合荷载计算及前下横梁的力学计算,可以得到前上横梁所受的外荷载,并可利用前下横梁模型创建方法,通过绘制集中荷载、边界线及框选矩形对象,并利用集中荷载对话框可以方便得到前上横梁计算模型。

5)主构架力学模型创建

通过挂篮的组合荷载计算可以计算出一片挂篮主构架的外荷载,再采用一般平面杆系结构力学计算方法计算挂篮主构架强度及刚度。对于主构架中的受压杆件或弯压杆件需要进行稳定性计算,计算时还需要根据杆件截面类型按实轴型截面或格构构件进行压杆或压弯稳定性计算处理。

9.5 挂篮施工力学的自动化计算

以上介绍的挂篮力学计算的一般性步骤,具有通用性,适合于各种锚固式挂篮施工力学计算,但该方法需要用户根据挂篮构件计算模型特点分步创建计算模型,计算过程显得有些麻烦。实际上,当箱形截面为单箱单室时,RBCCE 提供了梁段区域分块与荷载组合自动计算,挂篮前下横梁、后下横梁、前上横梁、外滑梁、内滑梁、底模纵梁等构件计算模型自动创建方法,从而实现挂篮计算的简单化和规范化。整个计算过程所涉及原始数据主要有最不利梁段的截面对象、区域分割位置、吊点位置、主构架几何形状、主构架间距、各构件型钢规格等基本参数。具体操作步骤如下:

(1)创建所选最不利梁段的最大箱形截面,绘制箱形截面区域分界线;

(2)绘制一条直线段,终点指向箱形截面对象;选中该直线段,单击“强制转化”按钮,系统弹出“强制转化”对话框,在“转化1”页面上(图9-14),单击“挂篮计算”按钮,该直线段将转化为具有挂篮自动计算功能的“挂篮计算”对象;

(3)绘制一矩形对象框选箱形截面对象、区域分界线对象及挂篮计算对象,形成挂篮综合计算模型图(图9-15);

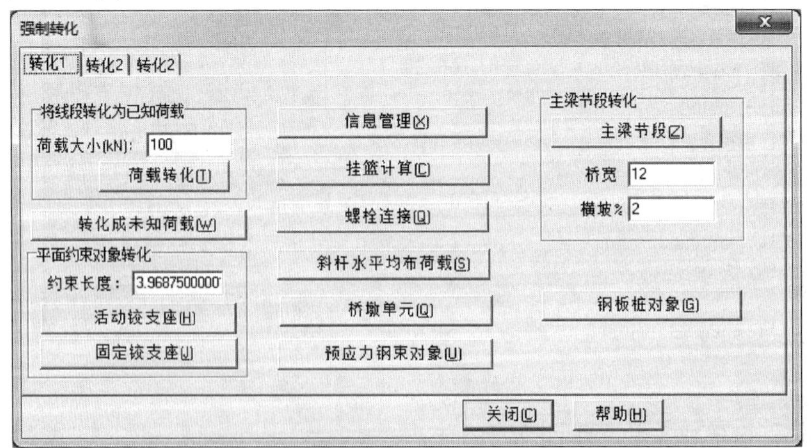

图9-14 “强制转化”对话框的“转化1”页面

（4）打开“挂篮计算”对象的对话框：

①在“吊杆与横梁”页面上（图9-16），输入：

a. 前下横梁、前上横梁、后下横梁的杆件长度、型钢类型（是双工字钢还是双槽钢截面）及规格等。

b. 相对于箱形截面对称轴右侧的前下吊杆、后下吊杆、前上外模吊杆、前上内模吊杆的数量和间距等。

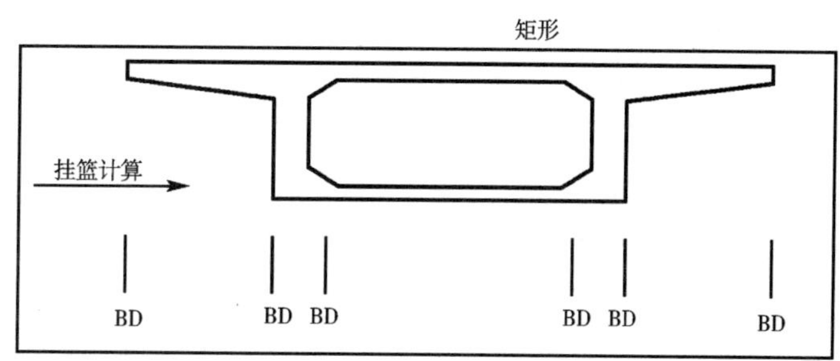

图9-15　挂篮综合计算模型图

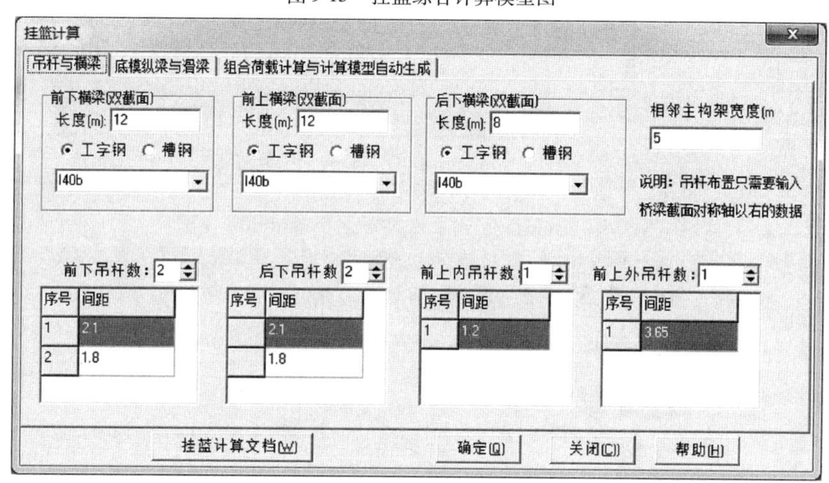

图9-16　“挂篮计算”对话框的“吊杆与横梁”页面

例如，图9-17为前下横梁吊杆布置示意图，则前下吊杆数为2，吊杆间距为2.1m和1.8m。

②在“底模纵梁和滑梁”页面上（图9-18），输入：

a. 底模纵梁、外模滑梁、内模滑梁模型参数：为简支梁计算模型中均布荷载作用区间范围参数L_1、L_2。

b. 底模纵向梁横向布置参数：表格的第一行的第一列和第二列数据为箱形截面一侧腹板区域底模纵梁的根数和间距，第二行第一列和第二列数据为箱室区底模纵梁的根数和间距。

c. 底模纵梁、外模滑梁及内模滑梁的型钢类型（是双截面工字钢还是双截面槽钢）及型钢规格。

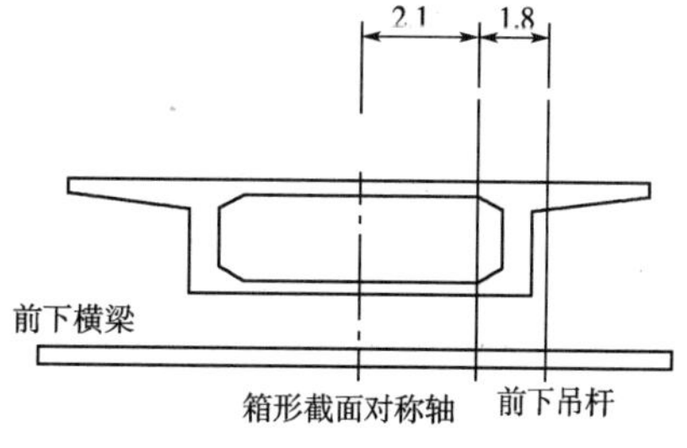

图9-17　前下横梁吊杆布置示意图（尺寸单位：m）

③打开“组合荷载计算与计算模型自动生成”页面上（图9-19），输入以下内容。

a. 外模、内模及底模自重。

b. 人群、材料、机具荷载,包含混凝土浇筑的振动与冲击荷载,折算成“人群机具”的面荷载。

c. 钢筋混凝土重度,一般取 $26kN/m^3$。

d. 梁段长度:最重梁段长度。

e. 荷载组合系数:梁段、模板质量及人群材料机具荷载的分项组合系数,具体取值可参考9.3 的内容。

要保存上述输入的数据,可单击“确定”按钮。

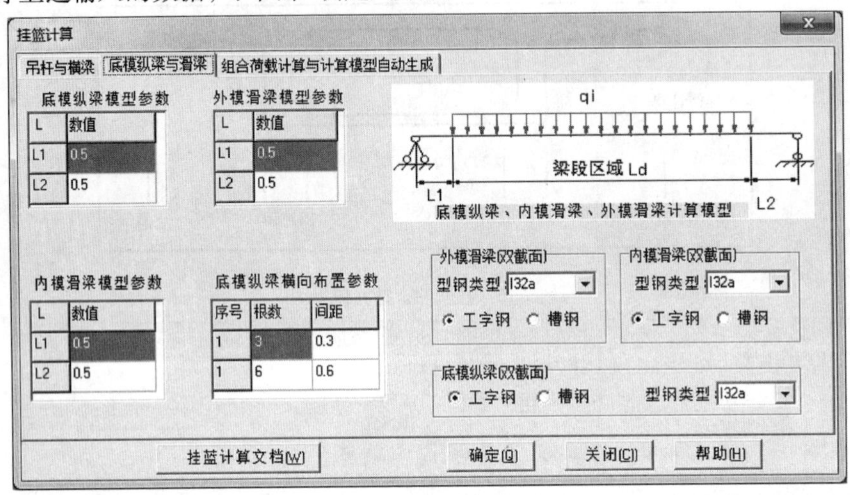

L	数值
L1	0.5
L2	0.5

L	数值
L1	0.5
L2	0.5

L	数值
L1	0.5
L2	0.5

序号	根数	间距
1	3	0.3
1	6	0.6

图 9-18　“挂篮计算”对话框的“底模纵梁与滑梁”页面

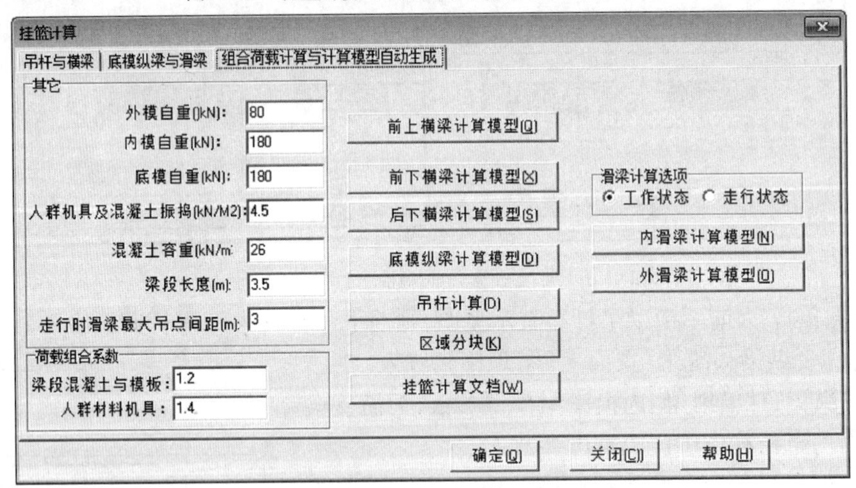

图 9-19　“挂篮计算”对话框的“组合荷载计算与计算模型自动生成”页面

9.6 挂篮各组成构件的计算模型的自动创建

在“组合荷载计算与计算模型自动生成”页面上各按钮的功能如下:

(1)“前上横梁计算模型”:自动创建出前上横梁的计算模型。

(2)“前下横梁计算模型”:自动创建出前下横梁的计算模型。

(3)“后下横梁计算模型”:自动创建出后下横梁的计算模型。

(4)“底模纵梁计算模型”:自动创建出底模纵梁计算模型。

(5)“内模滑梁计算模型”:自动创建出混凝土浇筑或挂篮走行时的内模滑梁的计算模型,具体计算模型的类型需要依据所选择的“滑梁计算选项”而定。

(6)“外模滑梁计算模型”:自动创建出混凝土浇筑或挂篮走行时的外模滑梁的计算模型,具体计算模型的类型需要依据所选择的“滑梁计算选项”而定。

(7)“吊杆计算”:各个吊杆的轴力计算。

(8)“区域分块”:自动创建挂篮施工力学计算时箱形截面横向各个分块区域,并自动计算相应的组合荷载。

在所创建的各构件计算模型中,包含了规划好了的单元、截面、材料、约束及荷载信息,直接打开杆件有限元对象的对话框可直接完成相应的力学计算。当构件模型难以通过图9-5和图9-6所预定义的截面型钢规格确定时,可以直接创建相关截面对象(可以是组合截面对象),然后将该截面对象的截面属性传递到构件的杆件有限有限元模型上。

9.7 工程算例

某大桥为58m+93m+97m+58m组合刚构连续梁桥,主梁为预应力混凝土箱梁,箱梁顶宽12.4m,底宽为7.0m,采用挂篮悬臂施工。挂篮为菱形挂篮(图9-20),其主要构架规格如下:主构架各个杆件均为2[40a槽钢;前上横梁采用双63a工字钢,前下横梁及后下横梁采用双I45a工字钢;内外滑梁为双[32a槽钢与钢板焊接组成的组合构件;底模纵梁采用变截面双槽钢简支梁,端部为双[30a槽钢,中部为双[40a槽钢;底模系统、内外模系统前后悬吊均采用高强精轧螺纹钢筋悬吊,吊杆规格为D32mm,钢号为PSB830。以下是该挂篮的部分计算内容。

9.7.1 计算依据及主要参数

1)计算依据

(1)《钢结构设计规范》(GB 50017—2003);

(2)《公路钢筋混凝土及预应力混凝土桥涵设计规范》(JTG D62—2004);

(3)《公路桥涵施工技术规范》(JTG/T F50—2011);

(4)相关设计图纸。

2)结构参数

(1)悬臂浇筑混凝土箱梁最不利梁段长度为3.5m。

(2)箱梁底板宽7m,顶板宽12.4m。

(3)箱梁截面高度变化范围6.5~3m,梁底下缘按二次抛物线变化。

3)计算荷载

(1)悬臂浇筑最重梁段按照1850kN计算。

(2)挂篮及模板总重约760kN,其中内模系统自重40kN,外侧模系统自重200kN,底模系统200kN。

(3)人群及机具荷载取2.5kN/m^2;

(4)混凝土振捣取2.0kN/m^2;

(5)荷载组合:强度及稳定性稳定计算时:1.2×(混凝土重+挂篮模板自重)+1.4×人群、机具及混凝土振捣重;刚度计算时:混凝土重+挂篮模板自重+人群、机具重。

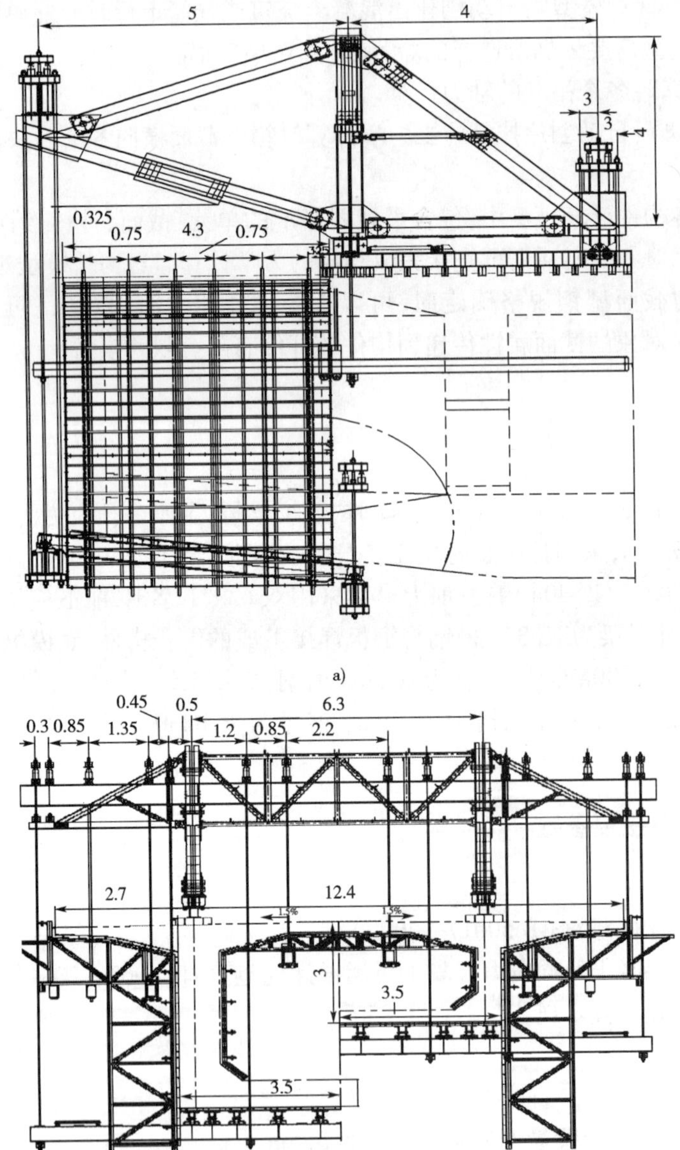

图9-20 挂篮总体结构(尺寸单位:m)

a)立面图;b)横断面图

4)最不利工况下最大组合荷载值

(1)荷载组合Ⅰ:1.2×(1850+440)+1.4×4.5×12.4×3.5=3021kN,用于强度、稳定性

计算。

(2)荷载组合Ⅱ:1.0×(1850+440)+1.0×4.5×12.4×3.5 =2485kN,用于刚度计算。

5)材料设计标准强度

材料设计标准强度见表9-1,可取$f=205$MPa。

主材设计标准强度　　表9-1

钢材牌号	厚度或直径d(mm)	抗拉、抗压、抗弯	抗剪	端面承压	许用应力(抗拉、抗压、抗弯)
Q235	$d\leq16$	215	125	325	180
	$16<d\leq40$	205	120		171
	$40<d\leq60$	200	115		167

注:表中厚度是指计算点的钢材厚度;对轴心受力杆件是指截面中较厚钢板的厚度。

9.7.2 菱形主构架计算

1)菱形主构架计算模型

菱形构架结构尺寸见图9-21a),①~④杆件的截面特性见表9-2。

杆件截面特性　　表9-2

规格	惯性矩I_z(cm^4)	面积A(cm^2)	形心Y_c(cm)	截面高H(cm)
双[40a	35155.32	150.09	20	40

一侧主构架承受的荷载:$P=3021/4=755$kN。

菱形主构架按桁架结构计算,其计算模型见图9-21b)。

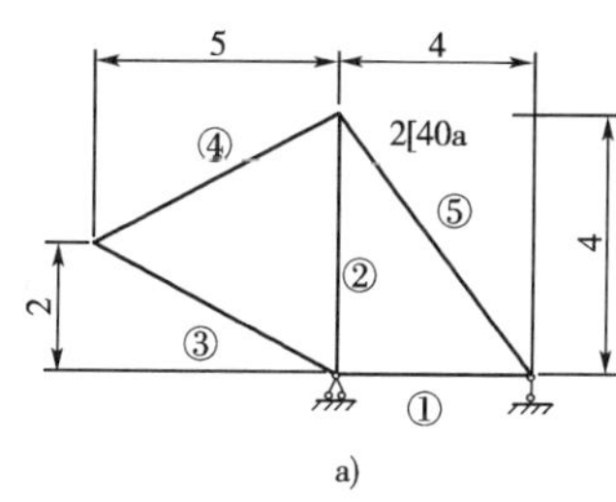

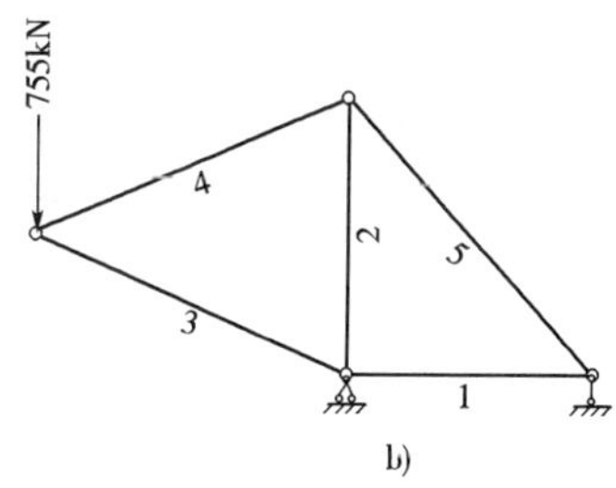

图9-21　菱形构架结构与计算模型(尺寸单位:m)

2)主构架各杆件轴力及支座反力

主构架各个杆件轴力及支座反力见图9-22。

对于④号拉杆,其截面正应力:

$\sigma=N/A=1016.5/0.0150136=67.7\text{MPa}<f=205\text{MPa}$,满足强度要求。

对于⑤号拉杆,其截面正应力:

$\sigma=N/A=1334.7/0.0150136=88.9\text{MPa}<f=205\text{MPa}$,满足强度要求。

对于①、②、③杆件为缀板式格构压杆,其承载能力由其稳定性确定,应分别对它们计算压杆稳定性计算,其中包括对虚轴和实轴的计算。

以下仅列出了是②杆绕虚轴的稳定性计算结果,其压杆截面见图9-23,缀板截面为0.28×12mm^2,静距为0.4m。

轴心压力设计值为 1321.3kN；

截面面积 $A=150.087\mathrm{cm}^2$；

构件对 Y 轴（虚轴）的计算长度 $L_y=400\mathrm{cm}$；

构件对 Y 轴（虚轴）的截面惯性矩 $I_y=28572.021\mathrm{cm}^4$；

钢材抗压强度设计值 $f=205\mathrm{MPa}$；

容许长细比 $[\lambda]=150$。

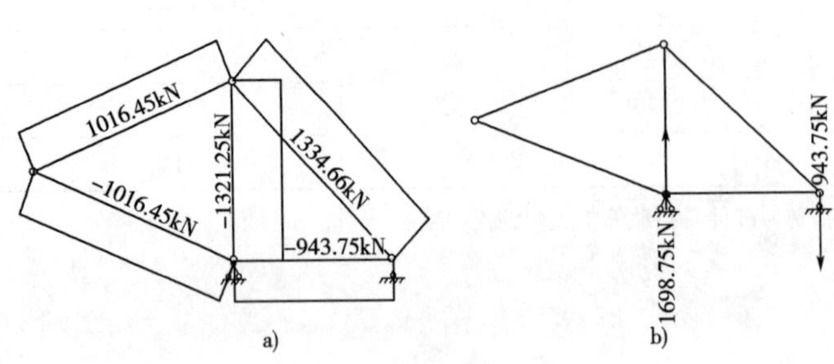

图 9-22　菱形构架计算结果

a）菱形构架轴力；b）支座反力

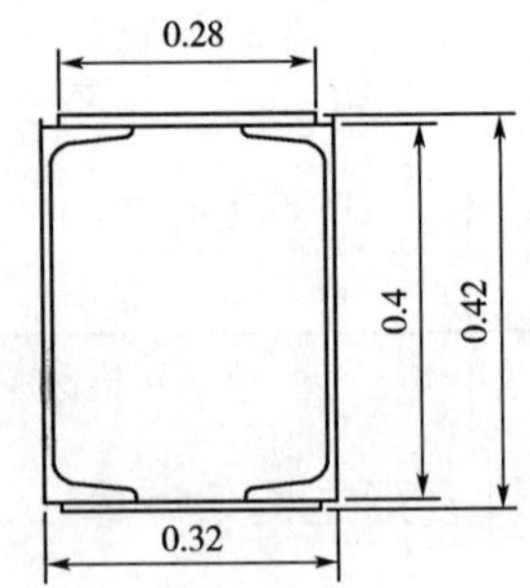

图 9-23　压杆截面图（尺寸单位：m）

由于构件对 Y 轴的回转半径 $i_y=\sqrt{\dfrac{I_y}{A}}=\sqrt{\dfrac{28572.021}{150.087}}=13.8\mathrm{cm}$；绕 Y 轴的长细比 $\lambda_y=\dfrac{L_y}{i_y}=\dfrac{400}{13.8}=29<[\lambda]=150$，则刚度条件满足构件对虚轴要求。

构件单肢截面面积 $A_1=75.0434\mathrm{cm}^2$；

构件单肢对 Y 轴（虚轴）的计算长度 $L_o=40\mathrm{cm}$；

构单肢件对 Y 轴（虚轴）的截面惯性矩 $\mathrm{I}_{y1}=591.991\mathrm{cm}^4$；

构件单肢对 Y 轴的回转半径 $i_1=\sqrt{\dfrac{591.991}{75.0434}}=2.81\mathrm{cm}$；

缀板静距范围内单肢绕 Y 轴的长细比 $\lambda_1=\dfrac{L_0}{i_1}=\dfrac{40}{2.81}=14.24<[\lambda]=150$，刚度条件满足构件对虚轴要求；

绕虚轴长细比 $\lambda_{0y}=\sqrt{\lambda_y^2+\lambda_1^2}=\sqrt{29\times29+14.24\times14.24}=32.3$；

构件对虚轴稳定系数 $\varphi=0.928$；

构件对虚轴稳定性检算 $\sigma=\dfrac{F}{A}=\dfrac{1321.3\times1000}{0.928\times150.087\times100}=94.9\mathrm{MPa}<f=205\mathrm{MPa}$；

结论：满足构件对虚轴稳定性条件要求。

构件对虚轴稳定系数 $\varphi=0.928$；

构件对虚轴稳定性检算 $\sigma=\dfrac{F}{\varphi A}=\dfrac{1321.3\times1000}{0.928\times150.087\times100}=94.9\mathrm{MPa}<f=205\mathrm{MPa}$。

结论：满足构件对虚轴稳定性条件要求。

3）主构架刚度计算

主构架刚度计算时，按荷载组合Ⅱ考虑，因此一侧主构架承受的荷载：$P=2485/4=$

621kN,主构架产生的变形见图9-24。

9.7.3 主桁架结点销轴强度检算

销轴采用45号钢材料加工(经调质处理),销轴直径ϕ120mm,强度设计值不小于360MPa,抗剪切强度设计值不小于200MPa。选择轴力最大的⑤杆端结点销轴检算。

1)销轴强度验算

由于销轴为双面剪切受力,剪切力$F = 1334.7\text{kN}$;

销轴受剪切力面积$A = 11309\text{mm}^2$;

销轴使用剪切应力$1334700 \div 11309 \div 2 = 59\text{MPa} < f = 200\text{MPa}$,则销轴强度满足使用。

2)销轴孔壁承压强度验算

由于销轴耳板及补强板采用Q235B材料,16~40mm板材抗压强度设计值$f = 205\text{MPa}$;

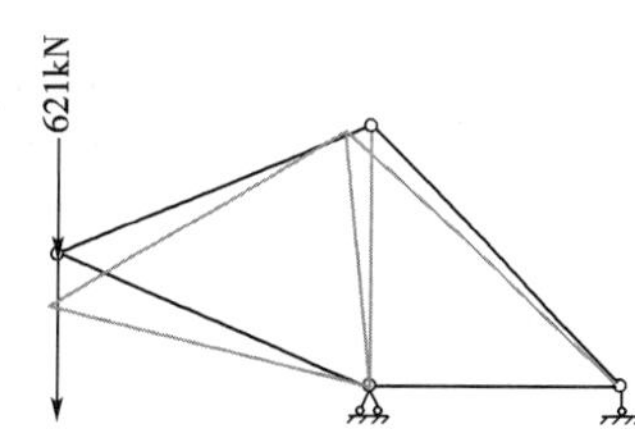

图9-24 主构架变形图

销轴孔壁最薄处为40.5mm;

孔壁承压面积为$40.5 \times 120 \times 2 = 9720\text{mm}^2$;

销轴孔壁压应力$1334700/9720 = 137\text{MPa} < f = 205\text{MPa}$,则销轴孔壁承压满足抗压强度要求。

9.7.4 前、后吊杆计算

吊杆为D32高强度精轧螺纹钢筋,钢号为PSB830,前吊杆最大受力长度为10m,截面面积为$3.14 \times 0.032 \times 0.032/4 = 0.000804\text{m}^2$;其承载能力为:

$$[N_1] = 0.000804 \times 830000000 = 667187\text{N} = 667\text{kN}$$

主构架一侧前吊杆的最大荷载$P = 755\text{kN}$,主构架一侧有6根吊杆,它们的总承载力:

$$[N] = 667 \times 6 = 4002\text{kN} > P = 755\text{kN}$$

安全系数$n = 4002/755 = 5.3$,满足强度要求。

吊杆总伸长量$\Delta = 755000 \div 6 \times 10 \div 200000000000 \div 0.000804 \div 1.2 = 0.0065\text{m} = 6.5\text{mm}$

则挂篮最大位移$d = 11.5 + 6.5 = 18\text{mm} < 20\text{mm}$。

9.7.5 混凝土浇筑时后锚力学计算

菱形主构架一侧采用三对D32精轧螺纹钢筋锚固,后锚最大拉力:

$$N_{max} = 943.8\text{kN}$$

则一根D32精扎螺纹钢筋所承受的最大拉力:

$$N = 943.8/6 = 157\text{kN} < [N] = 667\text{kN}$$

安全系数$n = 667/157 = 4.2$,则后锚满足强度要求。

9.7.6 前上横梁计算

前上横梁采用双I63a工字钢制作,其截面特性见表9-3;挂篮前端吊杆均悬吊于前上横梁上,将两榀主构架视为支承点,吊杆视为作用于前上横梁的集中荷载,则前上横梁受力与支撑位置见图9-25。

双 I63a 工字钢截面特性 表 9-3

名　称	惯性矩 I_z(cm^4)	面积 A(cm^2)	形心 Y_c(cm)	截面高 H(cm)
双 I63a	188510.324	309.5274	31.5	63

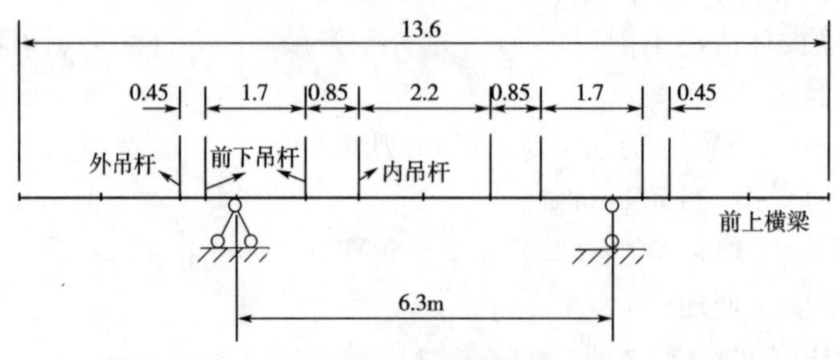

图 9-25　前上横梁布置（尺寸单位：m）

计算前上横梁所受的吊杆荷载需要考虑箱形截面横向不均匀分布的影响。最不利节段之最大截面及截面区域分割情况分别为如图 9-26 所示。

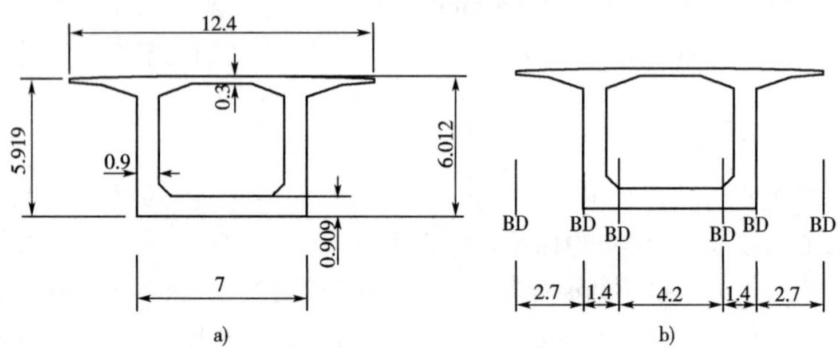

图 9-26　最不利截面及截面横向区域分割图(尺寸单位:m)

a)最不利截面;b)区域分割

最不利节段按 1.2 ×(分块荷载 + 模板荷载) + 1.4 × 人群机具及混凝土倾倒荷载计算的分块组合荷载见图 9-27。

最大外模吊杆轴力：$N_1 = 302.4/2 = 151.2\text{kN}$；

最大前下吊杆的轴力：$N_2 = (2 \times 767.5 + 557.5) \div 2 \div 4 = 261.6\text{kN}$；

最大内模吊杆轴力：$N_3 = 406.2 \div 2 \div 2 = 101.6\text{kN}$；

相应的前上横梁计算模型见图 9-28，部分计算结果见图 9-29。

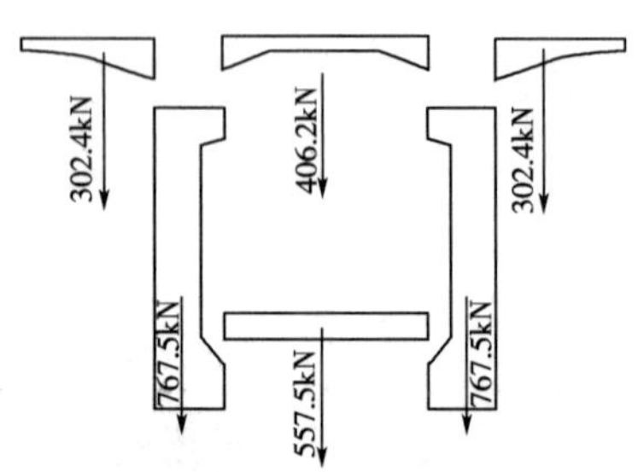

图 9-27　3.5m 梁段分块组合荷载

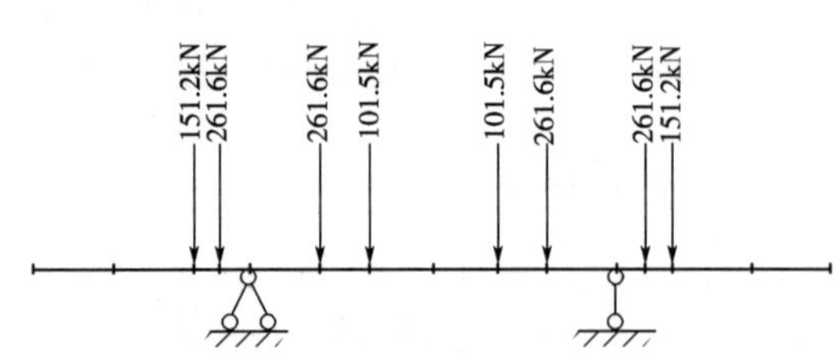

图 9-28　前上横梁荷载布置

因此，前上横梁截面：

最大正应力为 $\sigma_{max}=46\text{MPa}<f=205\text{MPa}$，则满足强度要求；

刚度 $w=2.7\div63000\div1.2=1/2800<[w]=1/400$，则满足刚度要求。

单元号：4
左截面下缘正应力 =(M_z × Y_x)/I_z=−68.04 × 0.315/0.001 878=−11.41MPa
左截面上缘正应力 =(M_z × Y_s)/I_z=68.04 × 0.315/0.001 878=11.41MPa
右截面下缘正应力 =(M_z × Y_x)/I_z=−274.44 × 0.315/0.001 878=−46.03MPa
右截面上缘正应力 =(M_z × Y_s)/I_z=274.44 × 0.315/0.001 878=46.03MPa

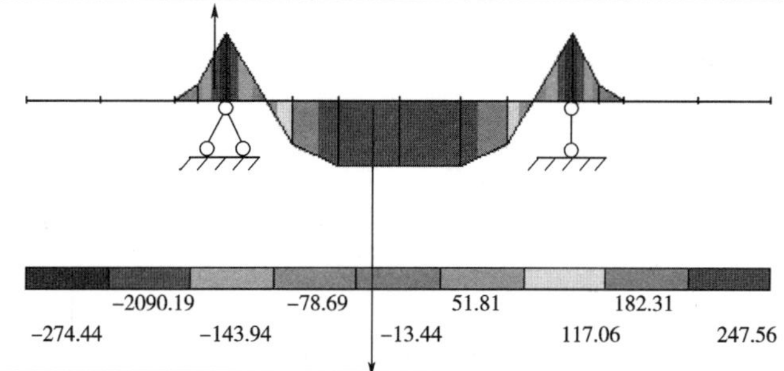

单元号：7
左截面下缘正应力 =(M_z × Y_x)/I_z=247.56 × 0.315/0.001 878=41.52MPa
左截面上缘正应力 =(M_z × Y_s)/I_z=−247.56 × 0.315/0.001 878=−41.52MPa
右截面下缘正应力 =(M_z × Y_x)/I_z=247.56 × 0.315/0.001 878=41.52MPa
右截面上缘正应力 =(M_z × Y_s)/I_z=−247.56 × 0.315/0.001 878=−41.52MPa

a)

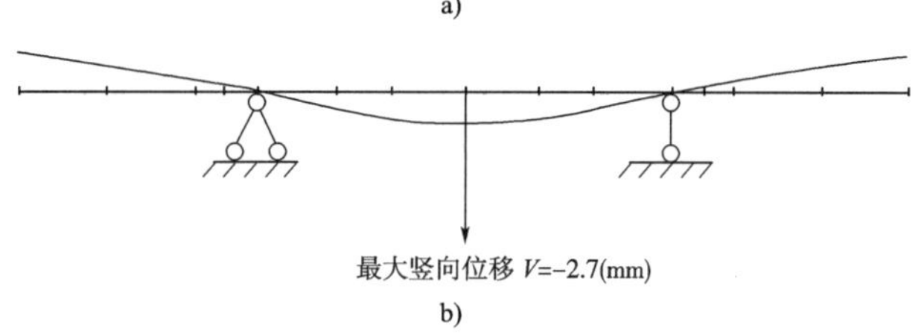

b)

图 9-29　前上横梁部分计算结果

a）弯矩与最大正应力图；b）变形图

9.7.7 前下横梁计算

前下横梁由双 I45a 工字钢组成，其截面特性见表 9-4；由四根前下吊杆悬吊，吊点位置见图 9-30。

双 I45a 工字钢截面特性　　表 9-4

规　　格	惯性矩 I_z（cm^4）	面积 A（cm^2）	形心 Y_c（cm）	截面高 H（cm）
双 I45a	64690.524	205.0636	22.5	45

最不利梁段组合荷载（图 9-27）在腹板和箱室处按底模纵梁根数平均分配给前下横梁，可得前下梁计算模型如图 9-31，部分计算结果见图 9-32。

因此前下横梁

截面最大正应力 $\sigma_{max}=21.9\text{MPa}<f=205\text{MPa}$，则满足强度要求；

刚度 $w=0.2\div39000\div1.2=\dfrac{1}{23400}<[w]=\dfrac{1}{400}$，则满足刚度要求。

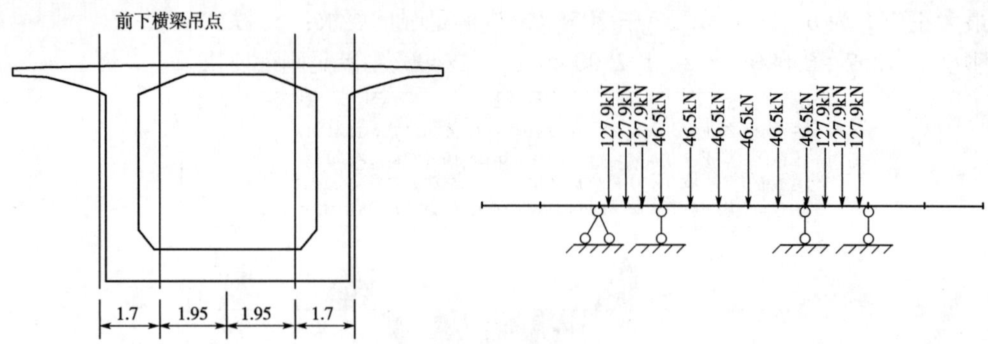

图 9-30　前下横梁吊点位置(尺寸单位:m)　　　图 9-31　前下横梁计算模型

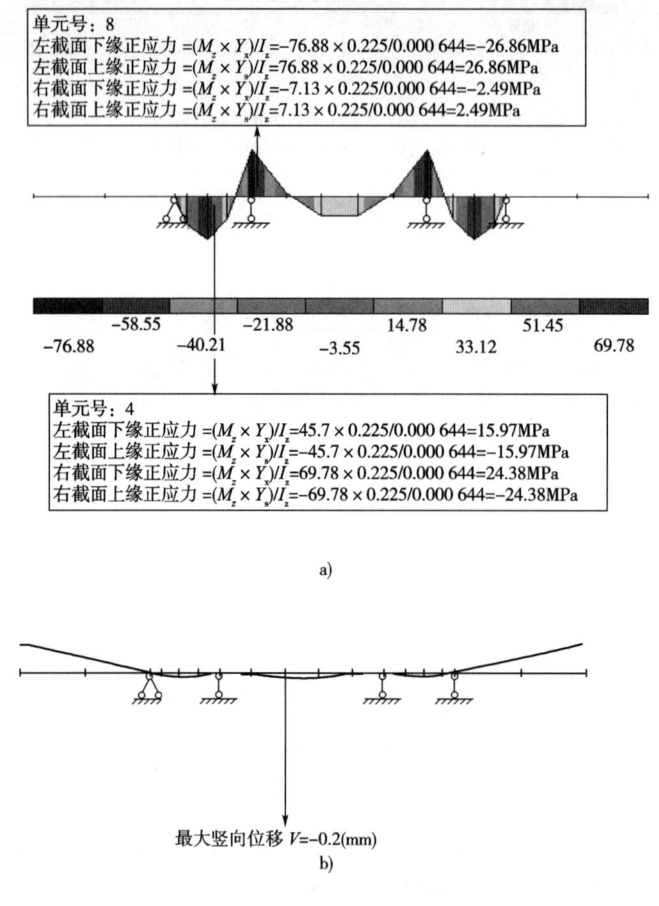

图 9-32　前下横梁最大位移

a) 弯矩图及最大应力值;b) 变形图

9.7.8 底模纵梁计算

挂篮底模纵梁为槽钢,腹板区布置有三根,间距为 0.45m,箱室区有 6 根,间距为 0.6m;底模纵梁最不利均布荷载为截面腹板区：

$$q = 767.5 \div 3 \div 3.5 = 73.1\text{kN/m}$$

底模纵梁为变截面梁，端部为双[30a 槽钢，中部为双[40a 槽钢，它们截面特性见表9-5，其最不利计算模型见图9-33，相应的计算结果见图9-34。

双[40a 槽钢截面特性　　　表9-5

名　称	惯性矩 I_z(cm^4)	面积 A(m^2)	形心 Y_c(cm)	截面高 H(cm)
双[40a	35155.324	150.0868	20	40

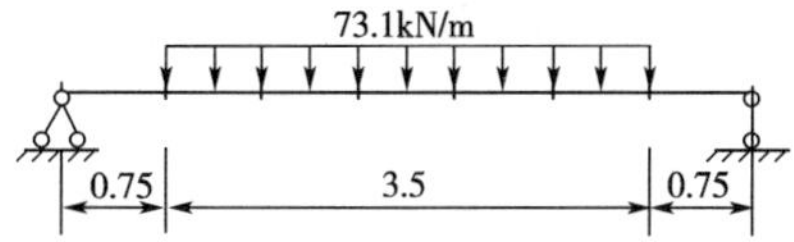

图9-33　底模纵梁计算模型(尺寸单位:m)

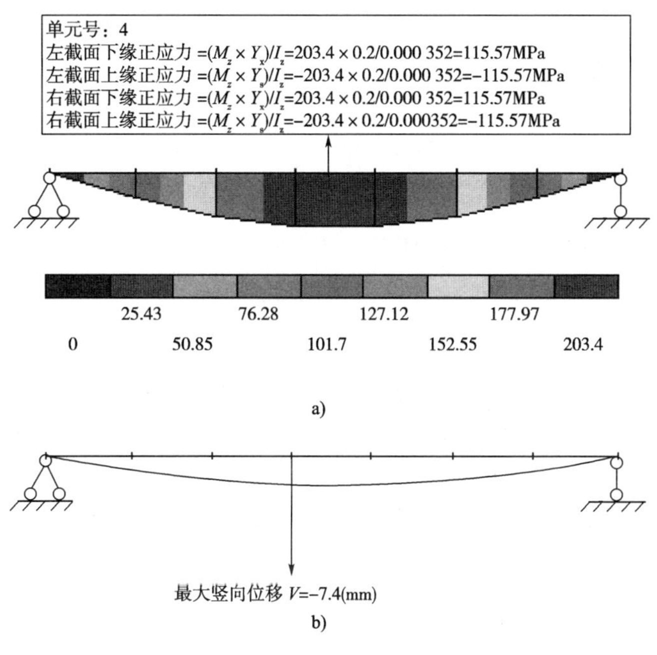

图9-34　底模板纵梁部分结果

a)弯矩与应力图;b)变形图

挂篮底模纵梁(2[40a 槽钢)的截面最大正应力，$\sigma_{max} = 116\text{MPa} < [f] = 205\text{MPa}$，则满足强度要求。

最大位移 $w = 7.4 \div 5000 \div 1.2 = \dfrac{1}{811} < [w] = \dfrac{1}{400}$，则满足刚度要求。

9.7.9 后下横梁计算

后下横梁的吊点与前下横梁规格相同，则其所外载与前横梁基本相同，可以推知后横梁满足强度要求。

9.7.10 外模滑梁及内模滑梁计算

内、外模滑梁具有类似的计算模型，它们均需要按挂篮工作状态和走行状态分别计算，下面仅给出外模滑梁的计算结果。外模滑梁是由双[32a 槽钢和钢板组焊而成，工作时外模滑梁所受荷载可简化为均布荷载，其数值为：

$$q=\frac{302.4}{3.5}=86.4\text{kN/m}$$

外滑梁组合截面见图 9-35，计算模型见图 9-36，部分计算结果见图 9-37，其截面特性见表 9-6。

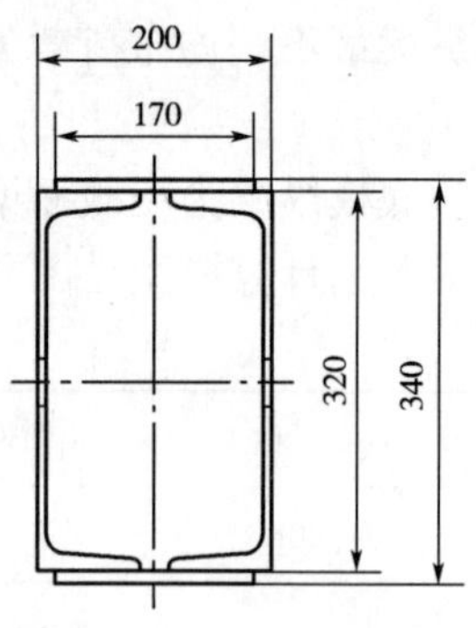

图 9-35 外滑梁组合截面（尺寸单位：mm）

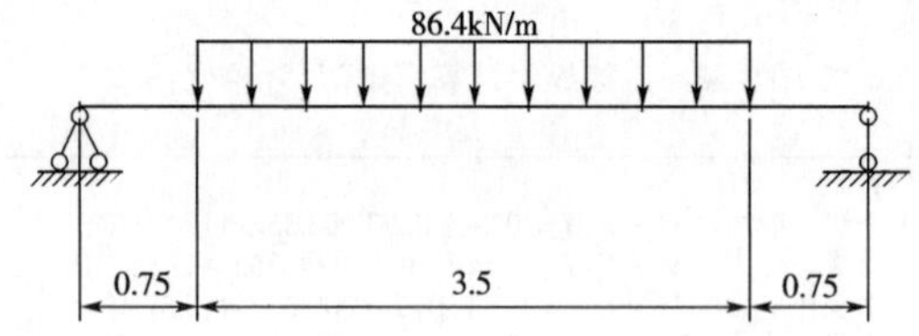

图 9-36 外滑梁工作时的计算模型（尺寸单位：m）

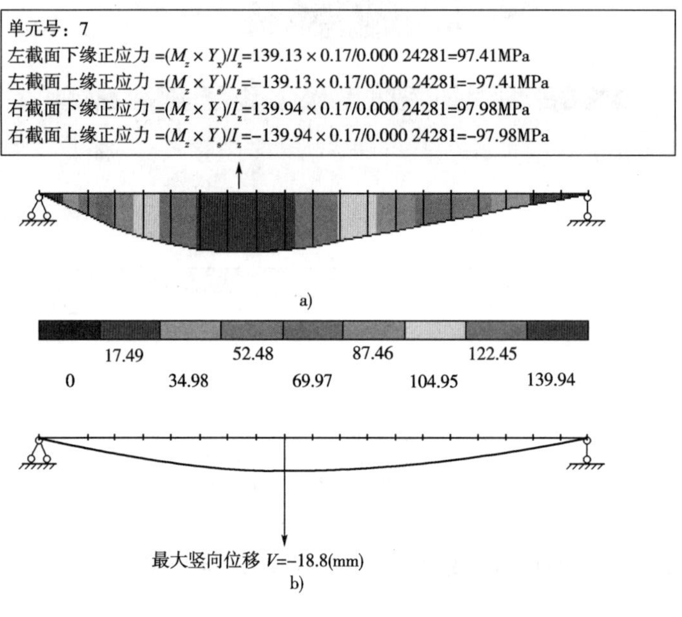

图 9-37 外滑梁工作时的计算结果

a）弯矩图与截面正应力；b）变形图

双[32a 槽钢截面特性 表 9-6

规　格	惯性矩 I_z（cm^4）	面积 A（m^2）	形心 Y_c（cm）	截面高 H（cm）
组合截面	24280.58	131	17	34

结论：

（1）外滑梁的工作时的最大正应力为 $\sigma=168\text{MPa}<f=205\text{MPa}$，则满足强度要求。

(2)滑梁工作时的最大挠度：

$w=12.3\div(5000\div1.2)=\frac{1}{488}<[w]=\frac{1}{400}$,则满足刚度要求。

挂篮走行时外滑梁最不利工况为挂篮即将滑行到位时,此时外滑梁前后吊点间距最大,需要按该状态对滑梁计算其强度与刚度进行,相应的外滑梁荷载为外侧模板自重,可按均布荷载考虑,其数值为：

$$q=\frac{100}{3.5}=28.6\text{kN/m}$$

图9-38为外模走行时的最不利计算模型,相应的计算结果见图9-39。

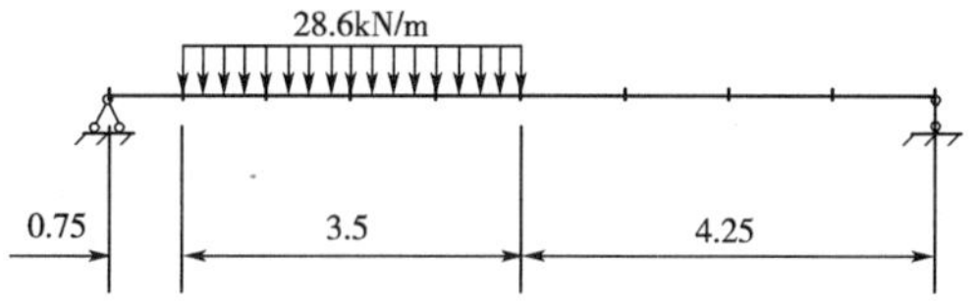

图9-38 外模走行时计算模型(尺寸单位:m)

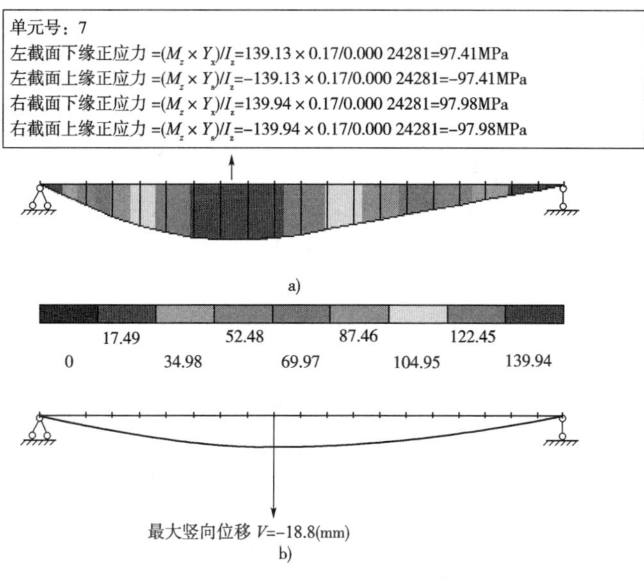

图9-39 外滑梁走行时的计算结果

a)弯矩图与截面正应力;b)变形图

从以上计算结果可知：

(1)滑梁的走行时的最大正应力为 $\sigma=98\text{MPa}<f=205\text{MPa}$,则满足强度要求。

(2)滑梁走行时的最大挠度为：

$w=\frac{18.8}{8500}=\frac{1}{452}<[w]=\frac{1}{400}$,走行时外滑梁刚度满足要求。

第10章

贝雷架施工力学计算

贝雷架因其具有结构简单、运输方便、架设快捷、载重量大、互换性好、适应性强等特点，而广泛应用于临时钢桥、龙门吊、架桥机，及装配式吊桥、贝雷导梁、悬臂现浇挂篮、贝雷满堂支架、贝雷拱架等临时结构的支架体系中。本章将以国产贝雷架为对象，重点介绍贝雷架的结构特征、计算模型及建模方法并通过具体工程实例加以说明。

10.1 贝雷架的结构和力学特性

贝雷架分国产和进口，国产贝雷架也称为321钢桥，其基本组成单元是贝雷片，见图10-1。贝雷片由上下弦杆、竖杆及斜杆焊接而成，上下弦杆分别为双[10槽钢，斜杆和竖杆为I8工字钢，每片桁架重2.7kN，单位长重量为0.9kN/m。上下弦杆的一端为阴头，另一端为阳头，统称为接头，见图10-2；阴阳头都有销栓孔，两节贝雷片连接时，将一节的阳头插入另一节的阴头内，对准销子孔，插上销子即可。上、下弦杆内有螺栓孔，通过螺栓来拼组加强弦杆或双层贝雷片，图10-3为加强弦杆的螺栓图。

a)

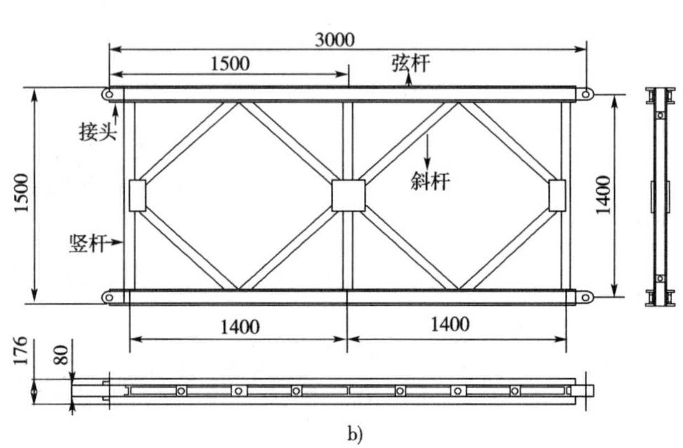

b)

图10-1 贝雷片构造（尺寸单位：mm）

a）贝雷片三维图；b）贝雷片三视图

贝雷架可以是单层或双层。当荷载较大时，需要将上、下弦杆设置为加强型弦杆。图10-4为普通或加强型单层贝雷架、双层贝雷架的结构简图。

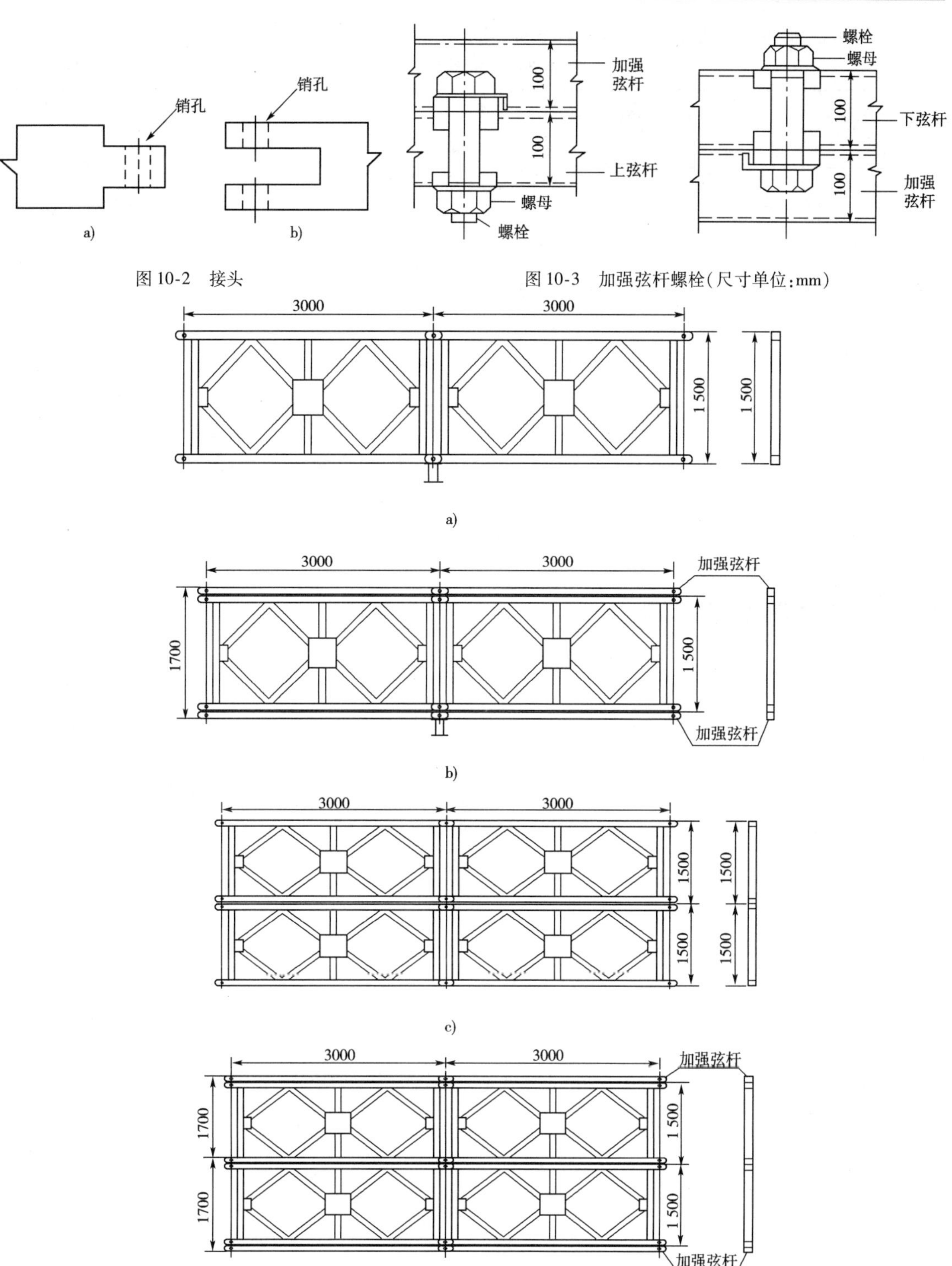

图 10-2　接头

图 10-3　加强弦杆螺栓(尺寸单位:mm)

图 10-4　普通或加强型贝雷架(尺寸单位:mm)

a)单层贝雷梁;b)加强型单层贝雷梁;c)双层贝雷梁;d)加强双层贝雷梁

贝雷片的基本力学性能见表 10-1 和表 10-2。

贝雷梁单元杆件力学性能　　表 10-1

杆 件 名 称	材　料	断 面 形 式	横截面面积(cm^2)	惯性矩(cm^4)	允许承载力(kN)
弦杆	16Mn	][10	2×12.74	397	560
竖杆	16Mn	I8	9.52	99	210
斜杆	16Mn	I8	9.52	99	171.5

材料、屈服强度及容许应力(MPa)　　表 10-2

部　件	材　料	$[\sigma_s]$	$[\sigma]$	$[\tau]$
构件	16Mn	350	273	208
销子	30CrMnTi	1300	1105	585

由一组平面贝雷架通过横向连接可以组拼出空间贝雷架结构，并与碗扣支架、型钢、钢管立柱等构件组合，可以设计出丰富多样的临时结构形式，以满足现场多样化的临时结构支撑方案。图 10-5 为某高铁简支梁桥施工用的贝雷架方案三视图；图 10-6 为一连续梁桥现浇支架方案的纵断面和平面布置图，主要由满堂支架、贝雷梁及钢管立柱组成。

10.2 贝雷架力学计算模型分析

贝雷架因其自身的结构特征和力学特征，合理的贝雷架力学计算方法要求其计算模型需要充分地反映贝雷架的这些特征。工程上通常可将贝雷架简化成一根简支梁或连续梁进行力学计算，相应的计算模型称为相当梁模型；或者将贝雷架结构简化成一个平面或空间杆件有限元模型进行计算，相应的有限元模型为刚铰杆件有限元混合模型。当贝雷架中每一排贝雷梁主要受平面荷载作用时，一般可将该空间的贝雷架简化成平面的单排贝雷梁进行力学计算。

10.2.1 相当梁计算模型

相当梁模型是一种将贝雷桁架结构简化成梁式结构，并能与贝雷桁架结构力学行为等效的一种计算模型，通过计算相当梁的最大截面弯矩、剪力及挠度来判定贝雷架的承载能力及刚度情况。相当梁的截面特性及承载能力，与贝雷梁的层数，上、下弦杆是否加强及贝雷架排数有关，表 10-3 和表 10-4 分别为贝雷梁相当梁计算模型的截面特性参数与承载能力容许值。

国产贝雷架允许弯矩为单排单层的数值，各由其允许应力计算得出；三排单层贝雷的允许弯矩可按单排单层的乘以 3 再乘以不均匀系数以不均匀系数 0.95；双排双层的可按单排单层的乘以 4 再乘以不均匀系数 0.9；三排双层的可按单排单层的乘以 8 再乘以不均匀系数 0.8。

值得注意的是，相当梁模型虽然计算过程简单方便，容易通过手算或有限元软件实现，但相当梁模型的计算成果有时不能真实反映贝雷架中的竖杆及斜杆的受力，当贝雷架所受荷载较大时，这种忽略容易存在安全风险，而采用平面或空间杆件有限元模型则更能有效地反映贝雷架实际受力特点。

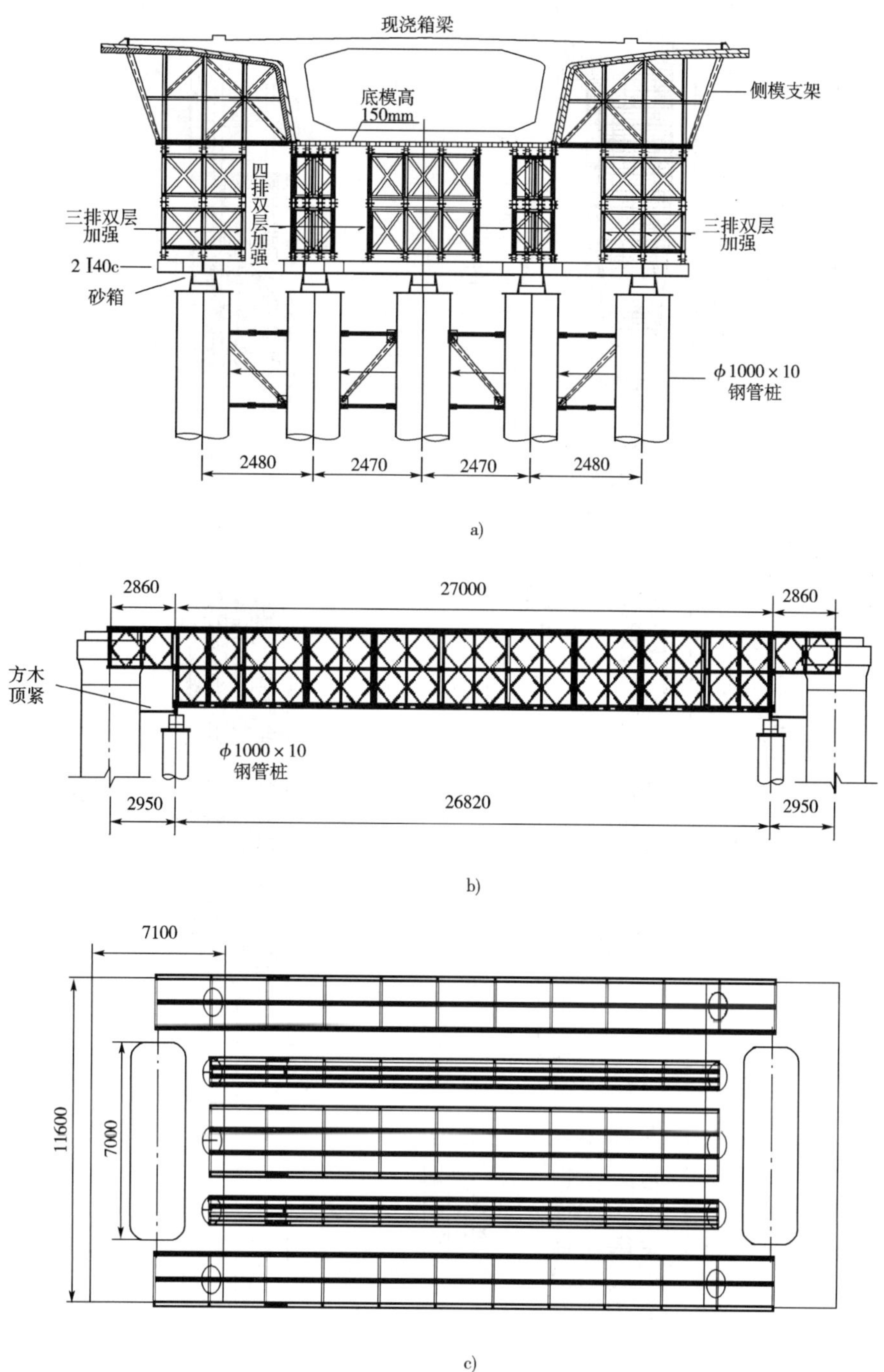

图10-5　某高铁简支梁桥施工用的贝雷架方案(尺寸单位:mm)
a)贝雷架横断面布置图; b)贝雷架立面布置;c)贝雷架平面布置

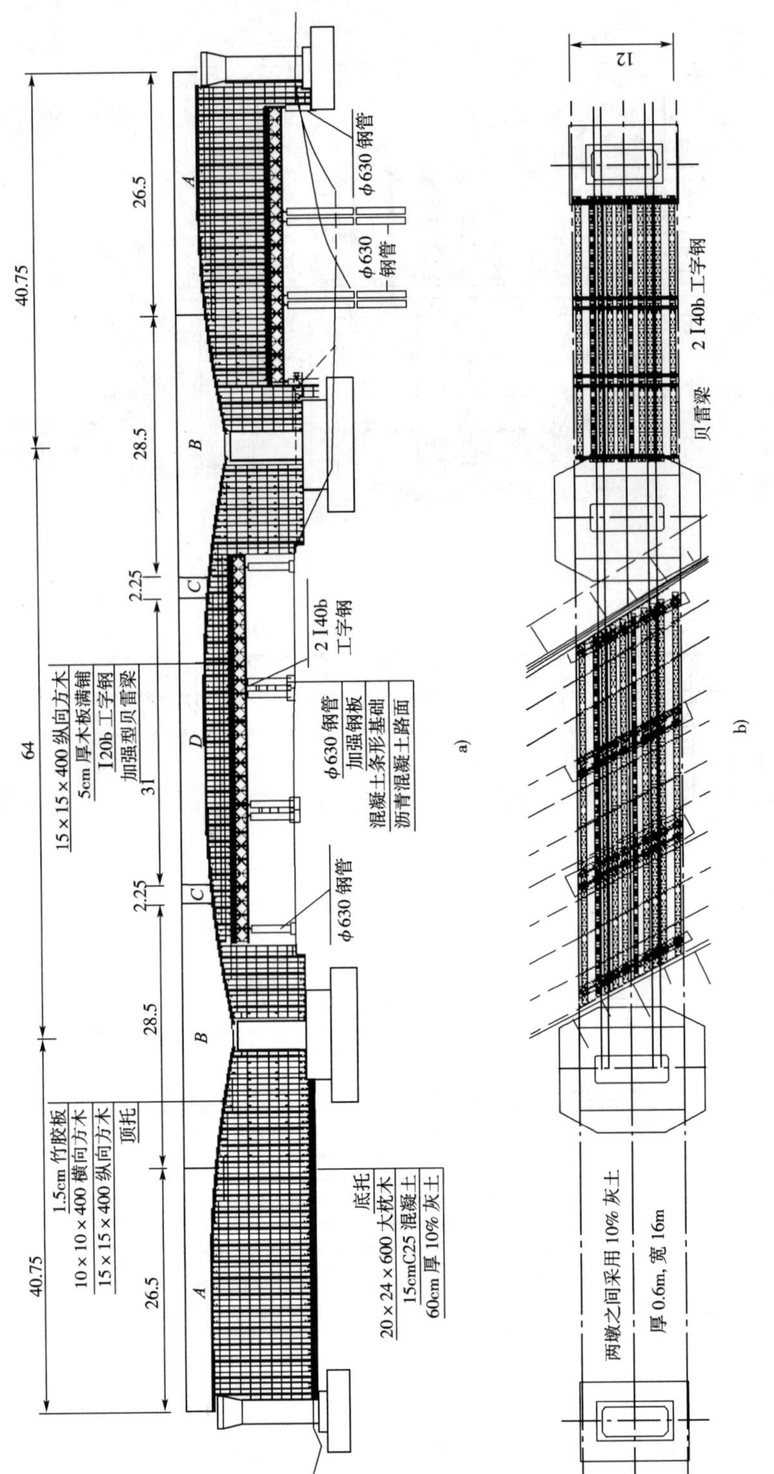

图 10-6　连续梁桥现浇支架方案(尺寸单位:m)

a)立面图;b)平面图

贝雷架相当梁计算模型的截面特性

表 10-3

结构构造 \ 截面特性		抗弯截面模量 W_z (cm^3)	截面惯性矩 I_z (cm^4)	抗弯刚度 EI_z ($kN \cdot m^2$)
单排单层	不加强	3578.5	250497.2	526044.12
	加强	7699.1	577434.4	1212612.24
双排单层	不加强	7157.1	500994.4	1052088.24
	加强	15398.3	1154868.8	2425224.48
三排单层	不加强	10735.6	751491.6	1578132.36
	加强	23097.4	1732303.2	3637836.72
双排双层	不加强	14817.9	2148588.8	4512036.48
	加强	30641.7	4596255.2	9652135.92
三排双层	不加强	22226.8	3222883.2	6768054.72
	加强	45962.6	6894390	14478219

贝雷架相当梁计算模型承载能力允许值

表 10-4

允许内力 \ 梁型	不加强贝雷梁				
	单排单层	双排单层	三排单层	双排双层	三排双层
弯矩(kN·m)	788.2	1576.4	2246.4	3265.4	4653.2
剪力(kN)	245.2	490.5	698.9	490.5	698.9
允许内力 \ 梁型	**加强贝雷梁**				
	单排单层	双排单层	三排单层	双排双层	三排双层
弯矩(kN·m)	1687.5	3375	4809.4	6750	9618.8
剪力(kN)	245.2	490.5	698.9	490.5	698.9

10.2.2 杆件有限元刚铰混合模型

合理的贝雷梁平面杆件有限元模型为杆件有限元刚铰混合模型,该模型的基本特点如下。

(1)弦杆、斜杆、竖杆及阴阳接头可简化成梁单元。

(2)除贝雷片之间阴阳接头采用铰连接外,其他梁单元之间按刚性节点连接。

(3)竖杆和斜杆按 I8 工字钢计算截面特性,弦杆按双[10 槽钢计算截面特性,见表 10-1。

(4)阴阳接头按弦杆截面特性处理。

(5)对于加强型弦杆或双层贝雷梁的中间双层弦杆,可按上、下双[10 槽钢组合截面考虑其截面特性,为便于描述,也可将该组合截面可定义为加强型双[10 组合截面,见图 10-7,相应的杆件允许轴力为单层弦杆允许轴力的 2 倍。

表10-5为加强型弦杆组合截面等截面特性数值及承载能力。

加强型弦杆的截面特性　　表10-5

截面类型	材料	面积（cm^2）	惯性矩（cm^4）	截面高（cm）	允许承载力（kN）
上下双］［10	16Mn	50.97	2067.48	20	2×560＝1120

将加强弦杆等效成加强型双］［10组合截面，虽然这种等效与加强型弦杆的实际截面在抗弯惯性矩存在差异，但对于以承受轴力为主的加强型弦杆，这种等效方法对结构的整体力学行为影响不大，就工程应用而言，可以忽略这种差异。

图10-8为一双层贝雷梁的平面杆件有限元刚铰混合模型，图中，单元a、c均按双［10槽钢截面计算，单元b按加强型双［10组合截面计算，单元d与单元截面特性相同；而当该贝雷梁的上、下弦杆为加强型弦杆时，则单元a、b、c、d均按加强型［10组合截面计算。

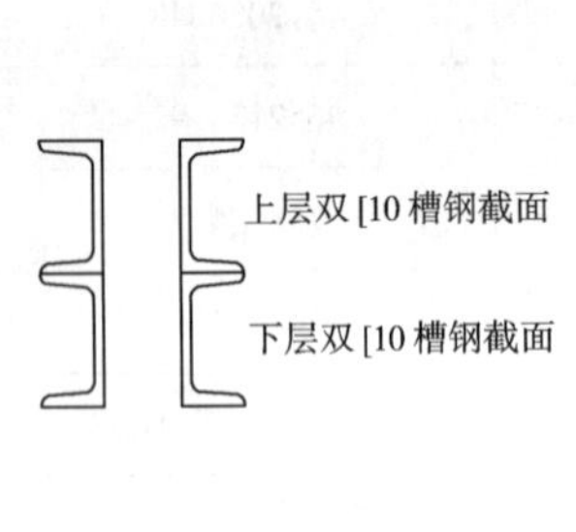

图10-7　加强型弦杆组合截面

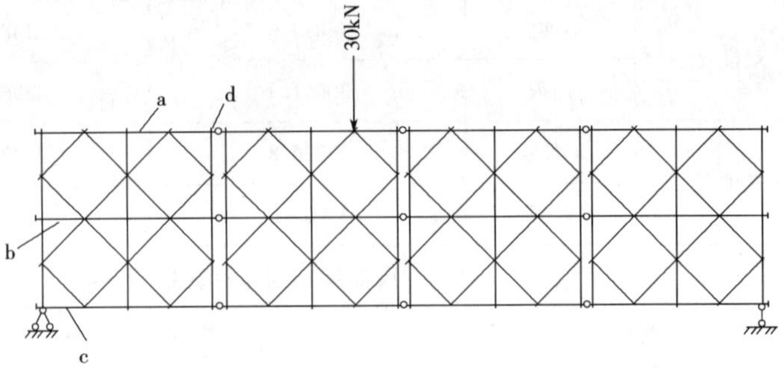

图10-8　双层贝雷梁刚铰混合模型

10.2.3 贝雷架承载能力判据

贝雷架承载能力需要根据所选择的具体计算模型进行判断。当采用相当梁计算模型时，其相当梁的截面最大弯矩和最大剪力均分别小于相当梁的允许截面弯矩和允许剪力；而当采用刚铰杆件有限元混合模型时，则要求弦杆、斜杆及竖杆所受的最大轴力小于各自杆件类型的允许轴力。

10.3 贝雷梁的局部加强处理

当贝雷架所承受的施工荷载较大，空间位置受限，需要将贝雷架支撑于贝雷片的下弦杆上时，该弦杆将承受较大的集中力作用，并会产生较大的局部弯曲变形，甚至导致局部失稳。贝雷片杆件主要用来承受轴力，可以通过焊接竖向双［10槽钢立杆来做局部加强处理，见图10-9。

10.4 贝雷架力学计算实现方法

当按相当梁模型计算贝雷架时，可按第3章介绍的方法建立相当梁计算模型，梁单元的截面特性及截面承载能力可参考表10-3和表10-4。在创建梁式杆件有限元模型后，可绘制单元选择器选择杆件单元群,打开“单元选择器”对话框,在“制式结构 1”页面的“贝雷架”组合框中,见图 10-10,选择贝雷梁类型,单击“相当梁模型定义”按钮,可以将选择的杆件单元群设置为具有相当梁模型的截面特性。

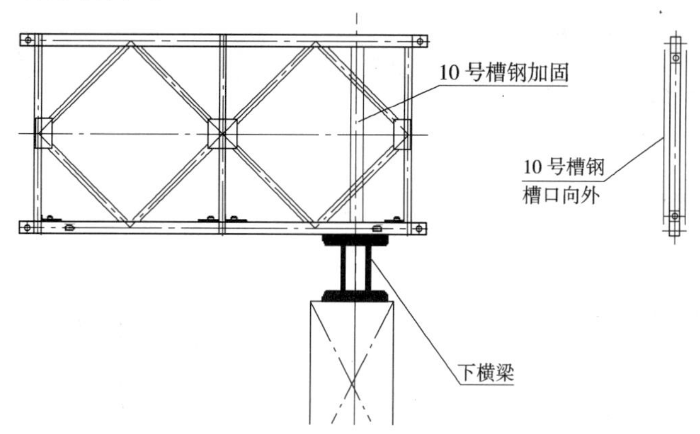

图 10-9　贝雷梁局部加强处理示例

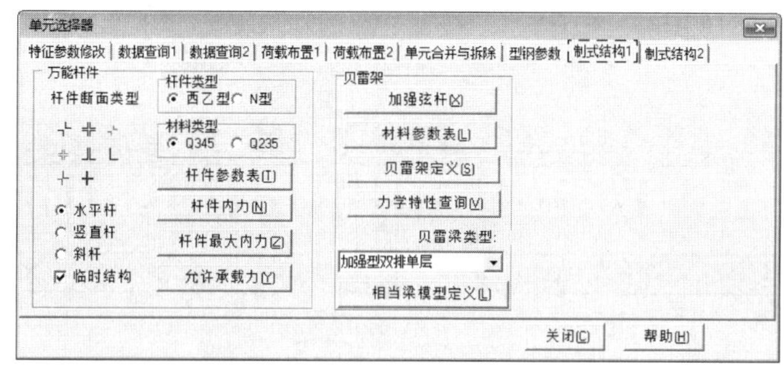

图 10-10　“单元选择器”的“制式结构 1”页面

当采用平面杆件有限元刚铰混合模型时,则可以采用下面操作方法快速创建其模型:单击指引线创建按钮命令,绘制指引线,系统弹出“单指引线命令组”对话框中,单击按钮命令,系统弹出“制式结构”对话框,在“贝雷梁”页面上(图 10-11),输入贝雷梁组成片数、所承受的均布荷载,勾选是否为双层贝雷梁、上、下弦杆是否为加强型,及约束支座布置情况等选项,单击“杆件有限元模型”按钮,即可以得到一个初始化的贝雷梁杆件有限元模型。该模型为杆件有限元刚铰接混合模型,各杆件上自动加载了相关的杆件截面特性,上弦杆所承受的均布置荷载已自动转化为作用在弦杆上的节点荷载;所受荷载先按均布荷载考虑,无均布荷载时,可输 0;在以上初始化的贝雷梁杆件杆件有限元模型上,继续布置其他荷载或约束支座,可以得到需要的贝雷梁计算模型。

打开贝雷梁计算模型的对话框,可以完成贝雷架的力学计算,并得到相应的计算结果,见图 10-12。

要查询弦杆、竖杆或斜杆的轴力,可以绘制单元选择器框选或交选单元区域进行查询,并与贝雷梁各相关杆件的允许轴力进行比较,即可判断贝雷梁承载能力情况。

实际上,工程的贝雷架不仅可以贝雷梁的形式出现,通过贝雷片可以拼组出多种贝雷架形式。对于一般的平面贝雷架,可以采用以下步骤建立其平面杆件有限元刚铰混合模型。

(1)按前述介绍方法创建无荷载作用的单层或双层贝雷梁或单个贝雷片。

(2)通过移动、拷贝、删除等操作绘制贝雷架结构几何图形,将它们合并成几何图块对象。

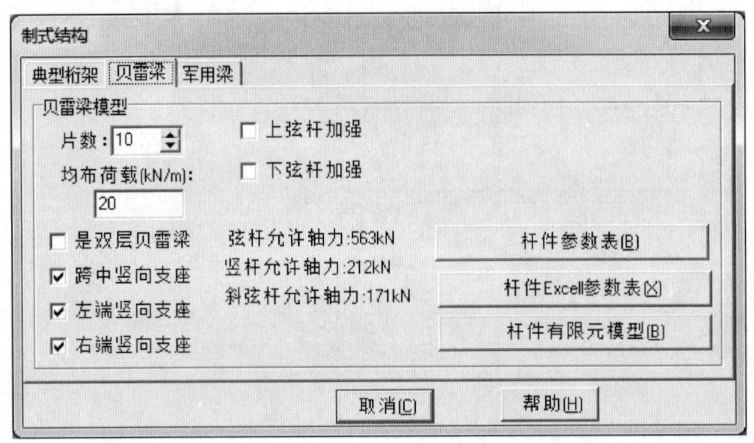

图 10-11 “制式结构”的“贝雷梁”对话框

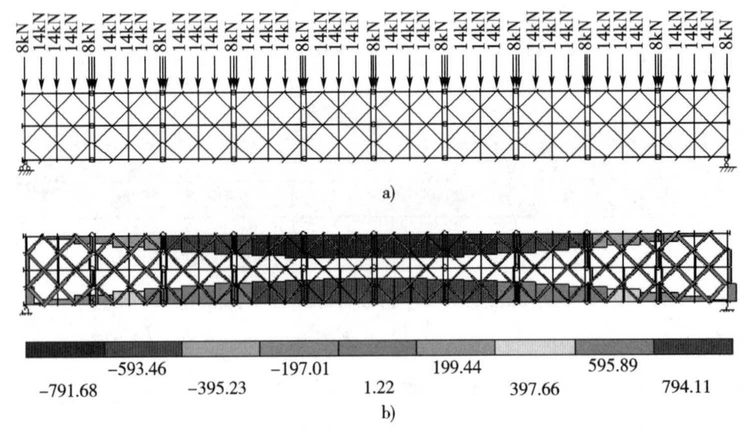

图 10-12 双层贝雷梁

a)计算模型;b)轴力图

(3)将几何图块对象强制转化成杆件有限元对象。

(4)绘制单元选择器,选择该杆件有限元对象,打开“单元选择器”对话框,在“制式结构 1”页面的“贝雷架”组合框中(图 10-10),单击“贝雷架定义”按钮,即可以得到一般平面贝雷架的刚铰混合计算模型,此时模型上各个杆件上自动加载上贝雷架相应杆件的截面特性。

图 10-13 为一般贝雷架计算模型创建示例,它可以通过图 10-13a)所示的两个贝雷构件,并通过图形编辑、有限元模型自动编号及贝雷架定义等操作得到一个具有贝雷架杆件截面特性刚铰混合模型,可以用来实现一般贝雷架结构的力学计算。当贝雷架需要局部加强处理时,可以采用第 3 章介绍的方法,通过单元分割及追加等方法实现。

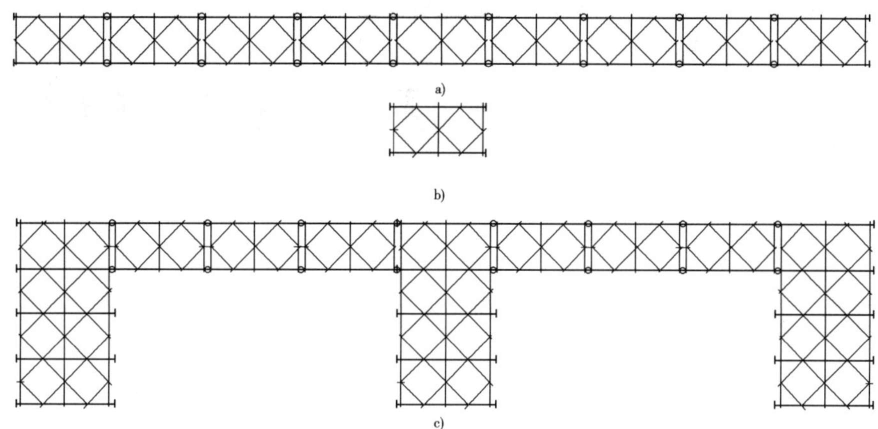

图 10-13 一般贝雷架计算模型创建示例

10.5 工程算例

10.5.1 贝雷架布置方案

图 10-14 为某 32m 高铁简支梁贝雷支架布置方案。纵向设 4 排钢管支撑,纵向布置跨径为 8.9m + 8.9m + 8.9m;每排钢管支撑横向设 5 根 ϕ1000mm × 10mm 钢管立柱,横向柱间距 2.5m,钢管之间横向设∠80mm ×80mm ×6mm 角钢连接;每排钢管支撑顶面用 2 根 I45a 工字钢作横向分配梁。横向分配梁上布设 5 组共 18 片单层加强型贝雷梁,每 3 片或 4 片贝雷梁组成一组,按箱形截面的翼缘区、腹板区和箱室区等区域分区布置,其中翼缘区 3 排,横向间距 0.9m;一侧腹板区 4 排,横向间距 0.3m;箱室区 4 排,横向间距 0.8m。每排贝雷梁之间用型钢格构横向连接,上部每 0.4m 间距布设 I12 工字钢(简称上横梁)。钢管立柱分为 7m 标准节配 2m、1.5m、1m 管节,根据墩高采用不同管节进行配备,立柱顶、底部采用法兰进行连接,顶部利用 1.38m 长 ϕ630 钢管做砂箱杆帽,以调整标高程和落架。两端的钢管立柱支承在桥墩承台上,其余两排钢管支墩支承在混凝土块上,混凝土块置于换填土上。试检算该支架方案中贝雷梁、横向分配梁及钢管立柱等部分构件的强度、刚度和稳定性。

10.5.2 计算依据

(1)《钢结构设计规范》(GB 50017—2003)。

(2)《公路桥涵钢结构及木结构设计规范》(JTJ 025—86)。

(3)《公路桥涵施工技术规范》(JTG/T F50—2011)。

10.5.3 荷载分析

该桥为单箱单室等高变截面形式,贝雷支架方案中箱室区和腹板区贝雷梁纵向共 9 片,总长 27m;翼缘区纵向共 11 片,贝雷梁长 33m。最不利贝雷梁在箱室区和腹板区,需要考虑跨中

27m 范围内贝雷梁的受载情况,该梁段跨中 23.6m 范围截面尺寸见图 10-15a),两端 1.7m 范围的截面尺寸见图 10-15b)。

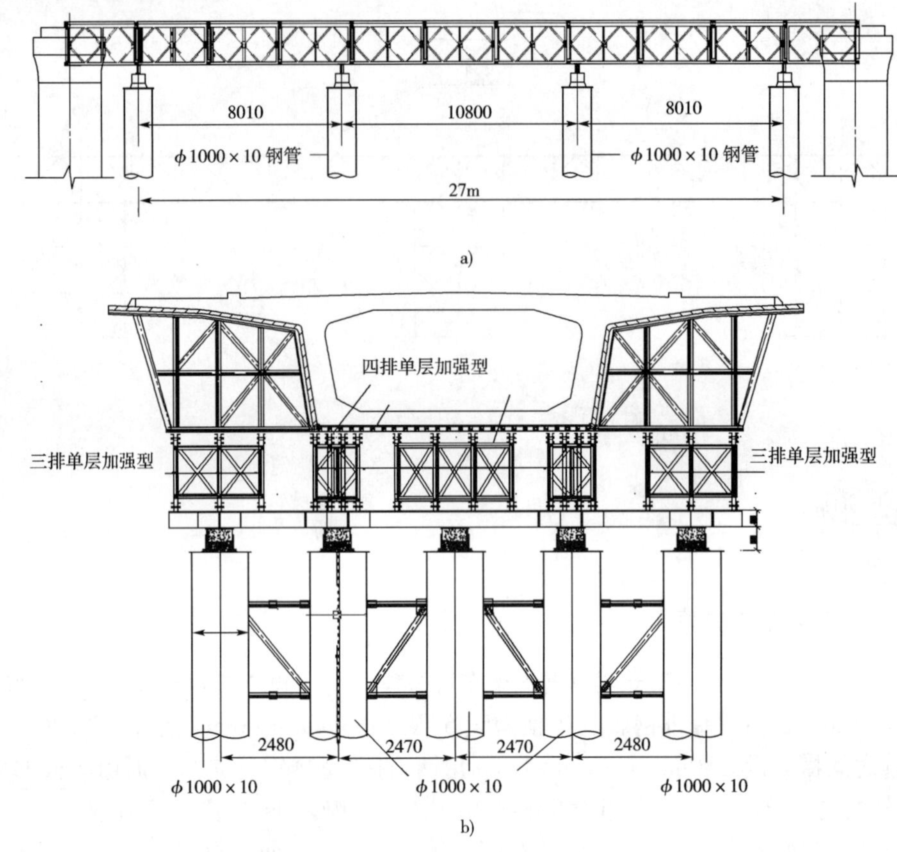

图 10-14　高铁简支梁贝雷支架布置方案(尺寸单位:mm)

a)立面图; b)横断面图

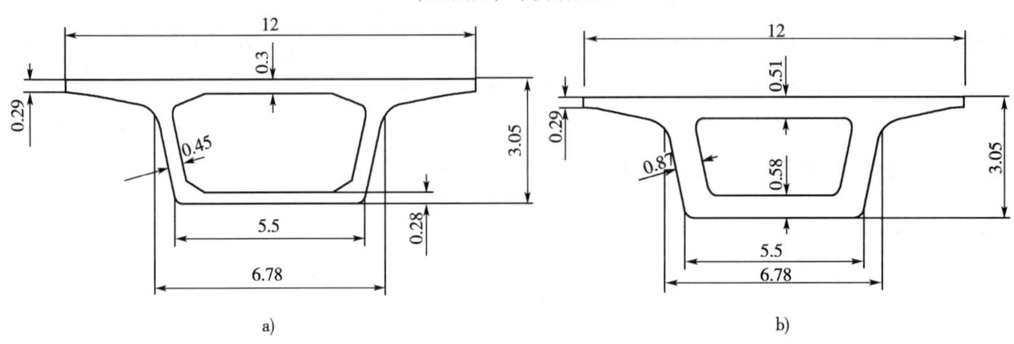

图 10-15　简支梁箱形控制截面(尺寸单位:m)

10.5.4 荷载取值

贝雷支架的荷载取值情况如下。

(1)新浇混凝土重度 26kN/m³。

(2)人群、机具荷载2.5kPa。

(3)混凝土振捣冲击荷载按2.0kPa考虑。

(4)模板、方木及支架荷载为3kPa。

(5)新浇混凝土及模板荷载组合系数为1.2。

(6)人群、机具及混凝土振捣和冲击荷载的组合系数为1.4。

跨中和梁端箱形截面区域分割及纵向单位长组合荷载计算结果见图10-16和图10-17。

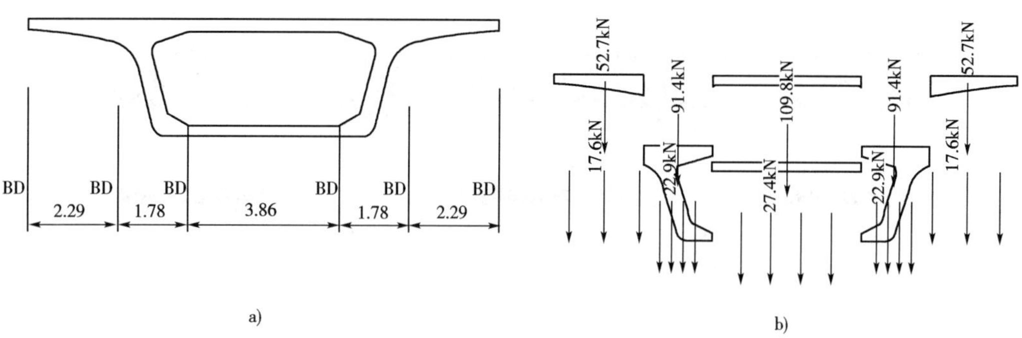

图10-16　跨中截面(尺寸单位:m)

a)跨中截面区域分割情况;b)跨中截面组合荷载计算

注:BD为分界线标记

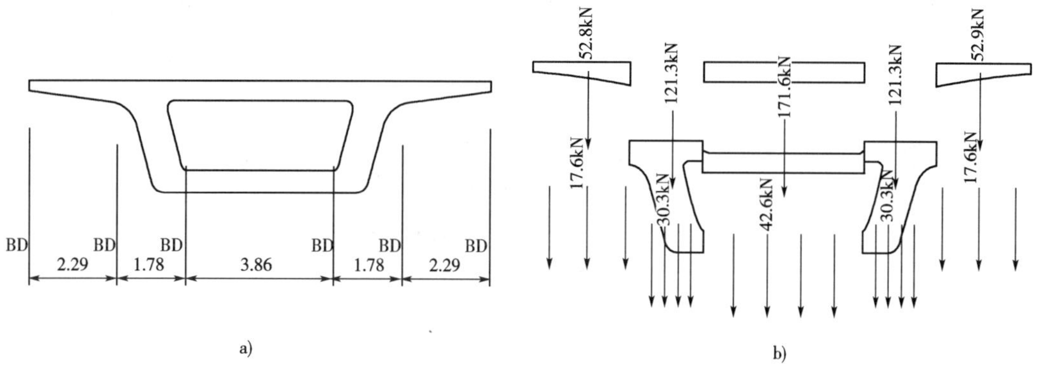

图10-17　梁端截面区域分割及组合荷载(尺寸单位:m)

a)梁端截面区域分割;b)梁端截面组合荷载计算

10.5.5 贝雷梁计算模型

根据上节所计算的组合荷载,可知箱室区贝雷梁所受荷载最大,其最不利计算模型见图10-18,部分计算结果见图10-19。

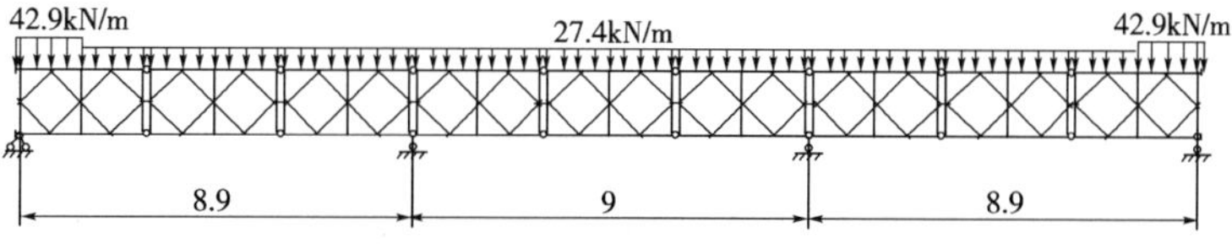

图10-18　贝雷梁最不利计算模型(尺寸单位:m)

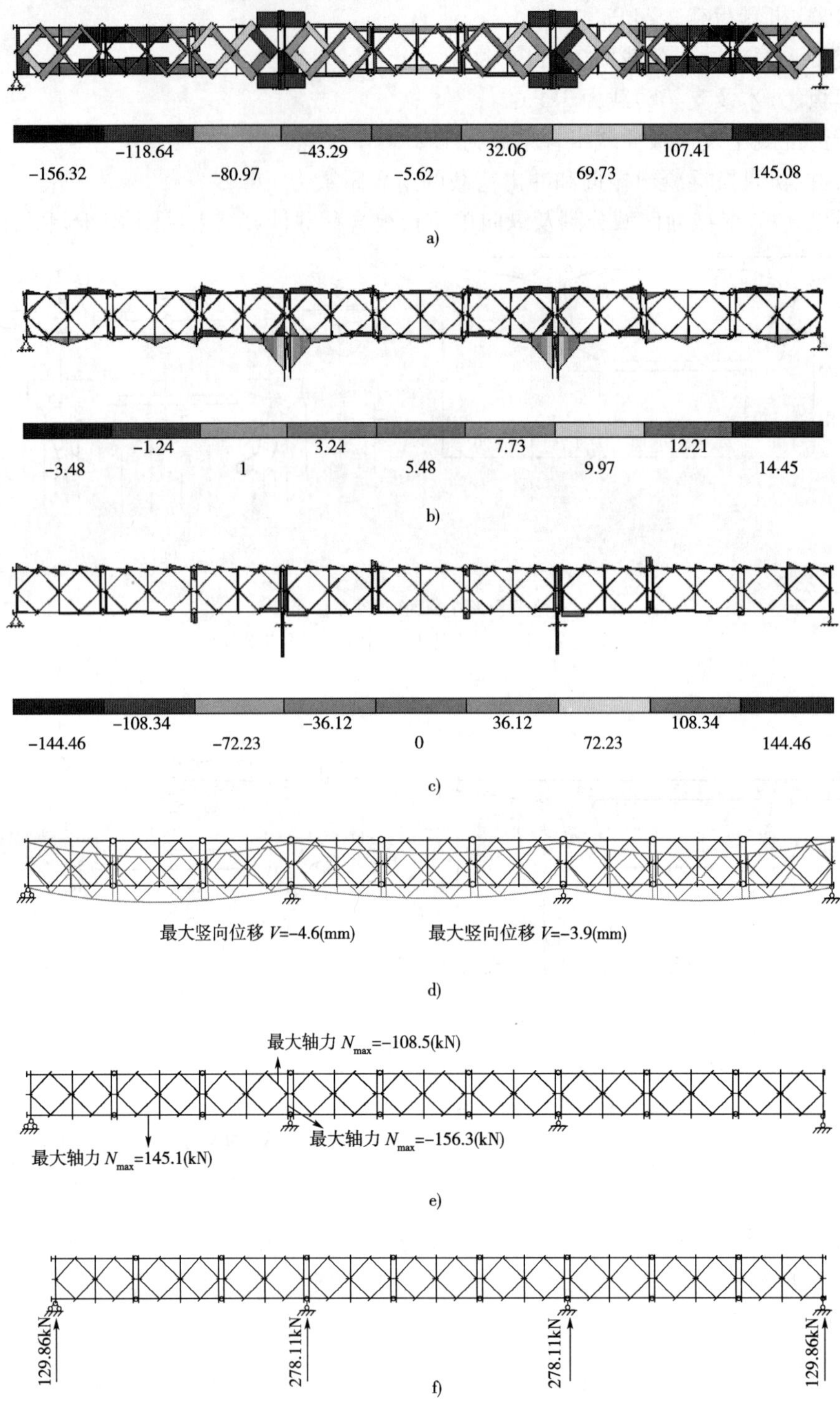

图 10-19　贝雷梁部分计算结果

a)轴力图(kN);b)弯矩图(kN·m);c)剪力图(kN);d)变形图;e)弦杆最大轴力和应力;f)支座反力

由图 10-19 可知：

(1)贝雷架弦杆最大轴力 $N_{max}=145.1kN<[N]=1126kN$,满足强度和稳定性要求。

(2)贝雷架斜杆最大轴力 $N_{max}=108.5kN<[N]=171kN$,满足强度和稳定性要求。

(3)贝雷架竖杆最大轴力 $N_{max}=156.3kN<[N]=212kN$,满足强度和稳定性要求。

(4)刚度 $W=4.6/(8900\times1.2)=1/2321<[W]=1/400$,满足刚度要求。

10.5.6 贝雷梁下部横向分配梁计算

横向分配梁由双 I45a 工字钢组合而成,其截面特性见表 10-6。

双 I45a 工字钢截面特性 表 10-6

名称	惯性矩 I_z(cm^4)	面积 A(m^2)	形心 y_c(cm)	截面高度 H(cm)
双 I45a	64690.524	205.0636	22.5	45

其最不利计算模型见图 10-20,部分计算结果见图 10-21。

由图 10-21 可见：

(1)双 I45a 工字钢的最大正应力 $\sigma=73.8MPa<f=200MPa$,满足强度要求。

(2)$W=(2500\times1.2)=1/6000<[W]=1/400$,满足刚度要求。

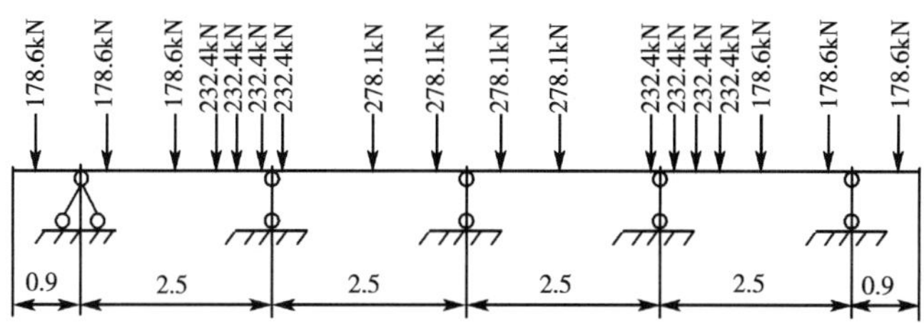

图 10-20 横向分配量最不利计算模型(尺寸单位:m)

10.5.7 钢管立柱验算

钢管规格为 $\phi1000\times10$,高 15m,钢管立柱承受上部横向分配梁传递下来的支座反力,不利值为 $R=1151.8kN$。按一端固定一端自由的轴心压杆计算其稳定性。计算结果如下。

(1)轴心压力设计值 $=1151.8kN$。

(2)截面面积 $A=311.018cm^2$。

(3)绕 x 轴弯曲的计算长度 $L_x=3000cm$。

(4)绕 y 轴方向计算长度 $L_y=3000cm$。

(5)绕 x 轴方向上截面惯性矩 $I_x=381074.403cm^4$。

(6)绕 y 轴方向上截面惯性矩 $I_y=381074.403cm^4$。

(7)材料设计强度值 $f=205MPa$。

(8)容许长细比 $[\lambda]=150$。

绕 x 轴的回转半径 $i_x=\sqrt{\frac{I_x}{A}}=\sqrt{\frac{381074.403}{311.018}}=35.0036m$;

绕 y 轴的回转半径 $i_y=\sqrt{\dfrac{I_y}{A}}=\sqrt{\dfrac{381074.403}{311.018}}=35.0036\text{m}$;

绕 x 轴的长细比 $\lambda_x=\dfrac{L_x}{i_x}=\dfrac{3000}{35.0036}=85.7<[\lambda]=150$,刚度条件满足要求。

绕 y 轴的长细比 $\lambda_y=\dfrac{L_y}{i_y}=\dfrac{3000}{35.0036}=85.7<[\lambda]=150$,刚度条件满足要求。

$\lambda_x<\lambda_y$,根据 λ_y 查表得稳定系数 $\varphi=0.745$。

稳定性检算 $\sigma=\dfrac{F}{\varphi A}=\dfrac{1151.8\times1000}{0.745\times311.018\times100}=49.7\text{MPa}<f=205\text{MPa}$。

由以上计算可知,立柱满足强度和稳定性要求。

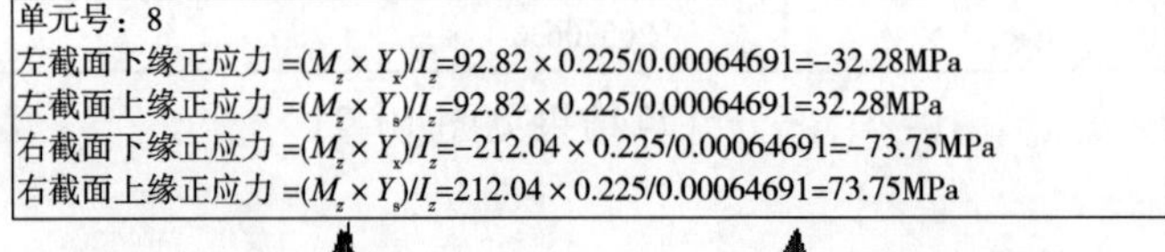

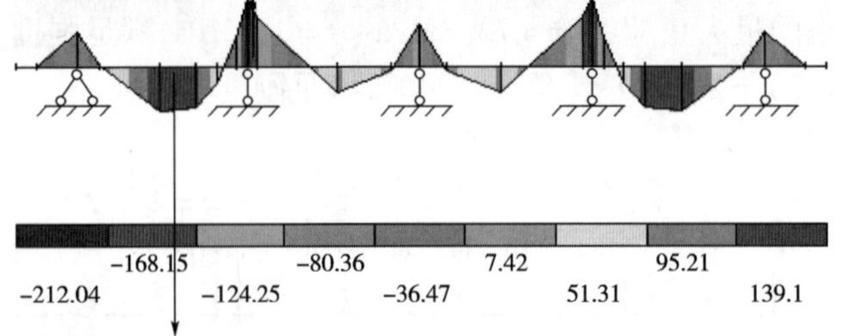

单元号：8
左截面下缘正应力 =(Mz × Yx)/Iz=92.82 × 0.225/0.00064691=-32.28MPa
左截面上缘正应力 =(Mz × Ys)/Iz=92.82 × 0.225/0.00064691=32.28MPa
右截面下缘正应力 =(Mz × Yx)/Iz=-212.04 × 0.225/0.00064691=-73.75MPa
右截面上缘正应力 =(Mz × Ys)/Iz=212.04 × 0.225/0.00064691=73.75MPa

a)

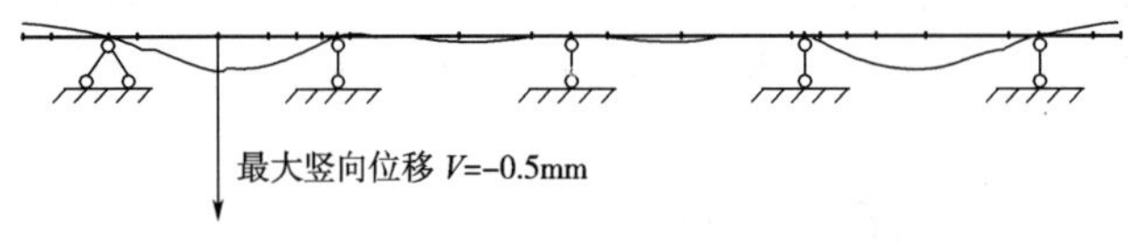

b)

519.99kN
1151.79kN
718.64kN
1151.79kN
519.99kN

c)

图 10-21 横向分配梁部分计算结果

a) 弯矩图和截面最大正应力图(kN·m);b)变形曲线;c)支座反力

第11章

六四式军用梁施工力学计算

六四式军用梁力学计算需要根据军用梁的结构特点建立合适的力学计算模型,并可根据各个杆件的实际受力与允许轴力的比较来判断军用梁的实际承载力。本章主要介绍了军用梁的结构、力学特点及合适的有限元计算模型,并结合实际工程实例介绍了军用梁的计算方法。

11.1 军用梁的结构特点

军用梁是一种典型的制式钢桁架梁,由全焊主桁构件通过钢销组装而成,具有结构轻便、构造简单、承载力大、便于拆装与互换、架设迅速等特点,可用于战时桥梁抢修,以及和平时期桥梁或其他工程施工。不同国家军用梁型号标准不同,我国军用梁主要分普通六四式及加强型六四式铁路军用梁两种类型,有时需要将六四式与加强型构件混合使用,相应的军用梁称为混合型军用梁。军用梁共有 13 种构件类型,图 11-1 为军用梁各构件的三维结构图,代号①、③构件所用材料为 16 锰合金钢,用于普通六四式铁路军用梁;代号为②、④、⑤、⑥、⑦、⑧、⑨、⑩、⑪构件所用材料为 16 锰合金钢,既可用于普通六四式军用梁,又可用于加强型六四式军用梁;其余 4 种构件,代号㉑、㉓构件所用材料为 15 锰钒氮合金钢,用于加强型六四式军用梁,可以提高军用梁的承载能力和跨度;构架①与㉑、③与㉓除所用材料不同外,尺寸构造完全相同。因此,实际上,每种军用梁类型的器材各有 11 种构件。图 11-2 为军用梁标准三角、端构架及辅助端构架的平面图。

从构件在军用梁中部位来分,军用梁构件可细分为三类。

(1)基本构架

基本构架包括标准三角①、端构架②、标准弦杆③、端弦杆④、斜弦杆⑤、撑杆⑥、加强三角㉑、加强弦杆㉓共 8 种。其中,由①、②、③、④、⑤、⑥6 种构架及其他配件组成的军用梁,即为普通六四式铁路军用梁;由㉑、②、㉓、④、㉕、⑥6 种构架及其他构架组成的军用梁,即为加强型六四式铁路军用梁。常用的军用梁跨度为 16 ~ 48m,可以是单层军用梁或双层军用梁。

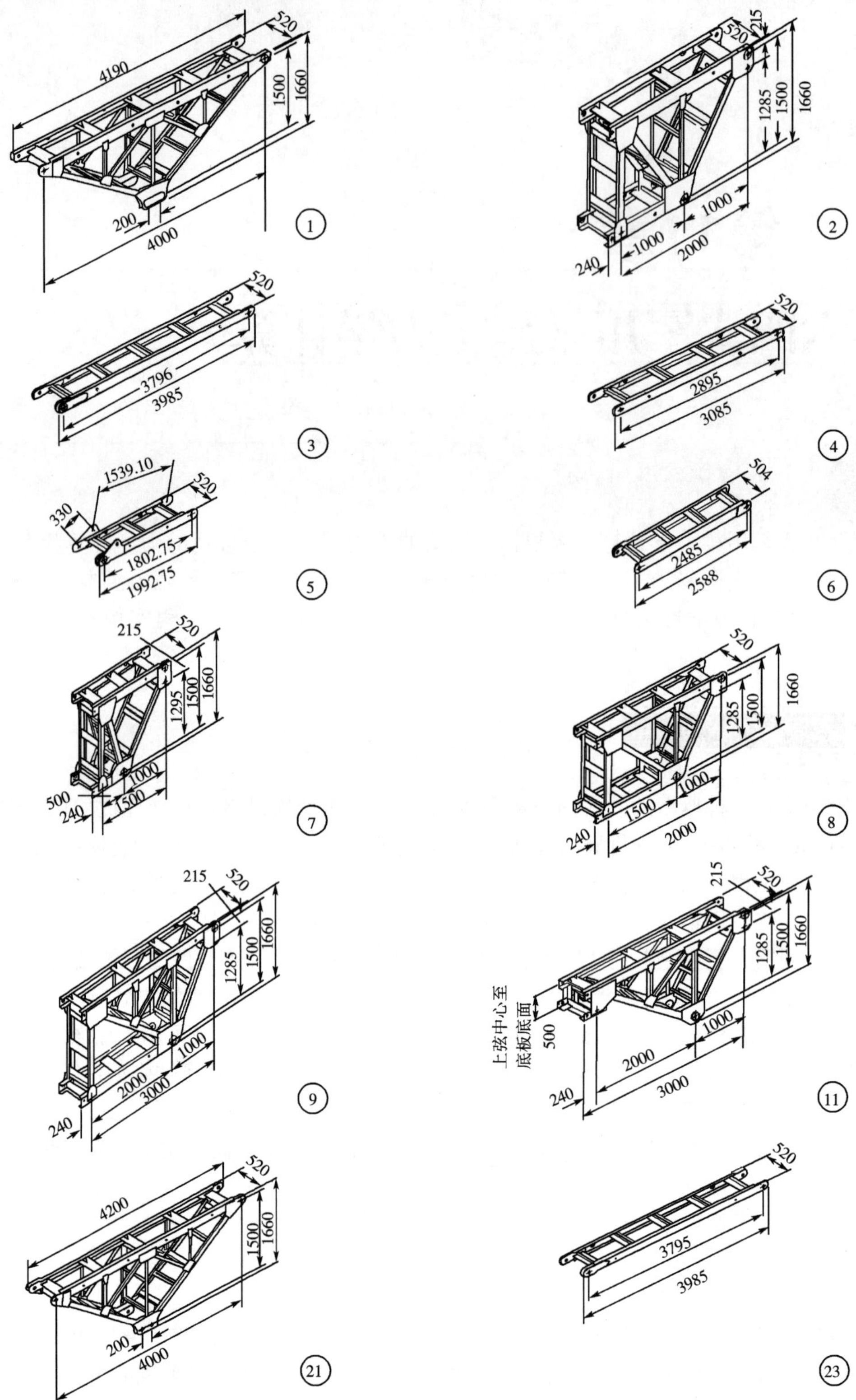

图 11-1　军用梁三维结构图(尺寸单位:mm)

图 11-3 显示了普通和加强型军用梁各构架的组拼示意图，当①号构架改为㉑号构架，③号构架改为㉓号构架时，该军用梁即为加强型军用梁，图 11-3c）为 20m 单层加强型军用梁示例。

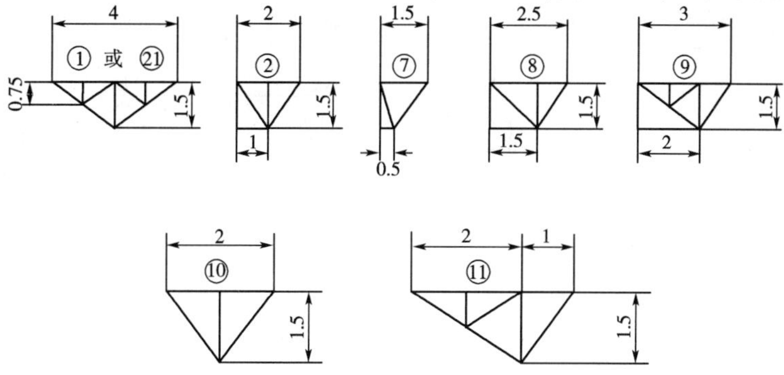

图 11-2　军用标准三角、端构架及辅助端构架的平面图（尺寸单位：m）

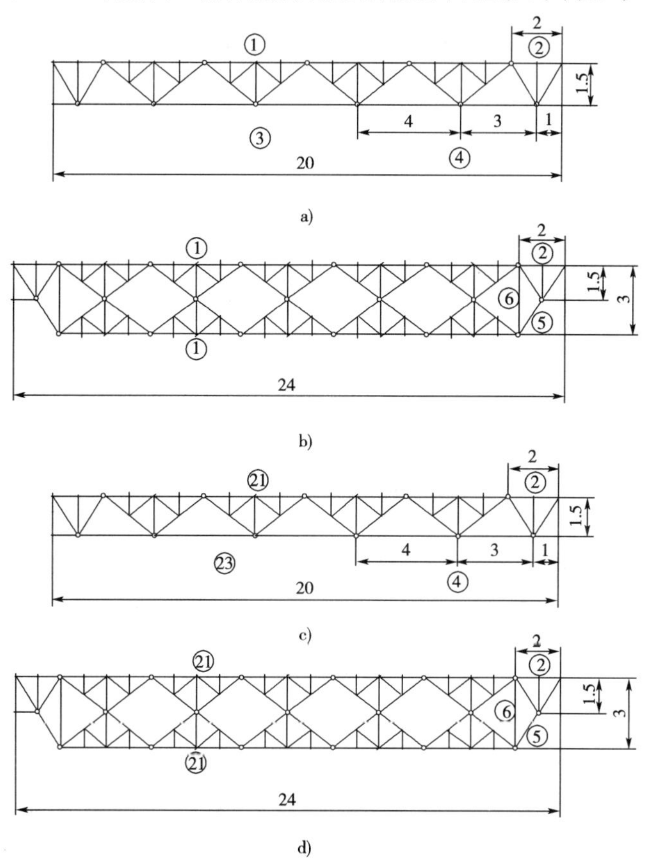

图 11-3　普通、加强型军用梁构架组拼示意图（尺寸单位：m）

a）单层普通军用梁；b）双层普通军用梁；c）单层加强型军用梁；d）双层加强型军用梁

（2）辅助端构架

辅助端构架包括三种类型：1.5m 辅助端构架，代号为⑦；2.5m 辅助端构架，代号为⑧；及 3.0m 辅助端构架，代号为⑨。辅助端构架可以用来替换 2m 的②号端构架组拼出 16.5m、17.0m、17.5m、18.0m、19.0m、19.5m 等不同跨径的非标准军用梁，其中，当采用的是①号标准三角和③

号标准弦杆时，为普通型非标准军用梁；当①号三角构架与③号弦杆分别替换为㉑号加强三角和㉓号加强弦杆时，为加强型非标准军用梁。图 11-4 为一些非标准军用梁组配示意图，图中的①号、③号构架分别被㉑号、㉓号构架替代后，则变为加强型非标准军用梁，见图 11-4f）。

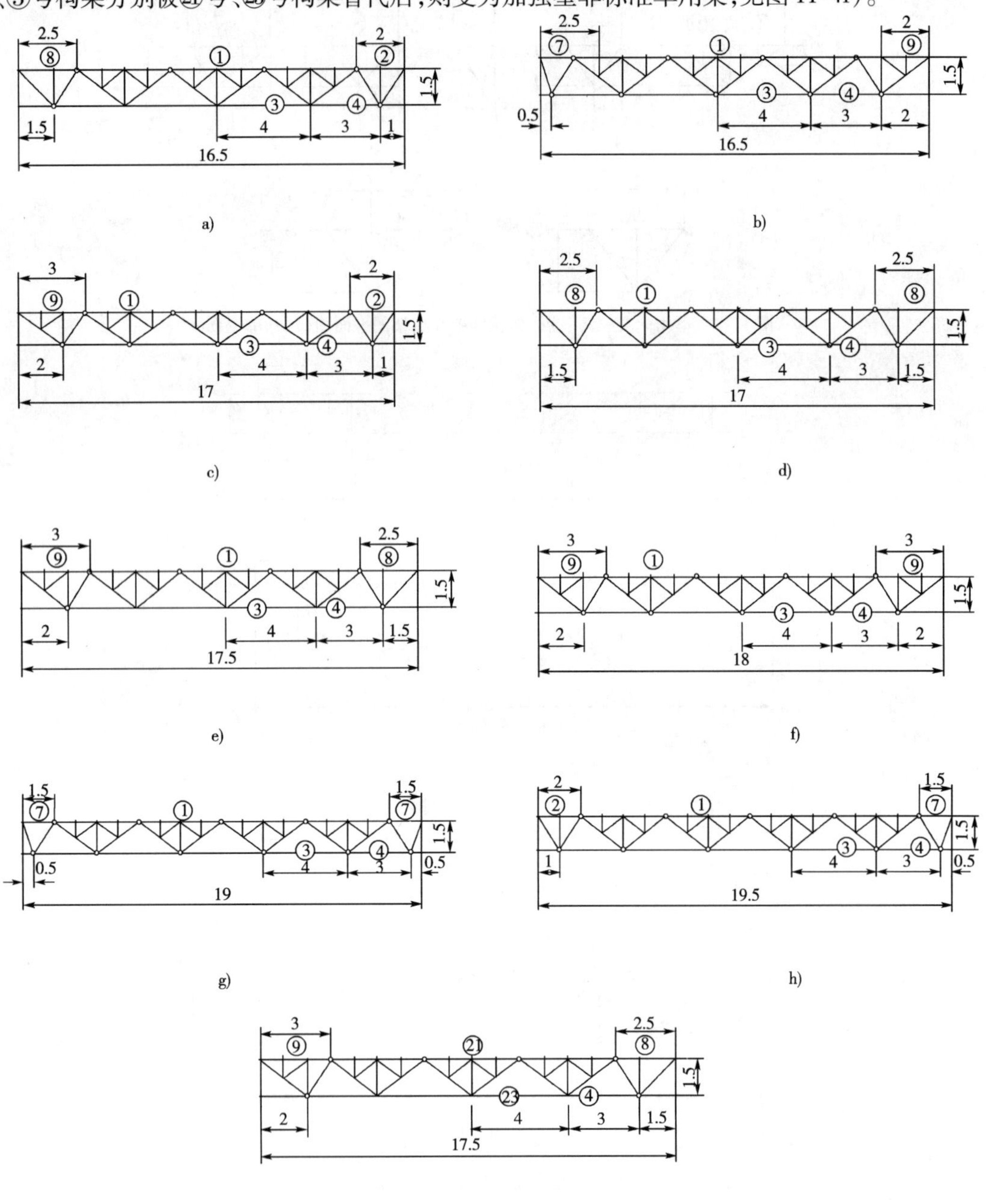

图 11-4 非标准军用梁组配示意图（尺寸单位：m）

a）16.5m 普通非标准军用梁；b）16.5m 普通非标准军用梁；c）17m 普通非标准军用梁；d）17m 普通非标准军用梁；e）17.5m 普通非标准军用梁；f）18m 普通非标准军用梁；g）19m 普通非标准军用梁；h）19.5m 普通非标准军用梁；i）17.5m 加强型非标准军用梁

(3)低支点端构架

低支点端构架包括2m低支点端构架,代号为⑩;3m低支点端构架,代号为⑪。低支点端构架,可以用来组拼出低支点军用梁,包括两端均为低支点,一端标准支点、一端低支点等情况,见图11-5,图11-5a)为16m一端低支点、一端标准支点的军用梁,图11-5b)为17.5m一端低支点、一端标准支点的加强型军用梁,图15-c)为18m两端均为低支点普通军用梁。

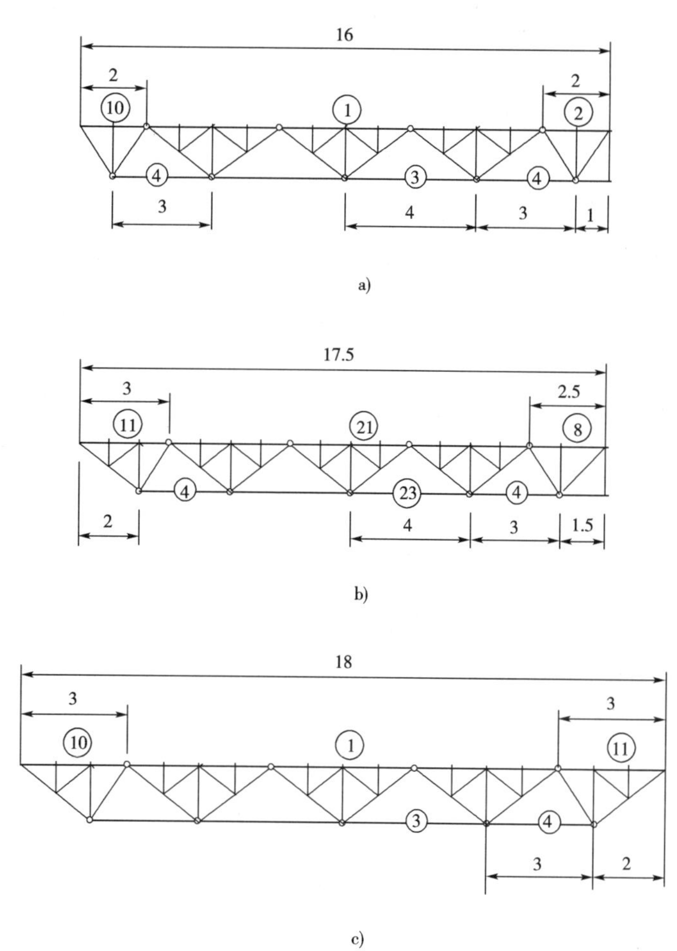

图11-5 低支点端构架组拼示意图(尺寸单位:m)

a)16m一端低支点、一端标准支点的军用梁;b)17.5m一端低支点、一端标准支点的加强型军用梁;c)18m两端均为低支点普通军用梁

11.2 军用梁杆件截面性质与承载能力

1片军用梁杆件主要由2[16b、2[16a、2[8工字钢及2∠50×50×5角钢等4种型钢类型组成。当杆件受轴向压力时,要求杆件轴力小于允许轴向压力,该数值是考虑压杆稳定系数后的结果。军用梁承载能力可通过检查各杆件所受轴力大小是否超过允许轴力的方法来评价。由中国铁道建筑总公司1998年出版的《六四式、加强型六四式铁路军用梁手册》中规定了各

杆件截面性质及其承载能力见表11-1。杆件的允许轴力需要根据是用于钢桥的军用梁，还是用于轻便架桥机两种情况分别取值；对于桥梁临时结构，杆件允许轴力可参考轻便架桥机的情况取值。

各杆件截面性质及其承载能力 表11-1

构架名称	杆　件	截面类型	面　积 (cm^2)	允许轴力(kN)	
				军用梁	轻便架桥机、临时结构
标准三角	弦杆受轴向力时	2[16b	50.3	±1000	-1160
	7片梁弦杆偏心受压	2[16b	50.3	-910	
	6片梁弦杆偏心受压	2[16b	50.3	-890	
	5片梁弦杆偏心受压	2[16b	50.3	-870	
	4片梁弦杆偏心受压	2[16b	50.3	-830	
	斜腹杆	2[8	20.48	±420	±450
	竖杆	2∠50×50×5	9.6	-150	-150
加强三角	弦杆受轴向力时	2[16b	50.3	±1400	—
	7片梁弦杆偏心受压	2[16b	50.3	-1330	
	6片梁弦杆偏心受压	2[16b	50.3	-1310	
	5片梁弦杆偏心受压	2[16b	50.3	-1290	
	4片梁弦杆偏心受压	2[16b	50.3	-1260	
	斜腹杆	2[8	20.48	±420	
	竖杆	2∠50×50×5	9.6	-100	
端构架	端压杆	2[10	25.48	-540	
	斜拉杆	2[10	25.48	550	
	斜压杆	2[8	20.48	-410	-440
标准弦杆		2[16b	50.3	1000	1310
加强弦杆		2[16b	50.3	1400	
端弦杆		2[16a	43.9	1000	1140
斜弦杆		2[16a	43.9	1000	
撑弦杆件		2[16a	43.9	-450	

11.3 军用梁刚铰混合模型的创建

六四式军用梁力学计算需要根据军用梁的结构特点建立合适的力学计算模型，并根据各个杆件的实际受力与允许轴力的比较来判断军用梁的实际承载力。合适的军用梁模型为刚铰混合模型，其基本特点是，三角构架及端构架中的各杆件连接方式为刚性连接，而构架之间的连接为铰接。

RBCCE 可以自动实现 16m、18m、20m、24m 单层军用梁，24m、28m、32m、36m、40m 双层军用梁及一些非标准军梁和低支点军用梁的刚铰混合模型的创建，所创建的军用梁模型针对一片军用梁，其上各受力杆件均成对出现，具体创建方法是：单击指示线按钮，系统系统弹出“单指引线命令组”对话框，单击“制式结构”按钮，系统弹出“制式结构”对话框，在“军用梁”页面上（图 11-6），选择军用梁类型、三角构架的受力状态（弦杆受轴向力时、7 片梁弦杆偏心受压、6 片梁弦杆偏心受压、5 片梁弦杆偏心受压或 4 片梁弦杆偏心受压），以及是否为加强型军用梁选项，单击“创建军用梁计算模型”按钮，系统可自动创建出所选军用梁的刚铰混合模型，其上的各个杆件均自动加载上了相应的杆件的截面特性和允许轴力，除非军用梁中某杆件已做特殊处理需要另行修改截面特性外，创建的军用梁刚铰混合模型可直接使用，只需在军用梁刚铰混合模型上布置外荷载及节点约束，即可利用军用梁计算模型实现其力学计算，并可查询出计算结果。

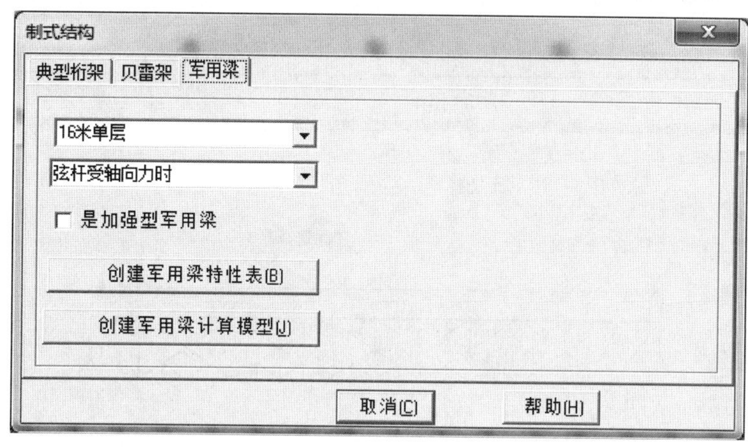

图 11-6　“制式结构”对话框的“军用梁”页面

若在“军用梁”页面上，单击“创建军用梁特性表”，可创建表 11-1 所示的 WORD 文档。

对于由普通构架和加强型构架组成的其他单层或双层军用梁，可以采用以下步骤创建其计算模型。

（1）绘制军用梁几何图形，并将其合并成一个图形整体。

（2）选中上述几何图形对象，单击“杆件有限元定义”按钮，将该几何图形对象强制转化为刚性连接的杆件有限元对象。

（3）绘制框选或交选单元选择器，选中上述杆件有限元对象，打开单元选择器对话框，在“制式结构 2”页面上（图 11-7），单击“军用梁定义”按钮，可以将上述杆件有限元对象，按刚铰混合模型加载上相应的单元信息，包括单元类型、单元截面特性及单元允许轴力等；当“加强型军用梁”检查框钩选时，所选军用梁模型的基本三角构架和③号弦杆均将设置为加强型构件。

利用单元选择器选择军用梁的整体或某一局部组件，可以方便地将该军用梁设置为所需要的军用梁钢铰混合模型。图 11-8 为组合型军用梁刚铰混合模型创建示例，其中，图 11-8a）为一般平面刚架对象，利用框选单元选择器 1 的“军用梁定义”按钮，可以将其转化为双层的普通军用梁刚铰混合模型，图中各标准三角、端构架、斜弦杆和撑杆等各构架上的杆件均加载上相应的军用梁单元信息，并用各自不同的颜色加以区分；图11-8b)为双层军用梁模型，利用框选单元选择器2，选择该军用梁的某一局部区域，打开单元选择器2对话框，可以将该军用梁中所选分标准三角构架转换成加强型标准标准三角，相应的军用梁即成为组合型军用梁刚铰混合模型，见图11-8c)。

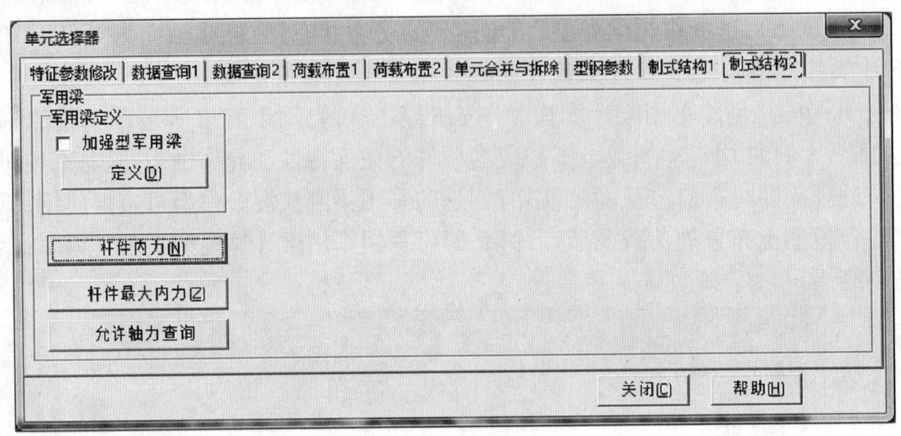

图11-7“单元选择器”对话框的“制式结构2”页面

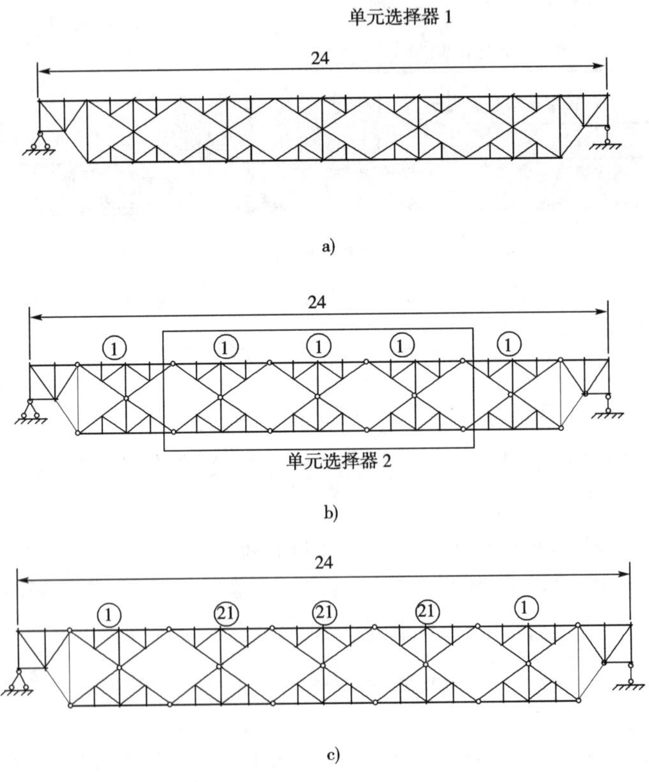

图11-8　组合型军用梁刚铰混合模型创建示例(尺寸单位:m)
a)一般平面刚架对象;b)双层军用梁模型;c)组合型军用梁模型

11.4 双层军用梁增设撑杆后计算模型的创建

工程上,可以通过增加军用梁片数来提高整个军用梁临时结构的承载能力,但当现场条件受到限制难以增加军用梁片数时,也可以采取在军用梁的节点处增设撑杆的办法,来提高军用梁的承载能力。军用梁增设撑杆示例如图11-9所示,在节点1、2、3处增设了撑杆,这样,军用梁在这些节点截面上的剪力就由两根腹杆共同承担,可使军用梁的抗剪能力接近于原来的两倍。

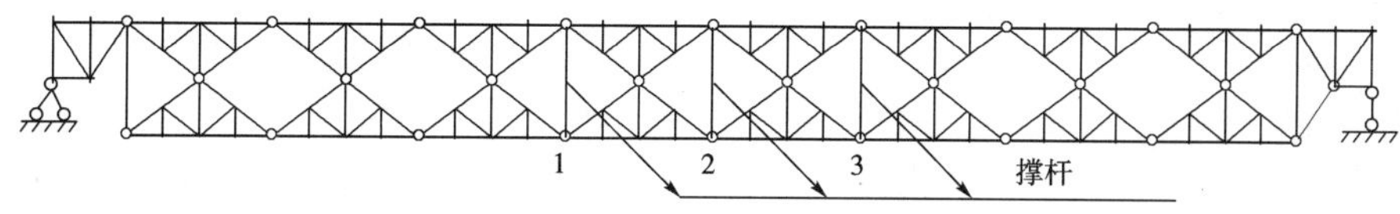

图11-9　军用梁增设撑杆示例

可以直接在标准军用梁计算模型上,通过增加单元的方法来得到增设撑杆后的军用梁模型,具体操作步骤如下。

(1)先创建标准的双层军用梁刚铰接混合模型。

(2)绘制直线段表示需要增设的撑杆,并采用强制转化方法,将它们转化成单元对象。

(3)利用单元选择器,将撑杆单元修改为两端铰接的链杆件单元类型,并设置相应的单元截面特性。

(4)绘制单元选择器,选中标准军用梁与增设的撑杆单元,打开单元选择器对话框,在"单元合并与拆除"页面上(图11-10),单击"单元合并与拆除"按钮,可以得到增设撑杆后的军用梁计算模型。

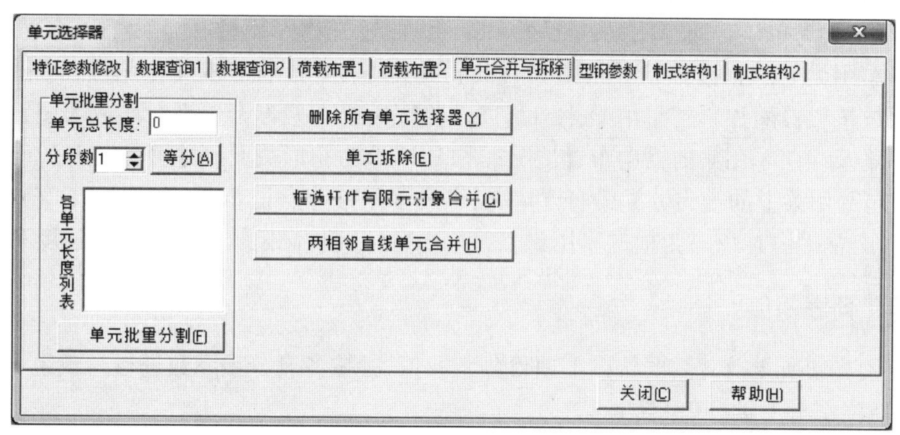

图11-10　"单元选择器"对话框的"单元合并与拆除"页面

11.5 军用梁计算模型正确性的检查

对于组合型军用梁模型创建后,可以对军用梁各个杆件截面特性进行数据检查,以确保军用梁上各个杆件单元的截面特性和允许轴力正确,当发现有错误时,可直接利用单元选择器进行单元截面特性修改。

11.6 军用梁杆件承载能力查询

有两种方式查询军用梁杆件允许轴力。一种方法是直接打开军用梁计算模型的对话框,在"显示控制"页面上,点选"显示内容"中"单元特性值",然后,下拉列表框中的"允许轴力"选项,可以在军用梁计算模型的各个杆件上显示出单元允许轴力,并与实际轴力进行比较,当实际轴力大于允许轴力时,数值用红颜色标记,如图11-11所示;另外一种方法是,绘制单元选择器,打开单元选择器对话框,在"制式结构2"页面上(图11-7),单击"允许轴力查询",即可得到选中军用梁杆件实际轴力与允许轴力表。

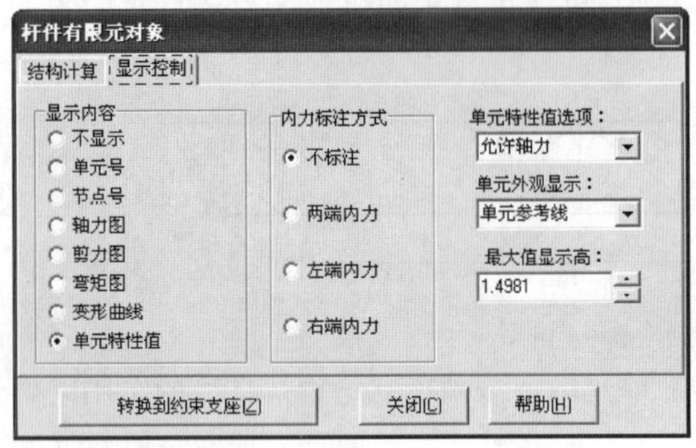

图11-11 "杆件有限元对象"对话框的"显示控制"页面

11.7 工程算例

11.7.1 军用梁支架布置方案

图11-12为一等截面混凝土连续梁桥施工用的军用梁支架方案图。在该军用梁支架方案中,纵向军用梁为单层普通军用梁,梁长为28m,纵向设三排军用墩,间距为12m,通过垫梁布置在横向军用梁上,见图11-12a)~图11-12b);每排军用墩横向设三个军用墩,间距为7m,军用墩上通过垫梁设两片单层军用梁;图11-12c)为军用梁支架方案中横断面放大图,图中显示横向军用梁及纵向军用梁的横向布置情况;图11-12d)为箱形截面尺寸图;图11-12e)和图11-12f)为纵向军用梁上的横向分配梁布置情况,纵向军用梁节点处布置I16横向工字钢,其上铺设2cm竹胶板;图11-12g)为横向军用梁上垫梁布置情况。试验算纵向军用梁强度和刚度。

11.7.2 荷载取值

军用梁支架所受荷载需要按以下项目分别取值,并按各自分项系数进行荷载组合计算:

(1)新浇混凝土重度26kN/m^3。

(2)人群、机具荷载2.5kPa。

(3)混凝土振捣冲击荷载2.0kPa。

(4)模板荷载,按外模100kN、内模60kN考虑,总共160kN,则模板荷载等效成桥面单位面积的分布荷载为:160/(7×12.4)=1.8kPa。

(5)进行强度与稳定性计算时,新浇混凝土及模板荷载组合系数为1.2,刚度计算时,取1.0;人群、机具及混凝土振捣冲击荷载的组合系数为1.4,刚度计算时,取1.0。

29.94
连续梁桥
12
12
纵向军用梁
军用墩
a)
3.5
3.5
3.5
3.5
2.7
7
7
b)
六四军用梁纵梁
军用梁纵梁垫梁
六四军用梁横梁
军用梁横梁垫梁
c)
15.88
0.15
0.25
0.3
1
0.2
0.5
0.2
0.25
1.6
2
3.29
3.29
3.29
2
0.5
0.5
0.5
0.5
11.88
d)
横向分配梁
(I 16工字钢)
模板
纵向军用梁垫梁
24/2
28/2
e)

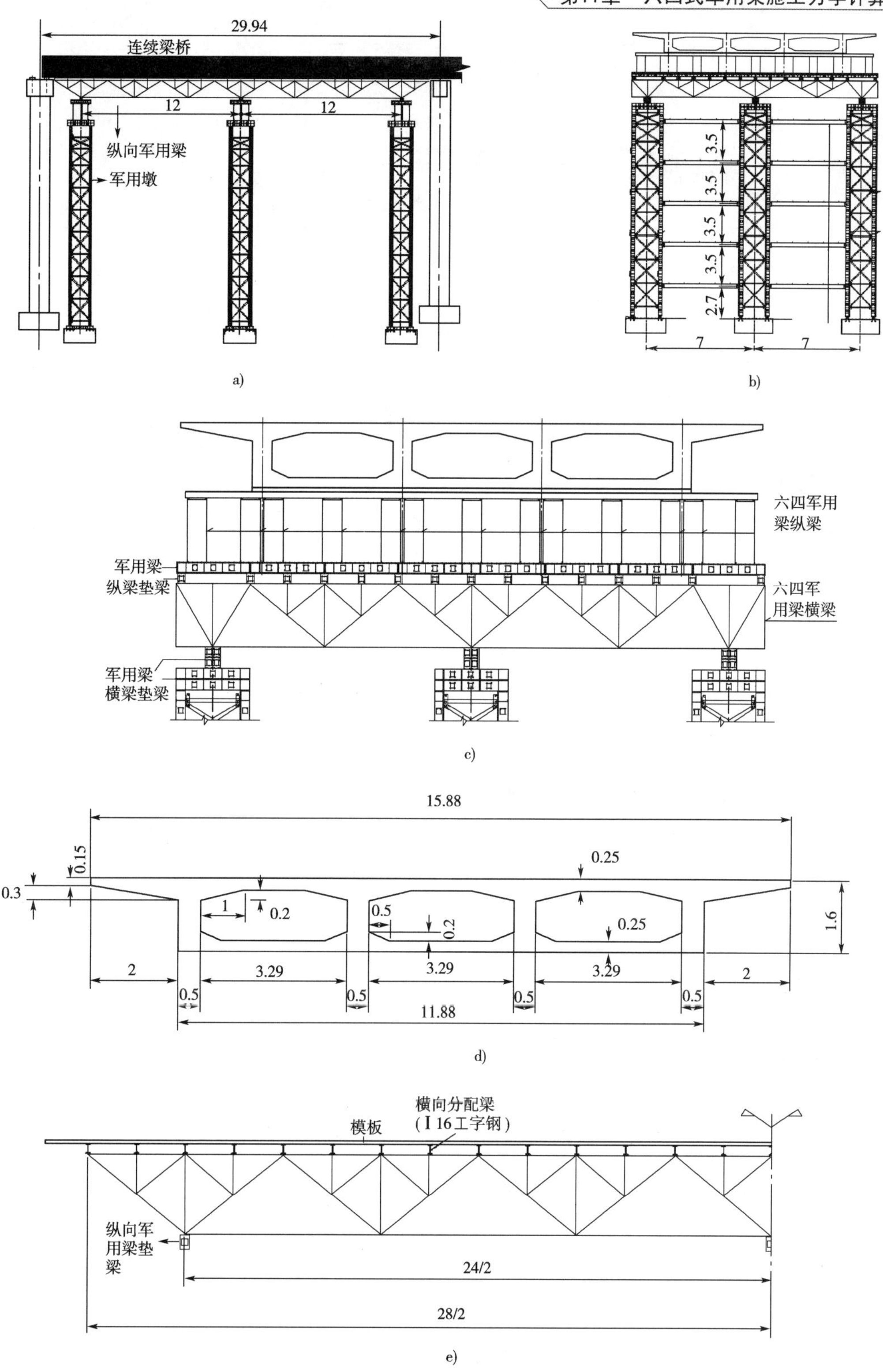

图　11-12

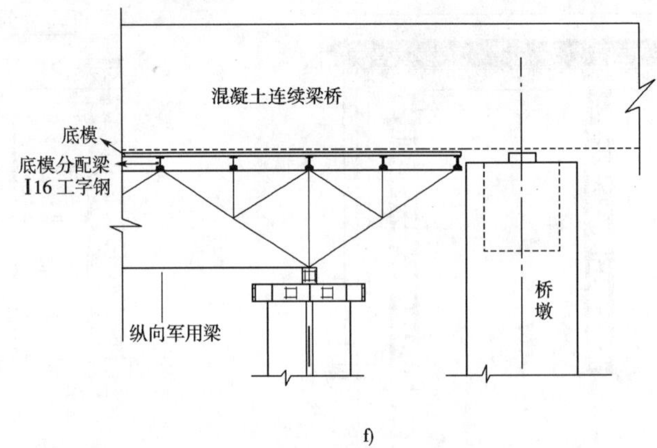

f)

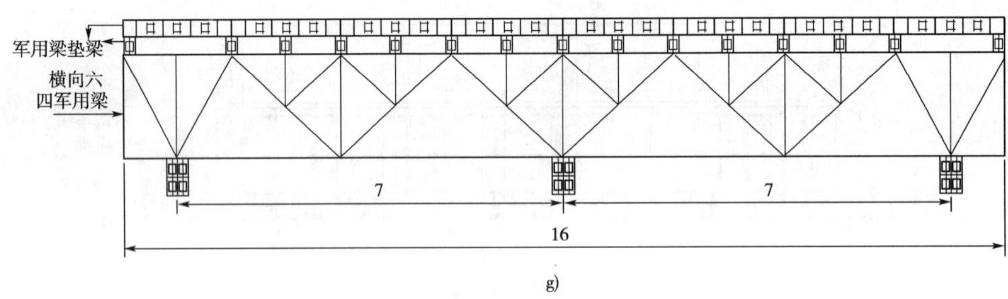

g)

图 11-12　军用梁支架方案图(尺寸单位:m)

a)军用梁支架方案纵断面图;b)军用梁支架方案横断面图;c)军用梁支架方案横断面图放大图;d)桥梁横断面图;e)纵向军用梁上的横向分配梁布置情况;f)纵向军用梁上的横向分配梁局部放大图;g)横向军用梁垫梁布置情况

11.7.3 箱形截面区域分割与组合荷载计算

在该军用梁支架方案中,设置有沿桥梁纵向和横向的军用梁,需要先计算纵向军用梁再计算横向军用梁。纵向军用梁受桥梁自重、模板、人群机具及混凝土振捣和冲击等荷载作用,通过模板和横向工字钢 I16 作用在纵向军用梁的节点上,作用力为集中荷载;而横向军用梁所受荷载为纵向军用梁作用在横向军用梁上的支点反力。

纵向军用梁在横向共 13 片,需要对箱形截面进行区域分割,取最不利组合荷载作用下单片军用梁进行力学计算。根据纵向军用梁横向布置情况,可按图 11-13 所示方式分割箱形截面;再绘制矩形对象,框选箱形截面及区域分界线,打开分界线对话框,在分界线对话框的"截面区域荷载组合计算"组合框中,输入有关分项荷载取值及分项组合系数,其中,梁段纵向长度取 1m,单击"区域集中荷载计算"按钮,可以得到各片军用梁节点所受的组合集中荷载,见图 11-14。

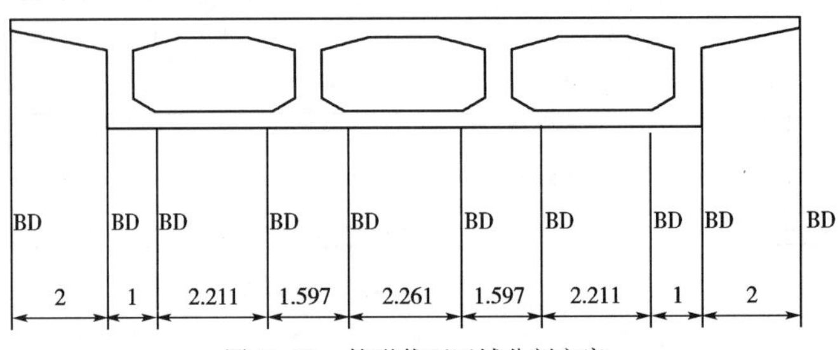

图 11-13　箱形截面区域分割方案

对组合集中荷载,按各区域纵向军用梁片数进行分解(只有一片军用梁时无需分解),可以得到各区域单片军用梁所受的节点集中荷载。桥梁箱室区军用梁受的荷载为54.5kN,为最不利荷载,可以得到纵向军用梁的计算模型(图11-15),其在外载和自重荷载作用下的部分计算结果见图11-16。

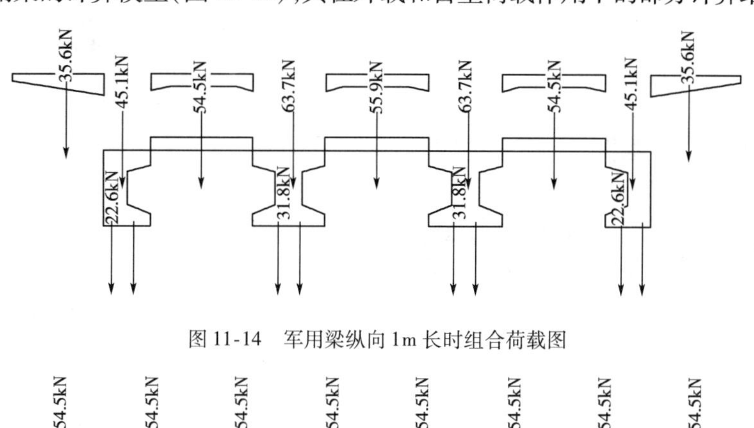

图11-14　军用梁纵向1m长时组合荷载图

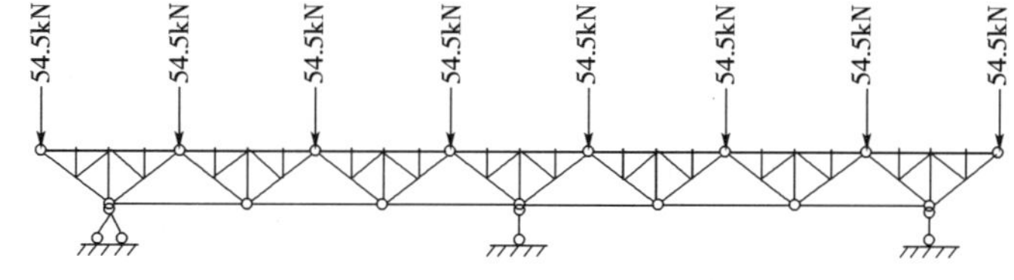

图11-15　军用梁计算模型

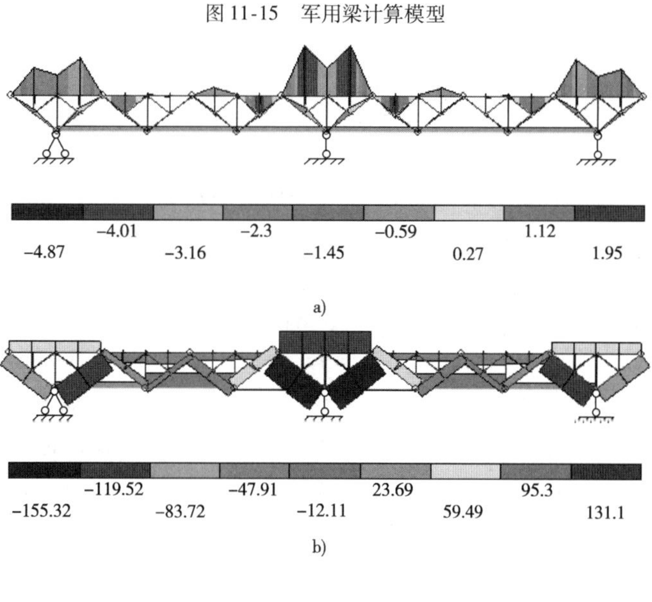

a)

b)

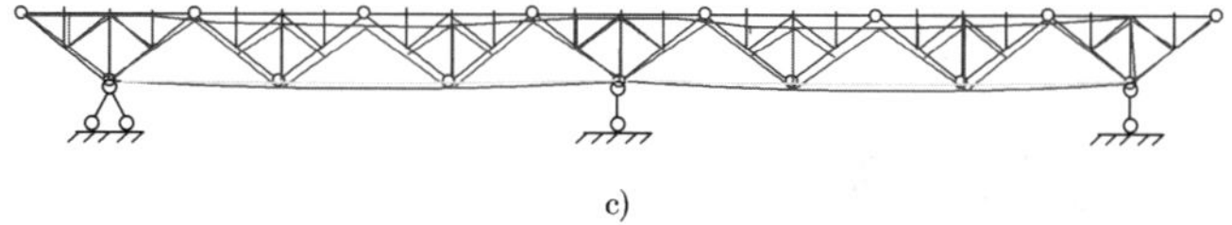

c)

图11-16　军用梁计算结果

a)弯矩图(kN·m);b)轴力图(kN);c)变形曲线

通过对各排军用梁的单独计算,可以得到各排纵向军用梁的支座反力,得到横向军用梁的计算模型所受荷载,并得到相应的力学计算结果。

第12章 万能杆件结构力学计算

万能杆件是一种由工厂定制的型钢构件,具有运输方便、安装架设简单、可重复使用等特点,可广泛应用于拼组桁架、墩架、托架、塔架及龙门架等临时支架结构。本章在介绍万能杆件的结构和力学特性的基础上,分析了万能杆件结构平面及空间杆件有限元建模与实现方法。

12.1 万能杆件结构特点

万能杆件分铁道部门生产的甲型(又称 M 型)、乙型(又称 N 型)和西安筑路机械厂生产的乙型(又称西乙型)等三种类型。不同类型的产品除弦杆角钢尺寸、部分节点板的大小和螺栓直径稍有差别外,其余均相同。图 12-1 列出了 20 种西乙型万能杆件的构造图,图中,①、②、③、④、⑤、⑥、⑦、⑦A、⑯号构件为角钢杆件型号,⑧、⑪、⑬、⑰、⑱、㉒、㉒A、㉓、㉘号构件为拼接角钢杆件用的节点板型号,⑲、⑳号构件为缀板,其他如支撑靴及普通螺栓等构件未列出。

甲型、乙型用 Q235 (A3) 钢制作,西乙型万能杆件中,除⑲、⑳号构件用 Q235(A3)钢制作,其余用 Q345(16 锰)钢制作。万能杆件原有构件 25 种,现已增加至 41 种,其中作为杆件及拼接用的角钢有 12 种,连接板和缀板共 26 种,还有支座一种,螺栓两种(ϕ22 和 ϕ27)。

由万能杆件各构件及其他型钢材料,可以拼组出桁架、墩架、托架、塔架及龙门架等多种多样的临时结构形式。图 12-2 为某刚构桥的 0 号块托架设计简图,该托架由万能杆件三角托架、底模支架、横向分配梁等构件组成;图 12-3 为连续梁桥现浇支架方案,主要由贝雷架纵梁、贝雷架横梁及万能杆件排柱组成。

12.2 万能杆件结构设计表示方法

万能杆件结构是一种由杆件和节点板拼组的空间结构,其设计可通过一种简化了的三视图(平面图、立面图、侧面图)及相应的节点图等图形来表达。图 12-4 为一万能杆件塔架结构的部分设计图,图中杆件及节点编号中 H 字符为塔架类型标记,H 后面的数值为杆件编号。

①∠100×100×10　l=3994　质量=71.49kg

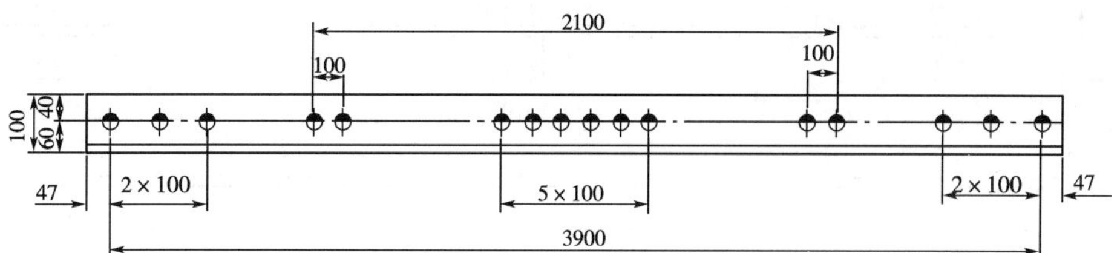

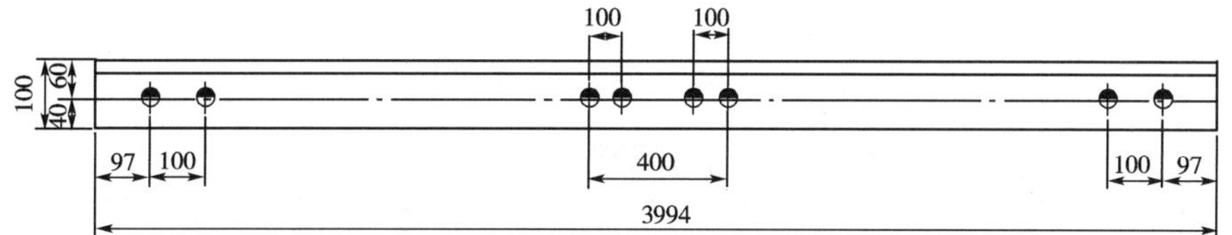

②∠100×100×10　l=1994　质量=35.69kg

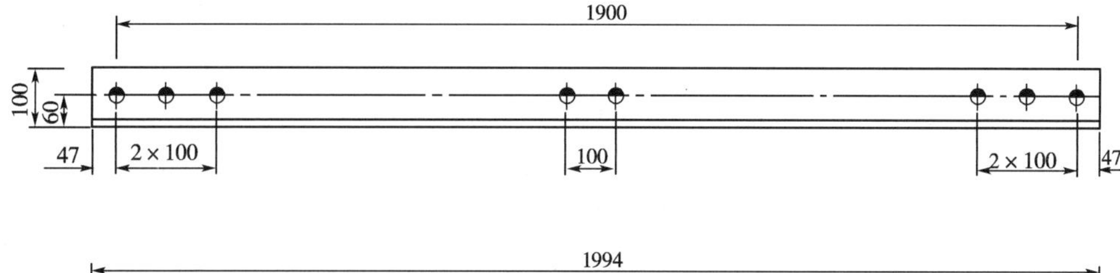

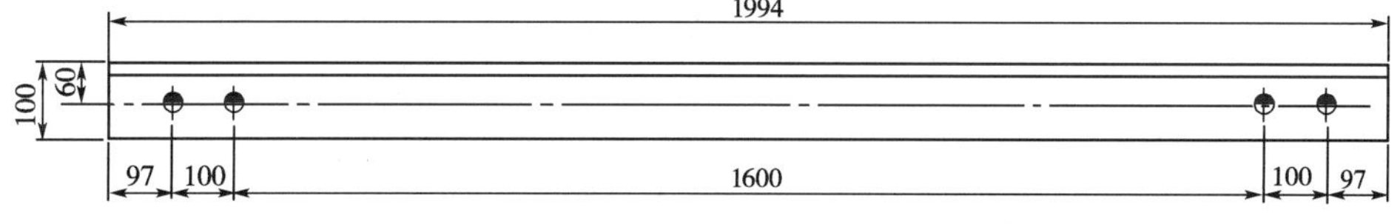

③∠100×100×10　l=2350　质量=42.07kg

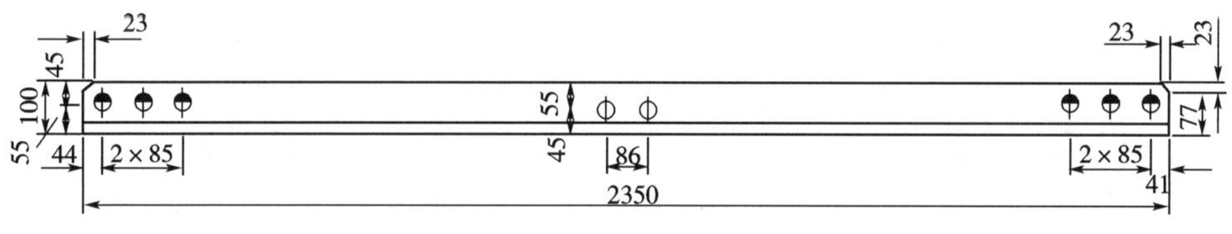

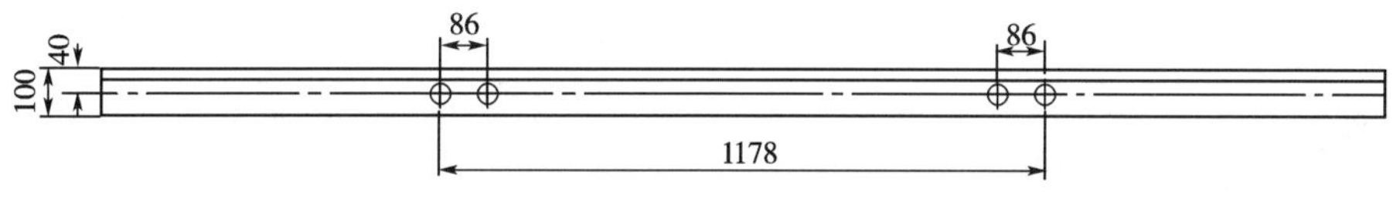

图　12-1

④∠75×75×8　l=1770　质量=15.98kg
35
75
40
35
3×86
86
3×86
1700
75
40
78
86
86
78
1614
⑤∠75×75×8　l=2478　质量=21.38kg

2408
20
20
35
75
40
35
2×70
35
768
86
2×70
20
35
2478

⑥∠90×90×10　l=580　质量=8.2kg
90
48
540
40
角背磨圆
R=13mm
500
90
48
40
100
580

⑦∠100×100×12　l=494　质量=8.84kg

40
100
60
100
100
47
47
494

100
60
40
97
3×100
97

⑦A∠100×100×12　l=594　质量=10.63kg
100
60
40
47
5×100
47
594

100
60
40
97
4×100
97

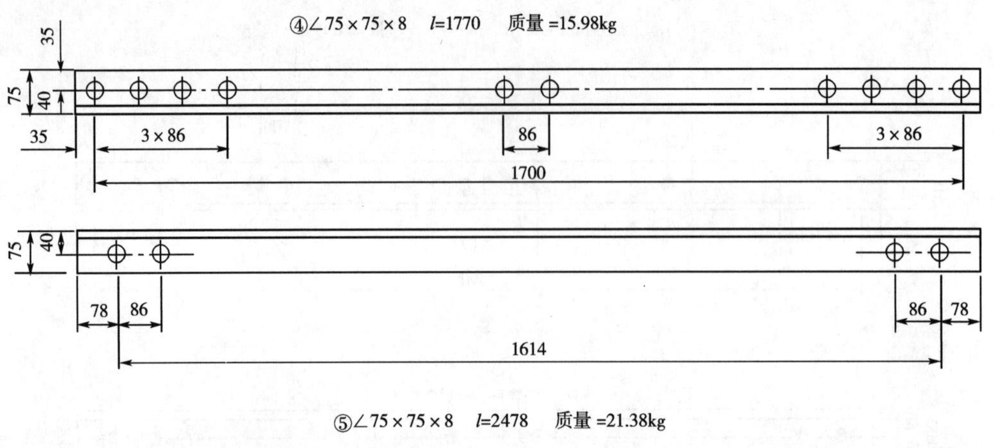

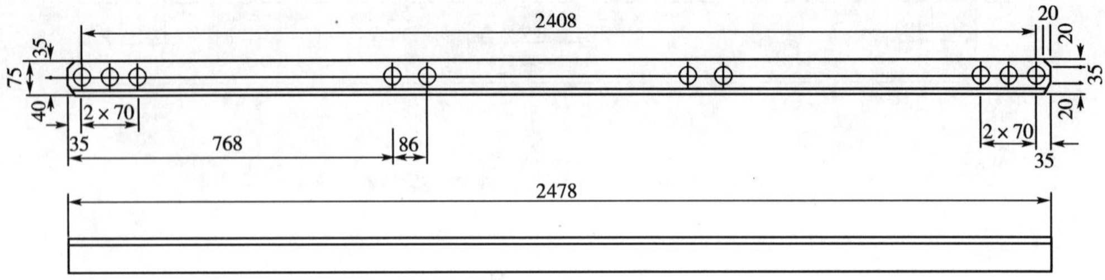

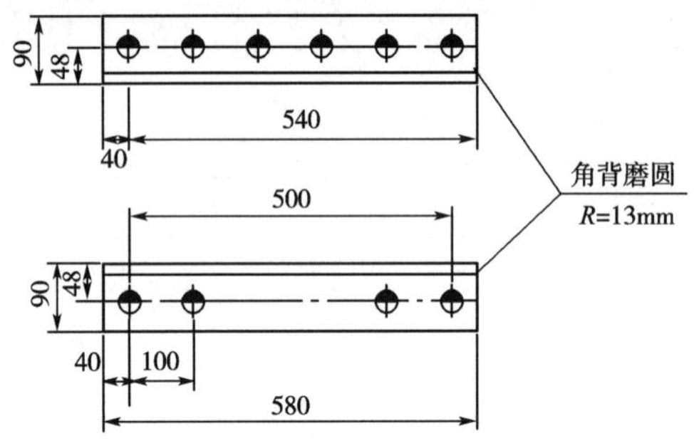

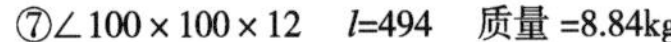

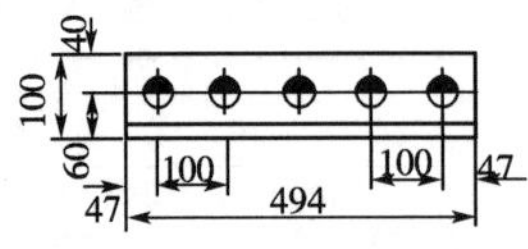

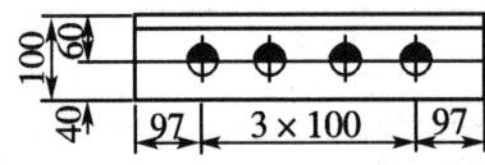

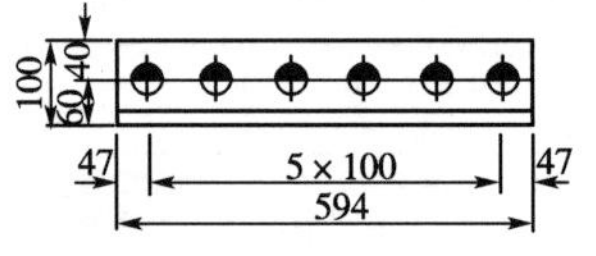

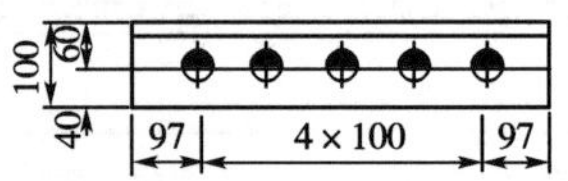

图　12-1

⑧□250×280×10　质量 =9.42kg　　⑬□580×552×10　质量 =19.56kg

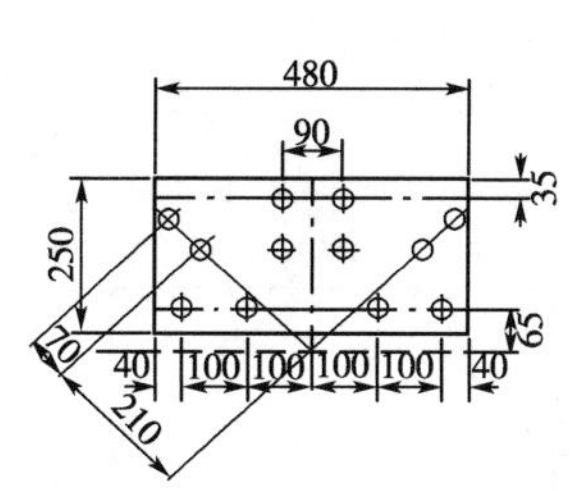

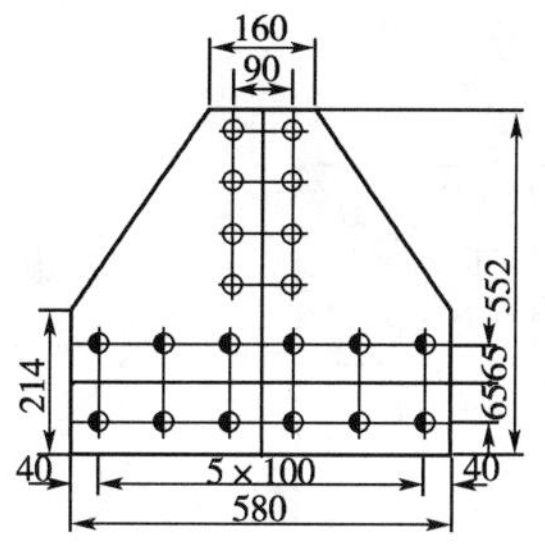

⑯∠75×75×8　l=3770　质量 =9.42kg

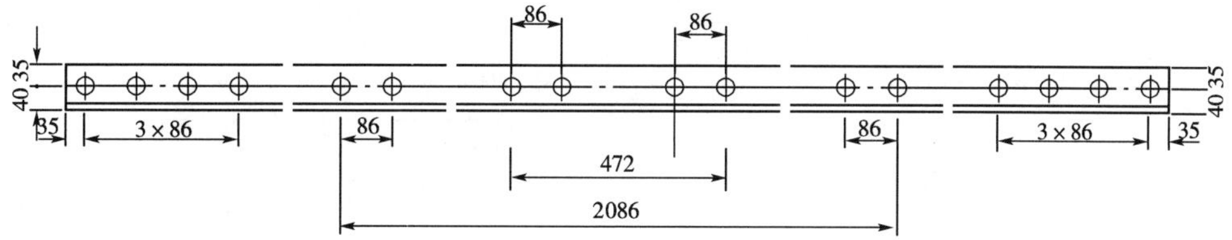

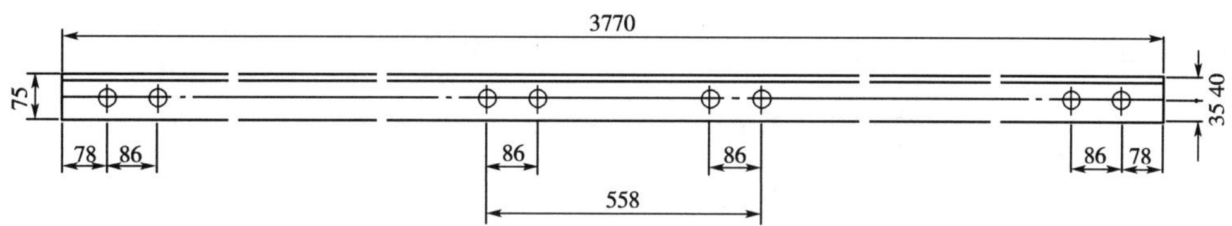

⑰□626×350×10　质量 =15.74kg　　⑱□305×314×10　质量 =4.76kg

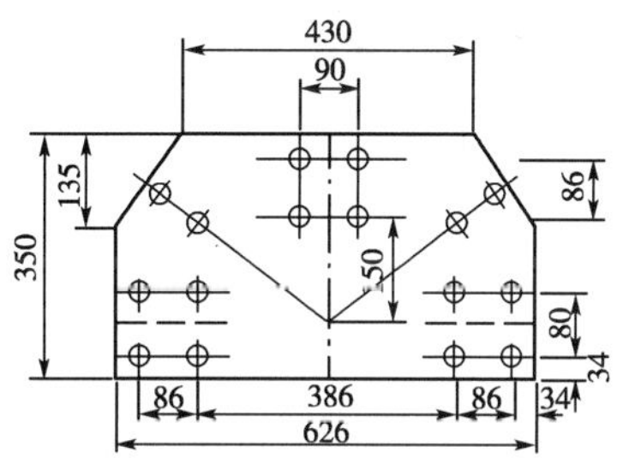

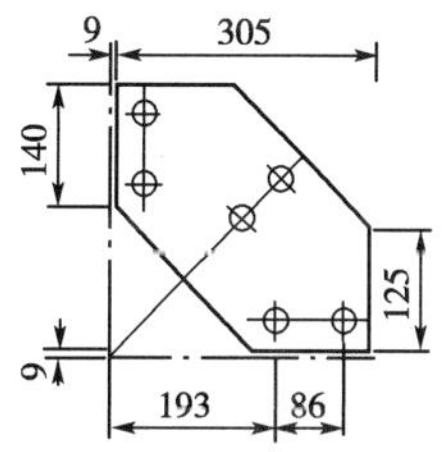

⑲□210×180×10　质量 =2.97kg　　⑳□170×160×10　质量 =2.14kg

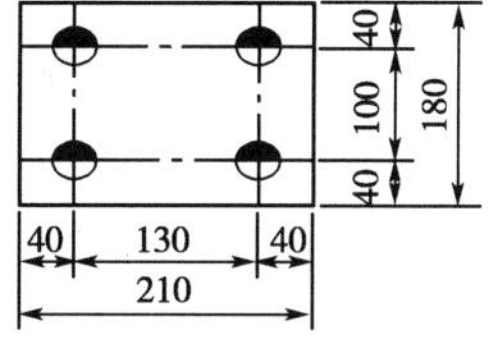

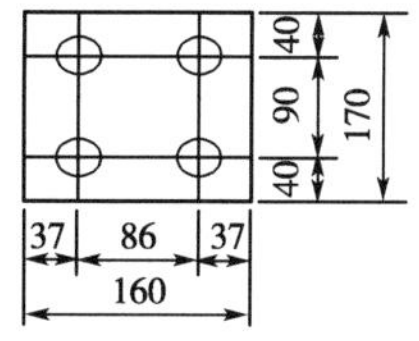

图　12-1

㉒□580×392×10　质量=17.85kg

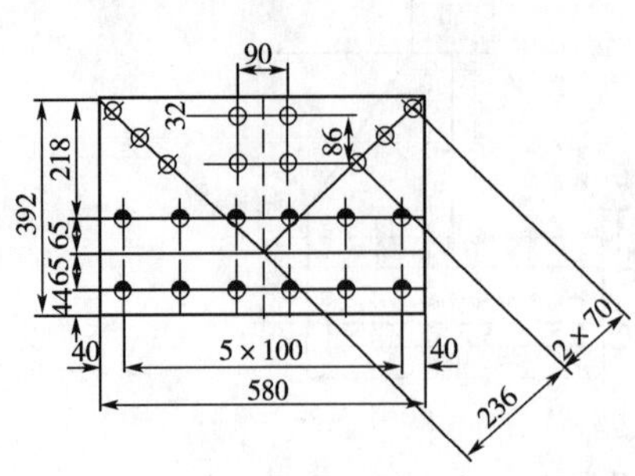

㉒A□580×566×10　质量=25.77kg

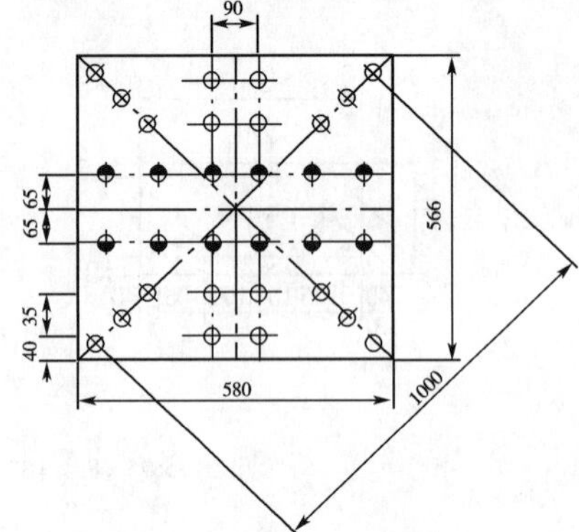

㉓□540×262×10　质量=10.47kg

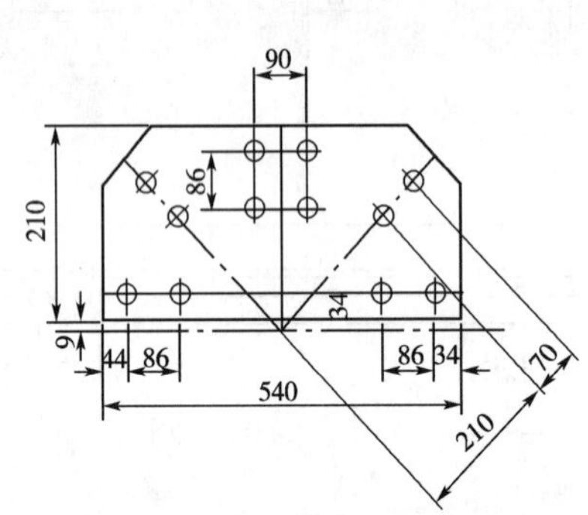

㉘□860×862×10　质量=73.84kg

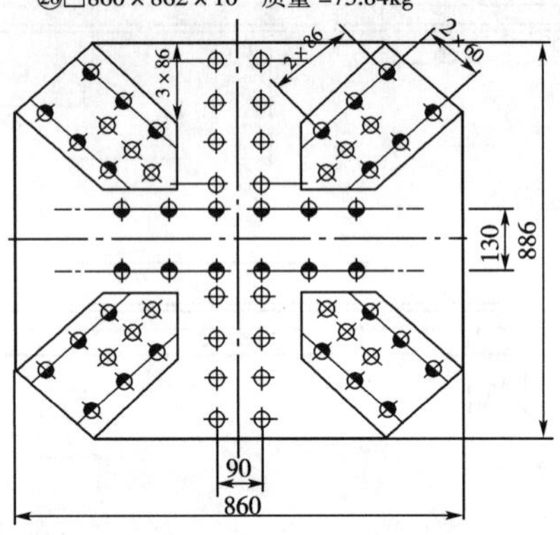

⑮□80×480×10　质量=3.01kg

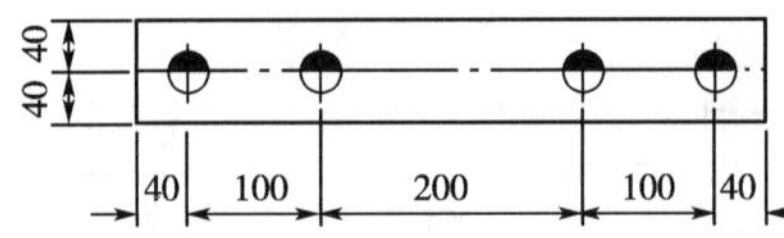

图 12-1　20 种西乙型万能杆件的构造图(尺寸单位:cm)

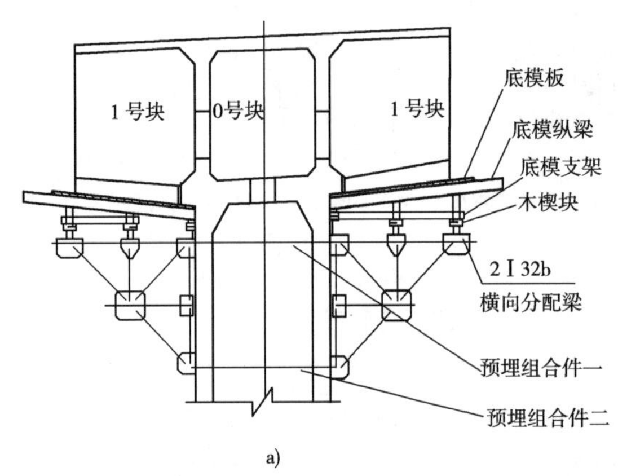

b)

图 12-2　刚架桥

a)侧面图;b)正面图

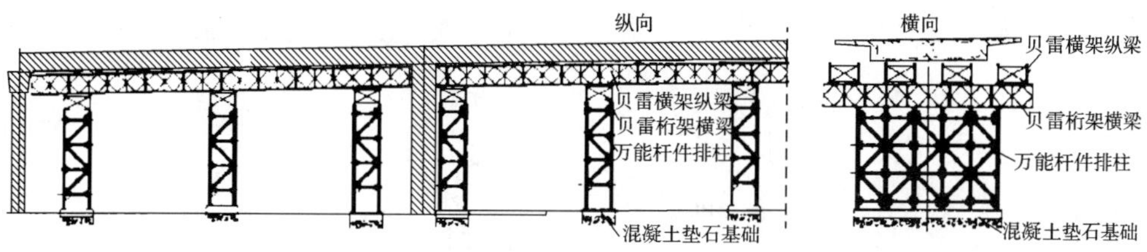

图 12-3　桥梁现浇支架方案

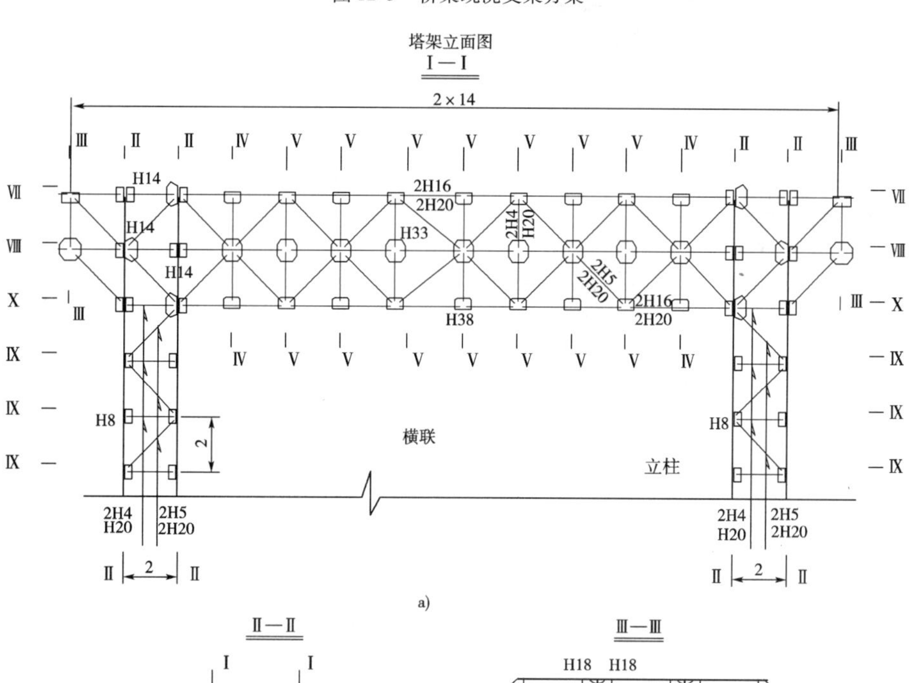

a)

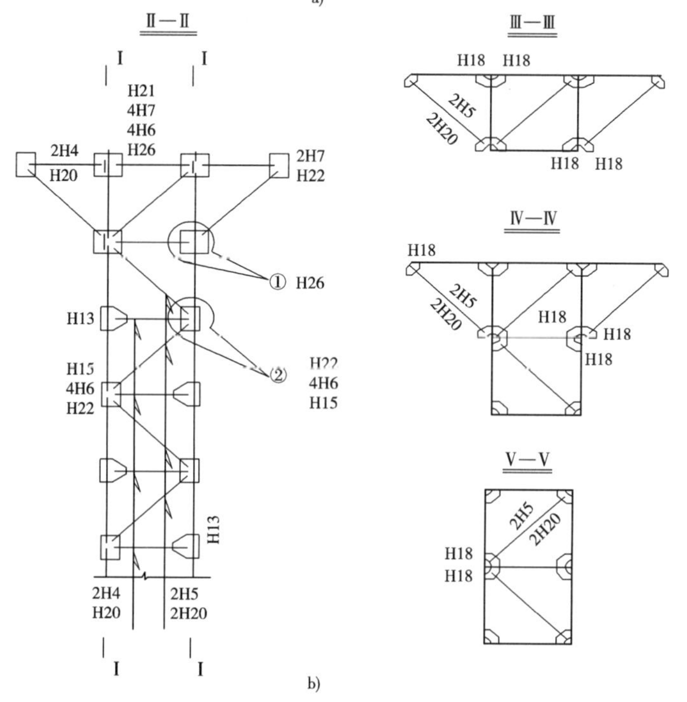

b)

图　12-4

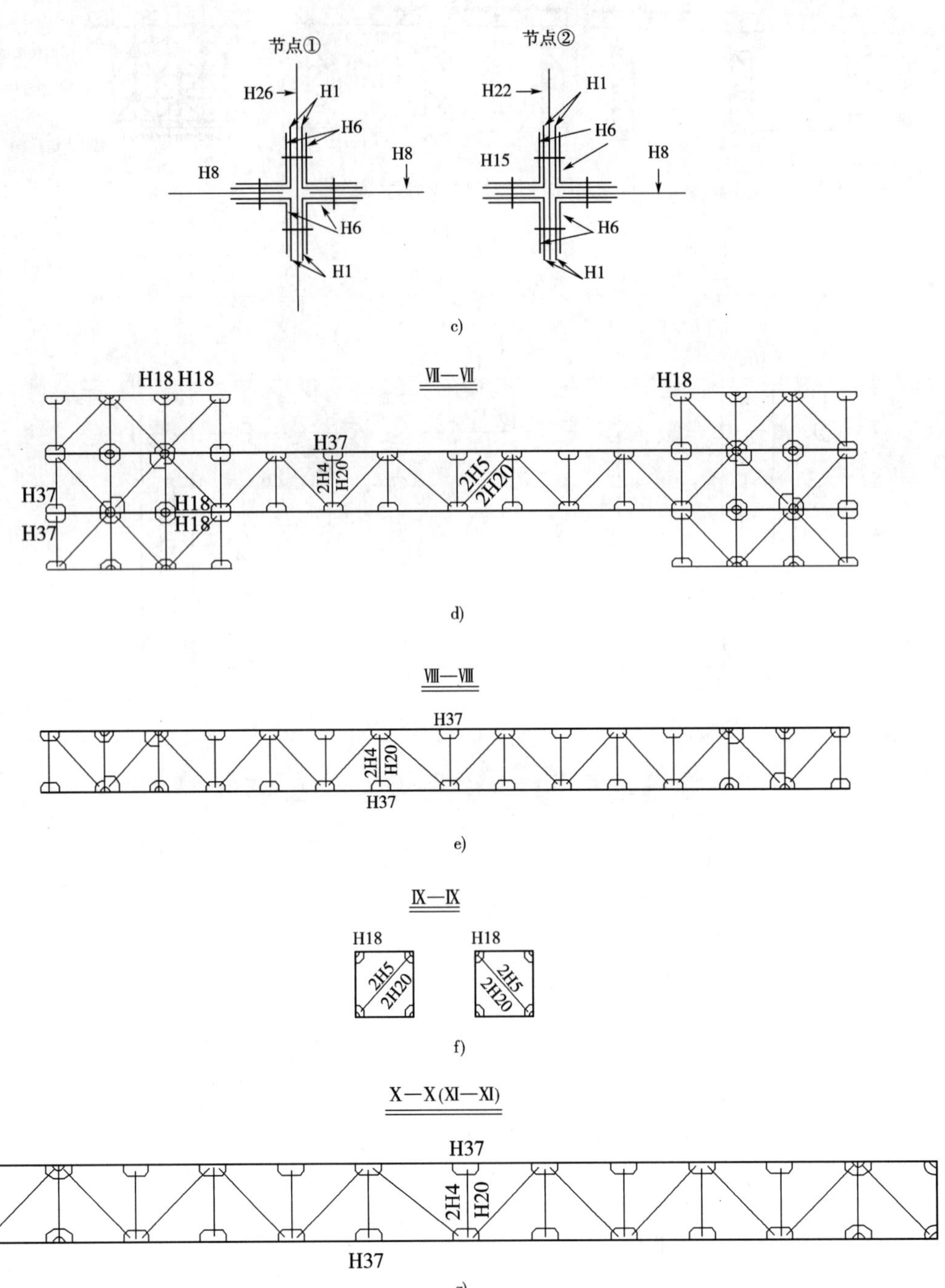

图 12-4　某万能杆件塔架结构的部分设计图

a)万能杆件结构立面图;b)万能杆件侧面图;c)万能杆件节点图;d)万能杆件平面图(Ⅶ—Ⅶ断面);e)万能杆件平面图(Ⅶ—Ⅶ断面);f)万能杆件平面图(Ⅸ—Ⅸ断面);g)万能杆件平面图(Ⅹ—Ⅹ断面)

该万能杆件结构所用的杆件型号主要有 H1、H4、H5 及 H16 杆件，其中立柱竖杆采用 4H1 立柱，由 4∠100×100×12 角钢组成，斜杆为 2H5 斜撑，由 2∠75×75×8 角钢组成，立柱水平弦杆为 2H4，由 2∠75×75×8 角钢组成，横联水平弦杆为 2H16，由 2∠75×75×8 角钢组成；所采用的节点板和缀板型号有 H6、H7、H8、H13、H14、H15、H18、H19、H20、H21、H22、H26、H38 等。

12.3 万能杆件结构的力学特点

万能杆件受力主要承受轴力，结构建模时可以将其简化为由链杆（二力杆）连接的空间铰接链杆结构（或空间桁架结构），相应的计算模型可以选择平面的或空间桁架结构计算模型，结构的承载能力可以通过结构上各杆件轴力是否超过其允许轴力来进行评价。杆件的允许轴力与万能杆件类型、杆件断面组成形式、材料类型（Q235 或 Q345 钢）、杆件长度、杆件上螺栓孔的削减面积等因素有关。表 12-1 和表 12-2 列出了西乙型和 N 型万能杆件的允许拉力或允许压力。当为临时结构时，许轴力可以为规定允许轴力的 1.3 倍。

西乙型万能杆件（杆件为 Q345 钢） 表 12-1

断面类型	面积（cm^2）	杆长（cm）	允许拉力（kN）	允许压力（kN）
2∠100×100×12	45.6	200	778	782
	45.6	400	778	500
4∠100×100×12	91.2	200	1555	1564
	92.2	400	778	1000
	91.2	283	1555	1370
4∠75×75×8	46.0	200	773	720
	46.0	400	773	336
	46.0	600	773	336
2∠75×75×8	23.0	200	386	360
	23.0	400	386	168
	23.0	600	386	168
2∠75×75×8	23.0	283	386	146
	23.0	566	386	
	23.0	849	386	
∠75×75×8	11.5	283	193	73
	11.5	566	193	
	11.5	849	193	

乙型万能杆件 表 12-2

断面类型	杆长(cm)	面积(cm^2)	Q235 钢 允许拉力(kN)	Q235 钢 允许压力(kN)	Q345 钢 允许拉力(kN)	Q345 钢 允许压力(kN)
2∠100×100×12	200	45.6	657	592	773	700
	400	45.6	657	368	773	424
	283	45.6	450	368	530	435
4∠100×100×12	200	91.2	1315	1225	1545	1445
	400	91.2	1315	842	1545	992
4∠100×75×12	283	66.8	900	775	1060	9155
2∠100×75×12	283	33.4	450	368	530	435
4∠75×75×8	200	46	656	595	780	666
	400	46	656	415	780	489
	600	46	656	226	780	266
2∠75×75×8	200	23	328	288	386	339
	400	23	328	185	386	217
	600	23	328	84	386	99
2∠75×75×8	283	23	328	196	386	244
	566	23	328	137	386	270
	849	23	328	—	386	—
∠75×75×8	283	11.5	123	39	144.5	46
	368	11.5	123	—	144.5	—
	466	11.5	123	—	144.5	—

RBCCE 可以创建通过以下操作来创建万能杆件的截面图形，并查询万能杆件的上述允许承载能力。单击按钮，在图形窗口中绘制一条指示线，在系统“典型截面”对话框的“型钢截面”页面（图 12-5）的“万能杆件”组合框内，单击万能杆件截面按钮，可以创建出相应的万能杆件截面的图形对象，打开其对话框，可以得到万能杆件结构的截面特性；单击“允许承载力”按钮，可以创建出万能杆件的各杆件类型的允许轴力表，见表 12-1 和表 12-2。

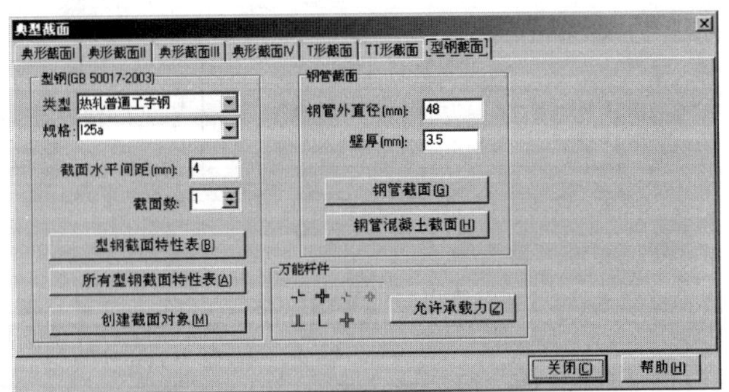

图 12-5 “典型截面”对话框的“型钢截面”页面

12.4 万能杆件结构计算实现

通常可将万能杆件结构简化成平面或空间桁架结构进行计算。当采用平面桁架模型时，可按如下步骤完成万能杆件结构的计算。

(1)创建万能杆件结构的杆件有限元对象。

万能杆件结构中包含了一些可参数化创建的几何图形，可按 3.2.1 节介绍的方法，通过绘制一些参数化的几何图形或直线来组拼需要的万能杆件几何图形对象，然后将其强制转化为杆件有限元对象，此时杆件单元之间的连接为刚结。

(2)设置万能杆件的截面、材料属性。

绘制单元选择器，框选或交选万能杆件结构的杆件有限元计算模型中的单元群组，打开单元选择器对话框，在“制式结构”页面上(图 12-6)。

①选择杆件的材料类型，可以是 Q235 钢或 Q345 钢。

②选择当前万能杆件结构是否为临时结构。

③定义万能杆件的断面类型：点选水平、竖向或斜杆类型选项，单击相应的截面类型按钮，可以在选择的杆件上加载上相应的截面与力学特性，此时杆件单元之间为铰接，万能杆件结构自动修改为桁架结构。

④如果一些杆件截面特性为特制，可以直接绘制单元选择器，打开其属性修改，在“特征参数修改”页面上输入特征杆件的截面特性。

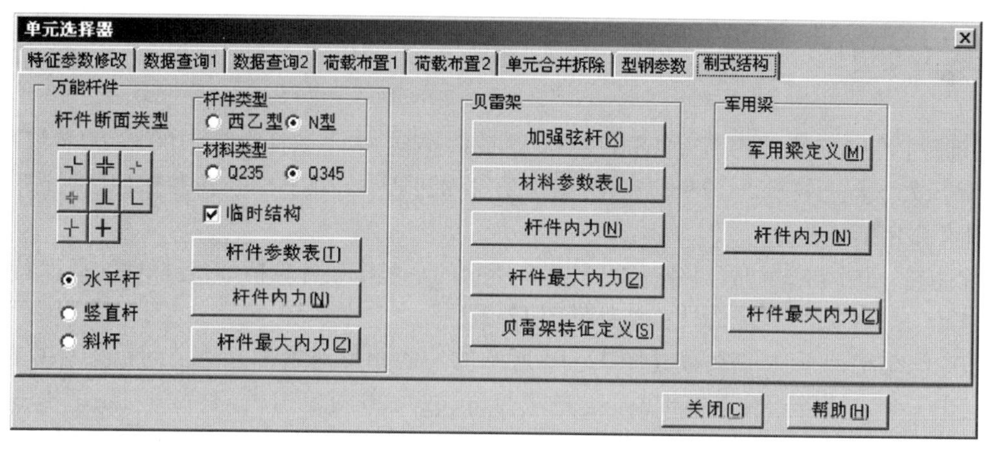

图 12-6　“单元选择器”对话框的“制式结构”页面

(3)在万能杆件结构上绘制节点约束对象及荷载对象。

(4)打开万能杆件结构对话框，单击“结构计算”按钮，可实现万能杆件结构计算。

(5)查询万能杆件结构的计算结果。

绘制单元选择器选择万能杆件结构的整体或局部区域，打开单元选择器对话框，在“制式结构”页面的“万能杆件”组合框中：

①单击“杆件内力”：可以将选择区域的杆件轴力以 EXCEL 表的形式输出，并显示与允许

轴力的比较结果,见表 12-3。

②单击“杆件最大内力”:对选择区域的杆件轴力,按水平杆、竖向杆件及斜杆分类,并以 EXCEL 表的形式输出杆件的最大拉力和最大压力,并显示与允许轴力的比较结果。

万能杆件结构计算结果表　　表 12-3

单元号	断面类型	断面面积(cm^2)	实际轴力(kN)	允许拉力(kN)	允许压力(kN)	承载能力
30	2∠100×100×12	45.6	450	778		通过
6	2∠100×100×12	45.6	-450		782	通过
37	4∠100×100×12	91.2	0			通过
49	4∠100×100×12	91.2	-300		1 564	通过
64	2∠75×75×8	23	106.07	778		通过
63	2∠75×75×8	23	-106.07		685	通过

当采用空间桁架结构计算万能杆件结构时,可以利用第 4 章介绍的方法,先绘制出桁架结构三视图的几何图形对象,按平面桁架模型的建模方法分别将三视图几何图形对象强制转化为杆件有限元对象,并加载万能杆件截面特性,再绘制三维指示线加载各视图的空间层式属性;用强制转化法创建“约束与荷载”指示线对象,加载相应的结构约束与荷载信息,即可以得到由这些功能图形对象所表达的空间万能杆件结构计算模型;框选计算模型中的各功能图形对象,打开主结构对象对话框,可以实现空间桁架结构力学计算的 ANSYS 命令流,再导入 ANSYS 软件进行空间万能杆件结构的计算与计算结果的查询。

12.5 工程算例

[例题]图 12-7 为西乙型万能杆件结构,为临时结构,水平弦杆为 2∠100×100×12,斜杆为2∠75×75×8,竖杆为 2∠75×75×8,结构受对称的节点约束与节点荷载作用,试计算该结构在外载作用下的轴力。

解:按平面桁架求解时,可建立如图 12-8 所示的平面桁架计算模型,各杆件的截面特性可采用单元选择器加载,相应的计算结果见图 12-9。

按空间结构计算时,需要创建图 12-10 所示的功能图形对象来表达空间桁架计算模型。该模型由 1 个主结构、5 个副结构及 1 个约束与荷载指示线对象构成,主结构与副结构中各杆件截面及材料属性按平面杆件结构模型建模并加载,通过相应的三维属性加载指示线来表达主副结构的三维层式信息;约束与荷载指示线对象的信息包括以下内容。

LDRS = 1, jdX = 0, jdY = 0, jdZ = 0, UX = 100, UY = 100, ROTX = 0UZ = 100! (0,0,0)节点约束信息

LDRS = 1, jdX = 2, jdY = 0, jdZ = 0, UX = 100, UY = 100, ROTX = 0UZ = 100 ! (2,0,0)节点约束信息

LDRS = 1, jdX = 22, jdY = 0, jdZ = 0, UX = 100, UY = 100, ROTX = 0UZ = 100

LDRS = 1,jdX = 24,jdY = 0,jdZ = 0,UX = 100,UY = 100,ROTX = 0UZ = 100

LDRS = 1,jdX = 0,jdY = 0,jdZ = -2,UX = 100,UY = 100,ROTX = 0UZ = 100

LDRS = 1,jdX = 2,jdY = 0,jdZ = -2,UX = 100,UY = 100,ROTX = 0UZ = 100!（2,0,-2）节点约束信息

LDRS = 1,jdX = 22,jdY = 0,jdZ = -2,UX = 100,UY = 100,ROTX = 0UZ = 100

LDRS = 1,jdX = 24,jdY = 0,jdZ = -2,UX = 100,UY = 100,ROTX = 0UZ = 100

LDRS = 2,jdX = 8,jdY = 10,jdZ = 0,PX = 0,PY = -20 !（8,10,0）节点荷载信息

LDRS = 2,jdX = 10,jdY = 10,jdZ = 0,PX = 0,PY = -20!（10,10,0）节点荷载信息

LDRS = 2,jdX = 12,jdY = 10,jdZ = 0,PX = 0,PY = -20

LDRS = 2,jdX = 14,jdY = 10,jdZ = 0,PX = 0,PY = -20

LDRS = 2,jdX = 16,jdY = 10,jdZ = 0,PX = 0,PY = -20

LDRS = 2,jdX = 8,jdY = 10,jdZ = -2,PX = 0,PY = -20

LDRS = 2,jdX = 10,jdY = 10,jdZ = -2,PX = 0,PY = -20

LDRS = 2,jdX = 12,jdY = 10,jdZ = -2,PX = 0,PY = -20

LDRS = 2,jdX = 14,jdY = 10,jdZ = -2,PX = 0,PY = -20

LDRS = 2,jdX = 16,jdY = 10,jdZ = -2,PX = 0,PY = -20!（2,16,-2）节点荷载信息

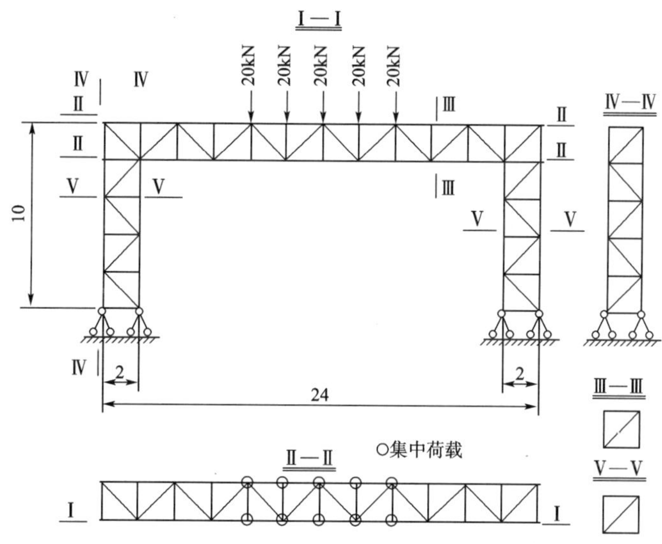

图 12-7　算例图(尺寸单位:m)

利用主结构对话框,在“结构计算”页面上,可以得到该空间桁架结构计算的命令流,导入 ANSYS 软件,可以得到该空间桁架的计算结果,如图 12-11 所示,经比较,可见与平面桁架结构计算模型相吻合。

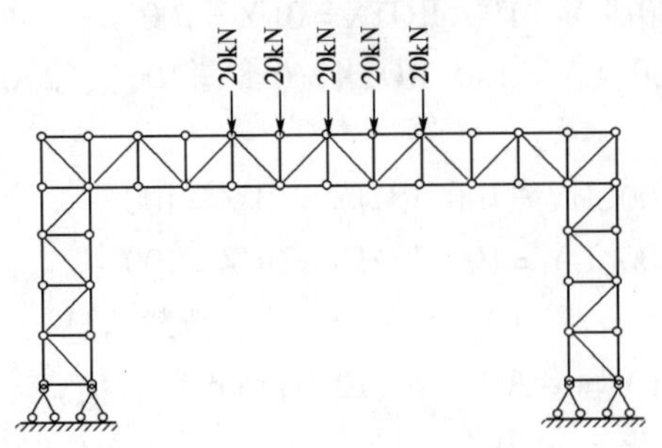

图 12-8　算例平面桁架计算模型

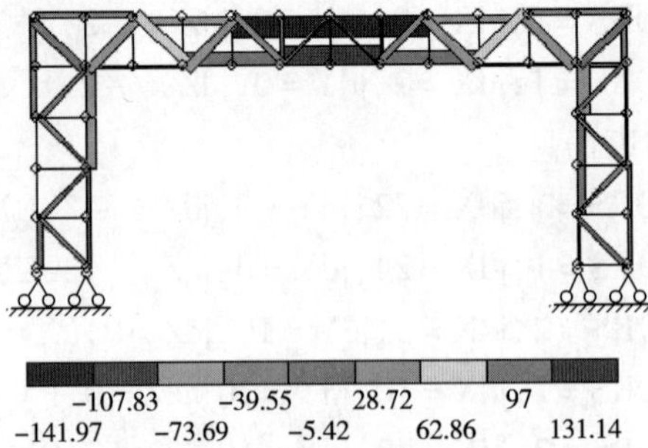

图 12-9　算例轴力图

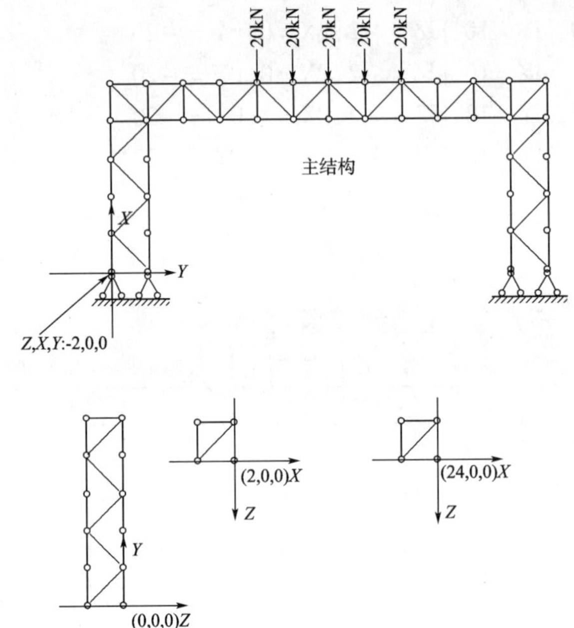

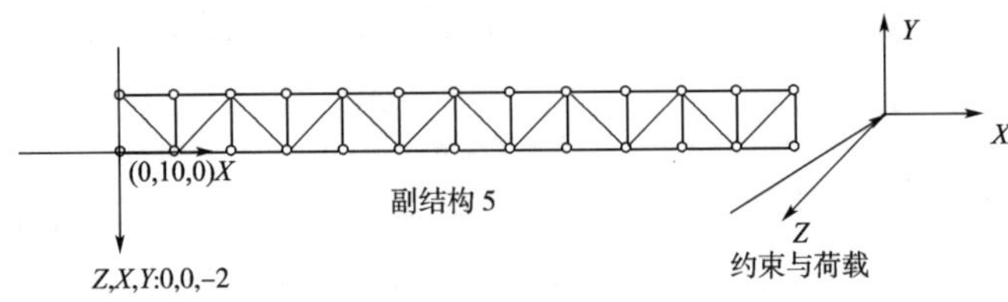

图 12-10　功能图形对象

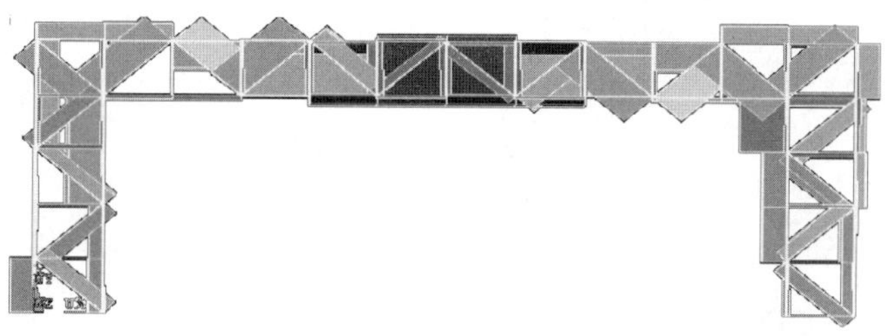

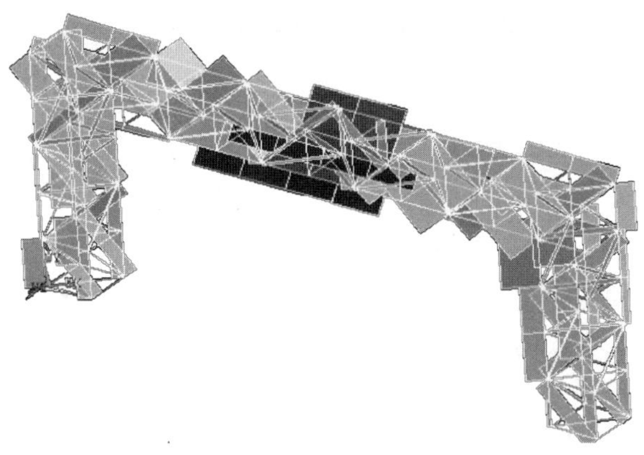

图 12-11　空间桁架的计算结果

第13章

缆索吊装施工力学计算

缆索吊装系统由塔架、风缆、缆索吊运系统、扣索系统、锚碇和驱动装置等构成，是可用于重物起吊和纵向高空运输的一种吊装设备。采用缆索吊装是桥梁施工的一种常用方法，主要用来运送桥梁预制构架的起吊与安装。确保缆索吊装系统施工安全顺利的前提是，需要针对缆索吊装系统的各个组成部分进行力学分析计算，其中缆索吊运系统和扣索系统计算是其重要的计算内容，本章主要分析介绍这两部分内容。

13.1 承重索计算方法

缆索吊运系统主要是由承重索（也称主索）、起重索和牵引索组成，它们均由钢丝绳制作而成，见图13-1。相比于起重索和牵引索，承重索计算较为复杂，需要计算承重索的张力、应力、垂度、索长等内容；承重索有单跨、双跨等布置形式；所承受的吊重荷载一般为单个或两个可移动的吊重作用，计算方法中需要考虑温度变化、吊重位置及塔顶水平位移的影响。

可采用抛物线理论或悬链线理论计算承重索，其中，悬链线理论较为精确，可适合于任意垂度；而抛物线理论则是一种近似计算方法，适合于垂跨比小于1/10的小垂度情况，其计算结果与悬链线理论比较接近，误差一般可控制在5%以内。考虑到工程上缆索吊装采用的垂跨比一般控制在1/14～1/20之间，属于小垂度范围，可采用抛物线理论计算，这也是本章承重索计算所选用的理论。

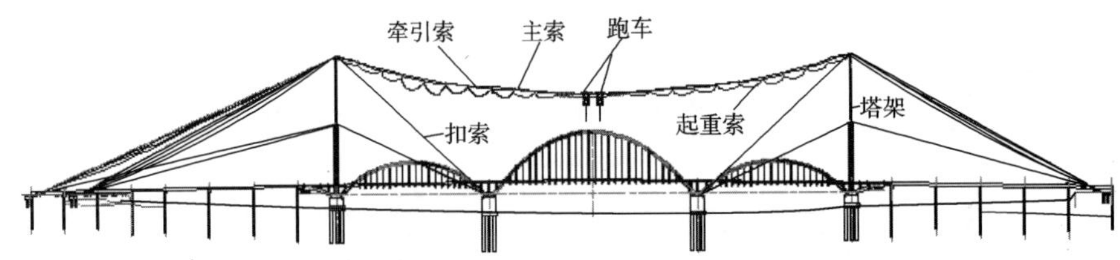

图13-1　缆索吊装系统示例

本章仅考虑单跨形式。常见单跨缆索计算问题的主要特点是：主索两端简支，跨径为 L，受水平均布荷载 q 及吊重荷载 P；通常在主索上每隔一段距离设置一个分索器支撑起重索和牵引索，分索器重可以用沿索长的单位均布荷载来表达，承重索计算模型如图 13-2 所示。

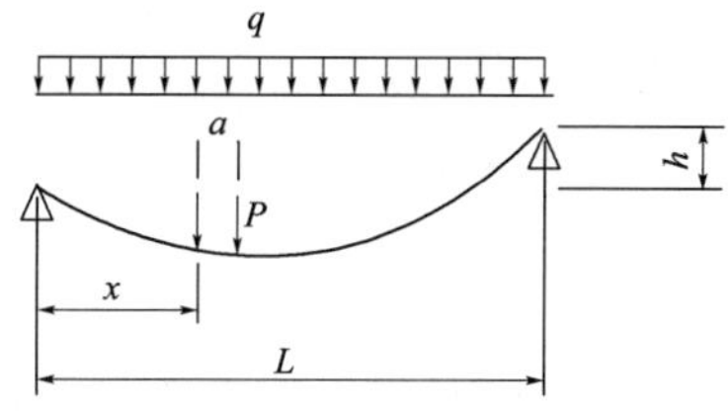

图 13-2　承重索计算模型

因此，主索所受水平均布荷载 q 为：

$$q = q_1 + q_2 + q_3 + q_4$$

式中：q_1——单位长主索自重；

q_2——主索上单位长起重索重力；

q_3——主索上单位长牵引索重力；

q_4——因支索器产生的作用于主索上的单位均布荷载。

对于吊重 P，它是由跑车与定滑轮重量 P_1、吊点定滑动轮与配重 P_2、起重索重 P_3 及吊装重物重 P_4 组成，即：

$$P = P_1 + P_2 + P_3 + P_4$$

不计吊装重物跑车空载时的总荷载：

$$P_0 = P_1 + P_2 + P_3$$

主索计算有两种模式，一是根据缆索的最大允许张力计算缆索的最大垂度，进而计算缆索在安装或吊重期间的缆索张力和垂度；另外一种计算模式是，先拟订一个合适的缆索最大垂度，计算相应的缆索最大张力，并以此来计算缆索在安装或吊装期间的张力和垂度。两种计算模式的计算内容主要包括：

(1)计算主索的允许最大张力 $T_{\max}$，其数值为主索的最大破断力 T_n 除以一定的安全系数 K(一般取 $K = 3.5$)。

(2)计算主索在均布荷载 q 吊重 P 的作用下，达到允许最大张力 $T_{\max}$ 时的最大垂度 $f_{\max}$。

(3)在均布荷载 q 及跑车空载重力 P_0 作用下，计算主索的初始安装张力 T_0 与安装垂度 f_0。

(4)当吊装重物靠近索塔附近并达到最小水平距离时，主索的弯曲最不利，需要计算主索的张力和垂度。

(5)计算环境温度改变后主索的张力和垂度。

(6)计算塔顶发生位移后主索的张力和垂度。

(7)跑车满载且位于跨中时，主索应力最大，计算主索与车轮处考虑弯曲影响的应力和主索与平滚动接触处接触作用在内的应力，包括考虑弯曲作用的应力，考虑接触作用的应力及主索的最大弯曲应力等。

(8)计算各工况的主索长度。

上述计算内容所涉及的计算公式主要包括：

(1)当主索吊重为 P 时,其垂度为:

$$f_{\max} = \frac{1}{H}\left[\frac{qL^2}{8\cos\beta} + \frac{PL}{4}\right]$$

主索水平拉力为:

$$H = \frac{\frac{qL^2}{\cos\beta} + 2PL}{8f_{\max}}$$

式中:H——主索水平张力。

(2)主索在吊重、温度变化和主索弹性伸缩影响下的张力方程为:

$$H_x^3 + H_x^2\left\{\frac{E_k A_n \cos^2\beta}{24H_m^2}[3P(P+G)+G^2] - H_m \pm \varepsilon\Delta t E_k A_n \cos\beta\right\} - \frac{x(L-x)}{2l^2}P_x(P_x+G)E_k A_n\cos^2\beta - \frac{G^2 E_k A_n \cos^2\beta}{24} = 0$$

$$G = \frac{qL}{\cos\beta}$$

式中:E_k ——主索弹性模量;

ε ——主索线膨胀系数,ε =0.000012;

Δt ——使用时的最大温差;

P_x——吊装时的任意荷载;

H_m——主索的最大水平拉力;

G——主索自重;

$f_{\max}$——主索在自重作用下的最大垂度;

A_n——钢丝绳截面面积。

(3)吊重为跑车空载重力 P_0 时,位于跨中的主索张力方程为:

$$H_0^3 + H_0^2\left\{\frac{E_k A_n \cos^2\beta}{24H_m^2}[3P(P+G)+G^2] - H_m \pm \varepsilon\Delta t E_k A_n \cos\beta\right\} - \frac{x(L-x)}{2L^2}P_0(P_0+G)E_k A_n\cos^2\beta - \frac{G^2 E_k A_n \cos^2\beta}{24} = 0$$

式中:H_0——为跑车空载时的主索张力。

相应的跨中安装垂度为:

$$f_0 = \frac{qL^2}{8H_0\cos\beta} + \frac{P_0 L}{4H_0}$$

(4)主索考虑弯曲作用的应力:

$$\sigma = \frac{T_{\max}}{A_n} + \frac{P}{n}\sqrt{\frac{E_k}{T_{\max}A_n}} \leqslant \sigma_{\max} = \frac{[\sigma]}{K}$$

式中:$[\sigma]$——钢丝绳的极限抗拉强度,$[\sigma]$=1700MPa;

$T_{\max}$——主索最大允许张力;

$\sigma_{\max}$——主索最大计算应力;

K——主索考虑接触作用的应力,取 $K \geqslant 2$;

n——跑车车轮个数。

（5）主索考虑接触作用的应力：

$$\sigma = \frac{T_{max}}{A_n} + \frac{E_k d}{D_{min}}\sigma_{max} = \frac{[\sigma]}{K}$$

式中：d——主索钢丝直径（mm）；

D_{min}——索鞍平滚的最小直径（mm）。

（6）主索的最大弯曲应力，见图13-3。

$$\sigma = \frac{T}{A_n} + \frac{V}{n}\sqrt{\frac{E_k}{TA_n}} \leqslant \sigma_{max} = \frac{[\sigma]}{K}$$

$$V = \frac{H_x}{\cos\alpha_3}(\sin\alpha_1 + \sin\alpha_2)$$

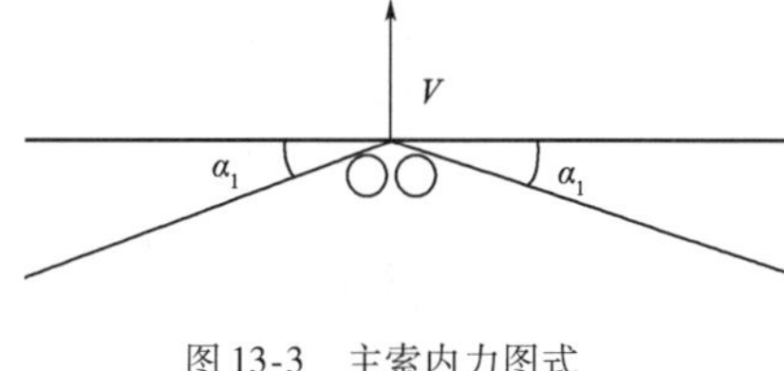

图13-3　主索内力图式

13.2 缆索吊装系统的计算参数

缆索计算需要知道参数包括以下内容。

（1）主索、牵引索及起重索等钢丝绳的材料参数。

主要包括：钢丝绳型号、钢丝直径、弹性模量、弹性模量折减系数，钢丝直径、钢丝绳单位重量、钢丝绳线膨胀系数、钢丝绳截面面积、钢丝绳破断力、钢丝绳的极限抗拉强度、钢丝绳抗拉安全系数等。

（2）主索跨径。

（3）主索两塔顶高差。

（4）一个分索器重及两相邻分索器间距。

（5）跑车与定滑动轮重。

（6）吊点滑轮与配重重量。

（7）起重索重。

（8）吊装重量。

（9）温度变化：缆索工作期间的最大升温或降温。

（10）跨径变化：当跑车吊重位于跨中时，两塔顶向索跨内移位，一般允许移位为（1/600～1/400）塔高。

RBCCE实现缆索吊装计算的方法是，单击"按钮菜单"→"工具"→"缆索吊装"命令，系统弹出"单跨缆索吊装计算"对话框，在该对话框的"材料与荷载"页面上，系统提供了初始的承重索、起重索和牵引索的有关参数及缆索吊装计算的其他相关参数。要改变承重索、起重索和牵引索的有关信息，可以直接在表格中修改，也可以在"钢丝绳型号选择"组合框中，选择需要的索型号，单击"修改"按钮，系统自动按选择的钢丝绳型号修改钢丝绳参数，再在"钢丝绳参数表"中输入需要修改的参数。另外，还可以将缆索吊装计算的各种参数以EXCEL表的形式输出，只需要在"材料与荷载"的对话框页面上，将鼠标移到需要数据输出的表格上，单击鼠标右键，系统弹出一浮动菜单，如图13-4所示。

要进行缆索计算,可以在“单跨缆索吊装计算”对话框的“计算”页面上,在计算方式组合框中,选择“按最大破断力计算最大垂度”或“按给定最大垂度”选项,再单击“计算”按钮,系统将以WORD文本的形式显示实现缆索吊装计算的各种相关结果,如图13-5所示。如再单击“创建缆索”按钮,系统将创建出承重索的简化图形对象,打开该图形对话框,可以重新修改缆索吊装计算参数并获得所需要的缆索吊装计算结果。

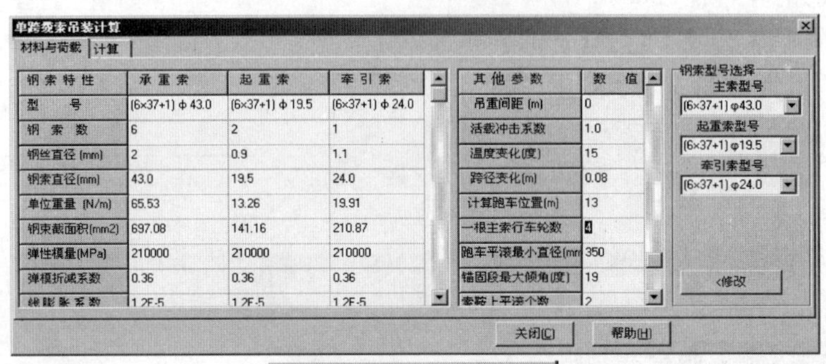

图13-4 “单跨缆索吊装计算”对话框的“材料与荷载”页面

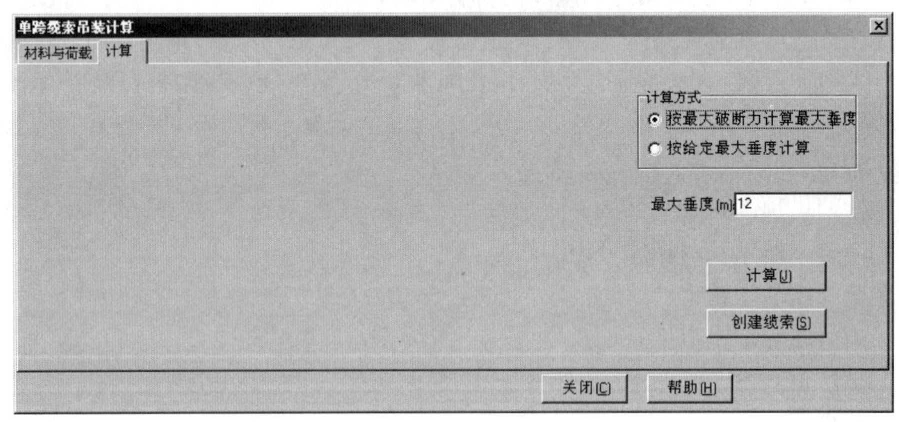

图13-5 “单跨缆索吊装计算”对话框的“计算”页面

13.3 缆索吊装计算算例分析

某桥为三孔静跨70m箱形拱,拱箱分三段预制吊装合龙成拱,最大箱肋重210.945kN。采用缆索吊装系统见图,缆索跨径为258m,塔高30m,两岸塔顶高度相同。

以下是缆索吊装计算的部分结果。

13.3.1 主索荷载

(1)均布荷载

主索均布荷载集度 $q = 0.44761\text{kN/m}$

均布荷载重力 $G = qL = 0.44761 \times 258 = 115.483\text{kN}$

(2)集中荷载

主索集中荷载由以下四部分组成。

行车及定滑轮重力 $P_1 = 30\text{kN}$

吊点动滑轮及配重重力 $P_2 = 30\text{kN}$

起重索重力 $P_3 = 1.592\text{kN}$

拱肋重力 $P_4 = 211\text{kN}$

总集中重力 $P = P_1 + P_2 + P_3 + P_4 = 272.592\text{kN}$

13.3.2 主索最大张力和相应的垂度

当跑车吊重位于跨中时，主索张力最大，控制主索的设计，取控制主索张力的安全系数 $K = 3.5$，求主索的允许张力 T_{max} 和相应的跨中垂度 f。

$$T_{max} = \frac{T_n}{K} = \frac{5829}{3.5} = 1665.429\text{kN}$$

取 $H \approx T_{max}$ 则跨中垂度：

$$f = \frac{L}{4H}\left(\frac{G}{2} + P\right) = \frac{258}{4 \times 1665.429}\left(\frac{115.483}{2} + 272.592\right) = 12.793\text{m}$$

相对垂度为：

$$\frac{f}{L} = \frac{12.793}{258} = \frac{1}{20.17}$$

13.3.3 主索安装张力和安装垂度

为了保证假设的主索在吊重时的最大张力不超过允许值，需求出主索的安装张力 H_0 及安装垂度 f_0，以便用 f_0 控制主索的张力和高程。

这时，作用于主索上的集中荷载为不计拱肋重力和跑车空载重力 P_0，位于跨中的主索张力由张力方程式(13-3)求得：

$$H_0^3 + H_0^2\left\{\frac{E_k A_n \cos^2\beta}{24H^2}[3P(P+G) + G^2] \quad H\right\} \quad \frac{x(L-x)}{2L^2}P_0(P_0+G)E_k A_n \cos\beta^2 - \frac{G^2 E_k A_n \cos\beta^2}{24} = 0$$

式中：E_k——主索弹性模量，$E_k = 75.6\text{GPa}$；

A_n——主索截面面积，取 $A_n = 4182.48\text{mm}^2$；

H_{max}——主索允许拉力，取 $H_{max} = 1665.429\text{kN}$。

将 $P_0 = P_1 + P_2 + P_3 = 30 + 30 + 1.592 = 61.592\text{kN}$，$\beta = 0°$，$x = \frac{L}{2}$ 代入式(13-3)中，令：

$$\begin{aligned} C_1 &= \frac{E_k A_n \cos^2\beta}{24H^2}[3P(P+G) + G^2] - H \\ &= \frac{75.6 \times 4182.481^2}{24 \times 1665.429^2} \times [3 \times 272.592(272.592 + 115.483) + 115.483^2] - 1665.429 \\ &= -94.6341 \end{aligned}$$

令：

$$C_2 = \frac{x(L-x)}{2L^2}P_0(P_0+G)E_kA_n\cos^2\beta$$

$$= \frac{129\times(258-129)}{2\times258^2}\times75.6\times4182.48\times61.592\times(61.592+115.483)\times1^2$$

$$= 431069443.1735$$

令：

$$C_3 = \frac{G^2E_kA_n\cos^2\beta}{24} = \frac{115.483^2\times75.6\times4182.481^2}{24} = 175703552.1$$

则张力方程可简化为：

$$H_0^3 + C_1H_0^2 - C_2 - C_3 = 0$$

代入数据得张力方程：

$$H_0^3 + (-94.6341)H_0^2 - 606772995.2735 = 0$$

解方程得：

$$H_0 = 879.344\text{kN}$$

相应的跨中垂度：

$$f = \frac{L}{4H_0}\left(\frac{G}{2}+P_0\right) = \frac{258}{4\times879.344}\left(\frac{115.483}{2}+61.592\right) = 8.753\text{m}$$

13.3.4 靠近塔架安装拱肋时主索的张力和垂度

安装边孔端部拱肋时，设跑车离塔顶的最小水平距离 $x=13\text{m}$，根据张力方程式(13-4)计算。

$$H_x^3 + H_x^2\left\{\frac{E_kA_n\cos^2\beta}{24H^2}[3P(P+G)+G^2]-H\right\} - \frac{x(L-x)}{2L^2}P(P+G)E_kA_n\cos^2\beta - \frac{G^2E_kA_n\cos^2\beta}{24} = 0$$

将 $x=13\text{m}$，$\beta=0°$，代入式(13-4)中。

令：

$$C_2 = \frac{x(L-x)}{2L^2}P(P+G)E_kA_n\cos^2\beta$$

$$= \frac{13\times(258-13)}{2\times258^2}\times75.6\times4182.48\times272.592\times(272.592+115.483)\times1^2$$

$$= 800247764.6732$$

则张力方程可简化为：

$$H_x^3 + C_1H_x^2 - C_2 - C_3 = 0$$

代入数据得张力方程：

$$H_x^3 + (-94.6341)H_x^2 - 975951316.7732 = 0$$

解方程得：$H_x = 1024.488\text{kN}$

相应的跨中垂度：

$$f_x = \frac{x(L-x)}{H_x L}\left(\frac{G}{2}+P\right) = \frac{13\times(258-13)}{1024.488\times258}\left(\frac{115.483}{2}+272.592\right) = 3.98\text{m}$$

主索升角：

$$\tan\gamma = \frac{L-2x}{2H_x L}(P+G) = \frac{258-2\times13}{2\times1024.488\times258}(272.592+115.483) = 0.17031$$

解得：$\gamma = 9°39'55''$

13.3.5 温度改变对主索的影响时的张力和垂度

假设主索架设和安装温度升高15℃，求跑车吊重于跨中，主索的张力和垂度。

根据张力普遍方程，由钢丝的线膨胀系数 $\varepsilon = 1.2\times10^{-5}$，$\Delta t = 15℃$。

令：

$$C_1 = \frac{E_k A_n \cos^2\beta}{24H^2} + [3P(P+G)+G^2] - H + \varepsilon\Delta t E_k A_n \cos^2\beta$$

$$= \frac{75.6\times4182.48\times1^2}{24\times1665.429^2}\times[3\times272.592\times(272.592+115.483)+115.483^2] -$$

$$1665.429 + (1.2\times10^{-5})\times15\times75.6\times4182.48\times1^2$$

$$= -37.7189$$

令：

$$C_2 = \frac{x(L-x)}{2L^2}P(P+G)E_k A_n \cos^2\beta$$

$$= \frac{129\times(258-129)}{2\times258^2}\times75.6\times4182.48\times272.592\times(272.592+115.483)\times1^2$$

$$= 4181137535.9268$$

则张力方程为：

$$H_t^3 + C_1 H_t^2 - C_2 - C_3 = 0$$

代入数据，得张力方程为：

$$H_t^3 + (-37.7189)H_t^2 - 4356841088.0268 = 0$$

解方程得：$H_t = 1645.938\text{kN}$

$$f_t = \frac{L}{4H_t}\left(\frac{G}{2}+P\right) = \frac{258}{4\times1645.938}\left(\frac{115.483}{2}+272.592\right) = 12.945\text{m}$$

13.3.6 塔顶位移对主索的影响时的张力和垂度

由塔顶位移 $\Delta = 0.08\text{m}$，得到张力方程：

$$H_\Delta^3 + C_1 H_\Delta^2 - C_2 - C_3 = 0$$

令：

$$C_1 = \frac{E_k A_n \cos^2\beta}{24H^2}[3P(P+G)+G^2] - H + \Delta\cos^2\beta\frac{E_k A_n}{L}$$

$$= \frac{75.6\times4182.481^2}{24\times1665.429^2}\times[3\times272.592\times(272.592+115.483)+115.483^2] -$$

$$1665.429 + 0.08 \times 1^2 \times \frac{75.6 \times 4182.48}{258}$$

$$= 3.411$$

令：

$$C_2 = \frac{x(L-x)}{2L^2} P(P+G) E_k A_n \cos^2\beta$$

$$= \frac{129 \times (258 - 129)}{2258^2} \times 75.6 \times 4182.48 \times 272.592 \times (272.592 + 115.483) \times 1^2$$

$$= 4181137535.9268$$

代入数据，得张力方程为：

$$H_\Delta^3 + 3.411 H_\Delta^2 - 4356841088.0268 = 0$$

解方程得：$H_\Delta = 1632.131\text{kN}$

$$f_\Delta = \frac{L}{4H_\Delta}\left(\frac{G}{2} + P\right) = \frac{258}{4 \times 1632.131}\left(\frac{115.483}{2} + 272.592\right) = 13.054\text{m}$$

13.4 零弯矩法实现扣索计算

扣索是吊装混凝土或钢管混凝土拱桥节段时的缆绳，一端与吊装的拱桥节段相接，另一端扣挂在塔架上，现多采用预应力钢铰线，具有强度高、低松弛、张拉行程及节段高程容易控制等特点，相应的拱桥缆索吊装方法称为千斤顶斜拉扣挂方法。该方法由塔架、斜拉扣索与平衡锚索形成一个自平衡体系，逐节段拼装各拱桥节段，每拼装一节段便扣挂并张拉一组对应的扣索和平衡锚索，如此循环直至合龙，结构由悬臂状态经体系转换，变为稳定安全的两铰拱，扣、锚索所产生的水平力基本相等，塔顶水平位移变化很小，因而可以确保塔架相对于扣索位移约束，可近似认为零位移约束。为确保塔架施工安全及拱桥安装线形，需要计算扣索索力及钢管混凝土节段的预抛高，相应的计算方法可以是有限元法、零弯矩法及零位移法等，本章主要介绍零弯矩法及零位移法。

在拱肋吊装过程中，拱脚位置的约束处理及拱肋节段之间的连接方式将直接影响扣索索力计算方法。如将拱脚设置为铰，拱肋节段之间如用用临时螺栓连接，则可以认为吊装过程中的拱肋在拱脚处不存在弯矩，拱肋节段之间的连接视为铰接，节点处弯矩也为零，可以采用静力平衡原理计算扣索索力。

例如，某钢管混凝土拱桥，计算跨径 $L = 312\text{m}$，计算矢高 $f = 52\text{m}$，设计预拱度为 $\delta = 0.72\text{m}$，按二次抛物线分配，拱轴系数 $m = 1.347$，每条主拱钢管桁架分 9 个大段制作，其中，节段⑤为合龙段，各节段重量见表 13-1，其中合龙段安装时，合龙段作用于第④节段的重量为 105kN；扣点位置，扣点与塔轴的夹角见图 13-6。图 13-7 为一侧吊装各个节段示意图。显然，同一扣索索力将随施工阶段的不同而呈动态变化。

各中节段重力　　表 13-1

节　段	①	②	③	④	⑤
重量(kN)	610	483.0	460.0	444.0	420

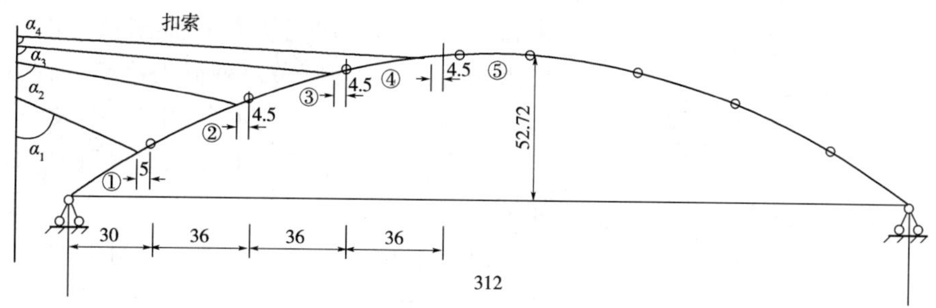

图 13-6　某钢管混凝土拱桥斜拉扣挂模型图(尺寸单位:m)

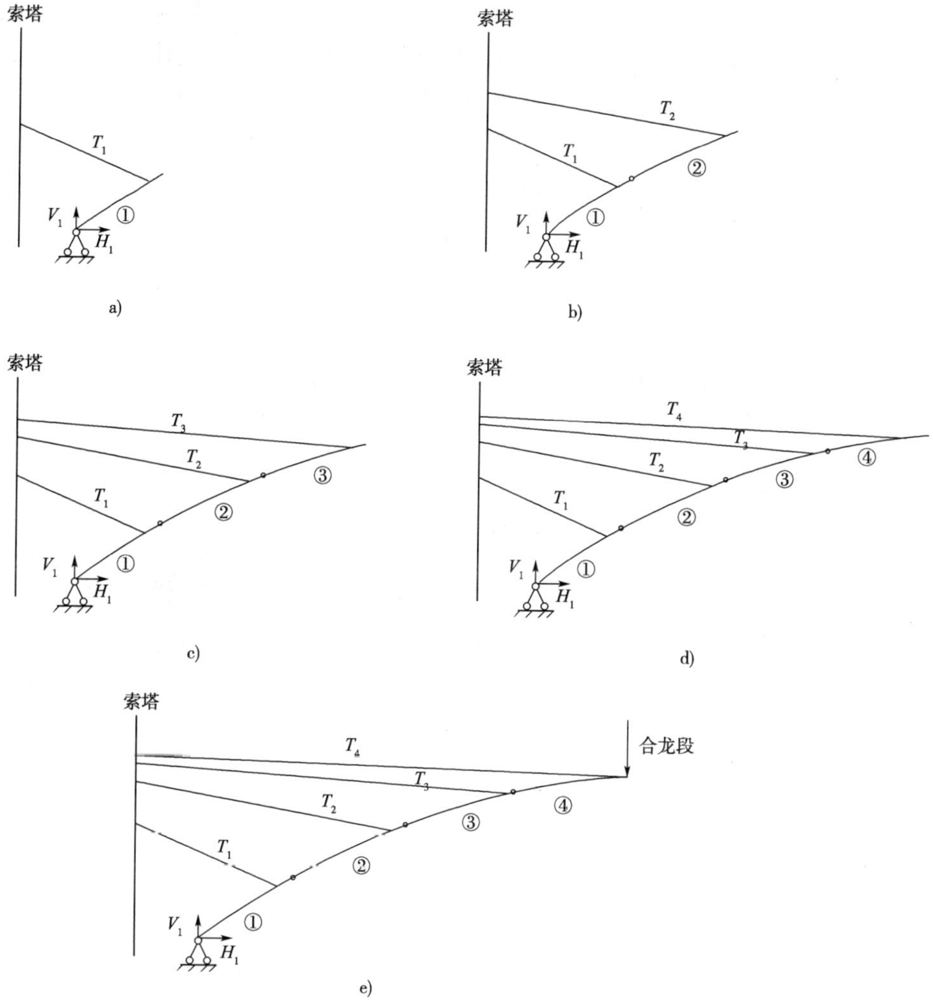

索塔
T_1
①
V_1
H_1

a)

索塔
T_2
T_1
②
①
V_1
H_1

b)

索塔
T_3
T_2
T_1
③
②
①
V_1
H_1

c)

索塔
T_4
T_3
T_2
T_1
④
③
②
①
V_1
H_1

d)

索塔
合龙段
T_4
T_3
T_2
T_1
④
③
②
①
V_1
H_1

e)

图 13-7　一侧吊装各个节段示意图

采用零弯法可以计算各个阶段扣索索力。图 13-8 为吊装第③节段各扣索索力的静力平衡计算模型。图中 $G_i(i=1,2,3)$ 为拱肋节段的重量,P_2 为作用于第②拱肋节段的附加荷载,它们属于拱肋节段计算的已知荷载;$T_i(i=1,2,3)$ 为吊装第③节段时的扣索索力,V_i、$H_i(i=1,2,3)$ 为吊装第 i 节段拱脚处的约束反力。扣索索力可以通过各节段的静力平衡条件计算出

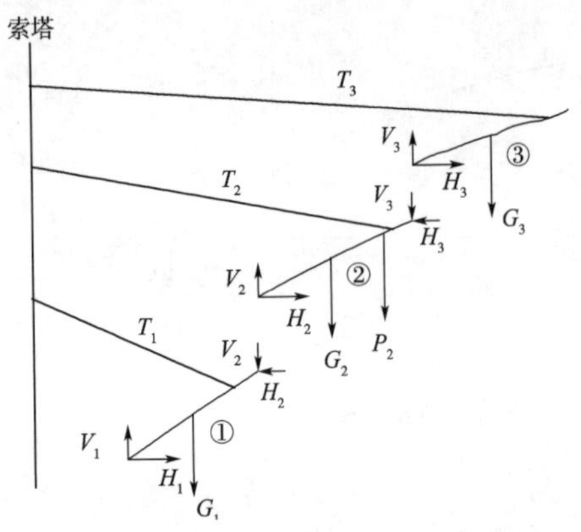

图 13-8 吊装第③节段各扣索索力的静力平衡计算模型图

来，即根据第③节段的静力平衡条件，可以计算出 T_3、V_3 及 H_3，然后对第②节段列静力平衡方程，可以计算出 T_2、V_2 及 H_2，同理可以计算出 T_1、V_1 及 H_1。

采用零弯矩法，实现上述工程各阶段的计算步骤如下。

(1)创建拱轴线图形对象。单击按钮命令，系统弹出浮动按钮命令组，单击拱桥计算按钮命令，系统弹出"拱轴线"对话框，在"拱轴参数"页面上，输入拱肋轴线的计算跨直径、矢量跨比、拱轴系数、预拱度、拱轴分段数等参数，单击"创建拱轴线"按钮，系统自动创建考虑预拱度的拱肋轴线，其预拱度系按二次抛物线分配，如图 13-9 所示。

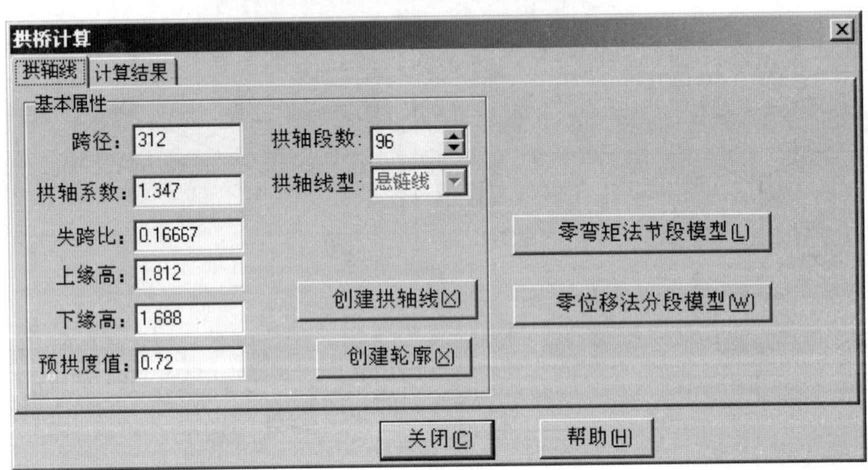

图 13-9 拱肋轴线创建过程

(2)绘制扣索及拱肋节段分界线。利用系统的几何图形绘制和编辑功能，绘制拱轴线节段端点处的铅直分界线，用直线段表达的扣索，其一端作用在拱轴线上，另一端作用在塔架的轮廓线上;创建拱肋的横截面对象,该截面对象可以随意绘制,之后再人为修改拱肋重量,使之成为实际拱肋重量;绘制一矩形框,框选拱轴线、截面及节段端点处的铅直分界线,见图13-10。

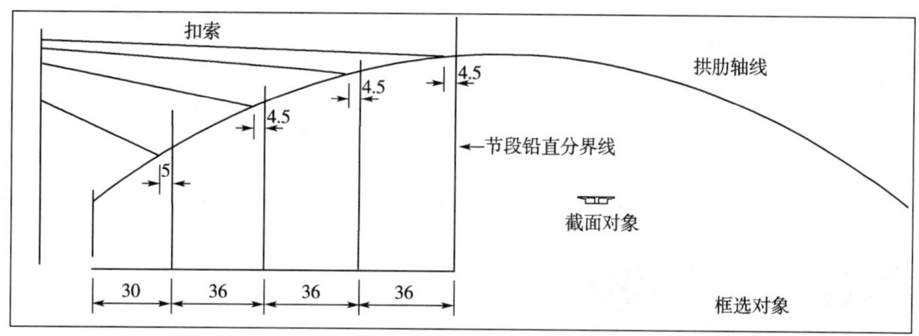

图13-10　扣索索力计算模型图(尺寸单位:m)

(3)打开拱轴线对话框,单击“零弯矩法节段模型”按钮命令,系统创建出第④吊装节段的扣索索力计算模型,其中每个节段上作用有按给定截面面积和混凝土材料(重度为26kN/m³)计算的拱肋节段重力,且作用在拱肋重心位置;当重力与实际数值不符时,可以打开其对话框直接修改为所需要的数值。图13-11为算例的第④节段初始索力计算图式。

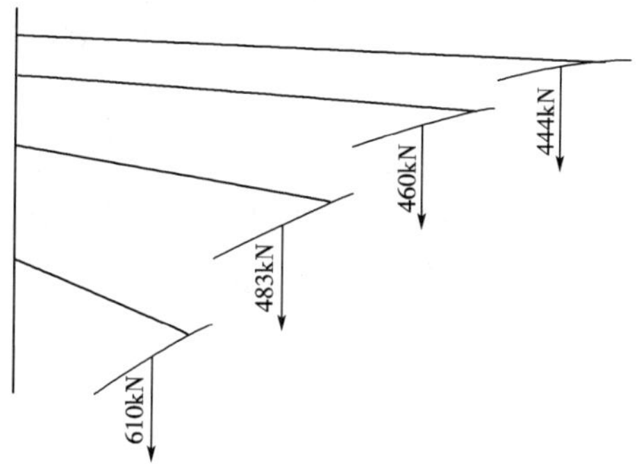

图13-11　初始的扣索索力计算图式

(4)实现各个吊装节段扣索索力计算。根据图13-11所示的初始的扣索索力计算图式,利用系统的图形功能可以方便创建出各吊装节段的扣索索力计算模型,其中未知的扣索索力、约束反力可以通过直线绘制、图形拷贝、强制转化等操作得到。图13-12为第3、4节段吊装时的索力计算结果。

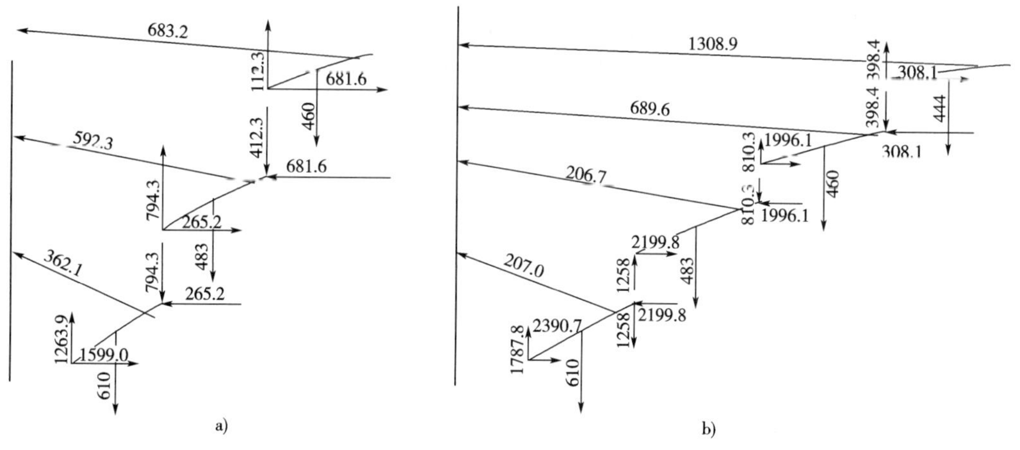

图13-12　第③、④节段吊装的计算结果(单位:kN)

(5)各吊装节段的扣索索力计算结果见表13-2。

各吊装节段的扣索索力(kN)　　表 13-2

吊装节段	扣索①	扣索②	扣索③	扣索④
①	368.5			
②	546.4	425.3		
③	362.1	592.3	683.2	
④	207.0	206.7	689.6	1308.9
⑤	164.7	137.5	376.1	1930.2

13.5 零位移法实现扣索索力计算

在拱肋吊装过程中,将拱脚设置为铰,拱肋节段之间焊接连接,拱肋安装并利用扣索张拉就位后,拱肋上所有扣点位置均达到设计拱轴线和高程,并要求节段吊装过程中各扣索的位移保持不变。相对于扣索而言,拱肋刚度为无穷大,可以看成是一刚体,拱段安装就位后,通过新安装节段的扣索张拉,可使先前安装的节段与扣索位置保持不变,即新安装拱肋节段后,已安装扣索不会伸长或缩短,各扣索在安装的各个阶段索力保持不变,这样各个安装阶段扣索索力,也可以直接采用静力平衡原理计算,相应的扣索索力计算方法称为零位移法。图 13-13 显示采用零位移法实现扣索索力的计算模型。

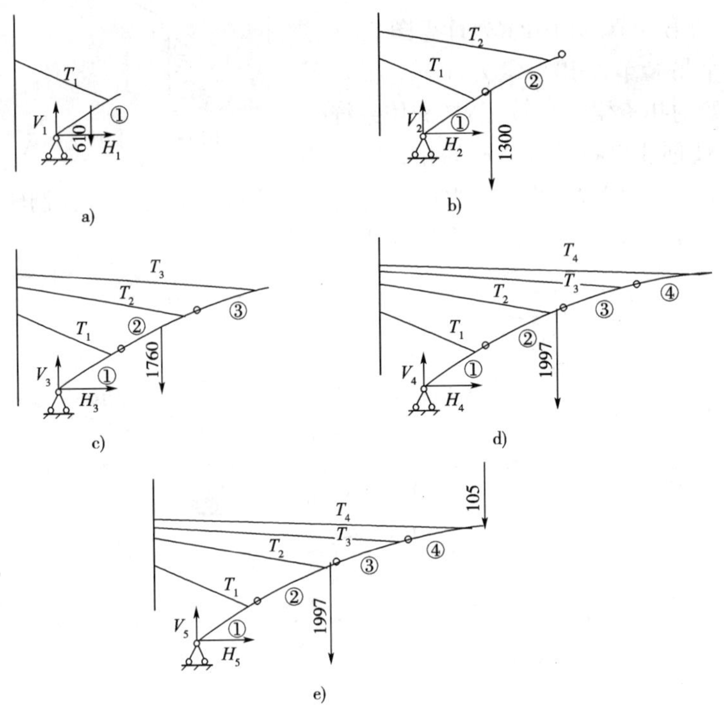

图 13-13 “零位移法”实现扣索索力的计算模型(单位:kN)

在图 13-11 中，对于第①拱肋安装节段，拱肋节段受一般平面力系作用，有未知力 H_1、V_1 和 T_1，可直接利用静力平衡条件计算；而对于第②安装节段，拱肋受一般平面力系作用，因 T_1 在第①安装节段已算出，为已知荷载，此时拱肋所受的未知力有 T_2、V_2、H_2，其数值可通过对安装节段②上的所有荷载列静力平衡条件计算得到。同理，可以计算得到其他节段的扣索索力，如图 13-14 所示。各吊装节段扣索索力见表 13-3。

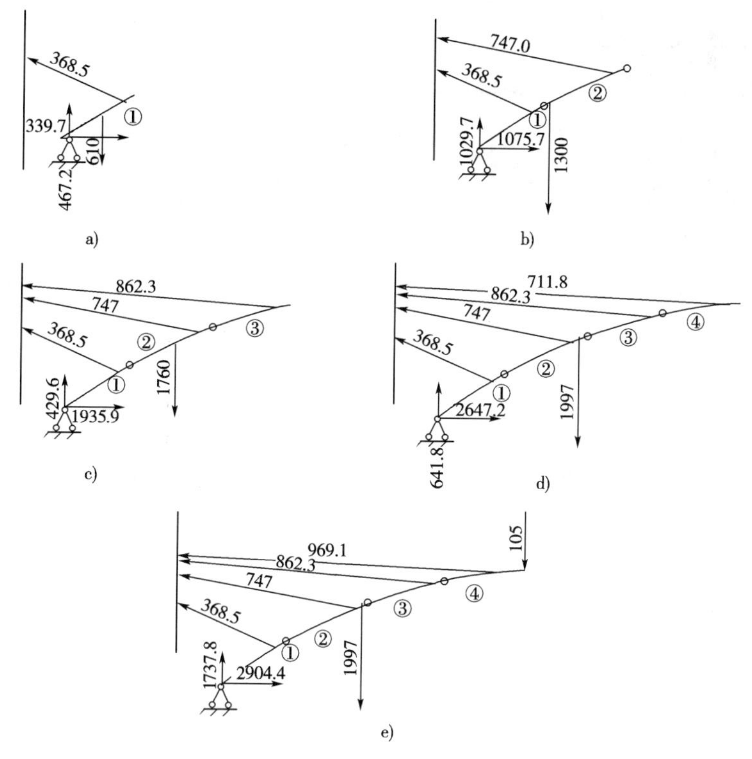

图 13-14 各吊装节段扣索索力(单位:kN)

各吊装节段扣索索力

表 13-3

吊装节段	扣索①	扣索②	扣索③	扣索④
①	356.5			
②	356.5	747.0		
③	356.5	747.0	862.3	
④	356.5	747.0	862.3	711.8
⑤	356.5	747.0	862.3	969.1

第14章

桥梁悬臂施工计算的建模方法

挂篮悬臂施工法是预应力混凝土连续梁桥或连续刚构桥施工的常用方法，具有施工期间不影响桥下行车或通航、不需要搭设大量临时支架和设备、不受桥墩高度限制等优点。为确保桥梁悬臂施工过程及成桥后各阶段结构受力和变形符合设计要求，需要对桥梁施工全过程进行仿真计算，计算过程涉及体系转换，并需要考虑结构自重、挂篮荷载、预应力张拉、混凝土收缩徐变、支座沉陷、温度变化及其他临时荷载等的综合影响。采用图形流技术，通过一组功能图形对象建立桥梁悬臂施工计算的工程模型，再将该工程模型自动转化为 midas Civil 软件的 MCT 命令流语言，直接导入 MIDAS 系统后做些微修改，就可以进行桥梁悬臂施工计算及计算结果查询，使桥梁悬臂施工计算建模变成了一个简易、快速的作图过程。本章主要介绍了采用图形流技术实现这类桥梁悬臂施工计算的建模方法。

14.1 桥梁悬臂施工计算的图形流建模方法

采用悬臂施工法建造的连续梁或刚构桥，在营运阶段的承载能力与线形状态将与其施工过程密切相关。结构与预应力钢束布置完全相同的桥梁，因预应力钢束张拉、临时荷载加载及合龙顺序的不同，将会导致成桥后力学行为的较大差异。一个完整的桥梁悬臂施工计算工程模型需要描述出能够真实反映出各个施工阶段的结构、预应力钢束、临时荷载及结构约束等信息的工程模型，每一施工阶段对应于一个或若干子结构，它们均具有混凝土临期、施工阶段持续时间、荷载加载时间、施工阶段序号等时间属性。施工阶段序号代表了施工过程中某一个时间段的序号，也可称为施工步或时段序号，本章统称为施工步。可以先针对成桥状态的桥梁结构计算建立总体工程模型，然后根据其实际施工过程对其进行施工过程规划，得到一系列面向施工阶段计算的工程模型。

区别于目前流行的有限元软件或桥梁专业计算软件，该软件采用图形流技术建立桥梁悬臂施工计算模时，用户不需要直接面向桥梁单元、节点连接等有限元概念，而是面向能够反映桥梁悬臂施工计算模型特征的功能图形对象类型，如桥梁节段、预应力钢束、三维节点约束与荷载等对象类型，它们功能丰富，彼此独立又协同合作，可共同用来完成桥梁悬臂施工计算的全过程建模任务，通过创建、操作和推演这些功能图形对象类型，描述各个施工阶段计算的工程模型。

14.2 基于图形流技术的桥梁悬臂施工计算建模步骤

采用以下步骤可以实现桥梁悬臂施工计算工程模型的建立。

(1)创建成桥状态下由所有桥梁节段对象表达桥梁节段纵断面图。

(2)在成桥状态下，修改桥梁节段的截面几何参数、材料参数、节段浇筑序号等参数。

(3)在成桥状态下，创建预应力钢束对象，修改预应力钢束的材料参数、张拉信息及初始施工步信息等。

(4)在成桥状态下，创建三维节点约束对象，修改约束对象特性。

(5)在成桥状态下，按主梁或桥墩节段的浇筑序号自动实现施工阶段规划。

(6)通过拷贝、移动、属性修改等图形操作，编辑或者追加需要的施工阶段，修改各施工阶段的荷载、约束信息，调整各施工阶段桥梁节段的施工步。

(7)自动生成 MIDAS 软件的 MCT 命令流，导入 MIDAS 软件，进行结构计算及计算结果查询等。

图 14-1 为用功能图形对象表达的桥梁结构在成桥状态的结构模型，其上包含主梁单元节段、桥墩单元节段、预应力钢束对象、三维节点荷载符号对象、支座约束对象等功能图形对象，图 14-2 为自动创建的部分施工阶段的工程模型，可以直接在各子结构上布置临时荷载对象和约束对象，来指定各个施工阶段的荷载信息和约束信息。

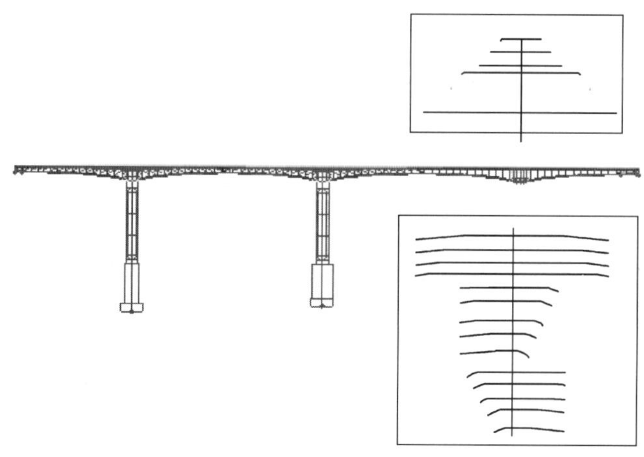

图 14-1　成桥状态的结构模型

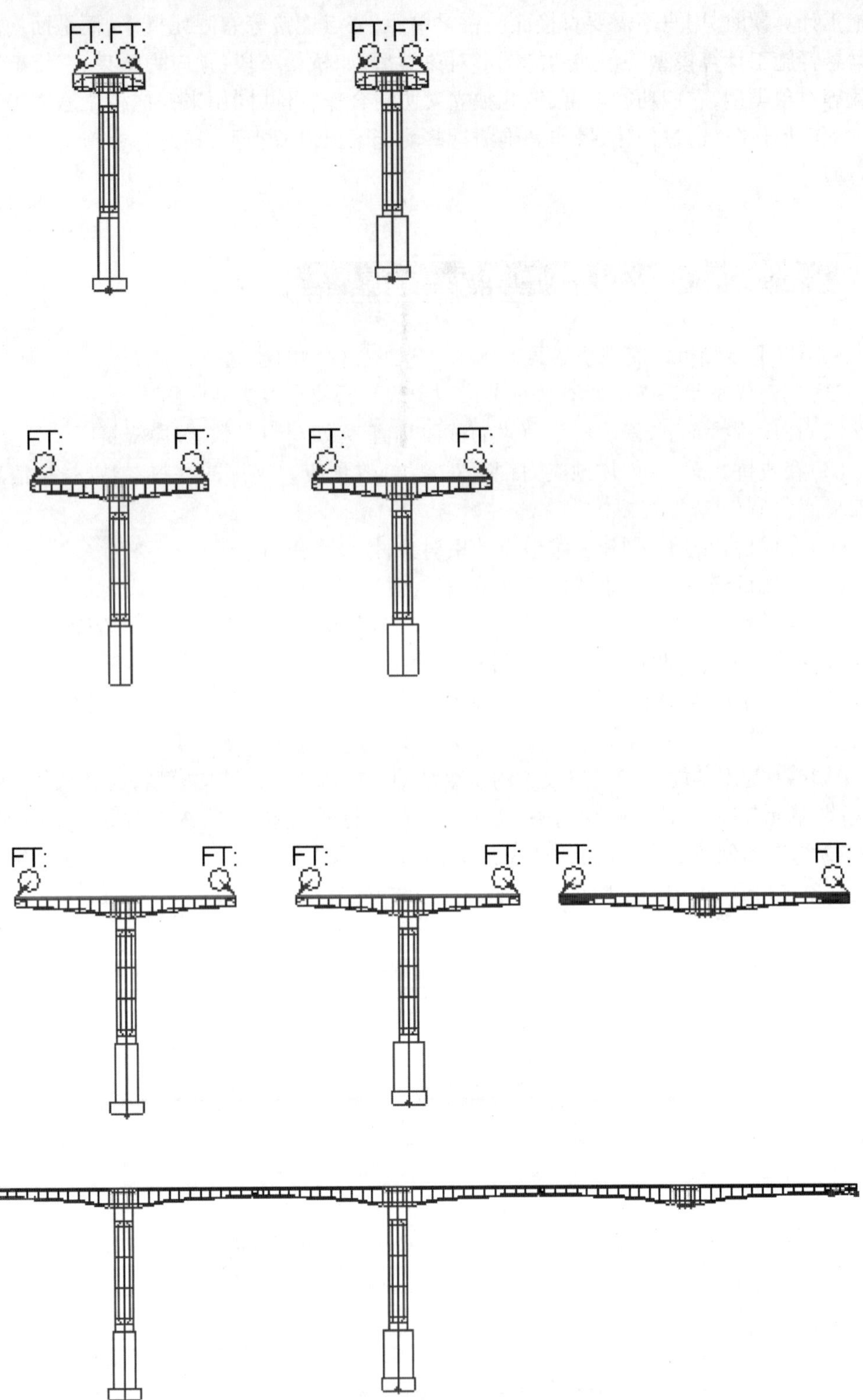

图 14-2　自动创建的部分施工阶段的工程模型

14.3 桥梁节段对象的创建和操作

桥梁节段对象是桥梁中线上一段简化了的纵断面图，有主梁节段纵断面和桥墩节段纵断面两种，见图14-3，其属性主要包括：

（1）节段两端截面的几何参数：用于描述节段两端截面的几何形状。对于主梁节段，为左、右节线位置的箱形截面参数，它们可以通过“主梁节段”对话框的“左截面”或“右截面”页面上的截面参数显示，见图14-4；而对于桥墩节段，为其上、下节线位置的端截面参数，见图14-5，通过图示给定的参数和“桥墩类型”选项目，可以描述出空心或实心的圆端形或矩形桥墩截面，见图14-6。

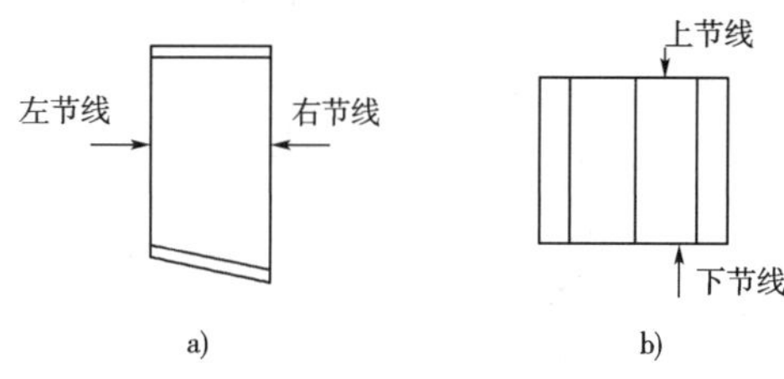

图14-3 桥梁节段对象

a）主梁节段；b）桥墩节段

（2）单元、节点编号：主梁节段和桥墩节段对应于桥梁杆件有限元计算模型中的主梁单元和桥墩单元类型，需要对它们进行单元编号和两端节点编号。

（3）安装序号：成桥状态下各个桥梁节段的安装序号，可以根据悬臂施工与合龙顺序定义成桥状态下桥梁节段的安装序号，如可将桥墩、0号块的安装序号定义为0，第1悬臂段的安装序号为1，依次类推；安装序号是桥梁施工节段计算模型创建的基础，在成桥状态下，利用主梁节段的功能，可以自动创建初始的能够反映桥梁节段安装顺序的桥梁施工阶段计算模型。

（4）施工步：各个施工节段的施工步序号，可以根据桥梁节段的安装序号自动生成，也可以根据实际情况进行修改。

（5）单元节段类型：包括合龙段、悬臂段、0号块及边直段类型，是桥梁阶段计算模型及预应力钢束自动布置的控制信息，根据这些主梁节段类型，系统可自动确定出腹板束、边跨底板束、中跨底板束的范围，进而实现预应力钢束自动化的创建。

（6）其他：诸如混凝土强度等级、混凝土龄期、阶段周期、混凝土重度等。

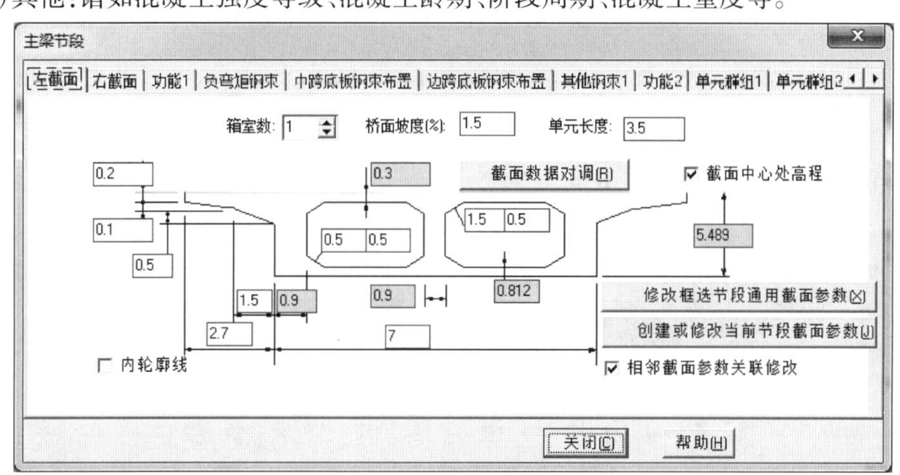

图14-4 “主梁节段”对话框的“左截面”页面

由桥梁节段构造的纵断面群组本质上是一种用功能图形对象群组表达的桥梁结构模型，可以用来转换成杆件有限元模型，因此，要求纵断面节段群组在有位移约束处是一个节段端截面，这样，被转换生成的杆件有限元模型在该位置将存在单元节点，可以用来实现该单元节点的位移约束信息的设置。

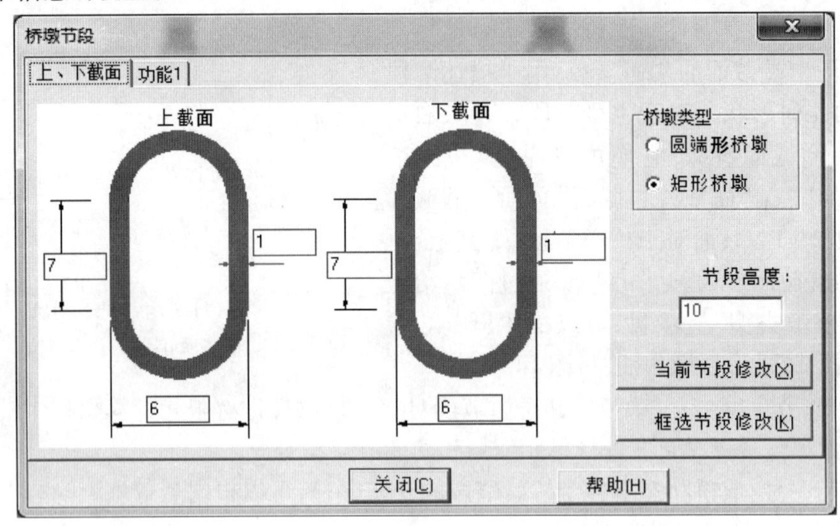

图 14-5 “桥墩节段”对话框的“上、下截面”页面

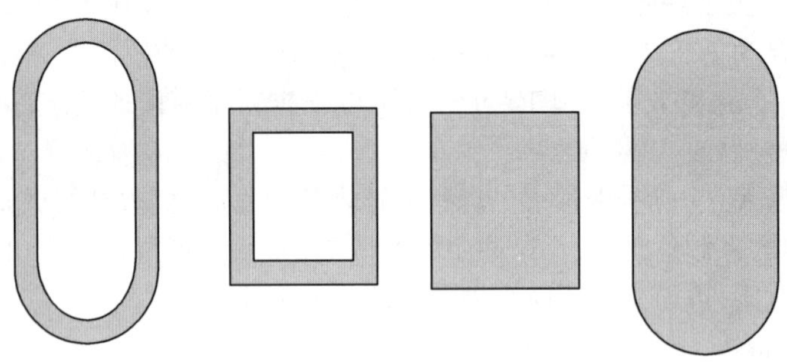

图 14-6 空心或实心的圆端形或矩形桥墩截面图

14.3.1 指引线法创建主梁节段

主梁节段的创建方法是，单击按钮命令 ，系统弹出“单指引线命令组”对话框，见图14-7，单击主梁节段按钮命令 ，系统弹出“主梁节段”对话框，在左、右截面页面上输入箱形截面的有关几何参数，单击“创建或修改”按钮，可以创建出一主梁节段对象。

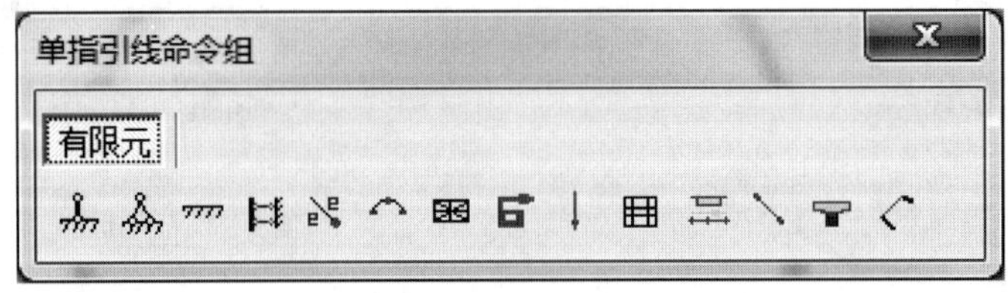

图 14-7 “单指引线命令组”对话框

如果在“主梁节段”对话框的左页面上输入箱形截面的一些基础参数(在对话框上用白色编辑框表示),再在“单元群组 1”页面上(图 14-8),输入桥梁悬臂区域的各节段长度及悬臂区的截面中心的梁高变化参数、箱形截面顶板厚度、底板厚度、腹板厚度及梁底变化类型等特征参数,单击“创建”按钮,可以创建出一组用于模拟桥梁悬臂区域的主梁节段对象组,见图 14-9。

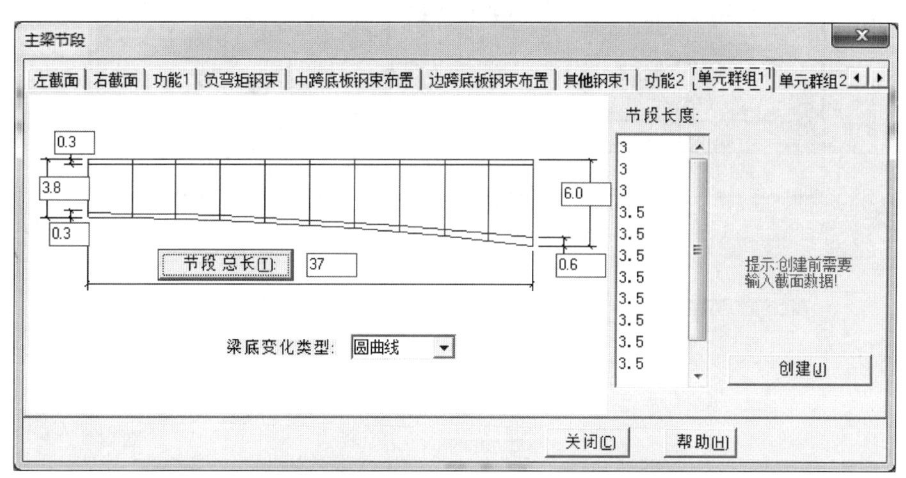

图 14-8　“主梁节段”对话框的“单元群组 1”页面

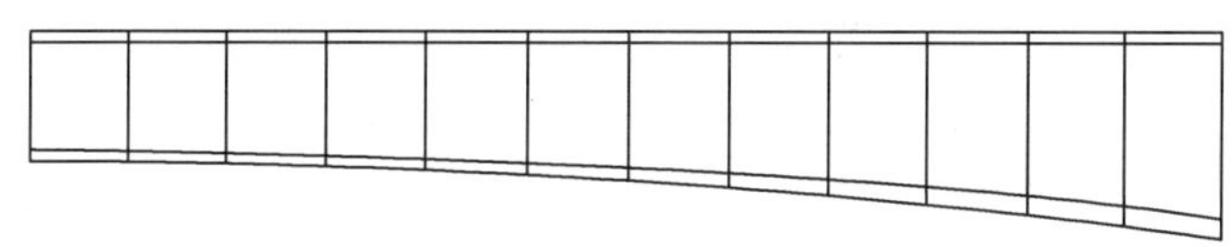

图 14-9　主梁节段对象组

14.3.2　强制转化法批量创建单元群组

有时需要将一个几何的主梁节段纵断面图强制转化为主梁节段纵断面。利用 RBCCE 提供的几何图形绘制与编辑功能创建桥梁纵断面的几何图形,当为图形元素的松散体时,需要将其合并成图形整体;选中该几何的主梁纵断面对象,单击几何图形对象强制转化按钮命令 ,系统弹出“强制转化”对话框,在“第二类转化模式”页面上(图 14-10)的“主梁节段转化”组合框中,输入桥面宽度及横坡等信息,单击“主梁节段”按钮命令,可以将几何的主梁纵断面对象强制转化为由各个主梁节段对象构成的主梁纵断面图,此时各主梁节段的左、右截面参数按系统初始化值自动生成,具体截面参数还需要通过打开单元节段对话框修改。

强制转化法所需要的纵断面几何图形也可以直接在 AutoCAD 图形系统中直接绘制,然后将其导入 RBCCE 系统中。强制转化法仅要求桥梁纵断面的几何图形中纵断面竖向节线应该反映实际主梁节段间距和高度,纵断面上几何图形上的其他线形的存在不会影响强制转化后的结果。图 14-11 为两个桥梁主梁纵断面的几何图形 1、2,它们具有相同的节线位置和高度,将它们强制转化后将得到相同的桥梁节段纵断面。

除节线梁高、截面宽度、横向坡度外,强制转化法将自动生成的主梁节段包含了一些预定义的节段属性,用户还需要打开其对话框,对其他属性进行修改或定义。

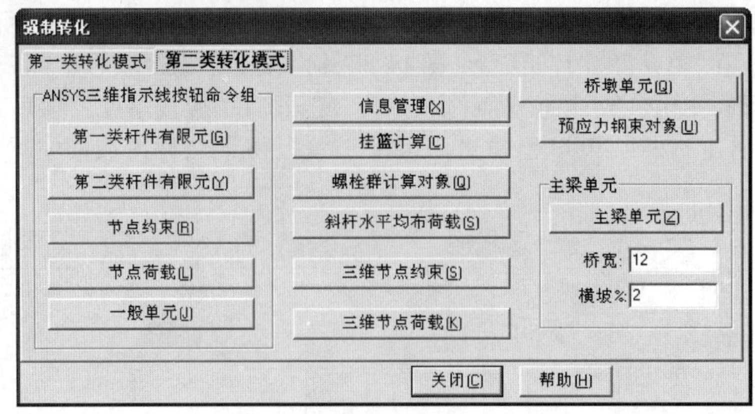

图 14-10 “强制转化”对话框的“第二类转化模式”页面

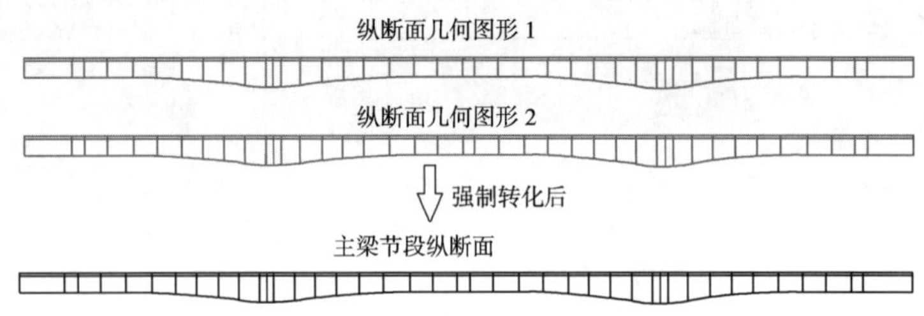

图 14-11 强制转化为桥梁节段纵断面图示例

14.3.3 主梁节段截面参数修改

主梁节段创建后,还需要修改其左、右截面参数,以获得期望主梁节段纵断面。选中要修改的单元节段,打开其对话框,在“左截面、右截面”页面上,输入有关截面参数,单击“创建或修改节段”按钮,可以实现所选节段的截面参数修改。该命令执行后,将自动调整相邻主梁节段相同位置的截面参数,使同一位置的相邻截面主梁节段上的截面参数保持相等,实现相邻单元截面的关联修改。图 14-12 为主梁节段对象组,如果修改⑦号节段的左截面高度、腹板厚度、顶或底板厚度等参数,将自动修改相邻⑥号节段右截面的相应参数。

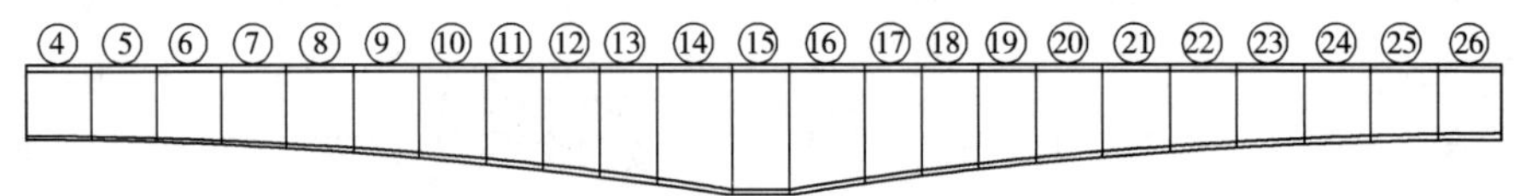

图 14-12 主梁节段对象组

为了便于修改主梁节段截面参数,可将箱形截面参数分为通用截面参数和可变截面参数两大类型,前者主要是指截面顶板宽、底板宽、翼缘高、翼缘宽等截面参数,对于许多桥梁类型,它们在所有主梁节段中具有相同的参数,而后者则是容易变化,由此构造出变截面箱形梁。在“主梁节段”对话框的“左截面”或“右截面”页面(图 14-8),单击“修改框选节段群通用截面参数”按钮,实现一组主梁节段截面参数中通用参数的批量修改,此时,除节段截面高度、顶板厚度、底板厚度及腹板厚度外,框选主梁节段组的其他截面参数将按输入的参数修改;实现该命令前,需要先绘制一个矩形对象以框选需要修改的节段群组,当图形系统中有多个矩形框时,距离被选中节段最近的矩形框有效。在图 14-13 中,有矩形 1 和矩形 2,主梁节段⑨被选中,则矩形 1 有效,可以用它来选择⑥ ~ ㉑主梁节段群组,并实现其通用截面参数的统一修改。

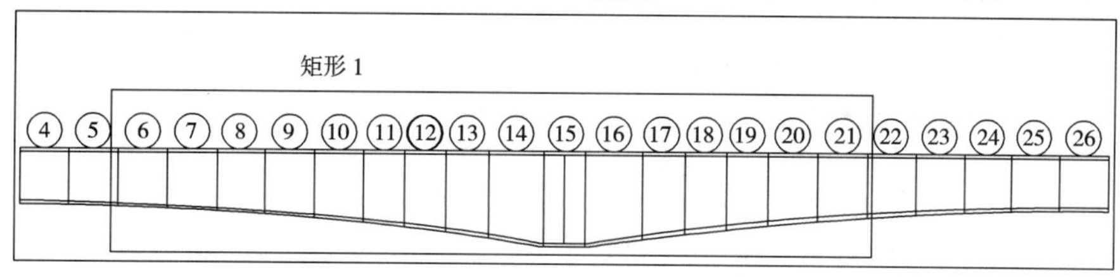

图 14-13　主梁节段对象批量修改

14.3.4　拷贝主梁节段

可以通过主梁节段拷贝的方法生成其他单元节段。图 14-14 为拷贝主梁节段的一个示例,图 14-14a)为悬臂浇筑的各个主梁节段,拷贝 1 号块主梁节段到其右侧的 0 号块位置,可以得到图 14-14b)所示的图形,打开 1 号块对话框,单击“创建或修改节段”按钮,即可将 0 号块节段的左截面修改为与 1 号节段右截参数相同的主梁节段,见图 14-7c)。

14.3.5　镜像生成主梁节段

可以通过主梁节段镜像方法生成对称的主梁节段,具体操作步骤是:绘制一矩形对象,框选需要镜像的主梁节段群组,单击所选群组的最右节段,打开其对话框,在“功能 2”页面上(图 14-15),单击“相对节段右节线对称”,可以实现所选节段群组的镜像。图 14-16 为主梁节段群组批量镜像的结果。

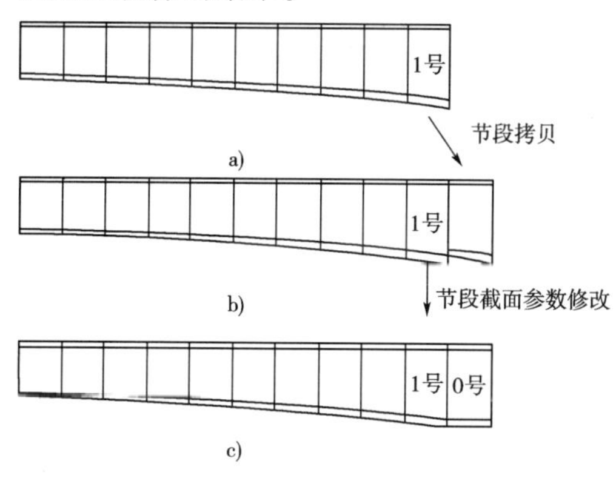

图 14-14　拷贝主梁节段示例

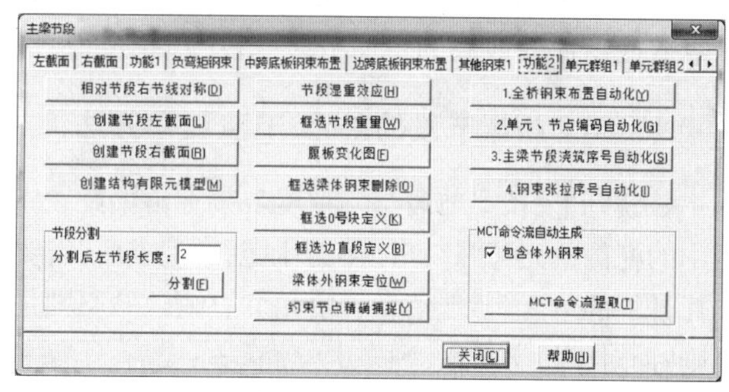

图 14-15　“主梁节段”对话框的“功能 2”页面

14.3.6　主梁节段分割

打开单元节段对话框,在“功能 2”页面的“节段分割”组合框中(图 14-15),输入分割后左节段长度,单击“分割”按钮命令,可以将一个主梁节段分割成两个独立的主梁节段。图 14-17 为主梁节段分割后的结果。

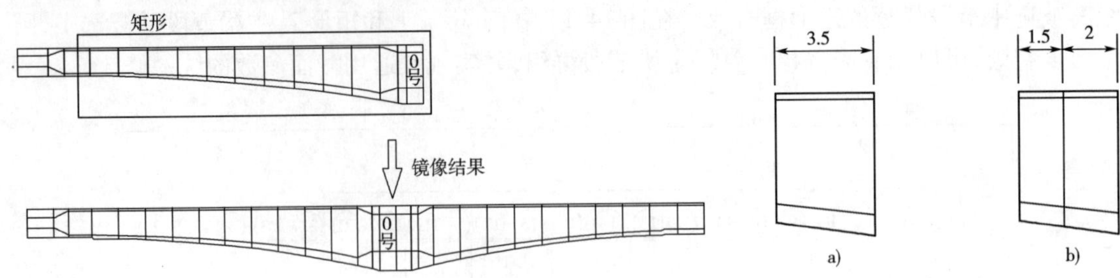

图 14-16　主梁节段群组批量镜像示例

图 14-17　主梁节段分割示例(尺寸单位:m)

14.3.7　强制转化法创建桥墩节段对象

在主梁节段纵断面创建完成后,可以通过桥墩节段对象来模拟桥梁纵断面中的桥墩部分。RBCCE 通过强制转化发法实现桥墩节段创建,其操作步骤是,先绘制一条由转折线来模拟桥墩轴线,转折线中各线段长度修改为桥敦节段高度,相应的直线段称为桥墩节段轴线;单击强制转化按钮命令 ➡,系统弹出“强制转化”对话框,在“第二类转化模式”页面上(图 14-10),单击“桥墩单元”按钮,即可以将桥墩节段轴线强制转化为桥墩节段对象,此时的桥墩节段对象还需要进行截面参数修改,才能得到需要的桥墩节段。

要修改桥墩节段的截面参数,可以打开其对话框,在“上、下截面”页面上(图 14-5),修改桥墩节段的上、下截面的截面参数,单击“当前节段修改”,即可完成所选节段的截面参数修改。

也可以针对桥墩节段中某一连续的节段群组进行截面参数修改,相应的操作步骤是,先绘制一矩形对象,框选桥墩节段群组,再打开其中任一节段对话框,修改节段群组的上、下截面的截面参数,单击“框选节段修改”,即可完成框选桥墩节段的截面参数修改。

图 14-18 为一连续刚构桥墩节段的创建过程,图 14-18a)为绘制的桥墩节段轴线,图 14-18b)为将桥墩节段轴线强制转化后的桥墩节段;图 14-18c)为将各个桥墩节段按实际桥墩截面参数修改后的单元节段,其中包括空心及实心桥墩节段。

14.3.8　桥梁节段的单元、节点编码方法

实际上,桥梁节段是一种反映某一桥梁梁段特征的工程模型,可对应于桥梁杆件有限元计算中的杆件单元,因此,当全桥节段创建完成后,需要对其进行单元节点编码,以提供桥梁杆件有限元计算的单元、节点信息。单元节点编码的原则是:对于主梁节段遵循从左到右按顺序排列的原则;而对于桥墩节段,则在主梁编码完成后,遵循桥墩之间从左到右、同一桥墩从上到下的原则。在转换成杆件有限元计算模型时,桥墩与主梁节段之间节点连接方法可由系统自动处理。

分段编码是指分别针对主梁、桥墩节段进行单元节点编号。对于主梁节段,先绘制一矩形对象,框选所有主梁节段,再打开其中任意“主梁节段”对话框,在“功能 1”页面上(图 14-19),单击“框选主梁单元自动编码”按钮,即可自动完成所选主梁节段群的单元、节点编码。

对于桥墩节段,也需先绘制一矩形框选需要编码的桥墩节段,打开其中任意“桥墩节段”的对话框,在“功能 1”页面的“桥墩节段单元自动编码”组合框中(图 14-20),输入框选桥墩顶部节段的起始节点号和单元号,单击“编码”按钮,则可自动实现框选桥墩单元的单元、节点自动编码。

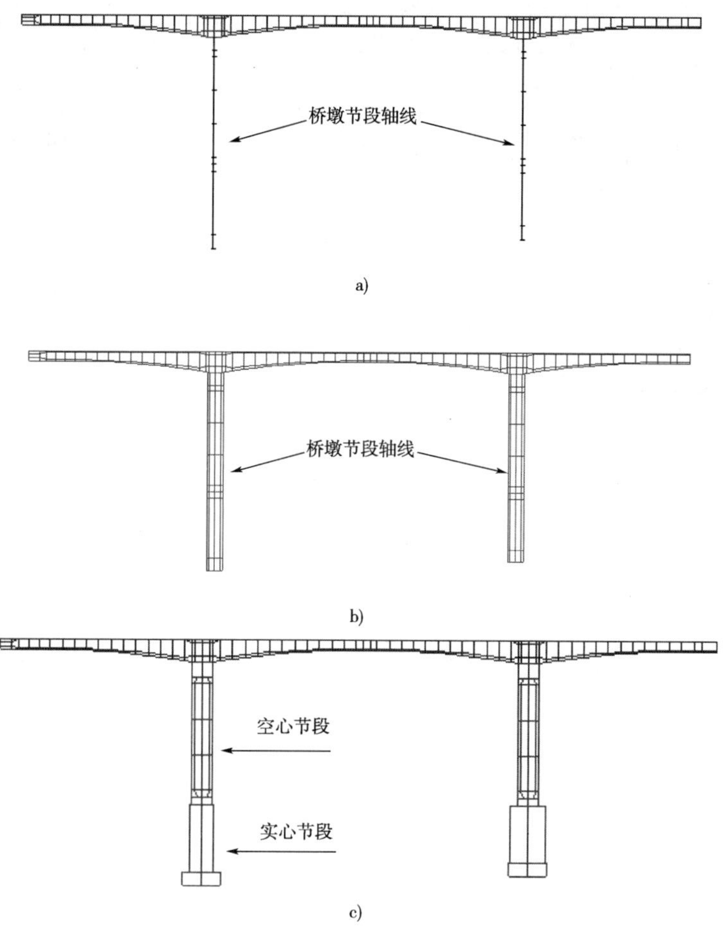

图 14-18 桥墩节段创建示例

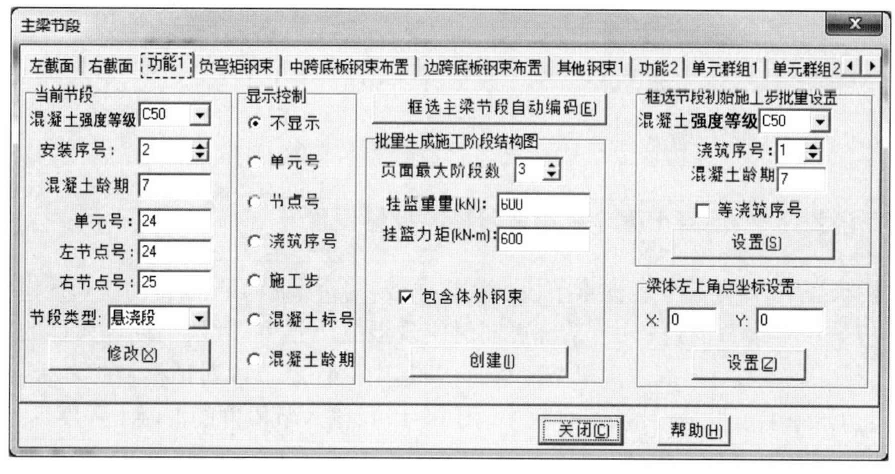

图 14-19 “主梁节段”对话框的“功能 1”页面

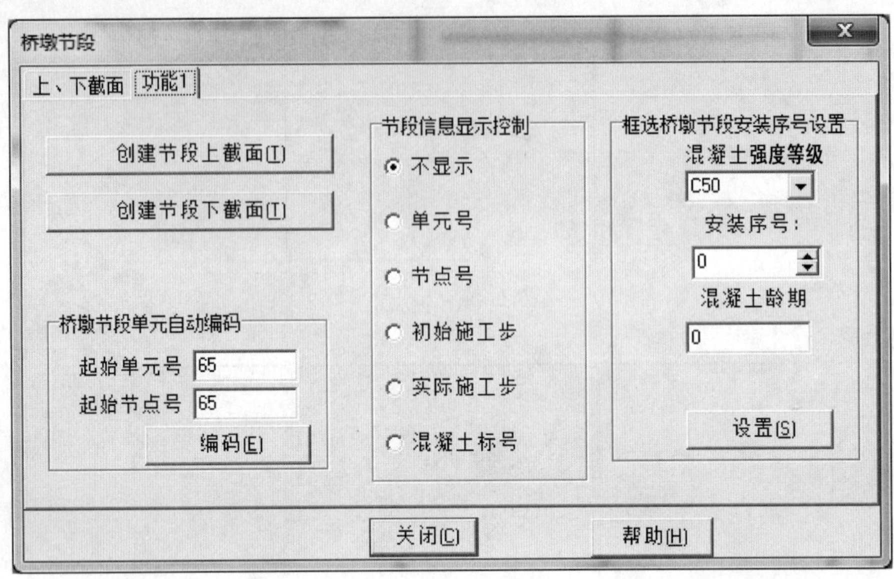

图 14-20 “桥墩节段”对话框的“功能 1”页面

在图 14-21 中,通过绘制矩形 1、2、3,并利用各矩形框中节段自动编码功能,可以实现全桥的单元、节点自动编码。

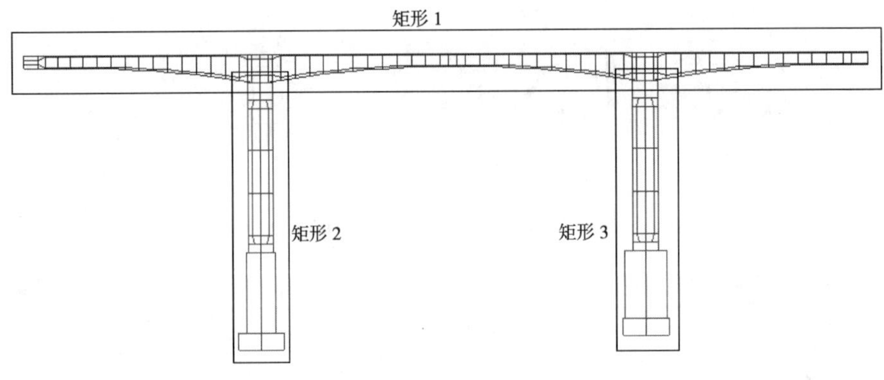

图 14-21 单元、节点自动编码示例

14.3.9 浇筑序号、混凝土强度等级及龄期的批量设置

在成桥状态下,需要设置各主梁节段的浇筑序号,为桥梁施工阶段自动规划提供依据。在桥梁节段浇筑序号设置的过程中,系统可同时实现混凝土强度等级、临期等属性的定义。首先,需要绘制一个矩形对象框选主梁节段群,打开其中的任意节段对话框,在“功能 1”页面的“框选节段初始施工步批量设置”组合框中(图 14-19),输入节段群的混凝土强度等级、浇筑序号(最先悬臂浇筑的主梁节段所对应的安装序号)、混凝土龄期等数据,单击“设置”按钮,系统将按节段的悬臂浇筑顺序自动设置主梁节段浇筑序号,并自动将混凝土强度等级及龄期加载到相应的主梁节段群中。如在单击“设置”按钮前勾选了“等浇筑序号”选项,则所框选主梁节

段群将按输入的起始浇筑序号统一设置。

图 14-22 为主梁节段浇筑序号批量设置的示例，图 14-22a）中矩形框选了主梁节段群，图 14-22b）为浇筑序号批量设置的结果，各节段上方为浇筑序号。

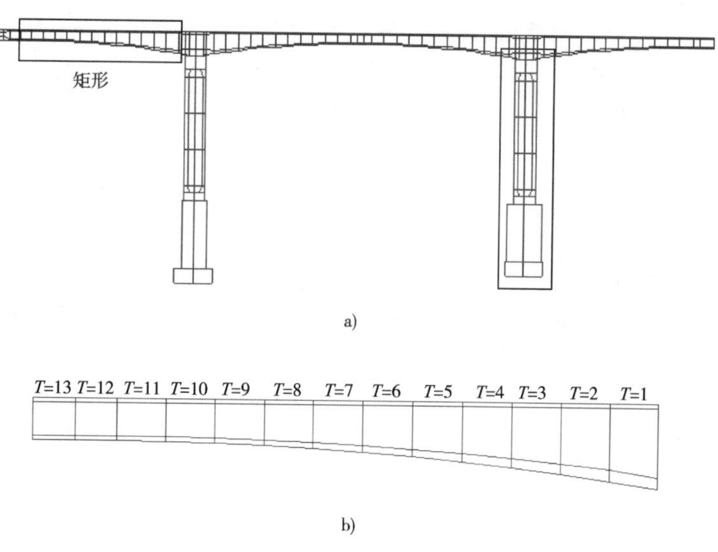

图 14-22　主梁节段浇筑序号批量设置

与主梁节段群的安装序号设置方法类似，桥墩节段群的安装序号设置也需要先绘制一矩形框，再打开其中任意桥墩节段对话框，在“功能 1”页面上的“框选桥墩节段安装序号设置”组合框中（图 14-20），输入浇筑序号、混凝土强度等级与龄期等参数，单击“设置”按钮。

14.3.10 主梁节段类型定义

RBCCE 为预应力混凝土连续梁桥或刚构桥提供了针对全桥节段的单元节点、浇筑序号的自动编号，并提供了初始化的预应力钢束自动布置方法。为应用这种功能，首先需要对主梁节段进行类型定义，将主梁节段区分为边直段、合龙段、0 号块及悬臂段等主梁节段类型。缺省的主梁节段类型是悬臂段，其他节段类型需要采用以下方法实现。

（1）0 号块主梁节段群的批量定义：先绘制矩形框选目标节段群，打开其中一节段对话框，在“功能 2”页面上（图 14-15），单击“框选 0 号块定义”，可以将框选节段群定义为 0 号块主梁节段。

（2）边直段主梁节段群的批量定义：先绘制矩形框选目标主梁节段群，打开其中一节段对话框，在“功能 2”页面上，单击“框选边直段定义”按钮，可以将目标节段群设置为边直段节段群。

（3）合龙段主梁节段定义：打开目标节段对话框，在“功能 1”页面的“当前节段”组合框中（图 14-19），选择节段类型为“合龙段”，单击“修改”按钮，可以将选中的主梁节段定义为合龙节段；

（4）针对单个主梁节段类型修改：与合龙段主梁节段定义方法类似，所有主梁节段，均可定义成所需要的符合实际情况的主梁节段类型。

14.4 纵向预应力钢束创建与编辑功能

纵向预应力钢束是预应力混凝土连续梁与刚构桥的重要受力构件，其几何形状丰富多样，可细分为顶板束、负弯矩束、边跨底板束、中跨底板束及合龙束等钢束布置类型，既可以是竖弯和平弯，本章只考虑竖弯情况。纵向预应力钢束的建模主要是通过创建其几何图形及设置其工程属性来实现，RBCCE 提供了以下四种钢束创建方法。

(1)全桥自动化创建方法。

(2)基于局部几何特征的钢束参数创建方法。

(3)一般参数化创建方法。

(4)强制转化法创建。

另外，RBCCE 还提供了专门针对预应力钢束的编辑修改方法，可以方便实现预应力钢束的几何编辑、钢束定位与属性修改。

14.4.1 钢束的工程属性修改

创建完预应力钢束后，还需要对其工程属性进行修改。可以采用单根或批量修改的方法修改预应力钢束属性，具体方法如下：打开“预应力钢束对象”对话框，在“属性”页面的“钢束物理与力学特性”组合框中显示了预应力钢束的物理力学参数(图 14-23)，主要包括钢束材料类型、钢束直径、一孔钢束丝数、同一尺寸和位置的钢束总束数、管道摩阻和偏差系数、张拉类型、锚具变形与回缩、钢束松弛系数等属性参数，单击“当前钢束修改”，可以修改所选钢束的属性参数。如要对钢束属性参数进行批量修改，则需要先绘制一个矩形对象，框选需要属性批量修改的所有钢束，打开其中任意钢束对话框，修改钢束属性参数，再单击“框选钢束修改”按钮。

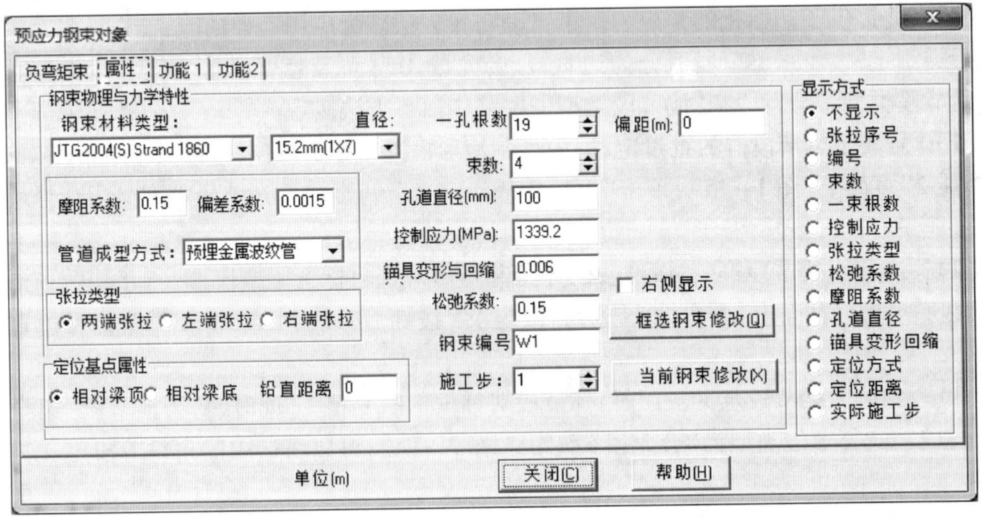

图 14-23 “预应力钢束对象”对话框的“属性”页面

14.4.2 体外钢束定位方法

将预应力钢束直接绘制在主梁节段的相应位置来确定钢束在梁体的定位信息，为桥梁预应力效应计算提供正确的钢束计算数据，这是一种预应力钢束创建方法。但当一座桥上的所有钢束都布置在主梁节段上时，预应力钢束的编辑与操作有时会不方便。实际上可以通过体内和体外两种方法实现预应力钢束的准确定位。体内方法要求将预应力钢束绘制在梁体节段位置上，系统自动从钢束与梁体节段的相对位置关系来确定钢束的几何位置；而体外方法则是将预应力钢束布置在主梁节段的正上方或正下方的某一位置，钢束与主梁节段无交点，钢束与主梁的定位关系是通过一条定位铅直线和相对钢束定位基点的铅垂距离来确定。

可将定位铅垂线（或其延长线）与主梁单元节段的交点定义为体外钢束的定位基点，它可以是与主梁节段的顶线的交点或底线的交点，该特性体现了预应力钢束的定位基点属性，体外布置的预应力钢束通过其几何形状与其定位基点属性来定位钢束在梁体中的位置。在图14-24中，梁体外钢束 T1a、T1b、T1c、T2a、T2b 通过定位铅垂线及它们的定位基点属性，可以将它们定位在梁体中的相应位置。

当有一批体外钢束具有相同的定位基点及共同的定位铅垂线时，可以将它们与定位铅垂线绘制在一起，形成体外钢束群组，并用矩形框选。一座桥梁可以允许多个体外钢束群组。

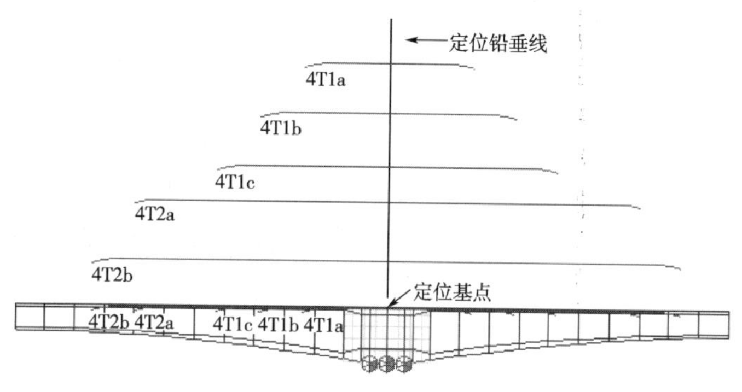

图 14-24　体外钢束布置示例

14.4.3 全桥钢束布置自动化

对于预应力连续梁桥或刚构桥，尽管跨数、跨径、各个梁段尺寸灵活多样，难以有统一的数学逻辑规律，但桥梁设计必须设计的负弯矩束、底板束和合龙束等刚束类型均具有很强的几何构造特征，它们的布置需要受到 0 号块、合龙段、边直段、跨中合龙段及边跨合龙段的位置及主梁节段几何尺寸的严格约束。通常情况下，针对整座桥梁的一步到位式的预应力刚束自动化布置是困难的，一种可行的预应力钢束布置方案是，根据主梁节段的结构特点及各类预应力刚束的主要几何参数特征实现预应力钢束的初步自动化布置，再对这种布置方案进行删除、局部修改等编辑处理，以得到期望的预应力刚束布置方案。所谓的全桥预应力钢束自动化是指针对全桥结构的一种初始化预应力钢束布置方法。

在全桥刚束布置自动化操作前，需要预先绘制一矩形对象，框选所有桥梁节段对象，并完成了主梁节段中的合龙段、边直段、0 号块及悬臂浇筑段的分类定义，之后，打开任意主梁节段对象对话框，在“功能 2”页面上（图 14-15），单击“全桥钢束布置自动化”按钮，即可实现全桥预应力钢束初始化自动布置，之后，打开各相关钢束对象进行几何和工程属性参数的编辑和修改，得到需要的预应力钢束。图 14-25 为全桥钢束自动化后的示例。

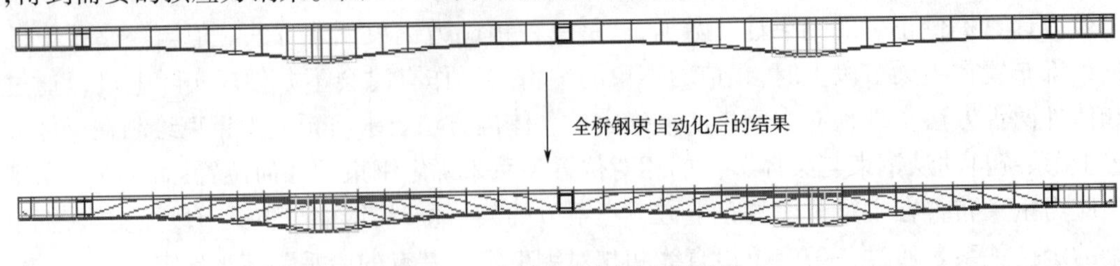

图 14-25　全桥钢束自动化后的示例

14.4.4 基于局部约束的钢束参数创建方法

对于负弯矩束、顶板直线束、中跨底板束、边跨底板束，其几何形状需要满足桥梁悬臂施工的力学和构造要求，通过少量的几何特征参数，就可以创建出钢束的几何形状和在梁体中的定位。

图 14-26 为一负弯矩钢束的特征参数，它对称锚固于主梁节点的两端，对称轴为 0 号块中心线，无论负弯矩束穿过多少个主梁节段，其几何形状和位置可以通过 a、a_1、h、r 及 dh 四个参数描述。

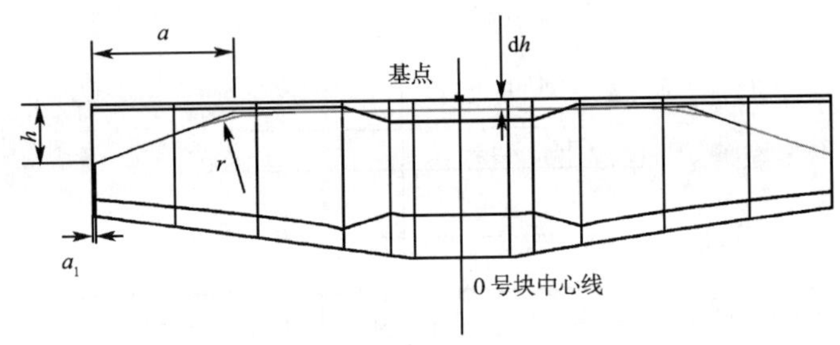

图 14-26　负弯矩钢束的特征参数

可以采用如下操作步骤实现负弯矩钢束的创建：先绘制一矩形对象，框选需要布置负弯束的主梁节段群组，要求选中的节段群组对称于 0 号块中心线（图 12-27a）；打开框选的某一“主梁节段”对话框，在“负弯矩钢束”页面上（图 12-28），输入负弯矩钢束的有关几何特征参数，单击“钢束布置”按钮，可以批量布置框选区域的负弯矩钢束（图 12-27b）。如在单击“钢束布置”按钮前勾选了“最外单根束”选项，则仅创建锚固于框选区域两端最外截面的单根负弯矩钢束。

对于顶板直线钢束，其布置方法与负弯矩束相似，只是在主梁节段对象对话框的“负弯矩钢束”页面上，勾选“顶板直线钢束”选项，输入钢束最小净距，单击“钢束布置”按钮，即可以实现顶板直线钢束的批量布置；要实现单根顶板直线钢束布置，则需要在单击“钢束布置”按钮前，勾选“最外单根钢束”选项。图 14-29 为顶板直线钢束布置的情况；为了便于直线钢束的编辑修改，顶板直线钢束设计为一带垂直弯钩的的图形对象，弯钩只起标记和便于操作的意义，选中直线钢束对象可以通过单击弯钩来实现。

对于中跨底板钢束，其几何特征参数为两端四个控制参数（左端为 l_{d_1}、l_{d_2}、l_{h_1}、l_{h_2}，右端为

r_{d_1}、r_{d_2}、r_{h_1}、r_{h_2})，以及钢束距离底板底面的中心距 dh，这些参数可以描述对称的或非对称的底板钢束，见图 14-30。

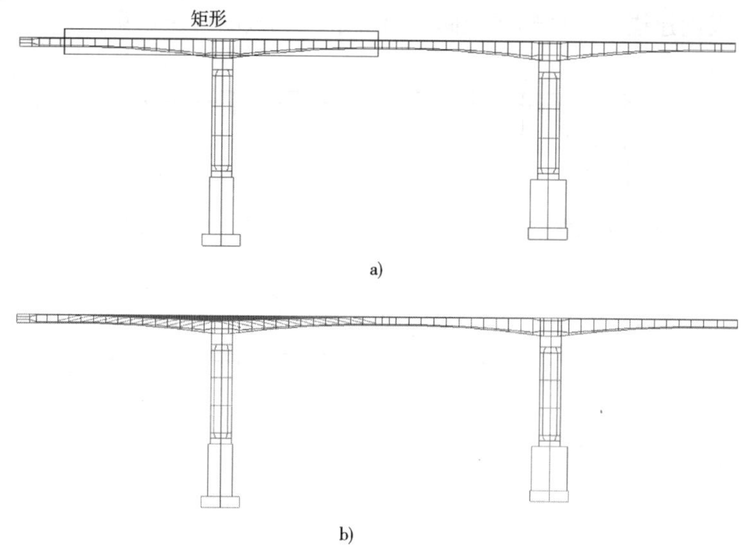

图 14-27　负弯矩钢束创建示例

a)用矩形框选主梁节段;b)批量创建负弯矩钢束

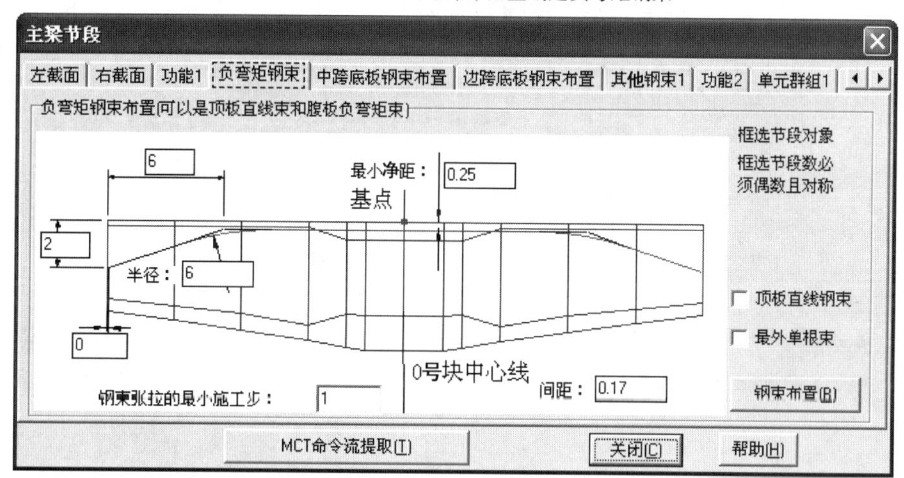

图 14-28　“主梁节段”对话框的“负弯矩钢束”页面

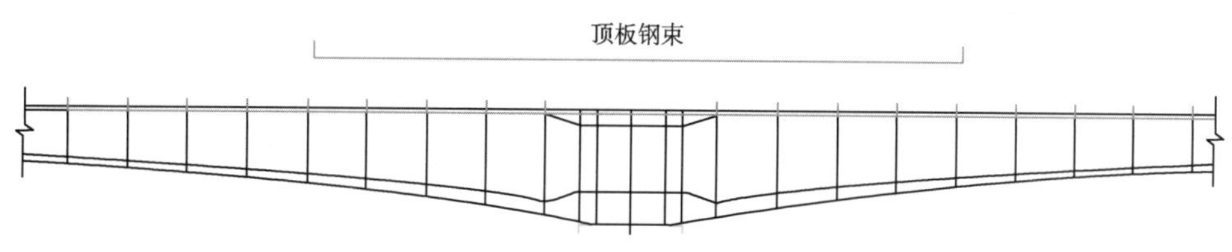

图 14-29　顶板直线钢束布置示例

创建中跨底板钢束的操作步骤是:先绘制一矩形对象，框选需要布置底板钢束的主梁节段群组，见图 14-31a)；打开框选的某一主梁节段对话框，在“中跨底板钢束布置”页面上，见图

14-32，输入中跨底板钢束布置的有关几何特征参数，单击“钢束布置”按钮，可以批量布置框选区域的中跨底板钢束，见图 14-31b）。如在单击“钢束布置”按钮命令前勾选了“最外单根束”选项，则系统仅创建锚固于框选区域两端最外节段底板的单根钢束。

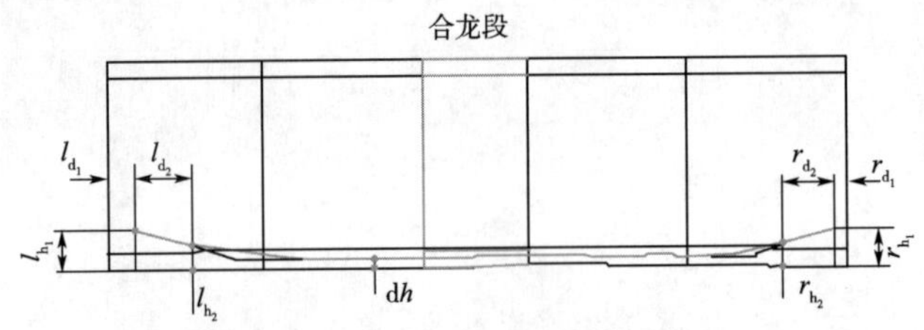

图 14-30　底板钢束特征参数

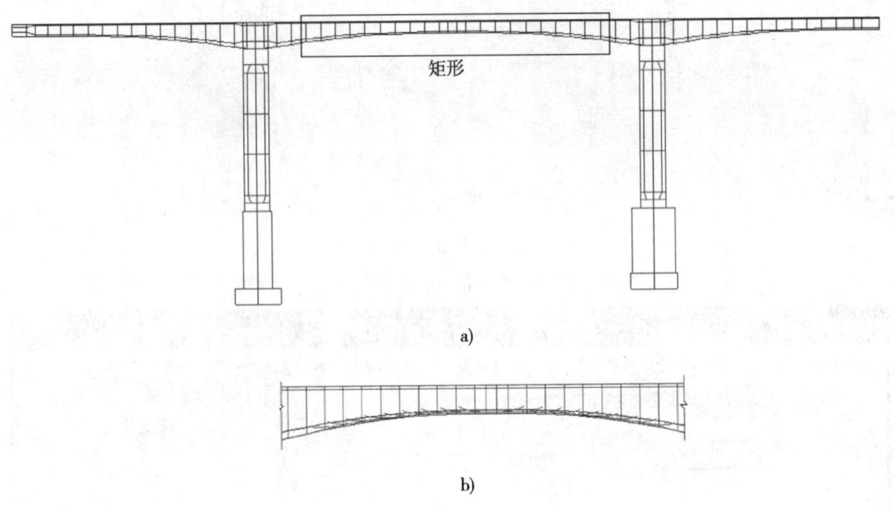

图 14-31　跨中底板钢束创建示例

a）用矩形框选主梁节段；b）批量创建跨中底板钢束

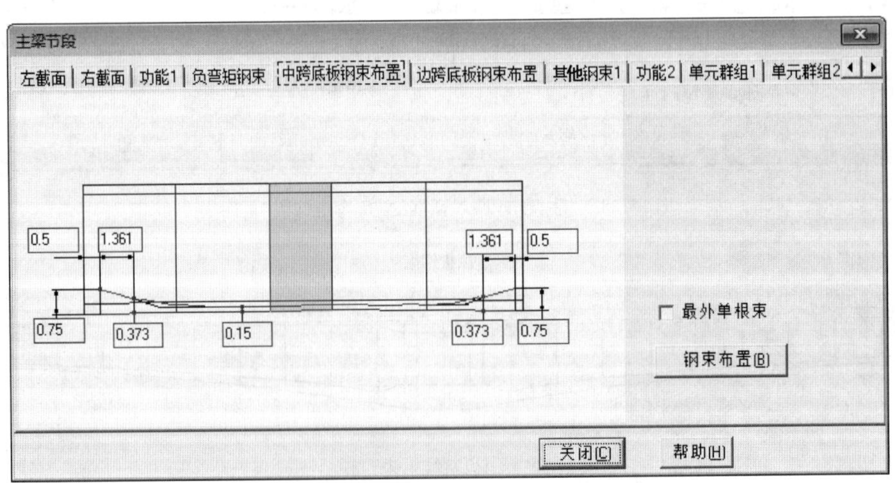

图 14-32　“主梁节段”对话框的“中跨底板钢束布置”页面

边跨底板钢束的几何特征参数描述和创建方法与中跨底板钢束相类似，但具体创建时，还需要在主梁节段对话框的"边跨底板钢束布置"页面上点选是左边跨还是右边跨选项（图14-33），以正确完成左边跨或右边跨底板钢束布置。图14-34为左边跨底板钢束布置情况。

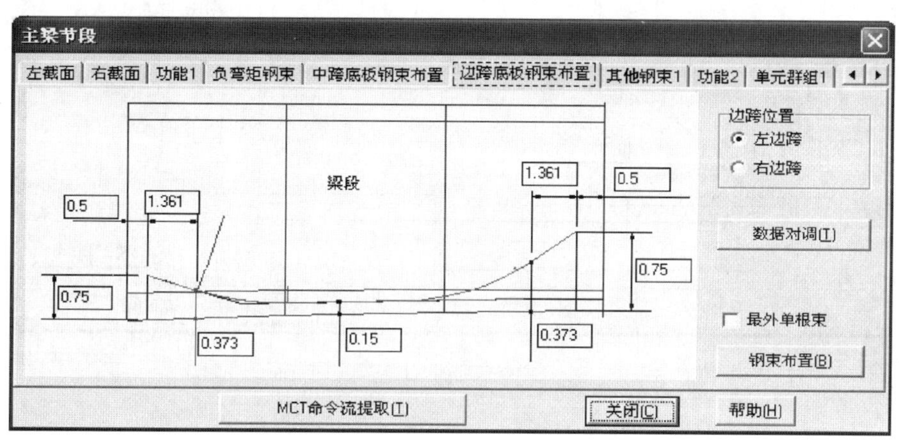

图14-33　"主梁节段"对话框的"边跨底板钢束布置"页面

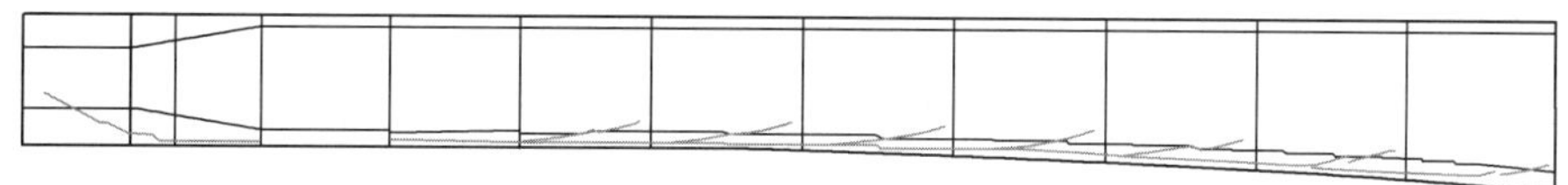

图14-34　左边跨底板钢束创建示例

14.4.5　其他钢束类型钢束布置

与负弯矩钢束、中跨底板钢束及边跨底板钢束的几何特征参数不同，RBCEE还提供了其他类型钢束几何特征参数描述方法，见图14-35和图14-36，它们的创建方法也是需要通过绘制矩形框来框选钢束穿过的主梁节段群组，单击"钢束布置"后，系统仅创建一条钢束对象。

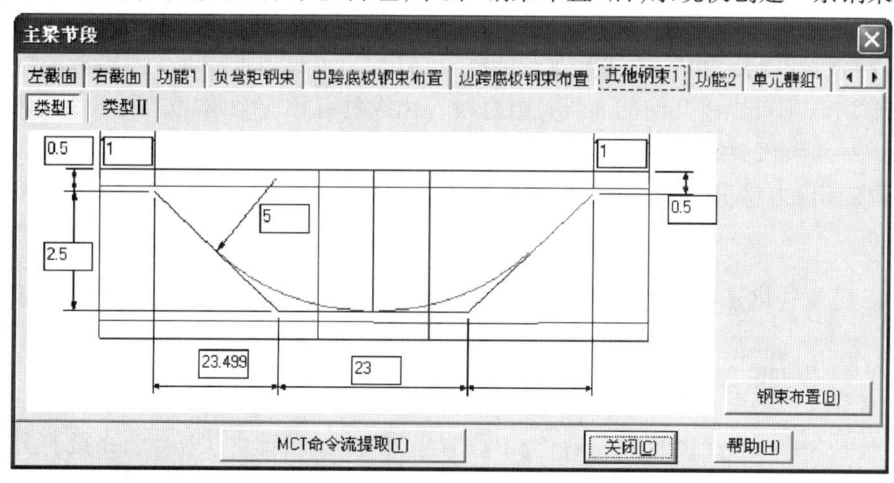

图14-35　"主梁节段"对话框的"其他钢束1"页面（类型I）

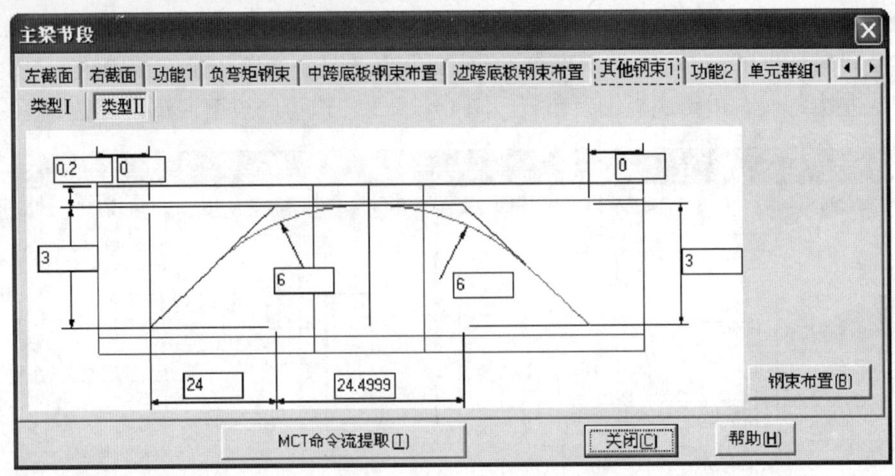

图 14-36 “主梁节段”对话框的“其他钢束 1”页面(类型 II)

14.4.6 钢束一般参数化创建方法

从几何形状上看,钢束为一曲直组合线,它的基本线元为直线段或圆曲线,线元间通过切线相连。可以通过给定每一线元的水平距离 a_i,两端点高差 b_i(向上为正,向下为负)及曲线半径 r_i(当为直线时,曲线半径为0)来确定预应力钢束的几何形状,见图 14-37,相应的钢束几何形状创建方法称为一般参数化创建法。

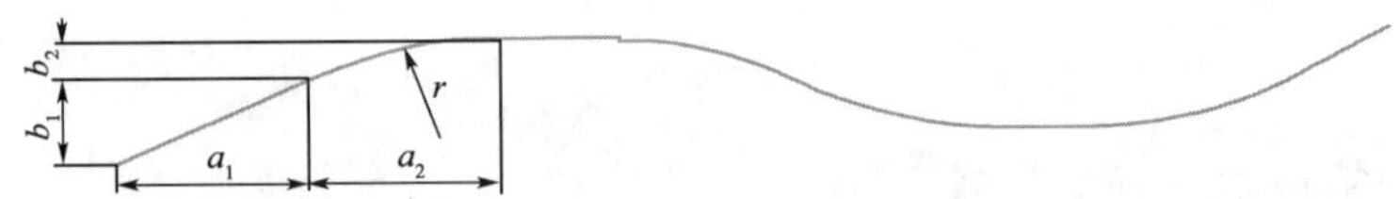

图 14-37 预应力钢束的一般参数

RBCCE 提供一般参数化创建的步骤是:单击指示线按钮,系统弹出“指引线命令组”,单击按钮命令,系统弹出预应“钢束曲线创建”对话框,在“一般参数化创建方法”页面上(图 14-38),输入钢束的各线元参数,单击“创建预应力钢束几何曲线”,可以创建出没有工程属性的一个曲线组合线,再打开其属性对话框,可以反复修改几何参数;如果单击“创建成预应力钢束”按钮,则可以将几何的曲线直组合线转化成具有预应力钢束工程属性的钢束对象,将其移动或拷贝到需要布置的梁体位置的正上方或正下方,绘制定位铅垂线,并打开钢束对话框,可以修改预应力钢束的物理力学参数和梁体定位基点属性,完成期望的预应力钢束的建模过程。

14.4.7 强制转化法创建预应力钢束对象

对于任意几何形状的预应钢束对象,可以采用强制转化法创建。先利用 RBCCE 提供的图形功能绘制一条钢束对象的几何图形,或者从 AutoCAD 中导入一条钢束对象的几何图形,将该几何图形合并成一个图形对象后,选中该对象,单击强制转化按钮 ➜,系统打开“强制转化”对话框,在“转化 1”页面上(图 14-39),单击“预应力钢束对象”,可以将该几何的钢束对象转化成具有钢束属性和专业功能的预应力钢束对象;之后,可以通过移动或拷贝等方法将该预应力钢束布置到目标位置,按体外钢束要求布置钢束并设置定位基点属性,可以实现任意钢束的创建与布置,见图 14-40。

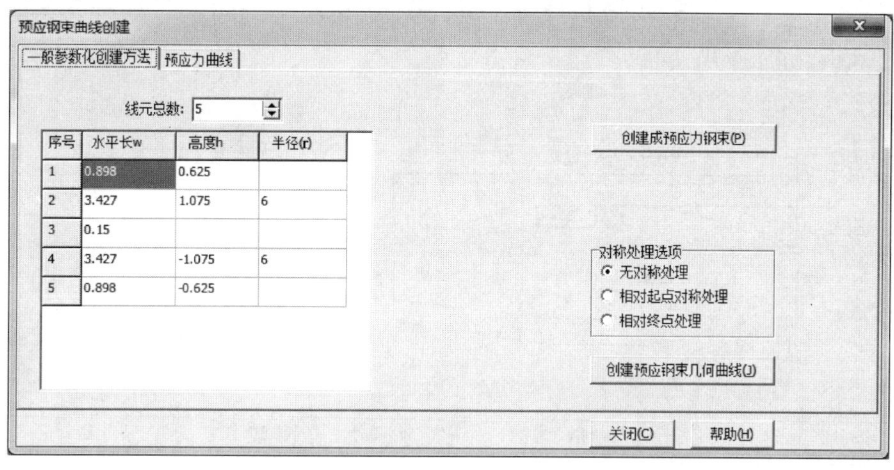

图 14-38　“预应力钢束创建”对话框的“一般参数化创建方法”页面

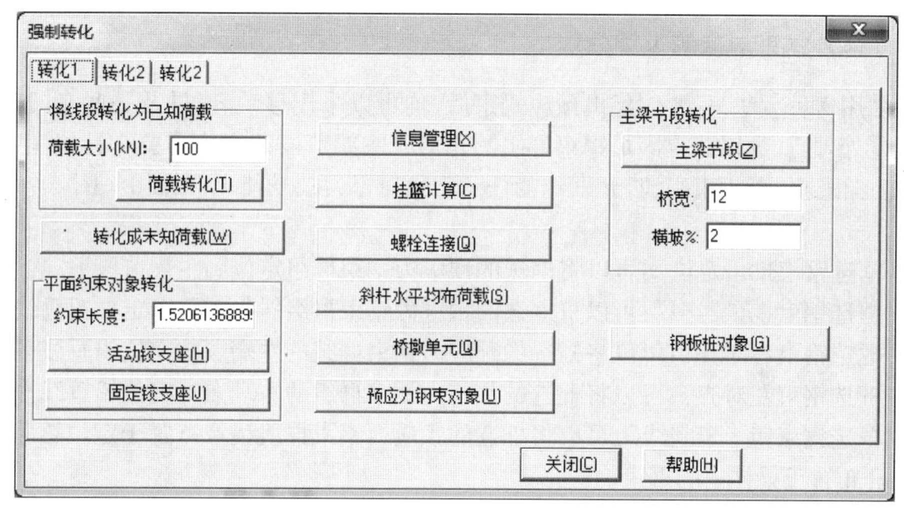

图 14-39　“强制转化”对话框的“转化 1”页面

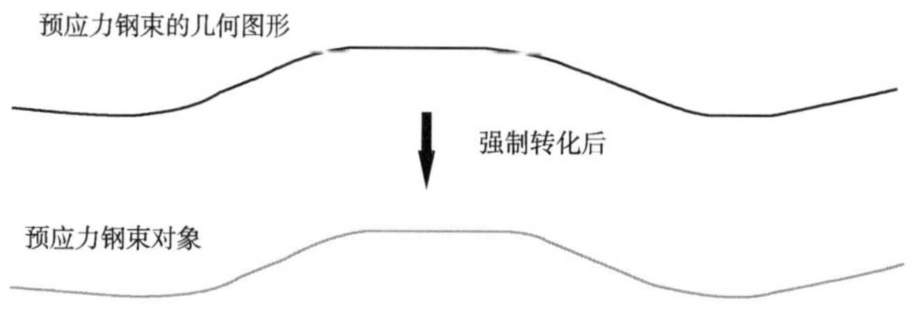

图 14-40　强制转化法创建预应力钢束对象示例

14.4.8　体内钢束对象的几何编辑

当预应力钢束布置于主梁节段上时,可以打开其对话框,在“负弯矩束”页面上(图 14-41),

输入相关的几何参数,单击“修改”按钮,可以实现体内钢束的修改。其他钢束类型可以采用类似的方法修改。

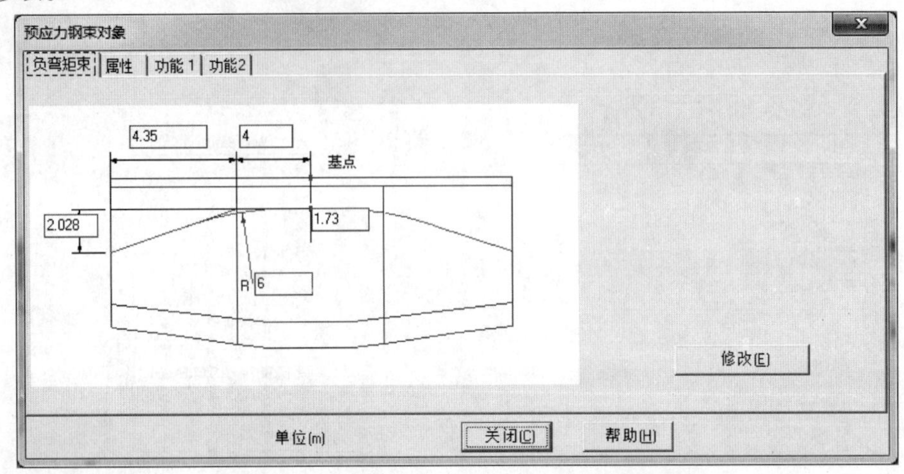

图 14-41 “预应力钢束”对话框的“负弯矩束”页面

14.4.9 体外钢束对象的批量处理

无论采用何种方法,只要创建出预应钢束后,均可以采用移动、拷贝及一些专门针对钢束群组的批量处理方法,以获得满足钢束群组的相对于主梁节段的定位需要。具体操作方法如下:绘制矩形框选体外钢束组,打开框选的任意钢束对象,在“功能 1”页面上(图 14-42),单击以下按钮。

(1)“框选钢束批量定位”:可以将框选的预应力钢束群组定位到主梁节段上。

(2)“框选钢束批量居中”:可以将框选的预应力钢束群组居中布置于定位铅垂线上。

(3)“框选钢束右对齐”:可以将框选的预应力钢束群组的左端点与定位铅垂线平齐。

(4)“框选钢束左对齐”:可以将框选的预应力钢束群组的右端点与定位铅垂线平齐。

(5)“框选钢束镜像于基线”:可以将框选的预应力钢束群组镜像布置于定位铅垂线上,该方法也适合布置于梁体内的钢束。

(6)“左切”:可以将框选的预应力钢束群组在左端向右切掉相应编辑框所指定的水平距离的钢束段,当编辑框数值为负时,钢束将向左延长编辑框所指定的水平距离。

(7)“右切”:可以将框选的预应力钢束对象在右端向右延长相应编辑框所指定的水平距离的钢束段,当编辑框数值为负时,钢束将向左切掉编辑框所指定的水平距离。

图 14-43a)为一组用矩形对象框选的体外预应力钢束,它们的左端点与基线平齐,利用“框选钢束镜像于基线”按钮,可以得到图 14-43b)所示的钢束群组;图 14-42c)为一组用矩形对象框选的体内钢束,定位铅垂线位于跨中截面,利用“框选钢束镜像于定位铅垂线”按钮,可以得到图 14-42d)所示的钢束群组

14.4.10 钢束张拉序号设置

对于负弯矩束,钢束张拉序号等于钢束锚固于主梁节段的浇筑序号;对于底板钢束,钢束张拉序号等于跨中或边跨合龙段的混凝土浇筑序号。例如,锚固于 7 号悬臂节段(浇筑序号

为7)的负弯矩束,其浇筑序号也应该为7,锚固于跨中底板上的底板束,无论锚固在哪一个主梁节段上,如果跨中合龙段的施工步为15,则跨中底板束的浇筑序号也应该定义为15。可以根据预应力钢束类型及其与主梁节段的位置关系自动生成预应力钢束的张拉序号,这一方法简称为钢束张拉序号自动定义。

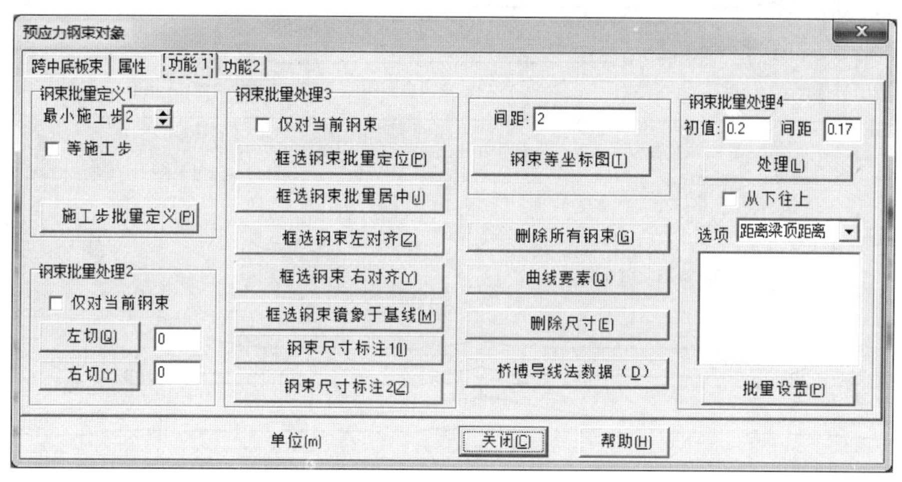

图14-42　“预应力钢束对象”对话框的“功能1”页面

实现刚束张拉序号自动定义的前提是,已完成了全桥预应钢束自动布置与编辑及单元自动编码。之后,可以打开任意主梁节段对话框,在“功能2”页面上,单击“钢束张拉序号自动化”按钮(图14-15),可以实现所有预应力钢束张拉序号的自动设置。

14.5 节点约束布置

成桥节段纵断面创建后,还需要布置桥梁纵断面节点的约束对象,以对桥梁节点位移进行约束。◈为一节点约束对象,其中心点为约束节点,可以提供三维节点的约束信息,主要包括以下内容。

(1) U_x——x 方向位移约束标记,数值为0时表示自由,为1时表示刚性约束。

(2) U_y——y 方向位移约束标记,数值为0时表示自由,为1时表示刚性约束。

(3) U_z——z 方向位移约束标记,数值为0时表示自由,为1时表示刚性约束。

(4) θ_x——绕 x 轴的转角位移约束标记,数值为0时表示自由,为1时表示刚性约束。

(5) θ_y——绕 y 轴的转角位移约束标记,数值为0时表示自由,为1时表示刚性约束。

(6) θ_z——绕 z 轴的转角位移约束标记,数值为0时表示自由,为1时表示刚性约束。

节点约束对象的创建方法是,绘制一直线段,其起点捕捉在需要约束的节点上;选中该直线段,单击强制转化按钮命令 ➜,系统弹出“强制转化”对话框,在“转化2”页面上(图14-44),单击“三维节点约束”按钮,可以将选中直线段强制转化为节点约束对象;打开“节点约束”对话框(图14-45),修改相关约束信息。以后其他位置的节点约束对象,可以通过对象拷贝方法得到。图14-46为三维节点约束对象的创建示例。

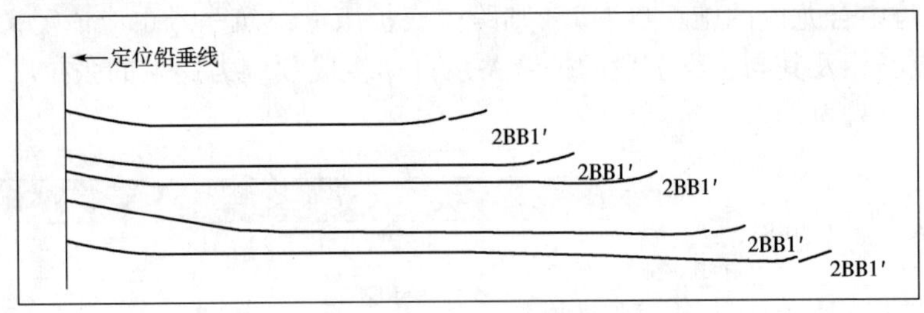

a)

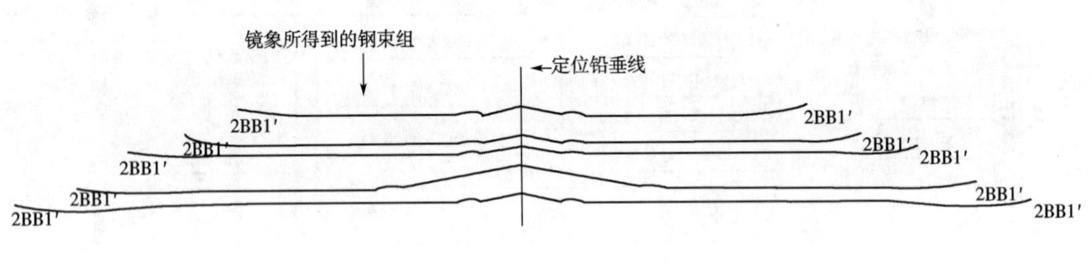

b)

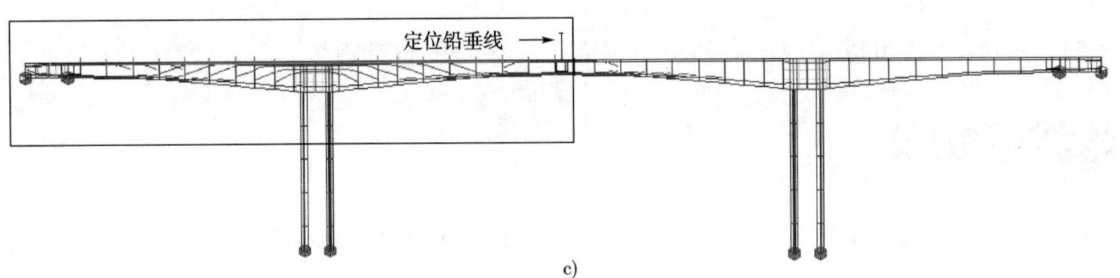

c)

定位铅垂线

d)

图 14-43　框选钢束镜像于定位铅垂线线示例

a)体外预应力钢束;b)镜像后的钢束群组;c)体内钢束;d)镜像后的体内钢束

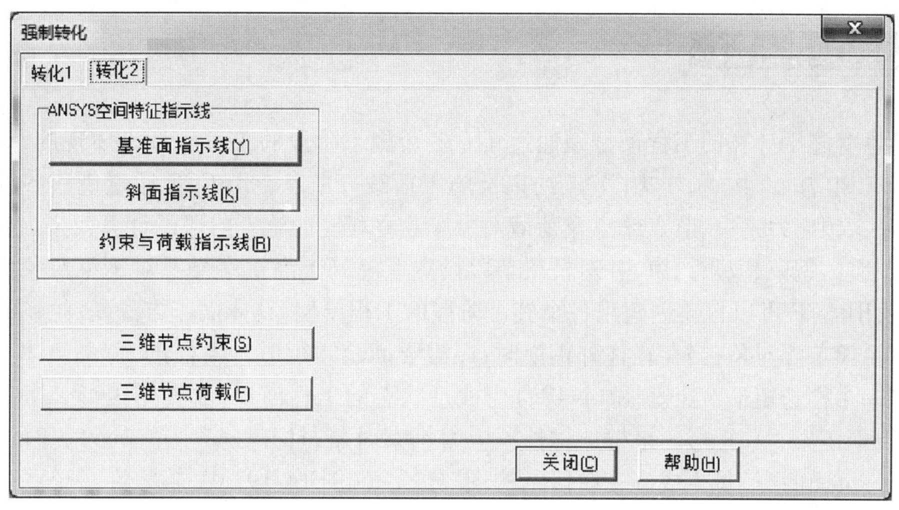

图 14-44　“强制转化”对话框的“转化 2”页面

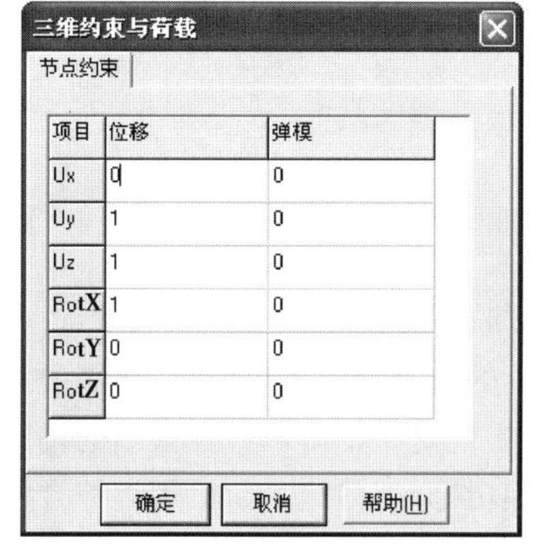

图 14-45　“三维约束与荷载”对话框的“节点约束”页面

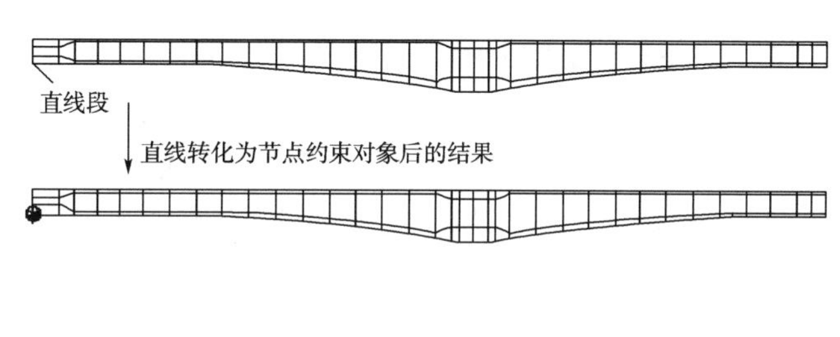

图 14-46　三维节点约束对象创建示例

14.6 主梁节段单元、节点自动编码及浇筑序号的自动定义

14.3.8 和 14.3.9 节介绍的单元节点编码及混凝土浇筑序号设置的方法是针对桥梁纵断面节段中某一局部区域。也可以采用针对整个桥梁节段进行单元、节点自动编码的方法，并自动完成主梁节段混凝土浇筑序号的定义，前者称为“单元、节点编码自动化”，而后者称为“节段浇筑序号自动化”。无论哪一种自动化操作，均需要先完成主梁节段中合龙段、边直段、0 号块及悬臂浇筑段等主梁节段类型的定义，并需要绘制一个矩形，框选所有桥梁节段对象；再打开其中的任意主梁节段对话框，在“功能 2”页面上（图 14-15），分别单击“单元、节点编码自动化”及“主梁节段浇筑序号自动化”按钮即可。单元编码自动化操作后，各个节段具有其自动生成的用于杆件有限元计算的单元编号、单元左、右节点编号及各个节段的混凝土浇筑序号，其中，所有桥墩节段和 0 号块的混凝土浇筑序号设置为 0，合龙段混凝土浇筑序号按从左到右顺序递增；如主梁实际合龙顺序与预定义的合龙顺序不一致，则可以打开合龙段节段对话框的“功能 1”页面上修改，见图 14-19。

14.7 施工阶段自动规划

桥梁悬臂施工计算的工程模型是通过建立各个施工阶段的工程模型来体现的,每一施工阶段包含有相应的结构、预应力、节点约束及施工荷载等信息。RBCCE 通过创建各施工阶段的桥梁节段、预应力钢束、节点约束及荷载对象来建立相应的施工阶段的计算模型。在完成成桥节段、预应力钢束、节点约束,并对桥梁节段设置了混凝土浇筑序号及对钢束对象设置了张拉序号后,RBCCE 可以自动创建出各个施工阶段的工程模型,具体操作方法是:绘制矩形对象框选所有桥梁节段对象;当存在体外钢束时,还需要用绘制矩形对象框选,每一组体外钢束均需要绘制一个框选矩形对象。图 14-47a)为成桥状态的工程模型,需要用矩形 1 来框选桥梁节段对象,用矩形 2 和矩形 3 来框选体外预应力钢束对象;打开任意主梁节段对象的对话框,在“功能 1”页面的“批量生成施工阶段结构图”组合框(图 14-19)中,输入在一个图形页面中期望创建的施工阶段数,挂篮自重对已浇梁段产生的重力和力矩等数据,即可以创建出各初始的施工阶段的结构图,图 14-47b)为部分施工阶段的工程模型,系统根据悬臂施工计算的特点,自动生成相关的挂篮荷载和预应力钢束对象等。

14.8 施工过程规划调整

通常,自动创建的桥梁施工阶段的工程模型不能完全地反映桥梁悬臂施工计算的特点,该方法只是提供了一种桥梁悬臂施工阶段规划的初始规划,实际的施工阶段工程模型,还需要采用通过图形拷贝、移动、删除、施工阶段序号定义等操作方法,实现对施工阶段计算模型的调整与修改,并对各施工阶段的荷载、约束信息、施工步序号进行编辑修改,使施工阶段规划符合实际桥梁悬臂施工的计算特征。

缺省的施工步序号等于混凝土浇筑序号,施工阶段中施工步序号修改的方法是:绘制一矩形对象,框选需要修改的施工阶段工程模型;打开某一框选的主梁节段对话框,在“功能 3”页面的“实际施工步批量设置”组合框中(图 14-48),输入施工步序号,单击“设置”按钮,可以将选择的计算模型设置为输入的施工步序号;也可以通过输入施工增量数值来修改施工阶段的施工步信息,此时需要输入施工步增量数值,并单击“增量修改”按钮,可以将框选的计算模型的施工步序号增加一个指定的增量数。

14.9 MCT 命令流的自动生成

MIDAS 提供了一种类似 ANSYS 命令流(APDL 语言)的命令语言,使 MIDAS 软件成为了一个可以进行二次开发的软件系统,可以根据具体工程特征开发第三方软件来自动生成 MCT 命令流,实现 MIDAS 桥梁计算的个性化建模计算。在采用上述步骤和方法建立的桥梁悬臂施工计算的工程模型后,打开“主梁节段”对话框,在“功能 2”页面的“MCT 命令流自动生成”组合框中,单击“MCT 命令流提取”按钮,可以自动生成桥梁悬臂施工计算的 MCT 命令流;只需将所生成的MCT命令流导入MIDAS系统,必要时可在MIDAS中做微量修改,即可完成预应力混凝土连续梁桥或刚构桥的建模与计算,再利用MIDAS系统即可方便查询桥梁悬臂施工计算的有关结果。

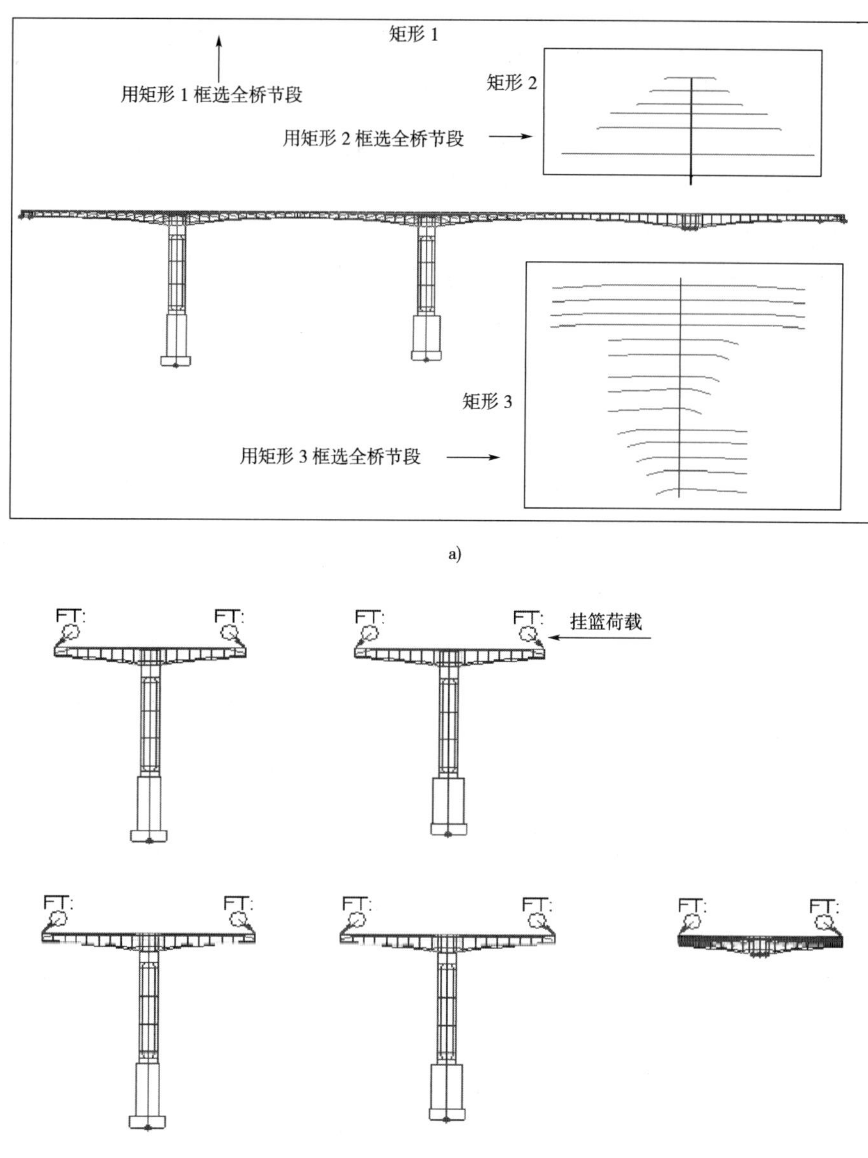

图 14-47　桥梁施工阶段自动规划示例

a)成桥状态时工程模型;b)施工阶段的工程模型

生成的MCT命令流中包含了以下22条常见命令(表14-1),它们在MCT命令流中的先后不影响建模结果。

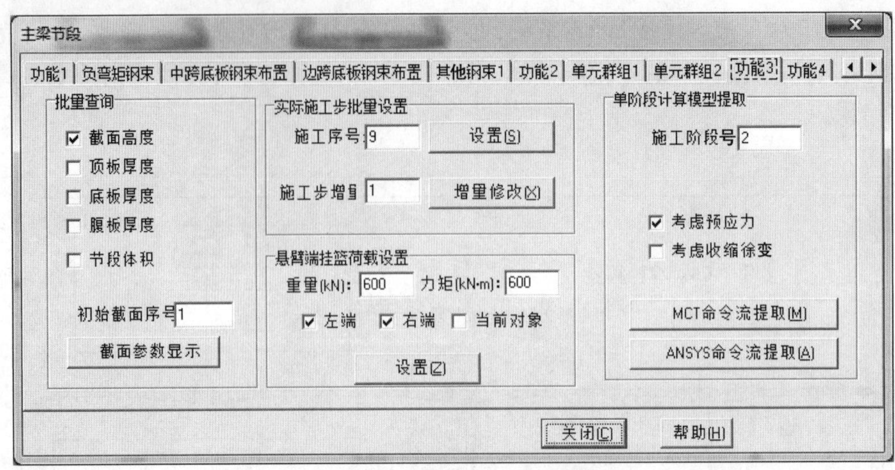

图 14-48 “主梁节段”对话框的“功能 3”页面

相关 MCT 命令及功能 表 14-1

步　　骤	相关 MCT 命令	命 令 功 能
定义建模环境和材料	1. * UNIT	设定单位体系
	2. * MATERIAL	定义所用材料的各项或采用规范
	3. * TDM – TYPE	定义时间依存材料数据收缩徐变
	4. * TDM – ELAST	定义随时间而变化的混凝土压缩强度
	5. * ELEM – DEPMATL	修改构架理论厚度
	6. * TDM – LINK	收缩徐变类连接
定义截面	7. * SECTION	定义梁体截面和墩体截面
建立结构模型	8. * NODE	建立节点
	9. * ELEMENT	建立单元
定义结构群	10. * GROUP	定义结构群和单元赋予结构群号
定义并构建荷载群	11. * STLDCASE	定义荷载群
	12. * LOAD – GROUP	定义荷载类
	13. * SELFWEIGHT	自重
	14. * CONLOAD	节点荷载
	15 * ELTEMPER	单元温度荷载
	16. * TDN – PROPERTY	钢束特性类
	17. * TDN – PROFILE	钢束形状
	18. * TDN – PRESTRESS	张拉描述
定义并构建边界群	19. * BNDR – GROUP	定义边界群
	20. * CONSTRAINT	定义边界值
	21. * ELASTICLINK	定义梁墩连接
定义施工步骤	22. * STAGE	施工步骤描述

区别于 ANSYS 命令流,MCT 命令流是由一系列命令行及参数区组成的数据文件。以下是桥梁悬臂施工计算命令流常用的一些命令格式与使用方法。

! A 定义建模环境及材料

*UNIT

N, M, J, C! 定义单位体系

*MATERIAL

1, CONC , C50, 0, 0, , C, NO, 1, JTG04(RC) , C50

4, STEEL, Strand1860, 0, 0, , C, NO, 1, JTG04(S) , Strand1860

! 定义材料,依次是材料编号、材料类型,自定义材料名称以及所使用的规范名称、材料规范名称,其他为热特性数据、塑性材料等数据

*TDM-TYPE

NAME=C40, JTG, 4E+007, 70, 1, 5, 3

! 定义收缩徐变数据,依次是自定义名称、使用规范、强度等级、环境年平均相对湿度、构架理论厚度(稍后需对每个单元修改)、水泥种类系数、收缩开始龄期

*TDM-ELAST

NAME=C30, CODE, CEB-FIP, 3E+007, 1

! 定义混凝土抗压强度变化,中国规范没有定义,可不定义,依次是自定义名称、是否使用规范、何种规范、28d抗压强度、水泥类型编号

*ELEM-DEPMATL

15 22 43 50, NSM, 0.830042

! 修改构架理论厚度,依次是单元号(空格隔开)、何种规范、厚度数据

*TDM-LINK

1, C50, C50

! 定义时间依存性材料连接,依次是连接号、收缩徐变名称、强度变化名称

! B 定义截面

*SECTION

10, TAPERED , 变截面1, CT, 0, 0, 0, 0, 0, 0, 0, 0, YES, 1CEL, 1, 1, PSC

, , YES, NO, NO, NO, YES, NO, YES, NO

YES, YES, 0, YES, 0, YES, 0, YES, 0, YES, 0, YES, 0, YES, 0, YES, 0, YES, 0, YES, 0, YES, 0, YES, 0, YES, 0, 0.2, 0.2, NO, NO

NO, , NO, , , , , , , , , , , ,

! 定义截面数据,依次是截面编号、截面类型(MIDAS支持很多截面类型,TAPERED表示变截面)、自定义截面名称、截面偏向设置以及截面转折点设计等

0.2, 0.6, 0.1, 0, 2.107, 0! 单元i端截面数据

2.7, 1.2, 0, 0, 0, 3.5

0.3, 0.5, 0, 0, 1.35, 0, 0.5, 0, 0, 0.35

3, 0, 1.5, 0, 3, 0, 2, 0

```
    0.2, 0.6, 0.1, 0, 5.607, 0! 单元j端截面数据
    2.7, 1.2, 0, 0, 0, 3.5
    0.3, 0.5, 0, 0, 4.2, 0, 0.5, 0, 0, 1
    2.6, 0, 1.1, 0, 2.6, 0, 2.1, 0
```

```
! C 定义结构
 * NODE
2, 3.5, 0, 0
! 定义节点,依次是节点号,X、Y、Z 坐标
 * ELEMENT
1, BEAM , 1, 8, 1, 2, 0
```

! 定义单元,此命令可定义梁、壳、实体等多种单元,此处只介绍梁单元,依次是单元号、单元类型、材料号、截面号、i 端节点号、j 端节点号、转角

```
! D 定义结构组
 * GROUP
桥墩 , 95to127, 94to121
0 号块, , 17to20 45to48 74to77
! 定义结构组、依次是自定义组名称、组包含的节点号、组包含的单元号
```

```
! E 定义荷载群
 * STLDCASE
self , CS, 自重
   ps    , CS, 预应力
   ft    , CS, 挂篮 form traveller
   wc    , CS, 湿重
! 定义荷载群名称、依次是荷载群名称、所属工况、备注
 * LOAD - GROUP
自重
预应力 0
挂篮 0
! 定义荷载组,用于激活与钝化,依次是自定义荷载组名称
 * SELFWEIGHT, 0, 0, -1.08, self
! 定义自重,依次是 X、Y、Z 方向重力放大系数,所属荷载组
 * CONLOAD
6, 0, 0, -600000, 0, -1E+006, 0, ft12′
```

! 定义节点荷载,依次是作用节点号、F_x、F_y、F_z、M_x、M_y、M_z、所属荷载组

```
*ELTEMPER
```

1, 20, 温度荷载

! 定义温度荷载,依次是作用单元、温度数据、所属荷载组

*TDN-PROPERTY

15, INTERNAL, 4, 0.0021, 0.09, 2, 0, 0.15, 0.0015, 1.86326E+006, 1.56906E+006, POST, 0.006, 0.006, YES, 0, YES, 0.15, 1.86E+009

! 定义钢束特性值,依次是自定义钢束名称、张拉类型(先张、后张、外张)、材料号、钢束总面积、导管直径、钢筋松弛系数、抗拉强度标准值、摩擦系数、每米偏差影响系数、回缩值、粘贴类型

*TDN-PROFILE

NAME=AHLB1+1, 15, 1to6, 0, 0, ROUND, 2D

, AUTO1, , , NO,

STRAIGHT, 0, 0, 0, X, 0, 0

0, YES, Y, 0

! 定义钢束几何信息,依次是自定义钢束名称、钢束特性类名称、作用单元、转角信息等

Y=0.2, 2.4, NO, 0, 0, NONE, , , , ! 平弯信息

- -

Y=17.5, 2.4, NO, 0, 0, NONE, , , ,

Z=0.2, -2.3, NO, 0, 0, NONE, , , , ! 竖弯信息

- -

Z=17.5, -2.372, NO, 0, 0, NONE, , , ,

*TDN-PRESTRESS

AHLB1+1, STRESS, BEGIN, 1.3392E+009, 0, 1, ps-hl1

! 钢束张拉力控制,依次是钢束名称、控制方式、两端张拉方式、左端张拉力大小、右端张拉力大小、注浆控制、所属荷载组

! F 定义约束群

*BNDR-GROUP

墩底固端

临时固结! 约束组定义,依次是约束组名称

*CONSTRAINT

126, 011101, 3 墩永久支座

! 约束值定义,依次是所约束节点号、约束值、所属约束组名称

*ELASTICLINK

5, 94, 127, RIGID, 0, NO, 0.5, 0.5, 右侧连接

! 定义墩梁连接,依次是连接编号、第一连接点、第二连接点、连接形式(RIGID 为刚性固结)、连接数据、以及所属约束组名称

```
！G 定义施工步
 * STAGE
NAME = 桥墩及 0 号块, 12, YES, NO  ！定义施工步
STEP = 7！ 施工子步定义
AELEM = 桥墩, 100, 0 号块, 30
DELEM = ！ 激活与钝化单元组
ABNDR = 墩底固端, ORIGINAL
DBNDR = ！ 激活与钝化边界组
ALOAD = self, FIRST
DLOAD = ！ 激活与钝化荷载组
```

14.10 工程应用

某(58 +93 +97 +58)m 连续刚构桥,桥梁全长 308m,见图 14-49,刚构桥上部结构采用变高度预应力混凝土单箱单室箱梁,其中②、③号桥墩处采用转体施工跨越丰沙铁路上、下行线,桥梁平面位于直线上。

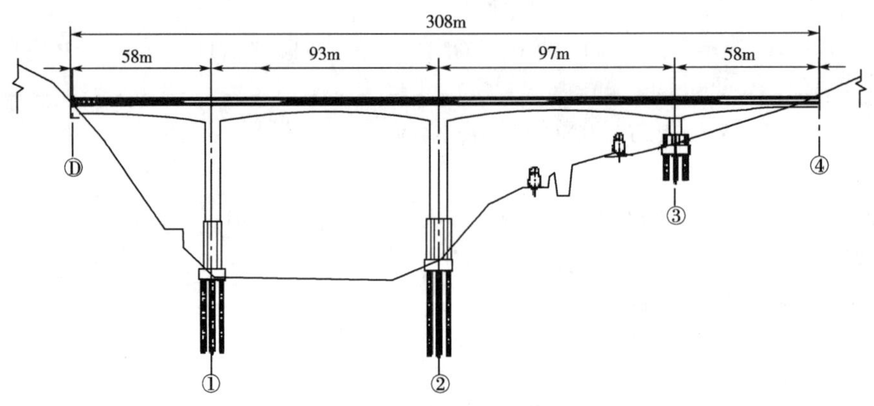

图 14-49 某刚构连续梁桥纵断面布置图

桥梁上部结构采用一联(58 +93 +97 +58)m 组合刚构箱梁,箱梁为变高单箱单室直腹板截面,箱梁顶宽 12.4m,底宽 7.0m;箱梁高度(梁高以箱梁底板到箱梁顶面中心的距离计)在与桥墩墩身对应的梁段 4.0m 范围内梁高均为 6.5m,在桥台及主跨跨中处梁高为 3.0m,边跨现浇段梁高均为 3.0m,其余部位梁高按二次抛物线变化;箱梁顶板厚 0.3m;箱梁底板厚度在主墩处为 1.8m,桥台处及主跨跨中处分别为 0.85m、0.35m,其余按二次抛物线渐变;箱梁腹板的厚度在 0.5m 和 0.9m 之间变化。可以用 RBCCE 方便地创建该桥悬臂施工计算的图形流模型,并将其自动生成 MIDAS 命令流,图 14-50 为 RBCCE 图形流模型转化后生成的 MIDAS 部分模型图。

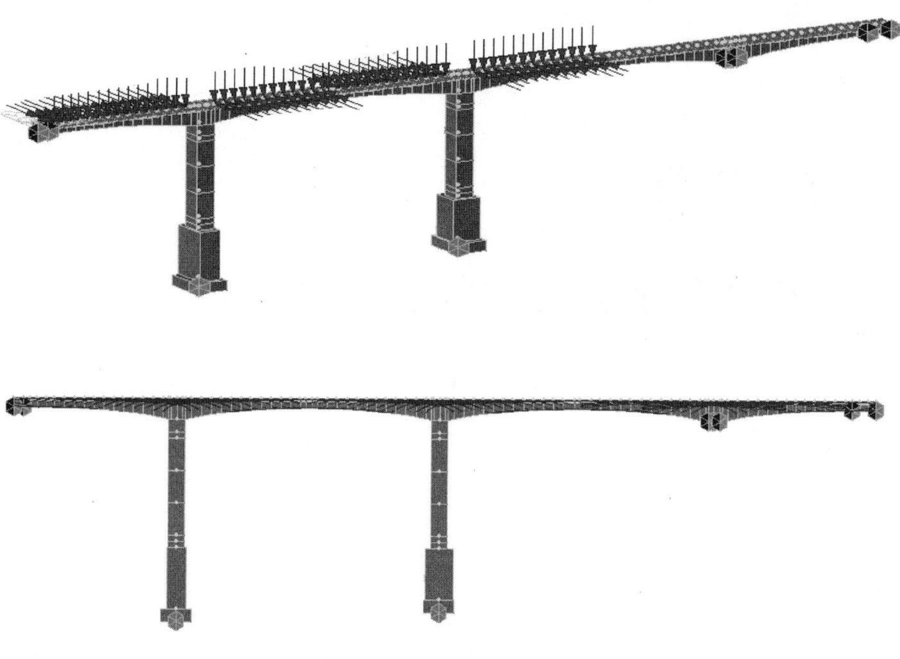

图 14-50　MIDAS 计算模型

第15章

基本图形对象绘制与编辑

15.1 概述

RBCCE 本质上是一交互式图形系统，但它与传统的面向几何图形对象交互式绘图系统存在较大差异，它是一种具有面向功能图形对象的体系结构和操作环境，全面支持图形流建模理念和实现，可以方便实现各种类型的功能图形对象的创建、操作和管理，并具有规范、易于实现的功能图形对象开发机制。从交互式图形系统的角度看，该系统的基本特点是：

1）支持基本图形对象的创建和编辑

直线、圆、圆弧、尺寸、文本等图形对象为基本图形对象，也是一种功能图形对象的一些特例。系统提供了交互式的基本图形绘制和编辑的功能，以创建任意二维几何图形，并能进行必要的尺寸标注，这些既是一些专业功能图形对象创建所必须的，也是一些复杂设计意图表达的最基本方式，当一些工程图形难以通过参数化的功能图形对象实现时，则可以通过创建和编辑基本图形对象完成。

2）提供了辅助绘图功能

辅助绘图功能主要包括：图形窗口的放大、缩小与移动，功能图形对象的捕捉，线段特征点（如线段端点、线段中点、垂足点、线段交点、斜交点等）捕捉，绘图的正交模式设置等。它们是面向功能图形对象的图形系统所必须的，功能图形对象的创建和操作通常需要一系列辅助绘图功能的支持。良好的辅助绘图功能可显著提高图形系统的使用性能。

3）支持快速的图形更新显示速度

通常，当功能图形对象被创建、修改或位置发生改变时，图形窗口中的图形对象需要更新显示。当功能图形对象的数量较多时，功能图形对象的更新显示速度会有所降低。图形更新显示是图形系统性能的一项重要指标。图形系统采用多页面协同管理机制支持快速的更新显示速度。

4）支持多页面协同管理模式

一个工程应用通常需要创建、操纵和管理大量的功能图形对象，但当在一个图形页面中创建的功能图形对象数量较多时，容易造成功能图形对象管理的不便，并降低系统的更新显示速度。系统采用多页面管理模式,用户可以对页面做删除、增加、插入等页面操作,在每一页面上可以创建和操纵适量的功能图形对象,不同页面间的功能图形对象可以相互拷贝,并可以实现跨页面的功能图形对象间的协同合作,这样,所有图形页面的功能图形对象可以成为一个庞大的协同合作群体,共同完成复杂工程应用。

5)提供统一的功能图形对象几何操作方法

所有功能图形具有相同的几何操作方法,如选择、移动、删除、旋转、复制、特征点捕捉、放大、缩小、属性对话框激活等,使得功能图形对象的操纵简单规范,易于学习。

6)能够与 AutoCAD 实现无缝联结

图形系统与 AutoCAD 实现无缝联结的做法是,一方面是可以将功能图形对象直接拷贝到 AutoCAD 系统中;另一方面,可以利用 AutoCAD 绘制出所需要的几何图形,然后将其输入到面向功能图形对象的图形系统中。实现面向功能图形对象的图形系统与 AutoCAD 无缝联结的意义在于:AutoCAD 是目前 PC 机上应用最广泛的交互式绘图软件,具有最广大的用户群体,设计单位的设计图纸大多为 DWG 格式,工程设计人员熟悉 AutoCAD 的操作,将功能图形对象输入到 AutoCAD 系统中,实质上是将功能图形对象的创建成为 AutoCAD 系统的命令扩展,使功能图形对象能够便捷转化为 DWG 格式的图形对象,便于打印排版和存档。另外,也可以将 AutoCAD 所绘制的工程图形快速转化为具有工程信息的功能图形对象,以实现所需要的专业功能,使 RBCCE 具备强大的图形绘制与编辑功能。

本章重点介绍 RBCCE 所提供的基本图形绘制与编辑功能。

15.2 基本图形绘制

15.2.1 绘制矩形

图 15-1 为矩形对象的描述参数,可以采用如下命令和操作步骤,实现矩形对象的创建。

(1)菜单命令:绘图(D)→矩形(R)。

(2)按钮命令:□。

(3)绘制步骤:

①选择命令。

②用鼠标拾取矩形的左上角点和右下角点。

③激活“基本图形对象”对话框,见图 15-2,修改基点坐标、矩形宽度和高度,选择基点选择选项,按“确定”按钮。

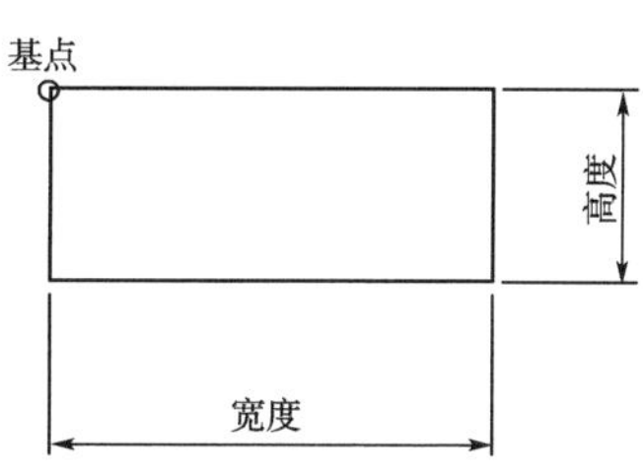

图 15-1 矩形绘制参数示例

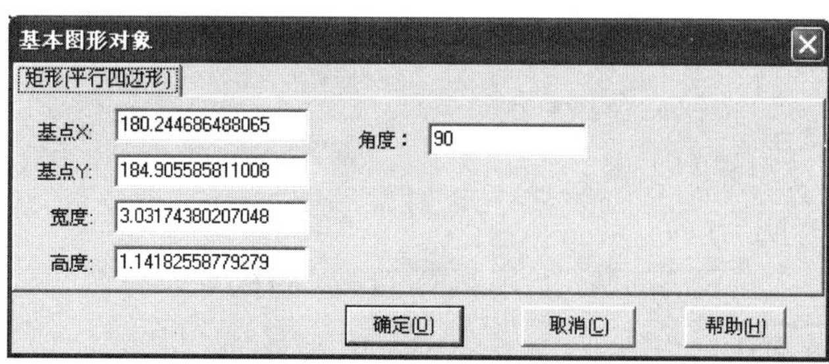

图 15-2 基本图形对象对话框

15.2.2 绘制折线

有以下两种模式可以实现几何转折线的绘制。

模式一：通过输入几何转折线的各个转折点坐标，创建几何转折线。

模式二：通过输入几何转折线各线段的水平投影长度 a_i 和竖向投影长度 b_i，创建几何转折线，见图 15-3。

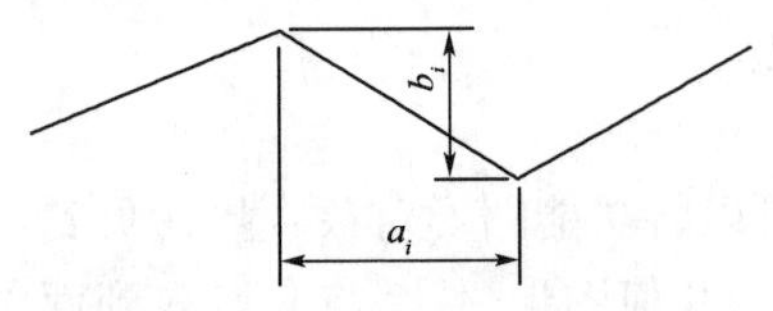

图 15-3　几何转折线线段参数示例

实现集合转折线绘制的参数和操作步骤如下。

(1) 菜单命令：绘图(D)→转折线(L)。

(2) 按钮命令：。

(3) 绘制步骤：

①选择命令。

②用鼠标拾取标转折线的转折点。

③激活“几何转折线”对话框，当选用模式一绘制转折线时，可以在“转折线参数 1”页面上输入各转折点坐标，见图 15-4，再单击“创建或修改”按钮；当选用模式二绘制转折线时，可以在“转折线参数 2”页面上输入各个转折线的水平和竖向投影长度，见图 15-5，单击“创建或修改”按钮。

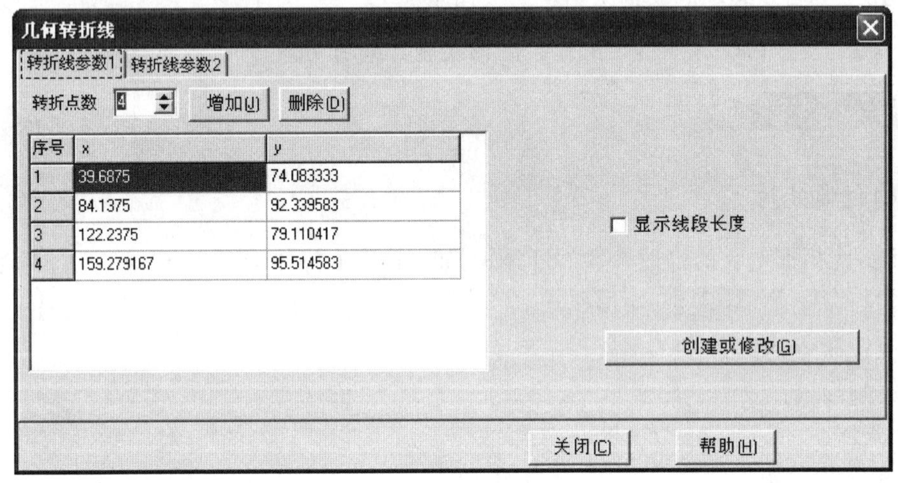

图 15-4　“几何转折线”对话框的“转折线参数 1”页面

15.2.3 尺寸标注

(1) 按钮命令：。

(2) 绘制步骤：

①选择命令。

②在图形页面上用鼠标拾取标注尺寸的两点，系统弹出尺寸标注类型按钮工具条。

③选择工具条上的水平、竖向或斜向标注按钮，工具条消失。

④用鼠标拾取尺寸基线上任意点位置，绘制相应尺寸对象。

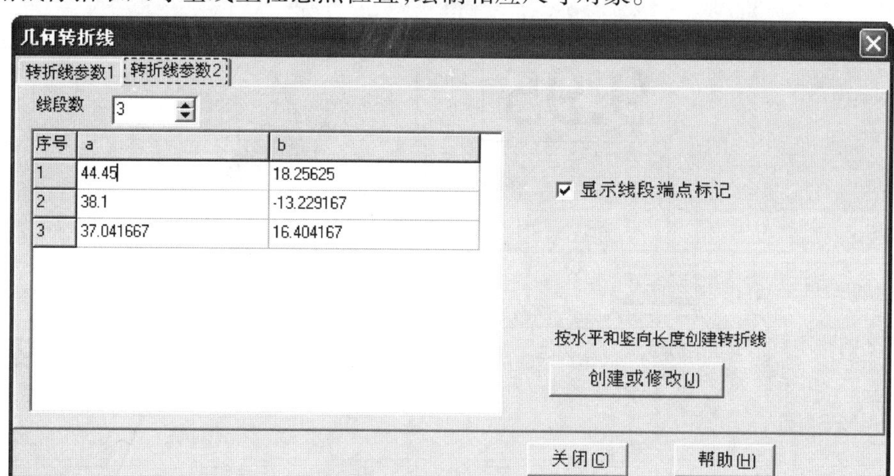

图 15-5　“几何转折线”对话框的“转折线参数 2”页面

打开“尺寸样式”对话框，在“尺寸界限与箭头”页面上（图 15-6），修改尺寸界限、箭头及尺寸颜色等；或者在“文本与精度”页面上（图 15-7）修改尺寸的文本显示高度和精度，如要将尺寸上的标注采用自定义方式，可在“自定义文本”组合框中，输入自定义文本，将“采用自定义”复选框设置为真。如要将当前图形页面中所有尺寸标注采用统一的文本高度、箭头样式等，将“适用于所有尺寸”复选框设置为真。样式参数修改完成后，单击“确定”按钮，可以得到样式修改后的尺寸对象。

图 15-6　“尺寸样式”对话框的“尺寸界限与箭头”页面

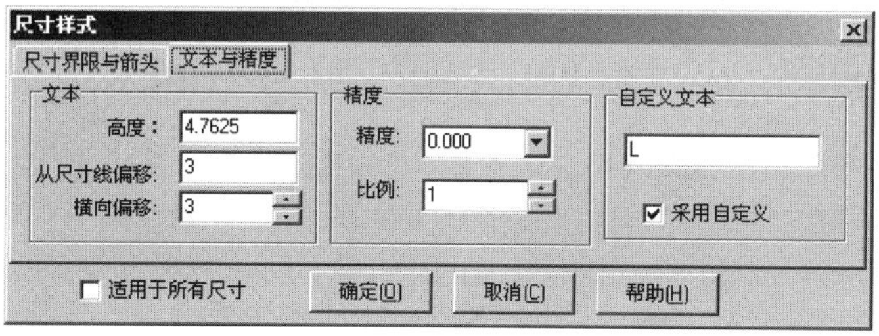

图 15-7　“尺寸样式”对话框的“文本与精度”页面

当尺寸箭头、文本及尺寸界限等参数不符合要求时，可以单击“尺寸参数自适应”按钮，即可得到与感官合适的尺寸参数，见图 15-8。要精确确定期望的尺寸参数，可再打开尺寸对话框进一步修改。

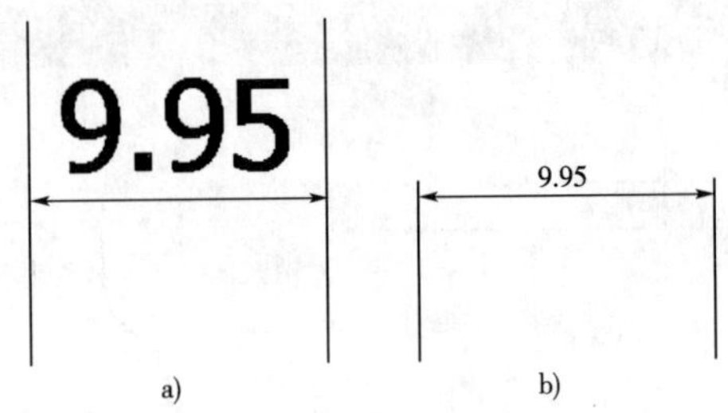

图 15-8　尺寸参数自适应修改

a)不合适的尺寸参数;b)合适的尺寸参数

15.2.4 绘制圆

(1)菜单命令:绘图(D)→圆(C)。

(2)按钮命令:○。

(3)绘制步骤:

①选择命令。

②用鼠标拾取圆心及圆上某一点,绘制圆。

③激活“基本图形对象”对话框(图 15-9)修改相应参数,按“确定”按钮,可以得到期望的圆。

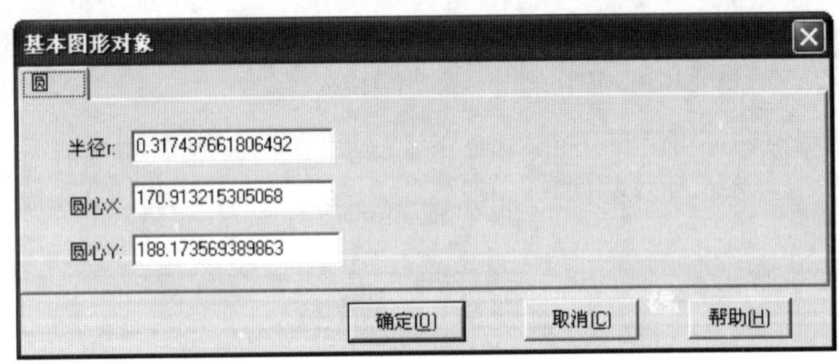

图 15-9　“基本图形圆对象”对话框

15.2.5 绘制圆弧

(1)菜单命令:绘图(D)→圆(C)。

(2)按钮命令:⌒。

(3)绘制步骤:

①选择命令。

②用鼠标拾取圆心及圆上某一点,绘制圆。

③激活“基本图形对象”对话框(图 15-10),选择绘制方式,修改相应参数,按“确定”按钮,可以得到期望的圆弧对象。

图 15-10 “基本图形对象”对话框的“圆弧”页面

15.2.6 绘制文本

(1)菜单命令:绘图(D)→文本(T)。

(2)按钮命令: A 。

(3)绘制步骤:

①选择命令。

②用鼠标在文本目标位置绘制一条直线段(单指引线),之后,直线消失,系统弹出“文本对象”对话框,见图 15-11。

③在“文本对象”对话框内输入文本内容,设置字体大小、行距、角度、颜色等参数,单击“确定”命令,可以得到期望的文本对象。

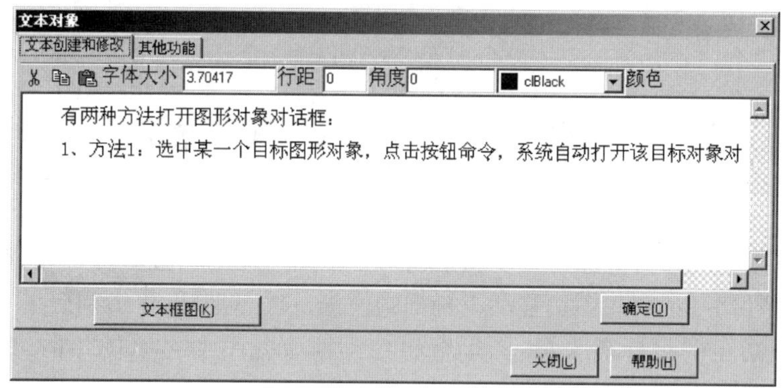

图 15-11 “文本对象”对话框的“文本创建和修改”页面

要删除当前图形页面中所有文本对象时,可以在“文本对象”对话框的“其他功能”页面上(图 15-12),单击“删除所有文本”按钮;而要统一修改当前图形页面中所有文本对象的高度,可以在“其他功能”页面的“修改所有文本大小”组合框内,输入期望的文本大小,单击“修改”按钮。

15.2.7 绘制箭头

(1)按钮命令↗。

(2)绘制步骤:

①选择命令。

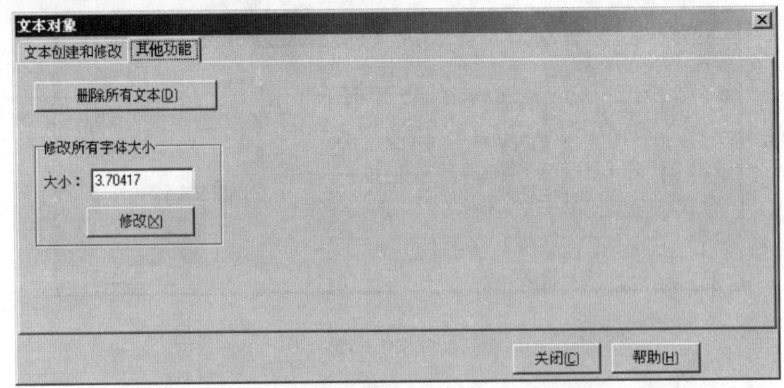

图 15-12 “文本对象”对话框的“其他功能”页面

②用鼠拾取箭头的两个端点，箭头绘制完毕。

打开箭头对象的对话框，见图 15-13，在“基本”页面上，选择箭头的显示方式，单击“确定”按钮，可以得到起点显示、终点显示及两端显示的箭头。如要将一条斜置箭头变成铅直或水平的箭头，可以在“箭头调整”中，单选组合框中选择相应的调整方式。

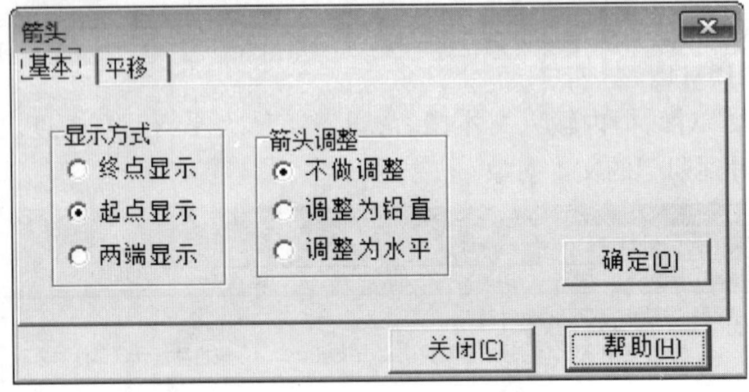

图 15-13 “箭头”对话框的“基本”页面

实际上，可以利用箭头对象来改变图形窗口中图形对象的位置。可打开“箭头”对话框的“平移”页面，见图 15-14，输入图形移动组合框的箭头目标点坐标，单击“移动”按钮，即可将箭头端点坐标设置指定的目标点坐标，图形窗口中其他所有图形对象的几何位置也做相应的改变。

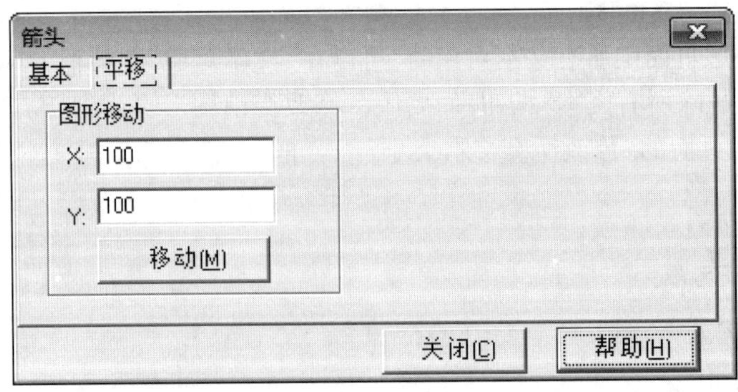

图 15-14 “箭头”对话框的“平移”页面

15.3 图形对象编辑

15.3.1 打开图形对象的对话框

功能图形对象的工程信息修改及专业功能，均是通过其对话框实现的。有两种打开功能图形对象对话框的方法。

(1)方法1:选中某一个目标图形对象，单击按钮命令，系统自动打开该目标对象对话框。

(2)方法2:将鼠标移动到目标对象，双击鼠标左键，系统打开目标对象的对话框。

15.3.2 选择(选中)图形对象

有四种选择图形对象的方法，具体如下。

(1)点选图形对象:单击对象选择按钮，将鼠标移到目标图形对象上，鼠标由白变黑说明对象选中，单击鼠标左键;按下 Shift 命令可以连续点选其他图形对象。

(2)交选图形对象:单击对象选择按钮，移动鼠标到在目标对象附近的右下角，单击鼠标左键，再将鼠标移动到目标图形对象的左上角，此时系统窗口中显示一矩形框将目标图形对象全部包含在矩形框中，或者与矩形框相交，单击鼠标左键，可以选中一个或多个目标对象，见图 15-15。

(3)框选图形对象:单击对象选择按钮，移动鼠标到在目标对象附近的左上角，单击鼠标左键，再将鼠标移动到目标图形对象的右下角，此时系统窗口中显示一矩形框将目标图形对象全部包含在该矩形框内时，单击鼠标左键，可以选中一个或多个目标对象，见图 15-16。

(4)全选对象:选择菜单命令“编辑(E)”→“全选(S)”，可以将图形页面中的所有图形对象选中。

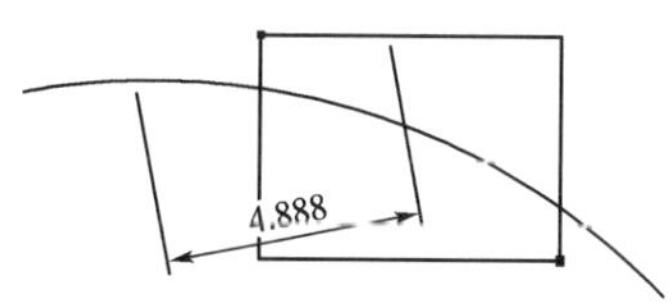

图 15-15 矩形交选图形对象

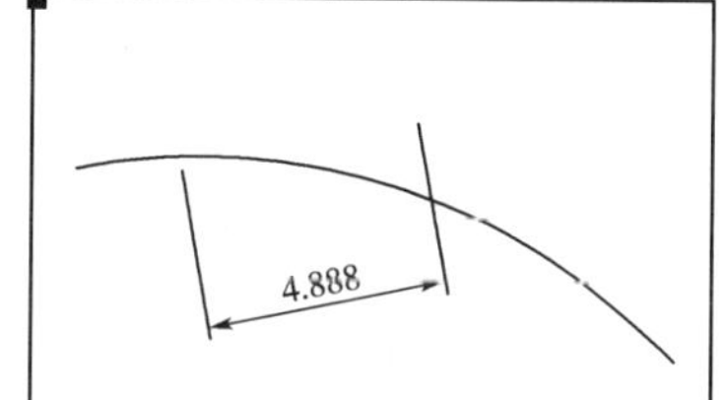

图 15-16 矩形框选图形对象

对象选中后，被选中的对象将出现选中标记。图 15-17 显示了选中后的图形对象的状态标记。

15.3.3 创建对称的图形对象

(1)菜单命令:编辑(E)→镜像(J)。

(2)按钮命令: 。

(3)操作步骤:

①选中一个要镜像的目标图形对象。

②用鼠标拾取对称轴的两个端点,系统出现“基本图形对象”对话框,如图 15-18 所示。

③如需要修改对称轴线,可输入对称轴的两个端点坐标,单击“确定”按钮,可以创建出基于对称轴线的镜像(对称)图形对象;当复选框“删除原对象”为真时,原图形对象将被删除,否则保留原对象。

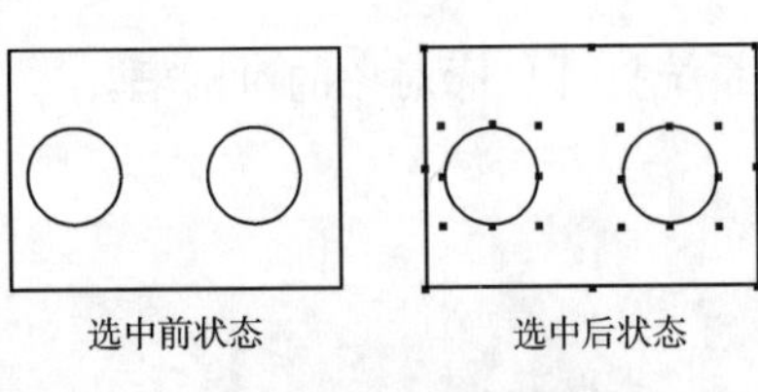

图 15-17　图形对象选中示例

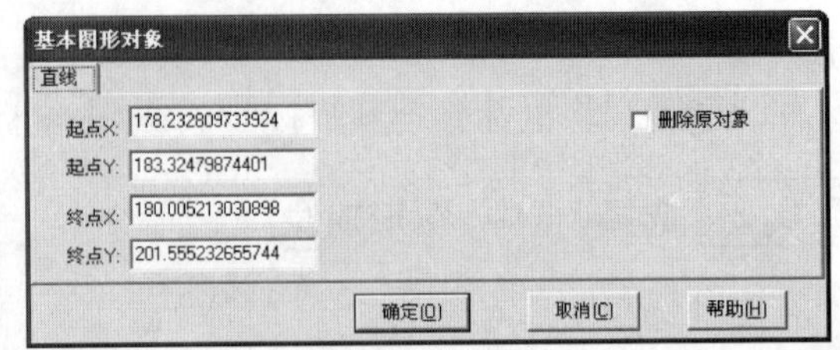

图 15-18　“基本图形对象”对话框

15.3.4　图形对象合并

(1)菜单命令:编辑(E)→合并(H)。

(2)按钮命令: 。

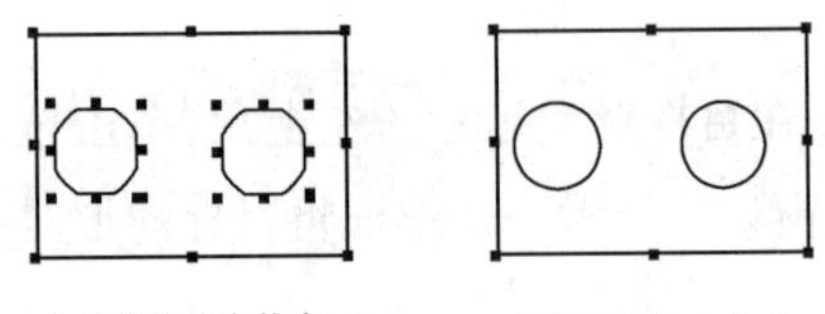

图 15-19　图形对象合并示例

(3)操作步骤:

①选中待合并的若干图形对象。

②选择合并命令,可以将选中的多个图形对象合并为一个图形对象。

合并后的图形对象无对话框。图 15-19 为合并后的图形对象选中状态与合并前的图形选中状态的示例。

15.3.5　图形对象分解

(1)菜单命令:编辑(E)→分解(B)。

(2)按钮命令: 。

(3)操作步骤:

①选中待分解的一个或多个图形对象。

②单击对象分解命令,可以将选中的图形对象分解为由线段构成的图形对象的集合体;对于一些功能图形对象,此命令可不起作用。

15.3.6　删除图形对象

(1)菜单命令:编辑(E)→删除(D);当需要删除窗口中的全部图形对象时,单击编辑(E)→全部删除(L)命令。

(2)按钮命令: ,删除窗口中的全部图形对象的按钮为 。

(3)快捷键:Del,Ctrl + X。

(4)操作步骤:

①选中一个或多个图形对象。

②选择删除命令,可将选择图形对象删除。

如果要恢复刚删除后的图形对象,可以单击粘贴按钮命令。系统只能恢复最近删除的图形对象,较早删除的图形对象将不可恢复。

15.3.7 拷贝图形对象

(1)菜单命令:编辑(E)→拷贝(C)。

(2)按钮命令:。

(3)操作步骤:

①选中待拷贝的一个或多个图形对象。

②用鼠标拾取拷贝对象的参考基点。

③用鼠标拾取拷贝对象的目标参考基点,单击鼠标左键可以实现选中图形对象的拷贝;继续拾取拷贝对象的参考基点,可以实现选中图形对象的连续拷贝。

15.3.8 移动图形对象

(1)菜单命令:编辑(E)→移动(M)。

(2)按钮命令:。

(3)操作步骤:

①选中待移动的一个或多个图形对象。

②用鼠标拾取移动对象的参考基点。

③用鼠标拾取移动对象的目标参考基点,单击鼠标左键,可以实现选中图形对象的移动。

15.3.9 图形对象旋转

(1)菜单命令:编辑(E)→旋转(M)。

(2)按钮命令:。

(3)操作步骤:

①选中待旋转的一个图形对象。

②用鼠标拾取对象旋转基点及第二个方向点,系统出现“对象旋转”对话框,见图15-20。

③输入对象旋转参数,选择“确定(O)”按钮,可以实现选中图形对象的旋转。

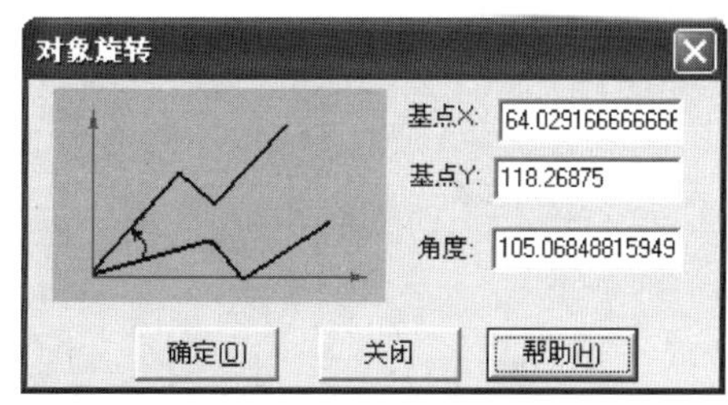

图15-20　“对象旋转”对话框

15.3.10 图形对象阵列

(1)菜单命令:编辑(E)→阵列(A)。

(2)按钮命令：。

(3)操作步骤：

①选中待阵列的一个图形对象。

②选择阵列命令，系统显示“对象阵列”对话框，见图15-21。

③输入对象阵列参数，选择“确定(O)”按钮，可以完成对象阵列。

图15-22为一对象阵列的一个示例。

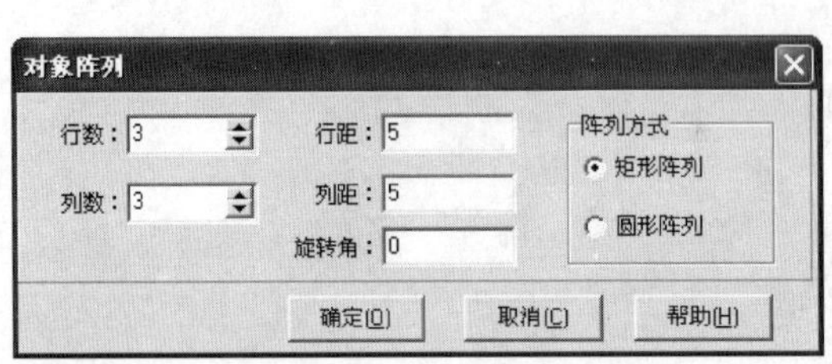

图15-21 “对象阵列”对话框

图15-22 对象阵列示例

15.3.11 线段修剪

(1)菜单命令：编辑(E)→线段修剪(X)。

(2)按钮命令：。

(3)操作步骤：

①选择修剪命令。

②选中与线段修剪相关的图形对象，按鼠标右键结束图形对象的选择。

③用鼠标左键单击待修剪线段端部，可实现线段修剪，连续单击要修剪线段的一端，可实现连续修剪，见图15-23。

④按鼠标右键，系统显示浮动菜单，见图15-24，按“确定(S)”按钮，结束修剪操作。

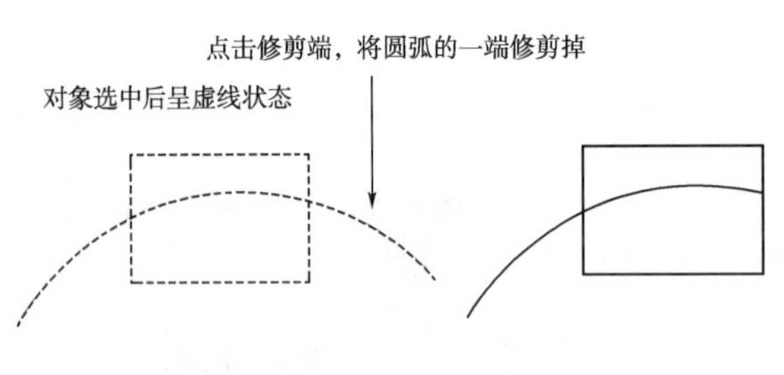

图15-23 线段修剪示例

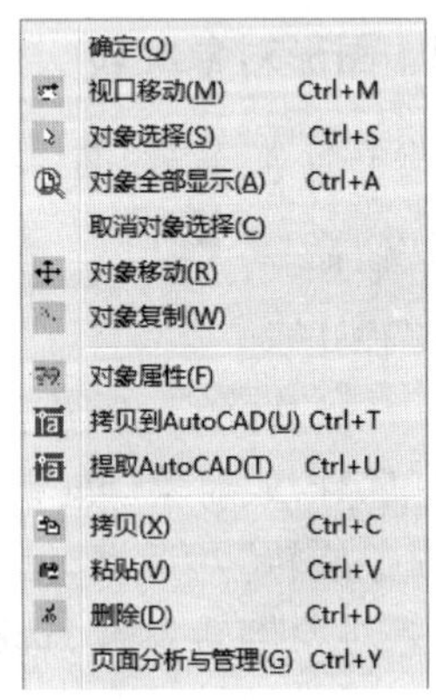

图15-24 浮动菜单

15.3.12 线段延长

(1)菜单命令：编辑(E)→线段延长(Y)。

(2)按钮命令：-/。

(3)操作步骤：

①选中待延长线段所涉及的图形对象，按鼠标右键结束图形对象选择。

②用鼠标左键单击待延长线段的端部，可实现线段延长，连续单击要延长线段的一端，可连续延长多个线段，见图15-25。

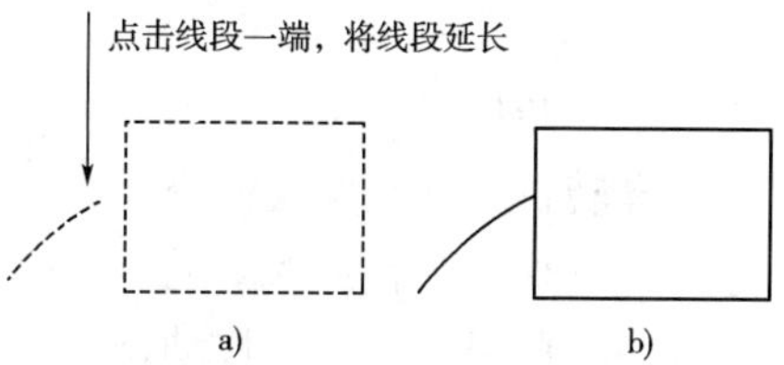

图15-25　线段延长示例

a)对象选中后呈虚状态；b)线段延长后的状态

③按鼠标右键，系统显示浮动菜单，按“确定(S)”按钮，结束延长操作。

15.3.13 线段打断

(1)菜单命令：编辑(E)→线段打断(Z)。

(2)按钮命令：✳。

(3)操作步骤：

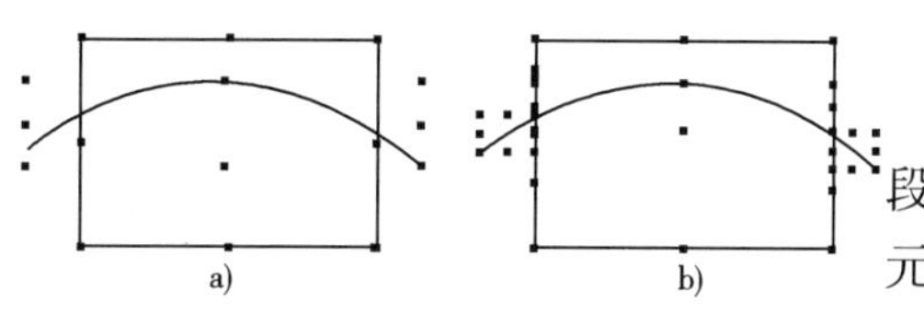

图15-26　线段打断示例

a)打断前的一个矩形和一段圆弧；b)打断后成为6条直线段和3段圆弧

①选中一个或多个图形对象。

②选择线段打断命令，可将选中图形对象的线段，在交点处断开成独立的直线段、圆弧等基本图形元素。

图15-26为一线段打断示例。图15-26a)中为线段打断前的一矩形和一段圆弧，图15-26b)为线段打断后变成6段直线和3段圆弧。

15.3.14 线段等分

可以将直线段、圆、圆弧等分成指定的分段数。

(1)菜单命令：编辑(E)→线段等分(I)。

(2)按钮命令：⁄。

(3)操作步骤：

①选中单根线段(可以是直线段、圆弧或圆)。

②选择线段等分命令，系统显示“线段等分”对话框，见图15-27，输入线段等分段数，选择“确定”按钮，可以将线段等分成指定分段数；当复选框“圆弧或圆拉直处理”为真时，圆弧或圆的等分段变成直线段。

图15-27　“线段分段”对话框

15.3.15 转折线动态修改

可以用鼠标捕捉转折线的转折点，并对其进行拖动，以改变转折线转折点的坐标。

(1)菜单命令：编辑(E)→转折线动态编辑(T)。

(2)按钮命令：⌑。

(3)操作步骤:

①选中一转折线对象。

②选择转折线动态修改命令。

③将鼠标移动到转折点附近,待鼠标形状变为"+"后,单击鼠标左键,拖动鼠标到目标位置,按鼠标左键,完成转折点移动,可以继续移动其他转折点;重复该步骤可以连续实现其他转折点的移动。

15.4 辅助绘图功能

15.4.1 图形放大缩小

单击放大按钮命令,可以实现图形窗口的放大;单击缩小按钮命令,可以实现图形窗口的缩小;向前滚动鼠标滚轮可以实现图形窗口的放大;向后滚动鼠标滚轮可以实现图形窗口的缩小。

15.4.2 图形全显

单击按钮命令,可以将图形窗口中的所有图形对象全部显示在图形的可视窗口中。

15.4.3 移动图形窗口

单击按钮命令,将鼠标移动到图形窗口中某一目标位置,单击鼠标左键,移动鼠标,可以将移动图形窗口移动到期望的位置。

15.4.4 将图形对象拷贝到 AutoCAD 中

(1)菜单命令:工具(T)→拷贝到 AutoCAD(T)。

(2)按钮命令:。

(3)操作步骤:

①选择要拷贝的图形对象。

②选择将图形对象拷贝到 AutoCAD 的命令,可以将选中的图形对象(如有图块对象,需将其炸开)拷贝到 AutoCAD 系统中。

打开 AutoCAD 图形系统,通过视图(V)→缩放(Z)→全部(A)命令查看被拷贝进来的图形,然后充分利用 AutoCAD 的图形绘制、编辑和打印功能,可以得到精美的图表。

15.4.5 读取 AutoCAD 中的几何图形

将 AutoCAD 中图形对象拷贝到系统的当前图形窗口中。

(1)菜单命令:工具(T)→读取 AutoCAD 图形(U)。

(2)按钮命令:。

(3)操作步骤：

①选择读取 AutoCAD 几何图形命令。

②将应用程序切换到 AutoCAD 系统，用鼠标选择需要读取的图形对象，单击鼠标右键结束图形选择，可实现读取 AutoCAD 中图形的操作。

在本系统中读取的图形为一些图形元素的集合体，它们的几何形状、大小和坐标与 AutoCAD 系统中图形完全相同。如果需要将被读取图形位于某指定的位置，可以在读取命令选择前，在图形窗口中绘制一箭头对象并选中，那么从 AutoCAD 读取图形对象后，图形对象将被移动。移动的原则是，图形对象的范围左上角被移动到箭头对象的起点，被读取的图形的坐标将与 AutoCAD 中的图形坐标不一致，这一图形读取方式称为箭头定位图形对象，见图 15-28。

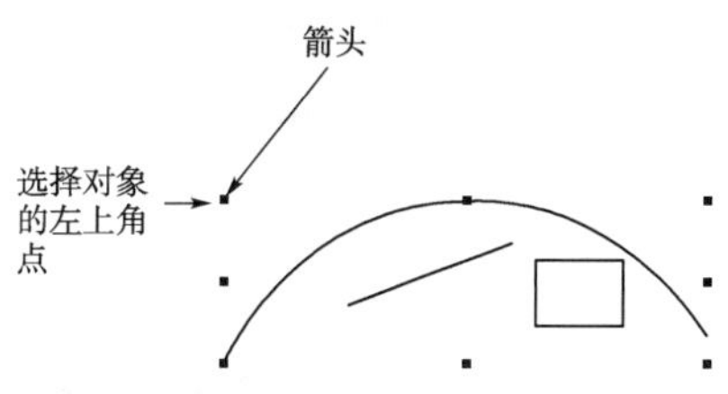

图 15-28　箭头定位图形对象示例

15.4.6 位图拷贝

(1)菜单命令：编辑(E)→位图拷贝(W)。

(2)按钮命令：。

(3)操作步骤：

①对图形窗口进行放大或缩小，使图形窗口中的图形对象调整到合适的大小。

②绘制矩形对象，框选要拷贝的区域(绘制完成后，矩形处于选中状态)。

③选择位图拷贝命令，可以将矩形区域的图形以位图格式(BMP 格式)拷贝到 Windows 的粘贴板中。

位图拷贝的目的是实现不同应用软件间图片交换。当 Windows 的粘贴板中存在位图时，可以将其以图片的粘贴到 WORD、Windows 画笔、EXCEL、AutoCAD 等其他系统中。

单击位图拷贝命令，可以将矩形范围内的图形对象以位图格式拷贝到 Windows 的粘贴板中，如图 15-29 所示。

15.4.7 特征点捕捉状态设置

当用鼠标绘制或捕捉图形对象时，有时需要捕捉一些特征点，如线段端点、中点，线段间的交点，某点到线段的垂足点，或者某点以某一斜交角度与某直线段斜交的斜交点等。

要捕捉上述特征点，需要设置系统的特征点捕捉状态。可将鼠标移到状态栏上的“捕捉”按钮，单击鼠标右键，系统弹出“对象捕捉”对话框，见图 15-30，选择特征点捕捉选项，关闭对话框，即可设置特征点捕捉状态。

15.4.8 正交模式设置

用鼠标左键单击系统状态栏上的“正交”按钮，当按钮凹下时，系统处于正交模式，反之正交模式关闭。

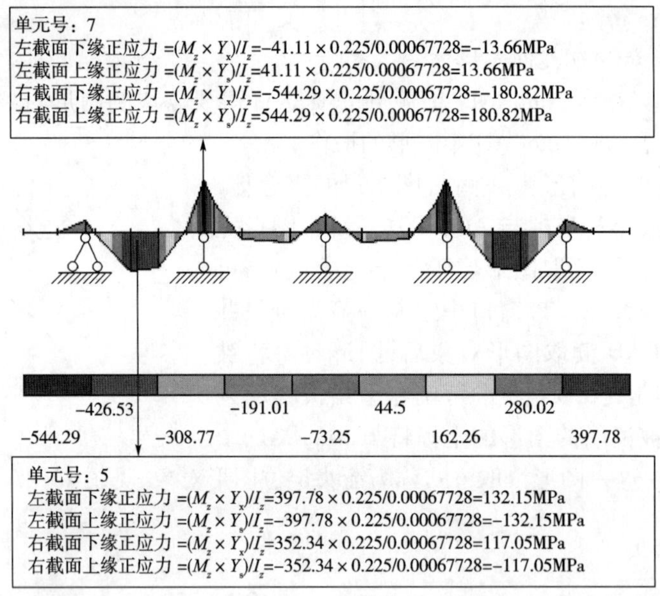

图 15-29　位图拷贝示例

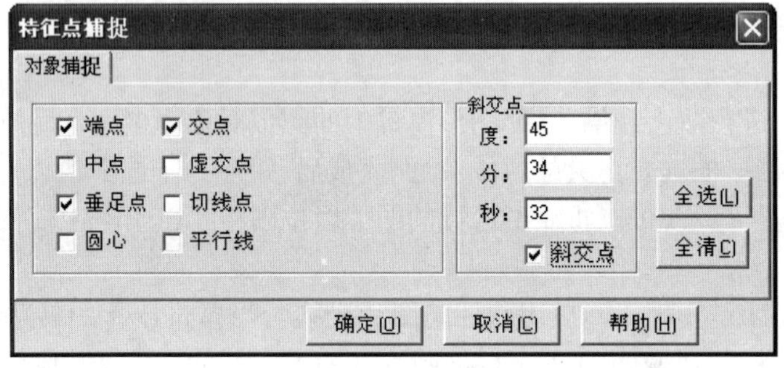

图 15-30　“特征点捕捉”对话框

15.4.9　图形对象拷贝与粘贴

在系统的不同图形页面之间，可以进行图形对象相互拷贝。如，第 i 页面的图形 A 可以拷贝到第 j 页面上，具体操作步骤如下。

(1)在第 i 图形页面上，选中要拷贝的图形对象，单击对象拷贝按钮。

(2)切换到 j 图形页面上，单击对象粘贴按钮，即可在 j 图形页面得到要拷贝的图形对象。

此时拷贝到 j 页面上的图形对象与 i 页面上原图形对象具有相同坐标，要将拷贝对象拷贝到指定的目标位置，可以先在 j 页面绘制一条箭头对象，选中后再粘贴。

当图形对象选中，并用按钮删除后，或者选择按钮，将当前图形页面中的所有图形全部删除后，在未第二次按删除按钮之前，还可以单击对象粘贴按钮，将被删除的图形对象恢复出来。

另外，在不关闭系统的前提下，不同工程文件之间的图形对象也可以相互拷贝，实现跨文件间的图形对象的数据交换。例如，现有工程文件 prj1. qlq 和 prj2. qlq，在 prj1 中的图形页面 i 中有图形对象 A，现要将对象 A 拷贝到 prj2 的图形页面 j 中，其具体操作步骤如下。

（1）打开 prj1 工程文件，并在第 i 图形页面上，选中要拷贝的图形对象 A，单击对象拷贝按钮。

（2）打开 prj2 工程文件，此时 prj1 工程文件将被关闭，打开第 j 图形页面，单击对象粘贴按钮，即可在 j 图形页面得到要拷贝的图形对象 A。

参 考 文 献

[1] 刘吉士,阎洪河,李文琪. JTG 041—2000 公路桥涵施工技术规范实施手册[M]. 北京:人民交通出版社,2009.

[2] 中华人民共和国行业推荐性标准. JTG/T F50—2011 公路桥涵施工技术规范 [S]. 北京:人民交通出版社,2011.

[3] 中华人民共和国行业标准. JTG D63—2007 公路桥涵地基与基础设计规范[S]. 北京:人民交通出版社,2007.

[4] 中华人民共和国行业标准. JGJ 130—2011 建筑施工扣件式钢管脚手架安全技术规范[S]. 北京:人民交通出版社,2011.

[5] 中华人民共和国行业标准. JGJ 166—2008 建筑施工碗扣式钢管脚手架安全技术规范[S]. 北京:人民交通出版社,2008.

[6] 中华人民共和国国家标准. GB 50017—2003 钢结构设计规范[M]. 北京:中国计划出版社,2003.

[7] 中华人民共和国国家标准. GB 50018—2002 冷弯薄壁型钢结构技术规范[M]. 北京:中国标准出版社,2002.

[8] 江正荣. 建筑施工计算手册. 支护工程[M]. 北京:中国建筑工业出版社,2007.

[9] 黄绍金,刘陌生. 装配式公路钢桥多用途使用手册[M]. 北京:人民交通出版社,2002.

[10] 龚曙光,谢桂兰,黄云清. ANSYS 参数化编程与命令手册[M]. 北京:机械工业出版社,2009.

[11] 王国强. 实用工程数值模拟技术及其在 ANSYS 上的实践[M]. 西安:西北工业大学出版社出版,2000.

[12] 周水兴,何兆益,邹毅松. 路桥施工计算手册[M]. 北京:人民交通出版社,2001.

[13] 赵根田,孙德发. 钢结构[M]. 北京:机械工业出版社,2010.

[14] 吴建有,赵欣,贾绍平. 钢结构设计原理[M]. 北京:中国建材工业出版社,2001.

[15] 王国鼎,钟圣斌. 拱桥[M]. 北京:人民交通出版社,2000.

[16] 邱顺冬. 桥梁工程软件 Midas Civil 应用工程实例[M]. 北京:人民交通出版社,2011.

[17] 张俊义. 桥梁施工常用数据手册[M]. 北京:人民交通出版社 ,2005.

[18] 陈伟,李明,张志国,钟铭. 桥梁施工临时结构设计[M]. 北京:中国铁道出版社,2006.

[19] 向中富,邹毅松,杨涛忠. 新编桥梁施工工程师手册[M]. 北京:人民交通出版社,2011.

[20] 黄羚. 基于功能图形对象的桥梁建模技术研究与实现[D]. 长沙:中南大学,2007.

[21] 张树仁,郑胜,黄侨,鲍卫刚. 钢筋混凝土及预应力混凝土桥梁结构设计原理[M]. 北京:人民交通出版社,2005.

[22] Ling Huang , YanLiang Shang, Function Graphic Modeling Technology and Its Application in

Road & Bridge Construction[J]. Proceeding of 2010 IEEE Internationnal Conference on Progress in Informaticas and Computing . PIC 2010:1270 – 1274 .

[23] Ling Huang, Yan Liang Shang. Calculation Method for Bridge Temporary Structure Based on Graphic Flow Technology, Applied Mechanics an Materials[J]. Proceedings of the 2010 IEEE International Conference on Progress in Informatics and Computing 2010. 10, PIC 2010 VOLUME 2 OF 2 ,2010:1270 – 1274.

[24] 黄羚,李延强,符力勇. 面向路桥施工问题求解的功能图形数据模型[J]. 工程图形学报, 2011, 32(1):174 – 179.

[25] 黄羚,刘明生,任伟新. 基于工程图形对象的桥梁软件开发方法[J]. 公路交通科技,2005, 22(1): 97 – 99.

[26] 黄羚,任伟新,刘明生,王道斌. 基于功能图形对象的桥梁结构逆向计算系统的研究与实现[J]. 计算机工程与应用, 2005. 25: 212 – 215.

[27] 黄羚,李浩玉,向敏. 基于功能图形对象的杆系结构计算方法[J]. 计算机辅助工程,2008, 17(4):64 – 68.

[28] 段树金,李寿英,刘嘉武. 六四梁单元分析及对六四梁拼组结构强度设计的讨论[J]. 铁道工程学报,2002:34 – 37.

[29] 王新敏,王海林. 六四式军用梁在桥梁施工中的应用技术[J]. 铁道建筑技术,2001:14 – 19.

[30] 李云峰,段树金. 六四式梁拼组结构的位移计算[J]. 石家庄铁道学院学报,1998:72 – 75 .

[31] 段东明,刘嘉武. 六四式军用梁用于架桥机的有关技术研究[J]. 国防交通工程与技术, 2003:24 – 26.

[32] 黄民源. 贝雷桁架、万能杆件在城市立交桥施工的应用[J]. 广西交通科技,2003(4):87 – 89.

[33] 肖叶桃. 装配式公路钢桥的类型、特点及其应用[J]. 国防交通工程与技术,2007 (3):85 – 88.

[34] 高磊,徐关尧,孙宏才,潘大荣. “321”装配式公路钢桥相当梁简化计算[J]. 工兵装备研究,2001:21 – 24.

[35] 苟明康,陶俐. 装配式公路钢桥设计和使用中的几个问题[J]. 工兵装备研究,2001(1):1 – 6.

[36] 喻忠权. HD200 装配式公路钢桥的开发与应用[J]. 公路,2002(7):1920.

[37] 朱永焯,徐关尧. ZB – 200 型装配式公路钢桥的研究设计[J]. 国防交通工程与技术,2004 (1):14 – 18.

[38] 吴国铭,金辉. 基于简化模型的贝雷桁架挂篮分析[J]. 交通世界,2007(6):124 – 126.

[39] 张金鹏,谢腾,刘静. 地铁工程中贝雷架施工技术的应用分析[J]. 天津市政工程, 2006(3):17 – 25.

[40] 时党勇,张志,周鹏. 装配式公路钢桥承载力的有限元分析[J]. 铁道建筑技术,2006(2):5 – 8.

[41] 刘东锋,程珩,王俊东. 有限元法在贝雷桥设计中的应用[J]. 机械管理开发,2009(4):70 – 72.

[42] 陈扬,迟永滨,杜群贵. 贝雷架起重结构计算及使用[J]. 起重运输机械,2003(8) :59 – 62.

[43] 林铁民. 贝雷片支架变形及沉降的分析[J]. 福建建设科技,2006(2):41 – 42.

[44] 刘勇,高磊. 贝雷式龙门架设计中的有限元分析[J]. 钢结构,2007(5):69 – 72.

[45] 周尚猛,李亚东. 贝雷桁架门式起重机设计及其稳定性分析[J]. 建筑设计,2007(8):58 – 61.

[46] 孟宪强,徐亮. 跨 310 省道公路特大桥连续梁满堂支架的计算与稳定性分析[J]. 市政技

术,2005(5).

[47] 张鹏,肖绪文. 客运专线现浇连续箱梁满堂支架设计计算方法研究[J]. 铁道标准设计,2009(12).

[48] 王晓明. 哈大客专跨沈北大道现浇连续箱梁满堂支架法设计计算研究[J]. 北方交通,2009(12).

[49] 丁爱华. 现浇箱梁满堂支架设计与计算[J]. 公路与汽运,2010(4).

[50] 李雄斌. 现浇箱梁满堂支架设计与计算探讨[J]. 公路与汽运,2011(5).

[51] 陈亮,刘春生,吴慧君. 钢管混凝土拱桥扣索施工及索力分析[J]. 武汉理工大学学报. 2003,27(6).

[52] 张开银,刘三元,何雨微. 大跨度钢管混凝土拱桥线形动态控制技术[J]. 武汉交通科技大学学报. 2000,24(1).

[53] 张开银,刘三元,何雨微. 塔架与扣塔一体化施工技术[J]. 公路. 2001.2,2.

[54] 王慧东,李云山,王俊如. 大跨度钢管混凝土拱桥施工[J]. 铁道标准设计,1998(8).

[55] 周水兴,熊洪滨,蔡净. 定长扣索法安装拱桁架节段控制索力计算[J]. 工程力学, 2001(II)增刊.

[56] 张 敏,周水兴,胡免缢. 钢管混凝土拱桥施工控制原理与控制分析算法研究[J]. 公路交通科技,20(2).

[57] 马高尧. I 号大桥连续刚构三种挂篮主桁的设计分析[J]. 北方交通,2011(6).

[58] 辛明林. TLE 型菱形挂篮设计与施工[J]. 铁道建筑技术,2005(7).